KB044361

우아하고 멋진
노후를 위한 88가지

우아하고 멋진
노후를 위한 **88**가지

야마사키 다케야 지음   이용택 옮김

문학사상

당신의 노후가
안녕하기를 바랍니다

직업 전선에 뛰어들어 한창 일에 파묻혀 있을 때는 머릿속에 온통 바쁘다는 생각뿐이었다. 항상 시간에 쫓기다 보니 일을 얼렁뚱땅 해치우거나 대충 마무리 지을 때도 적지 않았고, 신중해야 할 일에서 산만한 태도를 보일 때도 있었다.

　이렇게 시간의 지배를 받고 업무에 치이며 하루하루를 보낼 때는 노후를 어떻게 준비해야 할지 고민할 여유는 꿈도 꾸기 어려웠다. 그렇게 아무런 준비 없이 덜컥 노후를 맞이했다가 여러 문제에 제대로 대처하지 못하고 헤매는 사람들을 많이 봐왔다. 때문에 어느 정도는 앞으로 다가올 노후를 상상하고, 몸과 마음을 살피며 차근차근 준비를 할 필요가 있다.

　그렇게 다가올 날의 준비만큼 중요한 것이 동시에 '현재'를 진지하게 여기고 충실히 보내는 것이다. '후회'를 남기지 않기 위해서다. 적당히 눈앞에 놓인 일을 해치운다는 식으로 일하지 말고, 지금 하는 일에 정성을 다하는 자세를 가지길 바란다. 더불어 인간관계에 해묵은 앙금이 남지 않도록 가족이나 친구, 지인 등 주변 사람에게 진정성 있는 태도를 보였으면 한다.

요컨대 내가 하고 싶은 말은, 노후의 세계로 들어서는 입구 앞에서는 아무런 빚도 남기지 않은 상태가 되어야 한다는 것이다. 해야 할 일을 마냥 미루거나, 자기 일이 아닌데도 정신없이 다 떠안고 있다가는 자기도 모르게 '후회'가 쌓여 간다. 그 후회는 또 모르는 사이 남은 인생에 대한 심리적 속박으로 작용한다. 그런 마음의 짐이 인생의 항로를 가로막는 장애물이 되는 것이다.

노후에는 '인간적인' 삶의 방식이 중요해진다. 한창 일할 때보다 인간미 넘치는 행동이 중요하기 때문에, 직장 생활에서 하듯이 경제적인 이익에만 몰두해서는 남들의 빈축을 살 뿐이다.

노후가 되어 말투나 행동을 고치려고 해도 그때까지 몸에 밴 습관을 바꾸는 일은 쉽지 않다. 그러므로 되도록 은퇴를 맞이하기 전부터 인간관계를 중시하는 사고방식과 행동 패턴을 몸에 익히도록 노력해서 습관화해야 한다. 그것은 '효율'과 '결과'를 중시하는 가치관에서 '내면의 충실함'과 '과정'을 중시하는 가치관으로 변화하는 것이기도 하다. 바쁘게 뛰어다니며 일하는 와중에도 가끔씩은 인생에서 정말로 중요한 것이 무엇인지를 다시금 되새길 필요가 있다.

노후에 접어들면 시간에 얽매여 지내던 삶에서 벗어나 어느
정도 시간을 통제할 수 있게 된다. 시간의 속박에서 벗어나 보
다 자유로운 세상으로 나아가게 되는 것이다. 그때 당신이 갑
자기 찾아온 자유에 휩쓸려 마냥 들떠 버리는 우를 범하지 않
았으면 한다.

　　지금까지 쌓아 온 경험과 지식에 지혜를 더해, 당신의 남
은 인생을 충실히 보낼 수 있기를, 당신의 노후가 안녕하기를
간절히 바란다.

　　　　　　　　　　　　　　　　　　　야마사키 다케야

차례

제2장　　노후에는 타인과의 인연이 중요하다

프롤로그

노후가 되면
달라지는 것들

01

노후는 자기도 모르는
사이 찾아온다

'부모와 돈이 영원히 곁에 있을 것이라고 생각하지 마라'라는
격언이 있다. 인간은 습관의 동물이기 때문에 자칫 현실에 안
주하다 보면 빈둥거리며 헛된 나날을 보내기 쉽다. 위 격언은
자신의 주변을 항상 객관적으로 살펴보고 장래를 대비해야
한다는 가르침을 준다.

우리는 현재 누리고 있는 '부모'와 '돈'이라는 존재가 사
라졌을 때를 미리 대비해 두어야 한다. 소중한 것들이 사라지
고 난 후 갑작스러운 혼란에 빠지면 소소한 일상뿐 아니라 인
생의 커다란 방향까지 완전히 어긋나고 만다. '부모'는 자신을
감싸 주는 소중한 사람들이고, '돈'은 생계를 유지하는 데 필
수적인 도구다. 부모와 돈의 소중함은 실생활에서 느낄 기회
가 많다 보니 누구나 그것을 잘 인지하고 있다는 것이 그나마
다행인 점이다.

또 살아가는 데 필수적인 '건강'의 경우에도 마찬가지다.

컨디션이 안 좋거나 몸이 아플 때면 자기 건강을 체크하기 마련이다. 그런데 이렇게 건강에 관심을 기울이면서도 유독 '젊음'과 '노화'에 대해서는 의식하지 않으려는 사람이 많다. 노화를 부정적인 것으로 여기고 그에 관한 생각 자체를 하고 싶어 하지 않거나, 막연하게나마 희망적인 생각만 하며 기분을 달래려고 하기 때문일 것이다.

하지만 인간은 누구나 나이가 들수록 누구나 서서히 '젊음'을 잃고 '노화'를 겪을 수밖에 없다. 중년에 접어들면 이런 사실을 진지하게 곱씹어볼 필요가 있다. 물론 중년도 충분히 만끽하며 살아가야 할 중요한 시기지만, 노후를 대비하는 마음가짐도 결코 잊어서는 안 된다.

'젊음과 기력이 영원히 곁에 있을 것이라고 생각하지 마라.'

이런 생각을 이따금 떠올리면서 신중하게 앞날을 살펴야 할 것이다.

02

나이가 들면
'삶의 방식'이 바뀐다

유아기의 우리는 '놀이'와 '배움'이 구분되지 않던 시기를 보냈다. 그러다가 학교라는 조직에 들어가면서 본격적으로 공부에 전념하고 심신을 단련하는 시기를 맞이했다. 학교를 졸업하고 나서는 전문적인 능력을 익혔고 그것을 활용하는 직장에 몸담게 되었다. 여기까지의 인생은 줄곧 상승 기류를 타고 올라가는 것만 같다. 습득한 지식과 기술에 경험을 더하려 애쓰면서 항상 위를 목표로 노력을 계속해 왔기 때문이다.

직장이라는 생산적인 카테고리에 속한 세계에서 명실상부한 사회인으로 일하는 동안, 우리는 자기가 하고 싶은 일이든, 조직이나 환경에 따라 반강제적으로 맡은 일이든 어떻게든 결과를 만들어 보이며 버텨 낸다. 맡은 일을 해내면 그 나름대로 눈에 보이는 결과가 나타나므로 스스로도 어느 정도의 만족을 얻을 수 있고 주변 사람들에게 인정도 받을 수 있다. 뚜렷한 목적의식을 가지고 노력하면 세상에 통용되는 실적을 쌓으면서 동시에 사회에 유용한 존재가 될 수 있는 것이다.

그러나 노후를 맞이하고 직장이라는 세계를 떠나는 순간, 우리는 사회에 대한 '유용성'을 갑자기 잃게 된다. 더 이상 사회는 나에게 아무런 요구를 하지 않게 되고, 나는 '쓸모없는 사람'이 된 듯한 기분에 사로잡힌다.

그전까지 일을 하루라도 빨리 그만두고 푹 쉬고 싶던 마음이 돌변한다. 뭔가 새로운 것을 시작하고 싶지만 지금껏 일에만 파묻혀 지낸 탓에 무엇을 해야 할지 아무 생각도 들지 않는다. 지금까지 인생의 보람을 일에서만 찾았다는 것이 이렇게 다 드러나는 것이다.

이렇게 노후에 일을 그만두고 허탈감에 빠지지 않으려면, 평소 일에 집중하면서도 '일 중독자'가 되지 않을 정도의 여유는 부려야 한다. 일이 전부가 아니라는 생각을 늘 가지고 있어야 하는 까닭이다.

03

이루어야 할 일에
우선순위는 없다

직장에서 고군분투하던 시기에는 시간을 아껴가며 목표를 달
성하려 애쓴다. 딴전을 부리며 시간을 낭비하는 사람도 물론
있지만, 대부분 최단 거리를 쏜살같이 돌진해 나가는 데 온 정
신을 집중한다.

때문에 눈앞에 몇 가지 일들이 놓여 있을 때는 그중에서
중요도가 높은 일이나 긴급한 일부터 손대기 마련이다. 즉 우
선순위에 대한 판단을 한 다음, 그 판단에 따라 차례대로 처
리해 나가는 것이다. 그러다가 뒤로 미뤄진 것은 제때 처리하
지 못하거나, 최악의 경우 전혀 손을 대지도 못하는 일이 발생
한다.

물론 원하는 결과를 도출하는 과정에는 굳이 처리할 필
요가 없는 업무도 존재한다. 그러나 그런 식으로 절차를 생략
하기 시작했다가는 나중에 돌이킬 수 없는 사태로 이어지는
경우도 적지 않다. 이는 개미가 낸 구멍 하나가 둑을 무너뜨리

는 격이다. 불미스러운 일로 사회적 물의를 빚는 기업은 사소한 절차와 작업을 소홀히 한 것이 원인이 된 경우가 많다.

그렇게 생각하면 역시나 눈앞에 놓여 있는 일들은 어느 것 하나 소홀히 할 수 없다. 효율이라는 관점에서 먼저 해야 할 일과 나중에 해야 할 일이 존재할 뿐이다. 조직 내에서 움직일 때는 다른 사람들의 상황까지 고려하면서 먼저 할 일과 나중에 할 일을 정해야 한다.

그런데 노후가 되어 자신과 가족 그리고 친구들을 중심으로 살기 시작하면 해야 할 일의 우선순위를 지나치게 신경 쓰지 않아도 된다. 자신이 해야 할 작업이라면 눈앞에 나타난 순서대로 하나씩 처리해 나가면 된다. 어차피 노후에는 조직의 효율이나 남들의 상황을 고려할 필요가 없다. 어차피 자신과 관련된 작업들만 눈앞에 닥치기 때문에, 그 작업의 중요도에 경중을 따지지 말고 차례대로 '흘려보내야' 한다. 그것이 스트레스를 받지 않고 가장 '효율적'인 결과를 얻게 해준다.

젊을 때부터 그런 사고방식을 익혀 두면 훨씬 저항 없이 노후를 맞이할 수 있을 것이다.

04

삶의 진정한 모습을
꿰뚫어 보자

사회에서 살아남기 위해서는 일을 해야 한다. 성경에도 '일하지 않는 자 먹지도 말라'라는 말이 나와 있고, 당의 승려 백장회해百丈懷海도 '하루 일하지 않으면 하루 밥 먹지 말라'라고 말했다. 굳이 그런 명언까지 내세울 필요도 없이, 이미 대부분의 사람은 일하지 않고는 먹고살 수 없는 치열한 시대를 살아가고 있다.

그래서 사람들은 먹고살기 위해 일하면서 만능의 힘을 지닌 '돈'을 손에 넣으려고 혈안이다. 그렇게 일은 누구에게나 필수 불가결한 것이 되었다. 물론 열심히 일하다 보면 일하는 것이 즐거워지고, 일에서 삶의 보람을 느끼는 사람도 생겨난다. 요컨대 매일 습관처럼 일하는 것 자체가 삶의 목적이 되어 버리는 셈이다.

그렇지만 원점으로 돌아가 생각해 보면, 일은 어디까지나 살아가기 위한 '수단'이다. 열심히 일하다 보니 혹은 열심히 일할 수밖에 없다 보니, 어느새 수단이 '목적'으로 바뀌고 말았을 뿐이다.

때문에 노후를 맞이했든, 은퇴를 하게 됐든 일에만 몰두해야 하는 상황에서 한 발짝 물러나기 전부터 일이라는 것이 어디까지나 수단에 불과하다는 점을 다시 한번 분명히 되새길 필요가 있다. 그래야 일에 몰두하던 직업인으로서의 자세와 마음가짐에 변화를 줘야 한다는 것을 스스로 깨달을 수 있다.

일을 삶의 수단이 아니라 목적이라고 착각해 버리면 '삶을 즐기는 방법'을 잊어버리게 된다. 일하는 틈틈이 맛있는 것을 먹거나 여행이나 레저를 하는 정도로, 삶이라는 더할 나위 없이 중요한 것을 적당히 대하고 있는 것은 아닌가? 하루라도 빨리 삶을 정면으로 마주하고 그 진정한 모습을 꿰뚫어 보기 바란다.

05

자투리 시간도
내 삶의 일부다

젊을 때는 앞으로의 삶에 관해 꿈도 품고 여러 상상도 해보지만, 그 삶이 언제까지 이어질지 생각하는 일은 거의 없다. 그러던 것이 나이를 먹어가면서 점점 '앞으로 몇 년이나 더 살 수 있을까?'라는 생각을 하게 된다. 만개한 벚나무 아래서 봄의 정취에 흠뻑 취해 있을 때, 이런 기분을 앞으로 몇 번이나 더 느낄 수 있을까? 하고 나도 모르게 생각하고 마는 것이다.

멀리 떨어져 지내는 친척이나 옛 친구들을 만났다가 헤어질 때도 다시 만날 수 있기를 간절히 바라게 된다. 나는 전쟁이 한창이던 어렸을 때 큰아버지 댁으로 피난을 간 적이 있다. 큰아버지와 큰어머니는 어린 나를 정성껏 돌봐 주었고, 그 고마움을 잊지 못한 나는 이후로도 자주 큰아버지를 찾아뵈었다. 큰아버지는 팔십 대 중반을 넘겼을 무렵부터 불편해진 몸을 지팡이에 의지한 채 나를 집 밖까지 배웅해 주면서 꼭 이렇게 말했다.

"이제 작별 인사를 해야겠구나."

그 말투에는 단순히 배웅이 아니라 '이번 생에 또 만날 수 있을까?' 하는 뉘앙스가 짙게 배어 있었다. 큰아버지는 나에게 그런 작별 인사를 세 번 하고 나서 세상을 떠났다.

앞으로 살아갈 날이 얼마 남지 않았다고 생각하면 하루하루의 시간이 더욱 값지게 느껴진다. 그런데 그런 인생의 소중함은 젊은 시절이라고 다르지 않다. 인생은 살아가는 '과정'이다. 그 점에 대해 깊이 생각해 본다면 한순간도 소홀히 할 수 없다.

시시각각 흘러가는 시간은 분명히 내 삶의 소중한 '일부'다. 따라서 그것을 소홀히 하는 것은 돌이킬 수 없는 삶의 일부를 내다 버리는 것과 다름없다. 심하게 말하면, '부분적인 자살 행위'나 마찬가지라고 해도 무방하다. 남은 시간이 길든 짧든 평소부터 '삶'을 소중히 여길 줄 알아야 한다.

06 '시간의 흐름'에 몸과 마음을 담그고 음미한다

'일일시호일 日日是好日'이라는 선종 禪宗의 가르침이 있다. '하루 하루가 매일 좋은 날'이라는 사고방식이다. 물론 번뇌에 사로 잡혀 방황하는 범부는 희로애락의 감정에 흔들려 일희일우하 게 된다. 모든 날을 긍정적으로 받아들이기는 힘들다. 한없이 부정하고 싶은 날도 많다. 사람에 따라서는 좋지 않은 날이 더 많을 수도 있다.

다만 어떤 날을 긍정하든 부정하든 모든 날을 있는 그대 로 자연스럽게 '받아들여 보자'는 것이 선종의 사고방식이다. 눈앞에 닥친 '오늘'은 '현재'이긴 하지만, 순식간에 '과거'가 되 어 버린다. 자기 힘으로는 이미 돌이킬 수 없게 된다.

자신의 생각이나 행동이 원인이든 아니든, 지나간 일은 지나간 일이니 어찌할 도리가 없다. 과거를 바꾸려고 안간힘 을 써봤자 헛된 노력일 뿐이며, 그냥 받아들일 수밖에 없다. 과 거의 '사실'을 바꿀 수 없다면 자신의 '생각'을 바꿔 보는 것이다. 자신의 감정과 타협하면서 최대한 자신에게 편리하고 유리한 방향으로 생각을 바꾸는 것이다.

　이는 모든 인생에 걸쳐 꼭 필요한 긍정적인 사고방식이다. '삿갓 위의 눈도 내 것이라고 생각하면 가볍다.' 즉 자기에게 이로운 것이라면 고생도 괴롭지 않은 것이다. 이런 식으로 생각하면 범부의 욕구를 이용하는 것이기는 하나 비교적 설득력을 지니게 된다. 설사 나쁜 경험이라 하더라도 다른 사람은 경험할 수 없는 자신만의 고유하고 '독특한' 삶의 실체로 여기는 것이다.

　그렇게 생각하면 하루라는 단위보다 더 세분화한 '시시시호시時時是好時', 즉 매순간이 좋은 순간이라는 사고방식도 가능하다. 이런 생각은 살아가는 시간의 흐름에 몸과 마음을 폭 담그면서 '삶'을 충분히 음미하는 결과로 이어진다. 노후가 되면 시간에 쫓기지 않고 오히려 시간을 자유롭게 운용할 기회가 많아지기 때문에, 인생의 맛도 깊이 음미할 수 있다.

07

'자신의 힘으로 할 수 없는 일'을 깨닫는다

정치 권력자는 횡포로밖에 여겨지지 않는 행태를 자주 보이곤 한다. 그런 행동에 거창한 명분을 대기도 하지만 거기에는 논리가 결여되어 있어 납득하기 어렵다. 그 주변에 법과 정의에 따라 잘못된 행동을 막으려는 사람도 없다. 그야말로 무법천지다.

선거를 통해 그런 폭거를 방지하고 시정하는 시스템이 갖추어져 있지만, 많은 사람들은 선거에 무관심하다. 선거 때마다 연출되는 인기몰이식 포퓰리즘에 현혹되어 현실을 정확히 바라보고 판단할 힘을 잃어버리기도 한다.

이러면 민주주의가 유명무실해지고 그 정신은 작동하지 않는다. 전형적인 중우정치가 벌어지고 마는 것이다. 하지만 나이 든 사람들은 지금까지 오랜 세월 동안 조금씩 쌓아 온 자신의 관점과 태도를 버리고 싶어 하지 않기 때문에 방관하는 자세를 유지한다. 사회문제를 방관하는 자신을 내심 부끄럽게 여기지만 저항의 목소리를 크게 내지 않는다. 지금의 상황을 감수함으로써 어리석은 대중의 한 사람이 되는 결과를 만들고 만다.

이런 경향은 나이가 들면서 더욱 강해진다. 학창 시절에 학생 운동의 한 축을 맡았던 사람도 이제는 더 이상 급진적인 모습을 보이지 않는다. 세상과 타협하며 '둥글둥글'해진 그들의 모습은 옛 기준에 따르면 '타락'한 것과 다름없다.

이는 세상의 커다란 움직임을 이해하게 되었으나 그것을 자기 힘으로 바꾸기는 어렵다는 무력감에 시달린 결과다. 정의의 관점에서 본다면 '타락'이라 할 수 있겠지만, 자신과 가족의 안전을 지키기 위해서는 어쩔 수 없는 '선택'이다.

포기하게 되는 것이다. 포기는 '자신의 힘으로 할 수 없는 일'을 깨닫는 것과 같다. 현실적인 사정이나 이유, 그에 따른 나쁜 결과를 예측할 수 있게 됐을 때, 인간이라는 나약한 동물로서는 어쩔 수 없이 취할 수밖에 없는 행동이 바로 포기다.

이렇게 노후가 되면 어쩔 수 없이 포기하는 것이 많아진다. 자기가 자연스럽게 그런 모습이 되어 간다는 것을 미리 염두에 두는 편이 좋다.

08

노후의 인생 키워드를 기억한다

'노후가 되면 할 수 있는 일들이 점점 줄어든다'는 인식이 강하다. 노후에는 활동 범위와 활동 내용이 소극적으로 바뀌기 때문에, 그런 인식은 어느 정도 사실이다.

그러나 언뜻 부정적으로 보이는 노후의 인생도 잘만 활용하면 긍정적으로 바꿀 수 있다. 그것이 바로 노후의 지혜자 특권이다. 이는 '전화위복'과도 비슷한 발상이다. 노후가 되면 할 수 있는 일들이 분명히 줄어들겠지만, 사회적 시선에 얽매이지 않고 하고 싶은 일을 할 수 있는 자유는 오히려 늘어난다.

이때 유용한 키워드는 '좋아하는 일을 하기'다. 젊었을 때는 사회의 상식으로 한정된 틀 안에서만 좋아하는 일을 찾았다. 하지만 노후에는 사회적 시선에 얽매이지 않는 자유로움을 활용해 다소 기발한 일을 시도해 볼 수도 있다. 물론 자신의 품격을 떨어뜨리지 않도록 어느 정도의 절도는 지킬 필요가 있다.

또 다른 유용한 키워드는 '무리하지 않기'다. 나이가 들면 굳이 무리할 필요가 없다. 싫거나 귀찮은 일을 억지로 하지 않더라도 '어르신'이라는 이유로 다 용서가 된다. 무리하게 허세를 부리거나 알량한 자존심을 내세워야 하는 상황도 줄어든다.

마지막으로 '자연스럽게'라는 키워드를 들 수 있다. 이것은 자연의 흐름에 맡기고 그 흐름을 거스르지 않는다는 뜻이다. 닥쳐오는 바람을 자연스럽게 받아넘겨야 충격도 덜하고 주변을 둘러볼 여유도 생기는 법이다.

특히 거센 물살이 밀려올 때는 곧바로 저항하거나 부정하지 말고, 무조건 그 흐름에 몸을 맡기고 주변을 자세히 살펴봐야 한다. 그렇게 해야 도망칠 길을 발견해서 안전을 지킬 수 있다.

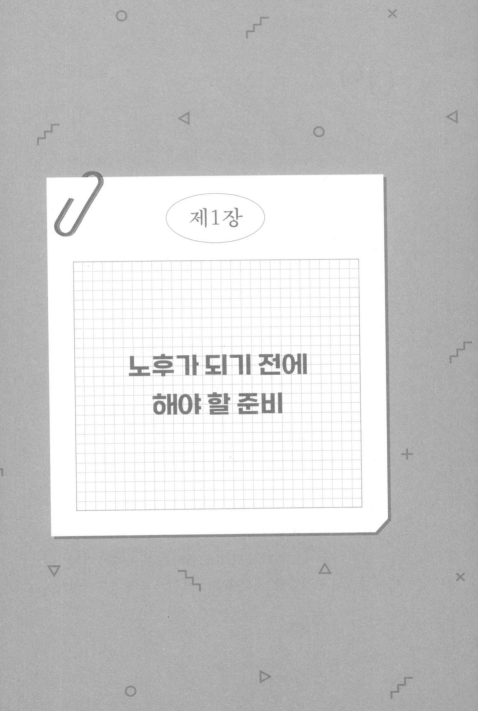

제1장

노후가 되기 전에
해야 할 준비

09

노후의 가장 큰 특징으로 더 이상 직업 활동을 하지 않는 것을 드는 사람이 많다. 직업을 가지고 있을 때는 일상을 일하는 시간과 일하지 않는 시간으로 크게 이분화하기 쉬운데, 아무래도 일에 더욱 무게를 둘 수밖에 없다 보니 그때는 일하는 시간을 우선시하게 된다.

요즘에는 워라밸, 즉 '워크 라이프 밸런스work-life balance'에 관심을 가지고 일 외에도 우리 삶에 중요한 것이 있다는 사실에 눈을 돌리는 사람이 많다. 일을 너무 중시한 나머지 생활의 질이 떨어지는 것을 두려워하는 경향이 생겨난 까닭이다. 워라밸에 신경 쓰는 사람들은 일에 지나치게 몰두해서 인간다운 생활을 하지 못하고 행복한 인생에서 멀어지지 않도록 스스로를 돌아보고자 한다.

이런 마음이 앞서다 보면 일을 한다는 것 자체가 마치 나쁜 활동처럼 여겨진다. 혹은 일을 필요악으로 받아들이게 된다. 하지만 그것은 지극히 근시안적인 견해다. '일'은 인간 사회가 건전한 형태로 존속하고 발전해 나가기 위한 기반이다. 다만 아침부터 밤까지 심지어 새벽까지, 끝나지 않는 일을 붙잡고 늘어지는 것은 인간다움에 반하는 행동이다.

그런데 그렇게 진지하게 임하던 직업 활동이 노후와 함께 사라진다. 청천벽력이라 할 만한 갑작스럽고 커다란 변화다. '이 변화를 먼저 겪은 인생 선배들이 막연하지만 어떻게든 대응해 왔으니까 나도 어떻게든 이 위기를 넘길 수 있겠지'라는 생각은 너무나도 안이하다.

'어떻게든 되겠지'라고 생각하면 어떻게도 되지 않는다. 필요한 준비를 하고 만전을 기하는 것이 좋다. 업무상 프레젠테이션 자리에서 미리 철저한 준비를 하고 실제처럼 연습해 본 후 발표했을 때와 아무런 준비 없이 즉석에서 발표했을 때의 차이는 엄청나다는 사실을 여러분은 경험을 통해 익히 알고 있을 것이다. 노후를 잘 보내기 위해서는 더 이상 일하지 않는 생활에 대한 마음의 준비가 필요하다.

10

긴 휴가를 받아서
리허설을 해본다

일을 하지 않게 된다는 것은 이제 매일이 휴일이라는 뜻이다. 때문에 노후는 영원한 휴가를 얻은 것과 같다. 일을 하는 동안에는 휴일이 절실하지만, 휴일이 한없이 계속된다면 과연 어떻게 될까? 처음에는 안락한 날이 이어질 거라고 상상하고 기대감을 품을지도 모른다.

그런데 인간은 똑같은 상황이 지속되면 질려 버리는 습성이 있다. 매일 부지런히 일할 때는 쉬는 날에 몸과 마음의 피로를 풀거나 레저 활동을 하면서 기운을 되찾고 기분을 전환한다. 하지만 날마다 쉬는 날이 계속되면 오히려 지루하다며 투덜거리게 된다.

'휴식'은 그와 정반대인 '일'이 있어야 비로소 가치가 있다. 쉬는 날보다 일하는 날이 많았기 때문에 쉬는 날에서 희소가치를 느꼈다고 할 수 있다. 그런데 휴가가 길게 이어지면 상상도 못한 '부작용'이 생길 수 있다. 때문에 영원한 휴가인 노후에 대비해 실험을 해보는 것이 좋다.

'유사 노후 상황'에 몸을 던져 보는 방법 중 하나가 장기 휴가다. 서양 사람들은 예전부터 이삼 주 이상의 휴가를 받는 것이 일반적이며 시스템적으로도 굳어져 있다. 그들은 휴가를 받고 일이나 일과 관련된 사람들로부터 멀리 떨어진 채 생활한다. 휴가 때는 가족과 매일같이 똘똘 뭉쳐 지내거나 완전히 다른 지역과 환경 속에서 생활하기도 한다. 이렇게 함으로써 가족과 '잘 지내는' 방법과 필요성도 배우고, 노후 생활의 새로운 패턴도 발견하며, 달라진 삶을 살아가기 위한 힌트도 얻는다.

때문에 '유사 노후 상황'을 겪어 보기 위한 휴가는 일주일 정도로는 부족하다. 나중에 직장이나 가정에 복귀했을 때, 업무 절차나 가정 내 습관이 순간적으로나마 헷갈릴 정도로 최대한 긴 휴가를 받아야 한다.

11

억지로 취미를 가질
필요는 없다

노후를 대비한다는 마음가짐은 좋지만 괜히 무리해서는 안
된다. 예를 들어, 나이를 먹고 난 후 새로운 취미를 익히기는
힘들 것 같아서 노후가 되기 전에 미리 취미 생활을 시작해 보
려는 사람도 있다. 물론 큰 흥미를 느끼거나 원래 좋아하는 것
이라면 미리 시작하더라도 상관없다.

하지만 단순히 노후를 대비하기 위해 바쁜 일상을 틈타
일부러 새로운 취미를 시작한다면 그리 큰 진척이 없을 것이
다. 취미는 좋아하는 마음으로 즐기는 것이므로, 의무감으로
시작한다면 취미의 취지에서 벗어나게 된다. 여가를 즐긴다
는 느낌이 있어야 진정한 취미라고 할 수 있다.

취미 활동을 시작하는 것은 노후의 즐거움으로 남겨 두
는 편이 좋다. 일거리가 사라지고 달리 할 일도 없어졌을 때,
무료함을 달래기 위해 취미를 찾아보는 것이다. '인생은 예순
부터'라는 말이 있듯이, 노후에 취미를 시작하는 편이 훨씬 자

연스럽고, 여유로운 라이프 스타일에 어울리기도 한다.

나이를 먹고 새로운 것을 시작하면 기억력이 떨어진 탓에 능숙해질 만큼 완전히 익히기도 어렵다. 하지만 취미는 심심풀이 정도면 딱이다. 그 분야에서 두각을 나타내야 하거나 지도자가 될 필요는 없다. 전문가가 돼서 활약하는 것이 아니라 애호가로 즐기는 정도가 취미의 본질 아니던가.

노후에 전통 음악을 취미로 배우기 시작했다고 하자. 지금까지 자기가 하게 되리라고는 생각도 해본 적 없는 분야다. 초등학생과 함께 수업을 듣게 될지도 모른다. 어린아이와 같은 수강생으로 함께 절차탁마하며 배우다 보면 문자 그대로 '초심으로 돌아가는' 기회를 얻을 수도 있다. 매너리즘을 깨는 생각을 얻어 젊어진 기분을 맛볼 수도 있을 것이다.

12

일과 직함이 사라졌을 때의 자기 자신을 파악해 둔다

휴일에 편한 차림으로 낯선 곳에 갔다가 길을 잘못 들거나 위험한 산길에 들어서게 되면 "아저씨, 거긴 위험해요"라는 소리가 들려온다. 또 편의점에 들러 뭘 사려다가 젊은 사람이 다가와 길을 물어볼 때면 "아줌마, 역은 어디로 가야 해요?"라는 소릴 듣게 된다. 남들이 보기에 일상적인 차림으로 동네를 돌아다니는 중년의 남녀는 '아저씨, 아줌마'일 뿐이다.

아는 사람이라면 이름을 부르거나 정중한 호칭을 쓰며 말을 건다. 또 제대로 된 정장 차림을 하고 있으면 모르는 사람이라도 예의 바른 태도로 대해 준다. 사무실에 있으면 대개 사무실 직원이겠거니, 생각하고 그에 걸맞은 응대를 한다. 옷매무새와 장소의 '격'에 의해 그 나름의 사람일 것이라는 대우를 받는 것이다. '옷이 날개'라는 말이 절로 떠오른다. 더구나 그런 모습에 '직함'이라는 '격'까지 더해지면 한 사람의 훌륭한 인물상이 완성된다.

게다가 가게서 상품이나 서비스를 구입할 때는 '손님'으로서 최대한의 대접을 받는다. 이때는 겉모습이나 직함이 아니라 '돈'이 효과를 발휘한다. 겉모습이나 직함과 관계없이 '돈 쓰는 사람이라서' 대접해 주는 것이다. 요컨대 겉으로 드러나는 '격'이나 '가치'는 옷, 직함, 돈 같은 자신의 부속물에 의해 정해지는 것에 지나지 않는다.

때로는 옷, 직함, 돈처럼 몸에 지니고 있는 모든 부속물을 떨어내 버리고 알몸이 된 자신에게 어떤 가치가 남아 있을지 생각해 보자. 노후는 알몸으로 살아가는 것과 비슷한 환경이기 때문이다. 노후가 되기 전에 자신의 본질을 어디에서 찾아야 하는지 곰곰이 생각해 볼 필요가 있다.

13

'도움이 되지 않는 것'에 주목한다

일에 몰두하고 있을 때는 그것이 어떤 일이든, 최대한 그 일에 관련되거나 도움이 되는 행동을 선택한다. 특히 성실한 사람의 경우에는 그런 경향이 더욱 심하다. 틈나면 게으름 피우고 싶어 하는 사람도 그런 경향은 다르지 않다. 정도의 차이는 있겠지만, 많든 적든 일에 의존하고 있다고 말해도 좋을 증거가 되어 준다.

물론 이런 마음가짐이 업무의 질을 높이는 커다란 추진력이 되는 것은 사실이다. 그러나 업무에 직접 도움이 되는 것만을 추구하다 보면 아주 큰 성과는 도리어 거두기 힘들다.

이런 자세는 현대사회의 급속한 변화에 적절히 대응하지 못하게 만든다. 커다란 사회 변혁을 쫓아가려면 이전까지 주류였던 가치관을 깨끗이 버려야 하기 때문이다. 따라서 업무 중심의 좁은 관점에서 벗어나, 평소에도 업무 외의 분야에 관심을 넓히려는 노력이 필요하다.

똑바로 앞만 보며 달리지 말고 위아래, 양옆으로 시선을 돌려 보자. 때로는 뒤를 돌아보는 것도 좋다. 그렇게 하면 이전까지 무시해 왔던 분야에 흥미를 품게 될지도 모른다. 즉 선입견을 배제하고 주위를 둘러본다면 새로운 경험을 쌓을 수 있다.

구체적인 예를 들자면, 나는 서점에 갔을 때 평소에 관심 없던 분야의 서적 코너로 발걸음을 옮겨서 서성대다가 아무 곳에서나 우발적으로 멈춰 서서 바로 보이는 책을 무조건 구입해서 읽어 본다. 그러면 새로운 세상이 눈앞에 펼쳐지기도 한다.

노후는 지금 살고 있는 인생의 연장선상에 있는 것이 아니다. 노후에는 지금까지 도움이 되지 않는다고 생각했던 것의 도움을 받게 될지도 모른다. 직접적인 도움을 받지 못하더라도, 인간으로서의 폭을 넓히는 데는 분명히 '도움'이 될 것이다.

14

이제 와서 '학업'을 다시 할 필요는 없다

여러 가지 이유로 인해 이른바 정규 교육을 못 받은 사람들이 있다. 그런 사람들은 어른이 된 후 뒤늦게나마 학교를 다니며 학업의 길을 걸어 보고 싶어 하기도 한다. 이것은 더욱 풍요로운 삶을 살기 위한 지극히 자연스러운 사고방식이다.

한편 정규 교육 과정을 순조롭게 마쳤는데도 학교 교육을 한 번 더 받고 싶다는 사람도 있다. 물론 그런 사람에게 제삼자가 왈가왈부할 필요도 없고 그럴 권리도 없다. 그래도 일반적으로 여유가 넘친다거나 가정을 시작으로 한, 현재의 생활환경에서 도피하는 것은 아니냐는 등의 호의적이지 않은 반응이 많이 따라온다.

물론 오늘날처럼 논리적으로나 윤리적으로나 혼란해진 사회에서는 학문에 집중해서 인생의 근본 원리를 찾고 싶어 하는 것도 자연스러운 흐름이다. 하지만 만약 일반적인 추측대로 일상의 사소한 의무와 힘든 상황에서 도피하기 위해 학업에 빠지는 것이라면 그것은 무의미한 공부다. 특히 가정생활에서 자신의 역할을 조금이라도 포기하거나 완화하려는 의도로 학업을 하고 있다면 스스로에게 부정적인 결과밖에 가져다주지 않는다.

　직장 생활에서는 베테랑이 되었음에도 학력 콤플렉스에 빠져서 대학원에 등록하는 사람들도 많다. 대기업에는 석사나 박사학위를 지닌 신입 사원도 적지 않다. 그것에 위기감이나 경쟁심을 느끼는 것까지는 좋지만, 학력이 업무 실력을 보장해 주지는 않는다는 사실을 확실히 알아 두어야 한다. 내실이 없다면 학력은 장식품이나 마찬가지다. 그러므로 학력 때문에 열등감을 느낄 필요는 전혀 없다.

　지적 활동이 꼭 학업을 하는 것만을 의미하지는 않는다. 때로는 넓고 때로는 깊게 항상 스스로 고찰하는 습관을 들인다면, 그것이 곧 공부를 하는 것과 같다.

15

'자격증 시험'에
휩쓸리지 않는다

의사나 변호사 같은 전문적인 국가 자격증을 따기 위한 시험은 장래에 대해 각별한 열의를 품은 사람들이 도전해야 할 난관이다. 이런 전문적인 자격증은 취득하면 일정한 직업을 확보할 수 있고 수입의 안정성도 기대할 수 있으므로 시험을 치를 만한 가치가 있다. 물론 자격증을 땄다고 해서 끝나는 것이 아니고, 당연히 그 분야에서 꾸준히 노력해야만 뒤처지지 않을 것이다.

그런데 요즘에는 그런 훌륭한 자격증 외에도 '이런 것도 있었나?' 싶을 만큼 온갖 종류의 잡다한 자격증이 넘쳐 나고 있다. 그런 자격증을 발급하는 주체는 국가나 지자체가 아니라 단순한 민간단체인 경우가 많다. 그런 단체는 특정 분야의 지식에 대해 제멋대로 권위를 부여하고, 혹할 만한 내용으로 사람들의 눈길을 끌고, 막무가내로 사람들을 유인한다. 그리고 권위가 의심되는 시험을 통과한 사람들에게 자기들만의 자격증을 발급한다.

그러나 거창하게 자격증을 부여해서 사람들의 능력을 공인한다고 말하는 민간단체에 과연 그런 '자격'이 있는지 의심스럽다. 그다지 전문적이지도 않은 지식을 제멋대로 배열하고 팔아먹는 행태일 뿐이다. 그런 자격증 시험에 절대 현혹되어서는 안 된다. '자격증이 있다면 언젠가는 도움이 되겠지'라는 막연한 생각에 빠지면 그들의 덫에 걸려들기 십상이다.

그런 자격증을 목표로 공부해 봤자 단순한 지식을 쌓기만 할 뿐 지혜를 양성하는 데는 도움이 되지 않는다. 그런 얄팍한 지식을 노후에 써먹을 수 있을 리도 없다. 그저 돈벌이를 노리는 업자의 먹이가 될 뿐이다. 그런 자격증에 시간을 할애하느니 차라리 혼자서 묵묵히 사색하는 편이 지혜를 기르는 데 더 효과적일 것이다.

16

좋아하는 분야의 공부를 계속한다

인생의 특정한 시기부터 공부의 한 분야나 예술의 한 장르, 특정한 지식의 한 부분처럼 꾸준히 몰두하고 있는 것이 있을 것이다. 만약 생업에 바빠서 자신이 좋아하는 일을 잠깐 내려놓고 있다면, 지금 당장 다시 시작해서 조금씩이나마 부단히 계속해 가기를 권한다.

개인적인 이야기이지만, 나는 고등학생 때부터 여러 나라의 언어에 남다른 관심을 가지고 있었다. 전쟁이 끝난 후, 세계를 향해 발전해 나가려는 국가적 흐름 속에 있는 한 그것은 당연한 일이었다. 대학에 들어간 뒤에는 영어와 함께 프랑스어, 독일어, 그리고 러시아어를 공부했다. 졸업할 무렵에는 스페인어가 각광받았기 때문에 다른 대학에서 열린 스페인어 강좌에 다녔다.

사회인이 되었을 무렵부터 이탈리아 영화가 자주 상영되었고, 나는 이탈리아어의 멋들어진 어감과 템포에 매혹되었다. 그래서 영화 배급사에 문의해서 단 한 권밖에 없는 대본을 빌려 읽을 수 있었다. 지금처럼 쉽게 복사할 수 있는 시절이 아니었기 때문에, 회사에서 사용하는 영문 타자기로 대본을 일일이 베꼈다. 그것을 들고 영화관에 가서 같은 영화를 몇 번이고 봤다. 「달콤한 인생La Dolce Vita」이라는 영화 제목과 이탈리아어의 리듬은 지금도 내 뇌리에 또렷이 새겨져 있다.

　　나는 다양한 외국어를 공부해 왔는데, 실제 업무에 도움이 된 경우보다 도움이 안 된 경우가 훨씬 많았다. 하지만 조금이나마 상대의 언어에 대한 지식이 있다는 사실 때문에 외국인과의 친밀도가 높아진 경우는 적지 않았다. 지식과 경험은 깊고 조용한 곳에 잠겨 있다가도 필요할 때 수면 위로 나와 도움을 주는 법이다. 노후에 접어들고 나서도 그 사실은 변함없다.

17

세상의 흐름을 가만히 관찰한다

세상은 시시각각 변화를 거듭한다. 그중에는 환영할 만한 변화도 있고 별로 내키지 않는 변화도 있다. 하지만 조직에 속해 있는 사람이라면 좋고 싫고를 떠나 그 변화의 흐름에 휘말려들 수밖에 없다. 특히 최근에는 정보기술과 인공지능 등의 혁신이 눈에 띄게 두드러지는 바람에 직장 생활을 하면서 이를 무시하기는 불가능해졌다.

다만 최근의 변화는 효율성과 편리성에 중점을 두고 있어서 '인간성'에 대한 배려가 별로 느껴지지 않는다는 우려를 낳고 있다. 과학이나 기술의 발전이라는 명분에 눌려 그 부작용을 깊이 생각하지 않는 것이다. 이른바 '철학적 고찰'에 의한 검증이 이루어지지 않은 채 세상은 아무런 통제 없이 변화하고 있는 셈이다.

나는 이처럼 고삐 풀린 변화의 흐름에 나름대로 상당한 저항을 하는 중이다. 예를 들면, 내가 한창 일하던 시절에 휴대

전화는 벌써 대부분의 조직에서 상용화되어 많은 사람들이 쓰고 있었다. 하지만 나는 내 업무 리듬을 흐트러뜨린다는 이유로 일반 전화를 쓰는 것도 싫어했기 때문에, 주변 사람들이나 고객들이 휴대전화를 써보라고 아무리 권해도 나는 한동안 완강히 거부했다.

그런 생각은 지금까지 이어져서 나는 아직도 휴대전화를 쓰지 않는다. 업무 방식에 관해서는 꿋꿋이 개인주의를 고수했기 때문에 적어도 내 주변 사람들은 이런 나의 태도에 대해 어느 정도 체념해 주고 있다. 원래 '편리한' 것의 이면에는 이따금 '불편한' 것이 도사리고 있다. 사회의 편리는 곧 나의 불편이 될 수 있고, 나의 편리는 곧 남의 불편이 될 수 있다. 나는 나의 편리를 위해 남에게 불편을 끼치는 경우가 많지만, 그때마다 사과하고 있다.

물론 혁신의 흐름에 자신의 몸을 맡기지 않더라도, 그 변화의 양상만큼은 늘 관찰해야 한다. 또한 그런 혁신이 자신에게 어떠한 영향을 줄지 충분히 고찰해야 한다. 그것이 노후가 되어서도 필요한 자세다.

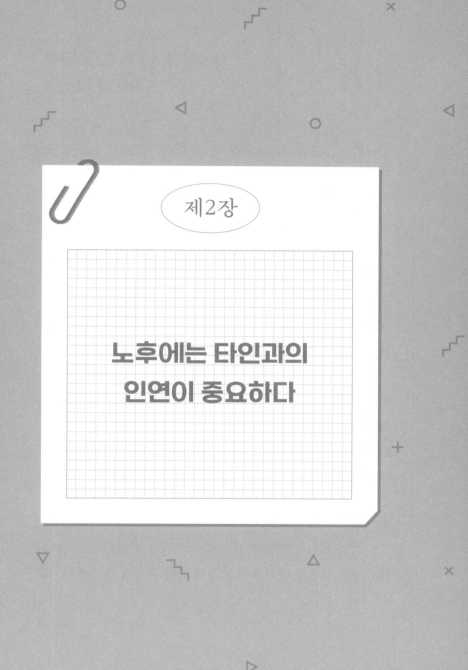

제2장

노후에는 타인과의
인연이 중요하다

사람들을 '내 편'으로 만들 각오를 다진다

사람을 '분류'하면서 사귀는 것은 인간적으로 아주 올바르지 못한 행위다. 이 사람은 나를 어떻게 '분류'했을까 하고 생각하면서 누군가를 만난다고 상상해 보자. 아주 불쾌한 기분이 들지 않는가. 이 행위가 옳지 않다는 것에 대해서는 이야기할 가치도 없다.

'분류'라는 행위는 사물이나 일을 대상으로 하는 것이다. 분류를 통해 어떻게 다뤄야 할지 처리 방법을 달리할 수 있으므로 매우 유용한 행위라는 것이 일반적인 생각이다. 하지만 인간은 모두 평등한 존재다. 누군가에게 분류당한다는 것에 불편함을 느끼는 것은 당연한 일이다. 그러니 사람을 대할 때는 겉모습뿐만 아니라 모든 것에서 선입견을 배제하고 평등한 마음을 지녀야 한다.

그걸 알고는 있지만 실제로 누군가를 만나게 되면 자기 나름대로 판단을 내리게 되고 그에 따라 관계를 맺게 된다. 호감을 느끼면 적극적으로 만나고, 자신과 코드가 맞지 않거나 좋은 느낌이 들지 않으면 소극적인 태도를 취한다. 후자의 경우 극단적일 때는 두 번 다시 만나지 않기도 한다.

그러나 그렇게 자신만의 느낌으로 사람을 상대하면 풍요로운 인간관계를 쌓을 수 없다. 사는 동안 얼굴을 맞대고 만나는 사람은 몇 명이나 될까? 일일이 세어 보면 꽤 많은 것 같아도 세계의 전체 인구에 비하면 한 줌도 되지 않는다. 세상의 수많은 사람 중에 나와 마주치게 된 사람은 '인연'이 있는 사람이다. 소홀히 대하기에는 그 인연이 너무 아깝지 않은가?

그래서 나는 만나는 사람 모두를 '내 편'으로 만들 작정으로 노력한다. 경의와 친밀감을 가지고 정중히 대한다면 최소한 적을 만들 일은 없다. '내 편'으로 둘러싸인 인생은 노후가 되어도 안녕이 보장되는 법이다.

19

인생의 스승으로
받들 사람을 정한다

어릴 때부터 시작해, 성장해 가는 각 과정에서 따르게 되는 사
람이 생기기 마련이다. 가깝고 친한 사람에게서 배움을 얻거
나 자기 행동의 본보기로 삼기도 한다. 그것은 형제자매일 수
도 있고 함께 노는 손윗사람일 수도 있다.

요즘 아이들은 학교 수업을 마치고서도 여러 학원에 다
니느라 그런 인간관계를 만들 틈이 없는 듯하다. 하지만 예전
에는 어딜 가나 꼭 붙어 다니는 형제 같은 관계가 꼭 있었다.
그런 관계를 통해 아이는 인생의 미묘한 사회성을 접하고 흉
내 내며 배울 수 있었다.

사회인이 되어 일할 때 그처럼 자기 행동의 본보기로 삼
을 만한 윗사람을 만난다면 운이 좋은 편이다. 상하 관계라 하
더라도 마음만 맞으면 얼마든지 친밀하게 지낼 수 있다. 그러
는 사이 여러 인생 지침을 얻을 수 있다. 자연 발생적으로 형성
된 멘토라고 할 수 있다.

멘토를 임의로 지정해 주는 제도를 갖춘 회사도 있는데, 이는 반드시 좋은 효과를 발생시킨다는 보장이 없다. 그런 관계의 기반에는 멘토를 신뢰하고 적극적으로 배우려는 자세와 멘티를 아끼고 성장시키려는 강한 의욕이 필요하다. 양측의 마음이 딱 맞아떨어지지 않으면 지도나 조언은 효과를 기대할 수 없다.

주변에서 인생의 스승으로 삼을 만한 사람을 찾지 못했다면, 미디어에 등장하는 사람이나 자신의 감각에 맞는 저자를 골라 '사숙私淑'하는 방법도 있다. 직접 가르침을 받을 수는 없지만 그 사람의 발언이나 글을 통해 삶을 대하는 자세를 배우고자 하는 것이다. 그것은 평생에 걸쳐 지속할 만한 가치가 있다.

20

인맥이 지나치게 넓으면
질이 떨어진다

정계나 재계뿐 아니라 문화계나 예술계에서도 인맥의 중요성
과 효과는 절대적이다. 인간의 목숨에 '혈맥'이 무엇보다 중요
한 것이듯, 인간 사회에 '인맥'도 마찬가지다.

아무리 재주가 뛰어나더라도 그것만으로는 사회에서 두
각을 나타낼 수 없다. 인맥이라는 요인이 뒷받침되어야 빛을
볼 수 있는 법이다. 인맥은 어려운 일을 헤쳐 나가는 데 중요한
역할을 하는 '윤활유'인 셈이다.

이처럼 인맥이 중요하다는 사실은 아무도 의심하지 않
는다. 누구나 인맥을 만들고 넓히려는 노력을 거듭한다. 모임
에 나가면 명함 다발을 가슴에 품고 최대한 많은 사람에게 자
기를 어필하기 위해 열심히 돌아다니며 명함 교환에 땀을 흘
린다.

물론 '사격 솜씨가 서툴러도 여러 번 쏘다 보면 한 방은
맞는다'라는 말처럼 명함 뿌리기가 완전히 헛된 일은 아닐 것

이다. 하지만 아무에게나 명함을 뿌리다 보면 바람직하지 않은 사람과 이어질 위험성도 그만큼 커진다. 양이 늘어나면 질이 떨어지는 법이므로, 상대방을 잘 살펴본 후에 신중하게 명함을 교환하는 편이 좋다. 마구잡이로 사격하다가 우연히 한 방 적중하기를 바라기보다는, 단 한 방을 쏘아서 반드시 맞히겠다는 마음가짐으로 사람을 상대해야 좋은 인맥을 만들 수 있다.

또한 업무상으로든 개인적으로든 자신의 금전적 이득만을 따지며 상대방에게 접근해서는 좋은 인맥을 만들지 못한다. 그보다는 서로 금전적인 관련성 없이도 사이좋게 지낼 수 있는 인간관계를 지향해야 한다. 금전적 관련성이 사라지더라도 인연이 끊기지 않는 인맥이야말로 영속성이 있다.

이해관계가 얽히지 않는 인맥은 평생 강인하게 지속된다. 서로의 마음이 통하는 관계기 때문이다.

21

동창회는
인간관계의 보고다

사회생활을 시작한 지 얼마 되지 않은 시기에는 동창회 모임이 있다는 연락을 받아도 별 관심을 두지 않는다. 잔뜩 쌓여 있는 업무에 파묻혀서 동창회에 신경 쓸 겨를이 없는 것이다. 그 시기에 동창회는 우선순위로 따지면 지극히 하위에 속해 있다. 나는 옛 친구를 만나는 것보다 업무 관련 모임에 나가 공부를 하는 것이 더 중요하다고 생각했다.

그런데 업무에 익숙해질수록 업무량에는 변함이 없을지언정 마음의 여유가 생겨나기 시작한다. 자신과 다른 분야에서 일하는 사람들을 만나서 현재 자신의 위치를 가늠해 보거나 다른 세상의 정보를 얻고 싶다는 생각이 들기도 한다. 그런 상황에서 동창회는 매우 유용한 존재다.

그래서 동창회에 참석하고 싶다는 생각은 나이가 들면서 점점 커지기 마련이다. 그러나 사회의 흐름이 시시각각 달라지고 '변혁'이니 '최신'이니 하는 말들이 정신없이 쏟아져 나오는 환경 속에 몸담고 있노라면, 과거의 인간관계는 시대에 뒤떨어져 업무에 도움이 되지 않는다는 생각이 들 수 있다.

하지만 그렇게 빠르게 흘러가는 시대기 때문에 더더욱 옛 인간관계가 '유용한' 내용을 제공해 준다. 동창회 혹은 그보다 더 범위를 좁힌 동기 모임이나 반창회에서는 서로가 어디서 태어나고 어떻게 자랐는지, 각자의 성격과 취향이 어떤지 등을 속속들이 알고 있다. 속마음을 서로 꿰뚫어 보고 있기 때문에 잘난 체할 필요도 없고 무엇 하나 숨길 것도 없다. 동창회에서는 자신의 본심을 거리낌 없이 말할 수 있는 것이다.

누군가가 어떤 질병이나 그 치료법에 관한 이야기를 꺼내면, 다른 사람들도 속속 그와 관련된 정보를 개진해 준다. 각자가 처한 환경에서 얻은 지식들을 아낌없이 제공해 주는 셈이다. 그중에는 귀 기울여 들을 만한 솔깃한 이야기도 많다. 이처럼 영속성 있는 인간관계 속에는 많은 보물이 묻혀 있는 법이다.

노후에는 새로운 인간관계를 만들 기회가 적어지므로, 오랜 친구와의 관계는 더욱 소중해진다.

22

불평불만이나 투덜거림은 사람을 멀어지게 만든다

인생을 살다 보면 짜증나거나 언짢은 일도 생기기 마련이다. 아무리 짧은 기간이라도 그런 감정이 이어지면 내 '삶의 일부'가 어두워진다. 그런 것도 삶의 일부분이라고 받아들이고 스스로 마음을 가라앉힐 수 있는 사람은 '깨달음'에 도달한 것이라 봐도 좋을 것이다.

대부분은 부정적인 기분을 어딘가로 발산하려 한다. 관심을 다른 쪽으로 돌리거나 몸을 열심히 움직이는 등 기분 전환을 잘 하는 사람도 있다. 하지만 어두운 감정을 주체하지 못하고 주변 사람들에게 마구 화풀이하는 사람이 훨씬 많다. 애꿎은 사람을 괜히 몰아붙이기도 하고, 남의 결점을 들춰내 트집을 잡기도 한다. 심지어 혼자서 자꾸 투덜거리는 사람도 있다.

이처럼 남에게 괜히 불평불만을 터뜨리거나 혼자서 투덜거리는 등의 나쁜 버릇은 본인이 고치려고 노력해도 쉽게 고

처지지 않는다. 이때는 본인에게 그런 나쁜 버릇이 있음을 분명히 인정한 후, 그 버릇을 고치겠다는 결의를 주변 사람들에게 공표하는 것이 좋다.

남들에게 한번 공표한 내용은 되돌릴 수 없기 때문에 배수의 진을 친 것과 마찬가지다. 그 버릇이 언뜻 나올라치면 스스로도 강하게 자제하게 되고, 남들도 그 버릇을 부담 없이 지적해 주게 된다. 당연히 친절하게 지적해 준 사람에게는 감사 인사를 명확히 해야 한다. 그래야만 상대방도 아무런 주저 없이 나쁜 버릇을 고치는 데 협조해 준다.

특히 나이 든 사람이 괜히 옆에서 투덜거리면 남에게 민폐고 꼴불견이다. 그러므로 나이 든 사람은 더욱 투덜거리지 않으려고 의식적으로 노력해야 한다.

불평불만이나 투덜거림이 없는 사람의 주변에는 늘 밝고 상쾌한 분위기가 감돌아서 사람들이 거부감을 느끼지 않는다. 그 사람에게 가까이 다가가는 것만으로 '훈훈한' 기분이 든다. 평화롭고 편안한 인간관계를 가질 수 있는 사람이기 때문이다.

23

마음에 안 드는 사람과 친해진다

누구에게나 '왠지 못마땅한 사람'은 있다. 이렇다 할 이유도 없으면서 어쩐지 불만이나 거부감이 느껴져서 피하고 싶은 사람이다. 내가 상대방을 그렇게 느낀다면, 아마도 상대방 역시 나를 그렇게 느끼고 피할 것이다.

사람과 사람 사이의 감정은 일시적으로는 서로 엇갈릴지 모르나, 장기적으로 또 결과적 관점으로 보면 '상호적'인 것이라 할 수 있다. 비록 상반되는 감정을 느낀다 하더라도, 그 감정은 교류를 거듭하다 보면 반드시 '동조'의 경향을 띄게 된다. 서로의 관계를 쌓아 갈수록 조금씩이나마 서로에게 다가간다. 더 나아가 공명하고 공감해 나가면서 일체감마저 느낄 수 있다.

그렇게 생각하면 타인과 관계를 맺을 때는 충분한 시간을 들여 천천히 서로에게 다가가는 것이 최선임을 알 수 있다. 내가 상대에게 호의적인 감정으로 대하면 나에 대한 상대의 감정도 호의적으로 변한다. 하지만 양쪽 모두 아무런 노력을 하지 않는다면 서로가 '왠지 못마땅한 사람'인 채로 세월이 흘러가고 만다.

모르는 사람들끼리도 자연스럽고 거부감 없이 할 수 있는 노력은 만났을 때 인사하는 것이다. "안녕하세요"라는 단순하기 짝이 없는 말을 미소와 함께 던져 보자. 상황에 따라 공손히 허리를 숙이는 것이 좋을 수도 있고, 살짝 목례하는 것이 적절할 수도 있다.

어쨌든 노력하지 않으면 인간관계는 발생할 수 없다. 상대방에게 흥미를 느낀다는 마음을 겉으로 드러내야 한다. 그런 습관은 노후의 풍요로운 인간관계로 이어지는 길이 될 것이다.

24

사회악에 대항하는 동료와 함께한다

사회적으로 부정한 일을 보고도 옳지 않다는 생각만 한 채 외면하거나 무시한다면 자신의 세계가 좁아질 뿐이다. 설사 정의에 반대되는 강한 적이라 하더라도 똑바로 직시하고 그 부정을 용서하지 않겠다는 자세를 유지해 나갈 용기가 필요하다.

물론 그 부정을 바로잡거나 적어도 비난할 능력이 있을 때는 주저 없이 목소리를 크게 내질러야 한다. 그러나 현재의 사회는 민주주의를 표방하면서 실제로는 공정하지도 공평하지도 않으며 뒤에서는 정치적·경제적으로 막강한 권력이 판치고 있다. 일반 국민의 미미한 힘으로는 거대한 권력에 도저히 맞설 수가 없다.

그래서 울며 겨자 먹기로 기존의 사회 시스템에 순응하게 된다. 자신의 주장을 소리 높여 외쳐 봤자 부질없는 일이며, 오히려 억울함에 분통만 터질 가능성이 크기 때문이다.

하지만 실질적인 효과를 기대할 수 없는 상황에서도 부정에 항의하고 정의를 주장하는 일을 멈춰서는 안 된다. 침묵이 길어지면 습관이 된다. 사회악에 대한 반대도 못하게 되고, 더 나아가 정의를 주장하려는 의욕도 사라지게 된다. 그러면 염세적 사회관에 빠져 모든 일에 소극적이고 비관적인 인생을 살게 된다.

사회악이 아무리 많고 아무리 강하더라도 그냥 도망쳐 버리면 싸움에 진 개가 될 뿐이다. 기회만 생기면 달려들어 물어뜯고자 하는 기백을 잃지 말아야 한다. 그런 생각을 평생 유지할 용기가 없다면, 노후에 접어든 후 전형적인 패배자가 되고 만다.

그런데 주변을 잘 살펴보면 이른바 '싸움꾼'이라고 불리는 사람들이 눈에 들어올 것이다. 거대한 사회악과 싸워 보겠다고 발버둥 치는 사람들이다. 그런 사람들과 함께 현실적으로 사회운동을 펼치지는 못할지라도 적어도 심정적으로나마 응원을 보내 줄 수는 있다. 실제로 교류하지는 않지만 같은 사고방식을 품은 '동지'가 있다고 생각한다면, 삶에서 희망의 불빛을 잃지 않을 수 있다.

25

비판은 상대의 인격을
존중하며 한다

요즘 교육에서는 칭찬을 권한다. 학생을 야단치거나 비난하는 것은 부정적인 방식이라 학생을 위축시키고 성장할 힘을 앗아간다는 것이다. 그러나 잘못은 처음부터 따끔하게 혼내야 하는 것이 아닐까?

짓궂은 짓을 하거나 남을 따돌리는 행위를 '괴롭힘'으로 여기고 비난하는 풍조가 있다 보니, 남을 비판하는 것이 더욱 조심스러워진 면도 없지 않다. 비판은 대개 강자에게나 가능한 것이어서 비판받는 쪽은 자연스럽게 약자가 되므로, 이것을 자칫 '갑질'로 여기는 것이다. 하지만 이것은 지나친 확대 해석이라고 생각한다.

요즘은 훈육해야 할 때도 아이의 털끝 하나 건드릴 수 없다. 조금만 심한 말을 해도 따가운 눈초리를 받는다. 그렇게 되면 아이의 응석을 전부 받아 주게 되고, 아이의 버릇은 점점 나빠질 뿐이다.

좋은 점을 칭찬하는 것도 좋지만, 동시에 나쁜 점을 제대로 질책해 교정할 필요가 있다. 당근과 채찍을 조화롭게 활용하는 수법을 고민해야 한다. 당근과 채찍의 균형을 잘 잡는 것이 가장 어려운 부분이긴 하다.

남을 질책할 때 잊지 말아야 할 것은 상대방의 인격을 충분히 존중해야 한다는 점이다. 비즈니스나 일상생활에서 벌어지는 잘못에 대해 질책할 때, 우리는 그 '행위'가 '나쁜 일'이었음을 지적한다. 하지만 그 나쁜 일을 한 사람이 곧 '나쁜 사람'은 아니라는 점을 한시도 잊지 말아야 한다.

'죄를 미워하되 사람을 미워하지 말라'라는 말도 있다. 상대를 '악인'이라고 낙인찍어 버리면 그 사람의 미래가 사라진다. 비판의 대상에도 온전한 인격이 있다는 것을 잊지 말아야 한다. 특히 나이가 들면 충동적으로 격분하기 쉬우므로 더욱 조심해야 한다.

26

문제가 일어나면
자신을 먼저 돌아본다

어느 모임의 회식이 열렸다. 식당 입구에서 총무가 참석자를 체크하고 있었다. 그때 모임의 멤버 한 명이 와서 식당으로 들어가려고 하자, 총무는 이름을 묻고 참가자 명단을 살펴보았다. 명단에 없는 이름이었다. 그러자 총무는 "명단에 없네요"라고 말했다. 이에 모임의 멤버는 "참가한다고 회신한 줄 알았는데, 착오가 있었나 봅니다"라고 대답했다.

회식 자리였으므로 계획했던 인원보다 한두 명이 늘거나 줄어도 큰 문제가 없을 터였다. 그러나 총무는 자기가 작성한 참가자 명단만 쳐다보고 있었다. 그걸 작성할 때 자기가 실수를 했을 가능성도 분명 존재했다.

그러나 그 당시 나는 내가 실수를 할 수도 있었다는 것을 아예 생각도 하지 않았다. 어째서 "제가 명단을 작성하는 과정에서 착오가 있었나 봅니다"라는 말을 하지 못했을까. 자기 과실인지 명백하지 않은 시점에서 사과하는 것이 싫었던 것일

지도 모른다. 참가 신청을 잘못하는 것보다 총무가 참가자 명단을 잘못 작성할 가능성이 더 높은데도 말이다.

물론 누가 실수를 했는지는 참가 신청서든, 문자나 메일 회신이든 메시지를 보면 되겠지만, 중요한 것은 그게 아니다. 중요한 것은 문제가 발생했을 때 바로 자기 자신이 원인일지도 모른다고 생각할 줄 아는 자세다. 그것은 겸허한 사람이라는 증거며, 타인의 호감을 살 수 있는 태도다. 그 깔끔함에 마음이 끌리지 않을 사람은 없을 것이다.

27

자기 실수는 아무리
작은 것이라도 사과한다

조직 내에서 불미스러운 일이 발생하면 어떻게든 쉬쉬하며 덮으려 한다. 심각한 법규 위반이 벌어졌을 때마저도 가능한 한 은밀히 처리하려고 노력한다. 조직의 평판이 떨어질까 봐, 사업 내용이나 성과에 악영향이 미칠까 봐 걱정하기 때문이다.

게다가 조직 내부에서는 그 사건의 장본인을 찾아내고, 때로는 희생양으로 삼으면서 다른 사람들의 안위를 도모하려 한다. 사건에 가담한 다른 사람들은 희생양이 된 사람 덕분에 면죄부를 받는다.

이는 공정한 처분이라고 할 수 없다. 물론 불미스러운 사건의 발단이 된 사람이 없었다면, 사건 자체는 발생하지 않았을 것이다. 하지만 그 일을 더욱 발전시키고 속행한 사람들이 없었다면 사건은 커지지 않았을 것이다. 그것이 잘못된 일임을 도중에 깨닫고도 멈추려 하거나 다른 사람을 말리지 않고 묵인한 사람들 또한 책임이 가볍지 않다.

　같은 조직에서 함께 일하는 사람들은 발생된 사건의 결과에 대해 한 사람도 빠짐없이 모두 책임을 가진다. 조직 내의 사람들은 모두 한 배를 탄 운명 공동체라는 생각을 해야 한다. 그렇지 않다면 협력하며 일하는 시스템이 성립되지 않는다.

　물론 책임의 정도는 직급과 직책에 따라 각각 다르다. 하지만 누구에게나 일말의 책임은 반드시 존재한다. 그 책임의 크기가 아무리 작더라도 자신의 책임에 해당하는 부분을 찾아내어, 그 점에 관해 주변 사람들 혹은 조직을 상대로 사과해야 한다.

　그런 개개인의 사과가 연쇄 반응을 일으킨다면 결국은 모든 구성원이 사과하게 될 것이다. 만약에 그런 식으로 흘러가지 않는 조직이라면 무언가 잘못된 조직이니 얼른 빠져나오는 편이 좋다. 노후에도 여러 '조직'과 관련을 맺을 수 있으므로 이 점을 꼭 염두에 두어야 한다.

28

타인의 사생활을 존중한다

가끔씩 만나 식사를 하는 모임이 있었다. 동호회에서 만나 뭉친 사람들이다 보니 생활수준도 비슷해서 다들 화기애애하게 지냈다. 특별히 사이가 좋아진 사람들은 서로의 집에 초대하기도 했지만, 그것은 드문 일이었다.

어느 날 그 모임에 파란이 일어났다. 말과 행동에 거리낌이 없는 한 여성이 모임에 가세한 것이다. 좋게 말하면 천진난만하다고도 할 수 있지만, 나쁘게 말하면 제멋대로 구는 사람이었다. 그 여성은 남의 집안일에 관해 시시콜콜하게 캐묻기도 했고, 다른 멤버의 배우자가 무슨 직업을 가지고 있는지 알아내려고 했다.

보통 사람이라면 꼭 알고 싶은 것이 있더라도 먼저 자신의 정보를 공개한 후에 상대방에게 조심스럽게 묻는다. 그리고 상대방이 말을 흐리면 더 이상 추궁하지 않는다. 그런데 그 여성은 그런 조심성이라고는 전혀 없이 남의 개인적인 일에 관해 꼬치꼬치 캐물었다. 마치 인터뷰를 하는 사람처럼 질문을 던져서 다들 어떻게 대답해야 할지 난감해했다.

그러던 중 남의 집에 무턱대고 들이닥치기까지 했다. 우연히 근처에 오게 되었다는 구실로 불쑥 현관 앞에 나타났다는 것이다. 무작정 거절할 수가 없어서 현관문을 열었더니, 집 안으로 들어와서 부엌이며 화장실까지 마음대로 '구경'했다고 한다.

그 일을 계기로 그 여성은 모임에서 쫓겨났다.

친하게 지내는 사람이라 해도 상대의 개인적인 영역에 함부로 들어가거나 개인적인 일에 관해 조심성 없이 질문해서는 안 된다. 혹시 남에게 대답하기 힘든 개인적인 질문을 받는다면 가볍게 미소 지으며 "그건 개인적인 일이라서요"라고 말하고 명확하게 거절하는 의사를 밝히는 것이 낫다.

29

양질의 인간관계를 구축하기 위해 부단히 노력한다

인간관계는 상호작용하면서 발전하기도 하고 쇠퇴하기도 한다. 내가 잘 대해 주면 남도 나를 잘 대해 주고, 반대로 내가 남을 좋지 않게 대하면 그 반동으로 좋지 않은 대접을 받게 되는 법이다.

인간관계를 개선하고 싶다면 타인에 대한 자신의 생각을 항상 '양질'의 것으로 유지하려고 꾸준히 노력해야 한다. 그렇게 하면 나를 대하는 타인의 태도도 좋아진다. 그런 상호작용이 원만한 인간관계를 구축하는 기반이 된다.

사람과 사람 사이에는 항상 '선순환'이 이루어지고 있다. 일방적인 흐름이 아니라 늘 반복되는 '순환' 속에 있다는 것을 의식한다면, 그것만으로도 인간관계의 질은 좋아질 수 있다.

그와 동시에 인간관계의 흐름을 스스로 만들어 내려 노력하는 것이 중요하다. 즉 누군가가 흐름을 만들어 주기를 기다리는 것이 아니라, 자신이 적극적으로 좋은 흐름을 만들어

내려고 의식하는 것이다. 모든 인간관계에서 자신이 주도적인 선구자가 되겠다는 마음가짐을 가져야 한다.

인간관계를 주도한다는 것은 자기 마음대로 하라는 뜻이 아니다. 때와 장소와 상황에 따라 융통성 있게 상대를 대해야 한다. 나의 접근을 상대가 기분 좋게 받아들일 수 있을지 면밀히 따져 봐야 한다. 그렇지 않으면 상대가 놀라 역효과가 날 수 있고, 혼자서 끙끙대며 안간힘을 쓰다가 헛발질로 끝나 버릴 수도 있다.

나이가 들면 제멋대로 행동하는 경향이 강해지므로, 이는 특히 유념해야 할 점이다.

30

남의 험담은 '듣지 않는 것'이 핵심이다

험담은 기본적으로 나쁜 짓이다. 사실을 확인하지 않은 채 다소 왜곡하거나 과장하는 경우가 많기 때문이다. 또한 당사자가 없는 곳에서 하는 '뒷담화'인 경우가 많아 더더욱 그렇다.

친밀한 관계가 아닌 사람이 남에 관해 무책임하게 흥미 위주로 떠벌리고, 제삼자가 저렴한 호기심을 충족시키기 위해 귀 기울이는 것이 험담이다. 어차피 남 일이니 듣는 사람으로서는 흥미진진한 면이 있다. 그런데 내용이 재미있을수록 험담은 꼬리에 꼬리를 물고 여러 사람에게 퍼진다. 그러는 과정에서 내용이 바뀌기도 하고 때로는 더 재미있게 만들기 위해 조작되기도 한다. 이른바 '가십'이 형성되는 것이다.

떠도는 이야기에 휩쓸리는 것은 결코 칭찬할 만한 일이 아니지만, 남의 험담에 흥미를 느끼는 것은 어쩔 수 없는 인간의 서글픈 본성이다. 나에게도 그런 성향이 있다는 것을 부정할 수 없기 때문에 내심 부끄러움을 느낀다.

하지만 체념해서는 안 된다. 역시 험담은 가급적 피해야 한다. 자신의 인격을 높이고 남들로부터 좋은 평가를 받기 위해 반드시 필요한 마음가짐이다. 자칫 다른 사람의 나쁜 이야기를 하고 싶어지면 입을 꾹 다물어야 한다. 험담은 절대 하지 않는다는 각오를 다지는 것이다.

또한 대화하고 있을 때 누군가가 남의 험담을 하려는 낌새를 보이면 화제를 딴 데로 돌리는 것이 좋다. 아니면 단도직입적으로 "남의 험담은 하지 맙시다"라고 말해도 좋다. 그런 노력을 했는데도 험담이 나온다면 "잠깐만요" 하며 자리를 뜬다. 그 험담에는 일절 관여하지 않겠다는 자세를 보여 주는 것이다. '남의 험담은 하지도 않고 듣지도 않는다'는 것을 철칙으로 삼아야 한다.

노후에는 시간적인 여유가 많아 남을 험담할 기회도 많아진다. 항상 타인의 험담에는 관여하지 않겠다는 자세를 견지할 필요가 있다.

31

사람은 외양이 아니라 마음이 더 중요하다고 흔히 말한다. 이
것은 겉치레에만 신경 쓰느라 내실의 중요함을 잊은 사람들
을 향한 경고의 메시지일 뿐, 외양이 중요하지 않다고 말하는
것은 결코 아니다.

　당연히 외양과 내실 모두 훌륭한 것이 가장 좋다. 아무리
마음이 고와도 거부감이 드는 옷차림을 하고 있으면 남들과
어울리는 데 어려움을 겪기 마련이다. 인간은 아름다움을 추
구하는 동물이다. 아름다움과 추함을 비교했을 때 아름다움
을 선택하는 것이 정상이다. 그러므로 외양을 중시하며 사는
것은 자연스러운 일이다.

　자기는 외양 같은 것은 신경 쓰지 않는다고 호언장담하
는 사람도 자신의 생사여탈권을 실질적으로 쥐고 있는 사람
앞에 가야 할 때면 반드시 자신의 옷차림을 점검할 것이다. 거
울 앞에 가서 넥타이가 비뚤어지지 않았는지, 화장이 들뜨지

않았는지 확인하는 것이다. 이는 사람들이 외양을 중요하다고 인식하는 증거다.

또 요즘 입사 면접 자리에서는 지원자들이 검은색 위주의 정장을 입은 획일적인 모습을 보인다. 그것이 옳은지 그른지를 떠나, 많은 사람들이 그런 풍조에 따르고 있다는 것은 외양을 중시하고 있다는 사실을 방증한다.

외양을 중시한다는 말이 화려하게 꾸며야 한다는 뜻은 아니다. 날마다 다양한 장소에서 마주치고 만나는 사람들은 모두 나에게 의미를 가진다. 그들에게 좋은 인상을 주기 위해서는 '허식'의 냄새가 나서는 안 된다. 나에게 잘 어울리면서 스스로가 편안하게 느끼는 차림을 찾아내자. 그것이 결국 나를 가장 잘 살리는 옷차림이다. 나이가 들수록 '아름다움'에서 멀어지기 쉬우니 특히나 유의해야 한다.

32

옷장 앞에서는 청결과 존중, 조화를 생각한다

타인과의 교류에서 옷차림이 가지는 중요성은 상당히 크다. 그 중요성을 생각했을 때 염두에 두어야 할 요소는 크게 세 가지가 있다.

첫 번째는 '청결'이다. 몸에 걸친 것이 남들에게 불쾌감을 주어서는 안 된다. 항상 잘 세탁된 속옷을 입고 겉옷에도 먼지가 붙어 있거나 냄새가 나지 않도록 해야 한다. 옷에서 청결함이 느껴져야 남들이 다가와 주는 법이다. 액세서리도 어수선한 느낌을 주는 것보다 깔끔한 것으로 한다. 심플한 액세서리나 단정한 조합에는 청결함을 자아내는 효과가 있다.

두 번째는 존중이다. 상대를 존중하는 마음이 있으면 실례가 되지 않는 옷차림을 하게 된다. 누군가의 집이나 사무실을 방문할 때는 상대와 그 공간의 격에 맞는 옷차림을 해야 한다. 열심히 업무를 보는 사무실에 편한 셔츠와 청바지를 입고 방문하는 것은 무례한 일이다. 비즈니스 자리에는 거기에 자연스럽게 녹아드는 옷차림으로 가야 한다. 그렇지 않으면 상대에 대한 존중의 뜻이 전달되지 않는다. 옷차림이 인간관계에 중요한 역할을 하고 있음을 잊지 말자.

세 번째는 조화다. 일단 옷차림 자체가 조화를 이루어야 한다. 양복은 낡았는데 넥타이만 새 것을 맨다면 위화감이 들고, 보는 사람도 혼란하게 만든다. 전체적으로 통일된 느낌을 주는 옷차림을 하도록 신경 쓰자.

옷차림을 신경 쓸 때 핵심은 때와 장소에 어울리는지 여부다. 놀러 가는 듯한 가벼운 옷차림으로 진중한 모임에 참석할 수는 없는 노릇이다. 때와 장소, 상황에 어울리지 않는 차림을 했다가는 사람들과 어울리기가 쉽지 않다.

제3장

노후에는 돈이
중요하다

33

돈은 인생의 생명 줄이다

현대 문명사회에서는 돈이 없으면 살아갈 수 없다. 그래서 누구나 돈을 벌려고 안간힘을 쓴다. 그런데 항상 돈에만 집중하고 돈만 좇는 사람도 있는 반면, 별로 신경 쓰지 않는 것처럼 굴면서 필요한 돈은 착착 벌어들이는 사람도 있다. 그 차이는 어디서 생겨나는 걸까? 돈에 대해 노골적으로 이야기하는 것은 어쩐지 품위가 없는 것처럼 여겨지기 때문은 아닐까?

돈은 자신의 시간과 에너지를 제공한 대가로 얻는 것이다. 정당한 대가라고는 하지만 순수하게 객관적인 기준이 없으므로, 서로 간의 흥정을 통해 금액이 결정된다. 당연히 이런 흥정에는 인간의 '이기심'이 강하게 얽힐 수밖에 없다. 그래서 인간의 '이기심'을 숨기려는 의도로 돈에 대해서는 대충 얼버무리는 것이 아닐까?

돈에 관한 속담은 아주 많다. 그런데 그중 대다수가 부정적인 내용이다. 돈의 위험성에 대해 경고하는 속담이 많은데,

그만큼 신중하게 다루라는 충고일 것이다. 특히 인간관계가 얽히는 경우에는 돈에 대해 더욱 신중하게 생각해야만 부정적인 결과를 피할 수 있다는 점을 지적하는 속담이 많다는 것을 생각하자.

세상에는 돈보다 소중한 것이 많다는 주장은 살아가는 데 필요한 돈을 충분히 갖고 있다는 전제하에 하는 말이다. 돈을 멸시하다가는 큰코다칠 수 있다. 돈은 일상을 뒷받침해 주는 기둥이고 더 나아가 인생의 생명 줄이다. 특히 노후에는 어느 때보다 돈의 역할이 중요해지므로, 돈을 소중히 다루는 자세를 잃지 말아야 한다.

34

노후 자금에 대한 불안을
부추기는 사람들을 조심한다

젊음과 건강을 유지하면서 일할 때는 사치를 부릴 정도는 아니더라도 나름대로 문화생활을 영위할 수 있다. 열심히만 일하면 먹고 살 수 있는 것이다. '부지런한 사람 중에 가난한 사람 없다'라는 말처럼 근면하게 일하다 보면 가난에 시달릴 일은 없다.

문제는 나이가 들었거나 심각한 병에 걸렸을 때다. 즉 젊음과 건강을 유지했을 때처럼 일하는 것이 불가능해졌을 때, 문제가 생긴다. 사람들은 이때를 대비해 저축을 하거나 보험을 든다. 물론 여차하면 복지 제도의 도움을 받아야 하겠지만, 그것은 최후의 수단이자 안전망이다.

집안의 가장이 아직 젊을 때 갑작스러운 변고가 발생하면 남은 가족은 길거리에 나앉게 된다. 그것을 대비하는 데에 생명보험은 아주 유용하다. 그러나 어느 정도의 연령에 이르러서, 어느 정도의 금전적 기반이 마련된 이후에는 그런 종류의 보험이 반드시 필요한 것은 아니다. 보험에 새로 가입하기 전에 보험사가 제시하는 리스크와 보험료를 심사숙고해야 한다.

노후에 대한 불안 요소는 누구나 품고 있다. 그만큼 이를 이용해 금전적 불안을 부추기는 기업도 많다. 그런 기업들은 노후를 대비한다는 명목으로 다양한 금융 상품을 개발해 판매하려고 한다. 하지만 기업은 기본적으로 '친절'한 얼굴로 '상품'을 파는 '상인'이다. 상인의 말을 검토 자료로 삼는 것은 좋지만, 그대로 전부 받아들여서는 안 된다.

'불이 나면 도둑이 들끓는다'라는 말이 있듯이 사람들은 북새통을 틈타 재미를 보려 한다. '남의 불행은 나의 행복'이라며, 남의 고난을 장사거리로 삼는 사람도 있다. 상대방의 '친절'한 표정 뒤에 숨어 있는 '상인'의 본모습을 판별해 낼 필요가 있다.

35

금융기관도 결국 이익을 추구하는 '장사치'다

요즘 은행에서 적극적으로 밀어붙이는 것은 대부분 투자 권유다. 예전처럼 예금을 해달라는 부탁은 일절 없다. 물론 이름뿐인 이자를 생각하면 적극적으로 예금을 해야겠다는 생각도 들지 않는다.

이따금 이율이 좋은 정기예금을 권유하는 곳도 있지만, 대개는 투자신탁과 연계된 상품이다. 게다가 그 이율이 적용되는 기간은 몇 개월에 지나지 않는다. 투자 혹은 그와 유사한 명칭이 붙은 상품은 원금을 보장해 주지 않기 때문에, 비전문가는 섣불리 접근해서는 안 된다. 은행은 금리가 얼마 되지 않는 예금보다 투자 상품에 가입해야 돈을 벌 수 있다고 말하지만, 까딱 잘못하면 돈을 벌기는커녕 원금마저 잃게 될 위험성도 높다.

'노인은 모아 둔 돈이 많다'는 생각이 강해서인지, 은행은 노인에게 다양한 접근을 시도한다. 하지만 그 목적은 어디까지나 노인의 돈을 쓰게 만들려는 것일 뿐이다. 그런 접근에 안이하게 응해서는 안 된다.

금융기관의 입장에서는 판매하고 있는 금융상품이 돈을 벌든 말든 상관없이 자기들은 수수료를 챙길 수 있다는 이점이 있다. 금융기관은 손해를 보지 않는 구조다. 투자라는 명칭이 붙어 있으니, 손실이 나도 결국 자신들의 책임은 아닌 것이다. 손실이 났을 때 상품을 판매한 금융기관도 그 일부를 부담하는 형식이 되어야만 조금 더 공정한 비즈니스가 되지 않을까, 하는 것이 내 생각이다.

몇몇 대형 은행의 파산은 많은 이들에게 마른하늘에 날벼락이었다. 그로 인해 은행이 안전하다는 신화는 무너졌지만, 아직도 기업을 시작으로 한 여러 조직과 개인의 '소중한 돈을 맡아 주고 있다'는 사실 때문에 은행은 아직도 상당한 신용을 얻고 있다.

그러나 은행이라는 조직은 최종적인 책임을 지려는 의식도 없으며 그런 시스템도 갖춰 있지 않다. 은행 직원들이 어떤 감언이설을 쏟아 내더라도, 조직은 언제고 간단하게 무너질 수 있다. 국가라는 조직도 마찬가지다. 나에게는 할아버지가 남겨 주신 '국채'가 있는데, 이제는 종잇조각으로써의 가치밖에 없다. 이 국채는 나에게 항상 '속지 말라'고 일러 주고 있다.

36

'투자'라는 말을 들으면 도망쳐라

투자 사기나 그와 유사한 사건이 신문이나 텔레비전 등 언론에 빈번히 보도되고 있다. 특히 어느 정도 돈을 모아 둔 연령층이 잇따라 피해를 보고 있는 듯하다. 그 원인 중 가장 큰 것은 바로 본인의 '욕심'이다. 돈을 벌고 싶다면 땀 흘려서 스스로 당당하게 일을 하면 된다. 돈을 쉽게 벌려는 잘못된 근성이 문제다.

요즘처럼 정보망이 넓게 퍼져 있으면서 동시에 팍팍하기 짝이 없는 세상에서 쉽게 돈을 벌 수 있는 방법이 평범한 사람에게까지 전해질 리가 없다. 그런데 희한하게도 '한몫 잡을 수 있다'는 달콤한 말에 홀딱 넘어가는 사람이 많다.

그렇게 속는 이유는 한가하기 때문이다. 바쁘게 일하다 보면 남의 말에 귀 기울일 틈도 없다. 게다가 그렇게 돈을 쉽게 버는 방법을, 딱히 도움을 받은 적도 없는 생판 남에게 왜 가르쳐 주겠는가? "한몫 잡을 수 있어요"라고 말하는 사람에게는

"한몫 잡는 건 당신이겠죠"라고 대꾸하는 것이 좋다.

달콤한 말에는 독이 들어 있다고 생각하고 아예 귀를 기울이지 말아야 한다. 투자의 '투' 자만 들어도 쏜살같이 도망쳐야 한다. 애당초 투자投資는 말 그대로 '돈을 던진다'는 뜻이다. 투자한 이상, 돈은 이미 자신의 통제를 벗어나게 된다.

돈이라는 '생명 줄'을 자신의 손이 닿지 않는 곳에 내던졌으니 그에 대한 대가를 치러야 하는 것은 당연하다. 꼭 투자하고 싶다면 돈을 내팽개친다는 마음으로 해야 한다. 투자한 돈이 되돌아오지 않아도 어쩔 수 없다는 결심을 하고 나서 해야 하는 것이다. 투자는 기대하는 마음보다 내려놓는 마음이 클 때 해야 한다.

37 돈을 쓸 때는 지금인가, 노후인가?

이솝 우화에 「개미와 베짱이」라는 유명한 이야기가 있다. 개미는 겨울을 대비해 열심히 일해서 식량을 모아 뒀지만, 베짱이는 노래를 부르며 노는 데 정신이 팔려 있었다. 그래서 겨울이 오자 개미는 안정적인 생활을 할 수 있었고, 베짱이는 먹을 것이 없어서 어려움을 겪었다.

그 이후에 개미가 베짱이를 도와주지 않아서 베짱이가 죽고 말았다는 이야기도 있고, 개미가 먹을 것을 나누어 주어서 베짱이가 살아났다는 이야기도 있다.

어쨌든 이 우화는 불안한 장래를 대비할지, 현재를 즐기는 데 중점을 둘지 선택해야 한다는 메시지를 담고 있다. 사람은 양자택일을 요구받으면 어느 한쪽을 선택해야 할 것 같은 생각에 사로잡힌다. 그러나 그 한가운데를 노리거나, 양쪽을 절충하는 방법도 있다는 것을 염두에 두어야 한다.

오늘을 위해 사는 것과 내일을 위해 사는 것, 둘 중에 하나를 선택하기보다, 그 순간순간의 상황에 맞게 균형을 잡는 것이 가장 현명하다. 젊었을 때는 돈은 없지만 기력이 있고, 나이가 들면 돈은 있지만 기력이 없다는 것을 미리 알아 두길 바란다.

또한 공부든 경험이든 자기 자신에 대한 '투자'라는 의미에서, 젊고 혈기 왕성할 때의 지출을 아깝게 여기지 말아야 한다. 젊었을 때 한 공부와 경험은 나중에 반드시 어떤 모습으로든 성과를 보이기 마련이다. 자기 자신에게 사치를 허락하자는 결의도 때론 필요하다. 여행도 나이가 들면 체력이 달려서 제대로 하기 힘들다. 젊었을 때 그 젊음이 충분히 발휘될 수 있도록 이용하는 것도 좋은 선택이다.

38

돈은 모으는 만큼
쓸 줄도 알아야 한다

내 지인 중에 자수성가해서 상당한 기업의 오너가 된 사람이
있다. 그 사람은 전쟁 직후에 암거래상으로 일하면서 번 돈을
밑천 삼아 창업했다. 여러 업종에 손을 댔다가, 그중 한 업종에
서 대박을 터트렸고, 결국 업계에서 부동의 넘버원 기업으로
성장하기에 이르렀다. 자금 사정이 좋아지자 그의 기업은 꾸
준히 확대 노선을 걸었다.

　그는 벼락부자가 되었지만 사생활에서는 검소했다. 물
론 자기 집을 한 채 짓기는 했지만 대저택이라고 하기에는 거
리가 멀고, 지극히 평범한 기업의 임원이 살 만한 평범한 집이
었다.

　업무상으로나 개인적으로나 여행을 할 때도 기차 정도야
일등석을 타지만, 비행기는 국내나 국외를 막론하고 항상 이
코노미석을 고집했다. 기업이 커지면서 공장을 신설하기도
하고 부동산에 투자하기도 했지만, 도쿄에 있는 본사는 예전

의 낡고 작은 건물 그대로다.

　그는 낡은 정장을 걸친 보잘것없는 직장인으로밖에 보이지 않는다. 일류 레스토랑이나 고급 술집에 갔다는 말도 듣지 못했다. 사장용 차량도 없어서 지하철과 버스가 그의 주요 교통수단이다. 인색함이 흘러넘치는 삶이라고밖에 할 수 없다. 검약 위주의 습관에서 한 발짝도 벗어나지 않는다.

　그런 그가 어느 날 나에게 약간 자학적으로 말을 꺼낸 적이 있다. '때로는 큰돈을 쥐고 어디 놀러 가고 싶어도 그 방법을 모르겠다'고. 그때 나는 그의 모습에서 현재와 미래 사이의 균형을 잃은 쓸쓸한 인생을 보았다. '지나침은 모자람만 못하다'는 말이 떠오르지 않을 수 없다.

39

추구하는 것은 돈인가, 행복인가?

우리처럼 전쟁 전후를 살아온 연배의 사람에게 '살아가다'와 '먹다'는 같은 뜻의 단어였다. 식량이 극도로 부족했기 때문에 항상 배를 곯았다. 주식인 쌀은 늘 모자라서 우리는 대부분 '대용식'을 먹었다.

내가 먹던 대용식은 고구마와 호박이었다. 매일같이 질리도록 먹었다. 때문에 십 년 전까지만 해도 고구마와 호박을 보면 거부감이 들었다. 흰쌀밥은 구경하기도 힘든 귀한 존재여서 '은밥'이라고 불렀다. 지금의 식량 사정과 비교하면 격세지감이 든다.

요즘에는 먹고살기 위해서 일한다고 하는 사람들이 많지만, 이때 '먹는다'는 말은 비유적인 표현일 뿐, 실제로 사람들이 추구하는 것은 '돈'이다. 돈만 있으면 무엇이든 손에 넣을 수 있으니 마치 요술방망이 같은 만능 도구처럼 여겨진다. 하지만 때로는 근본적인 것을 생각해 볼 필요가 있다.

사람들이 추구하는 것이 과연 돈 그 자체일까? 생각해 보면 사람들은 돈을 이용해 좋은 환경에서 몸과 마음을 안정시키고 풍요로운 인생을 보내려고 한다. 즉 궁극적인 목적은 바로 '행복'인 것이며, 행복해지는 데 큰 도움이 되기 때문에 사람들은 돈을 추구한다. 그래서 돈은 어디까지나 '수단'이자 '도구'다. 돈을 버는 목적은 '행복'이라는 사실을 한시도 잊어서는 안 된다.

그런데 돈이라는 수단을 쟁취하려는 경쟁이 치열하다 보니, 본래 목적인 행복을 잊어버리는 사람들이 많다. 최저한의 문화적 생활이 보장될 경우, 행복은 멀리 있지 않다. 일상에 이미 행복이 존재하는 경우가 많다. 다들 그것을 눈치채지 못하고 있을 뿐이다. 행복은 밖으로 손을 뻗어 획득하는 것이 아니라, 매일의 생활 속에 존재한다는 사실을 기억하자.

40

쇼핑은 필요한 것이 있을 때만 한다

낭비벽이 있는 사람은 무언가를 가지고 싶다는 생각이 들자마자 곧바로 지갑을 연다. 돈을 신중하게 쓰는 사람의 눈에는 단순한 충동구매라고밖에 보이지 않는 행동이다. 어떤 상품이나 서비스를 구입할 때, 자신에게 어느 정도의 효용성이 있는지 별로 고민하지 않기 때문이다.

판매하는 사람의 입장이 되어 생각하면, 상품이나 서비스의 우수성을 설명하고 구매하도록 고객을 설득하는 것은 시간이 걸리는 번거로운 일이다. 그래서 충동구매라고 말할 것까지는 아니더라도, 고객이 천천히 생각하지 않고 사버리도록 온갖 권모술수를 동원한다.

그때 등장하는 기술 중 하나가 바로 '한정 판매'다. 한정하는 대상에는 여러 가지가 있다. 먼저 상품이나 서비스의 제공 수량을 한정한다. '100개밖에 만들지 않은 상품'이라는 식으로 '희소가치'를 내세워서 사람들의 소유욕을 부추기는 것이다. 그렇게 사람의 마음을 교란시키는 덫에 걸리지 않도록 유념해야 한다.

또 판매하는 시간을 한정하는 수법도 자주 볼 수 있다. '이번 주까지만 판매합니다'라는 식으로 판매 마감 기한을 정해 놓고, 그 기회를 놓치면 다시는 손에 넣을 수 없게 된다고 말하면서 사람들의 절박감을 부추긴다. 사람들을 몰아붙여 심사숙고할 시간을 주지 않으려는 의도다. 하지만 품질 좋은 상품이라면 마감 기한이 지나도 잘 팔리기 때문에 이후에도 반드시 시장에 나오는 법이다.

이런 상인의 기술에 현혹되지 않으려면 지갑을 열기 전에 자신에게 정말 필요한 상품인지부터 생각해야 한다. '가지고 싶다'는 충동만으로 상품을 구입하는 것은 리스크가 지나치게 크다.

41

가성비를 계산한다

무언가를 구입할 때는 누구나 값싸고 좋은 물건을 찾기 마련이다. 하지만 '싼 게 비지떡'이라는 말을 명심하고, 괜찮은 것을 발견하더라도 가격이 지나치게 저렴하다 싶을 때는 각별히 더 조심해야 한다.

일상적인 물건을 구입할 때는 바로 판단을 내려야 하는 경우가 많다. 심사숙고하는 데 시간을 들이기보다 시행착오를 겪는 편이 오히려 나을 때가 많기 때문이다. 나도 "이 와인은 가성비가 아주 좋아요"라는 점원의 말을 들으면 일단 그 말을 믿고 구입하는 편이다.

하지만 내구성이 좋아서 오랫동안 사용할 수 있는 소비재를 구입할 때는 열심히 고민하고 열심히 계산해야 한다. 즉 그 상품의 가격과 유지비의 합계인 '비용', 그 상품으로 기대할 수 있는 효과의 크기인 '효용'을 따져 가며 체크해야 하는 것이다.

예를 들어 자동차를 구입할 때 한 달 유지비는 얼마나 될지 생각하면, 사람에 따라서는 자동차를 구입하는 것보다 택시나 렌터카를 이용하는 것이 여러 관점에서 '효과적'이라는 결론에 이를지도 모른다. 자동차를 유지하는 데 드는 정신적·육체적 노력을 고려한다면 구입 자체를 하지 않는 편이 나을 수도 있는 것이다.

　또 양복 한 벌을 살 때도 이 양복을 앞으로 몇 년 동안 입을지, 더 나아가 한 달에 몇 번 정도 입을지 생각해 본다. 그 예상 횟수로 양복의 가격을 나누면 한 번 입을 때의 금액이 계산된다. 즉 그 상품의 1회당 사용 금액을 산출하는 것이다. 그렇게 가성비를 계산하는 습관을 들이도록 하자.

42

내 수집품의 가치는 나만 안다

누구나 작은 수집벽이 있다. 마음에 드는 물건을 같은 종류로 몇 개나 모아 놓고 흐뭇해하기도 하고, 같은 셔츠를 색깔만 달리해서 여러 벌 갖추고 즐거워하기도 한다. 약삭빠른 상인은 사람들의 그런 심리를 자극해서 더 많은 물건을 팔고자 한다.

물론 많은 돈이 드는 것이 아니라면 이런 수집벽은 가벼운 취미로써, 남들이 왈가왈부할 일이 아니다. 취향의 다양성에 대해 이야기를 나누면 친목을 다질 수도 있다. 복잡한 삶의 소소한 즐거움인 것이다.

하지만 수집 대상이 고액인 경우, 부자가 아닌 평범한 사람에게는 쓸데없는 지출로 이어질 위험이 크다. 가계에 부정적인 영향을 주지 않고 자신과 가족이 자주 사용하는 물건이라면 괜찮다. 하지만 오로지 수집을 위한 수집품에 큰돈을 쓰는 것은 일반인의 경우 똑똑한 소비라고는 할 수 없다.

여차하면 사용할 수 있는 실용성을 갖춘 수집품이라면

모를까, 전형적인 부자들의 수집품인 골동품 같은 것은 이야기가 달라진다. 자기만족은 될 수 있을지 모르나 타인의 눈에는 돈 낭비일 뿐이다.

물론 언론에 보도될 만큼 주목을 끄는 예술품이라면 상당한 고액으로 팔릴 수 있다. 하지만 웬만한 골동품은 구입했을 때의 가격보다 떨어지기 마련이다. 예를 들어, 다기茶器 종류는 예전에 고소득자의 월급을 통째로 바쳐야 살 수 있는 것들이 많았는데, 그중 대부분이 지금은 그때 가격의 10분의 1도 안 된다. 수집품을 모을 때는 물론 자기만족도 중요하지만, 나중에 괜한 돈을 썼다는 후회를 하지 않도록 충분한 고심이 필요하다.

43

'기분 전환'의 유용성을 기억한다

돈을 모으기 위해서는 최대한 허리띠를 졸라매야 한다. 하지만 절약이 지나쳐서 구두쇠가 되지 않도록 유의해야 한다. 인색한 노인이 되어 남들과 제대로 어울리지도 못하고 돈만 모으고 있는 것이 과연 무슨 의미가 있겠는가.

'고독'이라는 감정에 익숙하고 그것을 즐기는 사람이라면 괜찮을지도 모른다. 그러나 고독에만 점철된 삶은 결국 외로운 인생일 뿐이다. 고독도 적당한 선을 넘어서면, 남들에게 이상한 노인 취급을 받으며 살게 된다.

인생에는 어느 정도 남들과 어울리며 지내는 부분도 있어야 한다. 물론 정신 건강을 위해 혼자서 생각을 정리하는 시간도 필요하다. 그러나 친한 사람들과 함께 같은 감정을 공유하는 순간 느낄 수 있는 희열은 혼자서는 결코 얻을 수 없다. 특히 노후에는 시간이 많아지기 때문에 기분 전환을 소홀히 여겨서는 안 된다.

마을 축제는 기분 전환에 아주 좋은 기회다. 모두 함께 공통된 목적을 위해 협력하면서 시간의 흐름을 즐길 수 있기 때문이다. 냉소적인 사람의 눈에는 요란하기만 한 소동으로 보일 수 있으나, 축제에 직접 참여해 보면 즐거운 시간과 공간을 함께 공유하는 기쁨을 실감할 수 있다.

　　민요 중에 '춤추는 바보와 바라보는 바보, 어차피 바보가 될 거라면 춤 안 추는 바보는 손해'라는 가사가 있다. 인생을 늘 진지하게 바라보기만 해서는 진짜 재미를 맛보지 못한다. 바보가 되어 즐기고 있는 사람들과 함께하기 위해서는 자신도 바보가 되어야 한다.

　　바보가 되어 춤추는 것은 기분 전환에도 좋고, 정신 건강에도 도움이 된다. 타인과의 일체감을 맛보는 데에 인색하게 굴지 말자. 그 돈이 아까워서 인생의 즐거움을 포기하는 것은 굉장한 손해다.

44

돈은 빌려주지도,
빌리지도 않는다

돈은 빌릴 때든 빌려줄 때든 언제나 커다란 위험이 따른다. 때문에 필요한 돈이 수중에 없을 때는 자기가 직접 벌기 위해 노력하는 것이 가장 안전한 길이다. 남에게 쉽게 돈을 빌리려고 하는 것은 건전한 삶을 살려는 사람이 할 일이 아니다. 돈을 빌려줄 때도 '쉽게' 결정해서는 안 된다. 그런 원칙만 잘 고수한다면 금전 문제에 휘말려 일상생활에 크고 작은 차질이 빚어질 일이 없을 것이다.

돈의 중요성은 그 액수의 크고 작음과 개개인의 경제 상황에 따라 달라지겠지만, 누구에게나 돈이 중요한 '재산'이라는 점은 틀림없는 사실이다. 그 '재산'은 노후가 되면 더욱 중요해진다.

국가가 국민을 지킨다는 것은 국민의 소중한 생명과 함께 재산을 지킨다는 것을 의미한다. 이것은 개인의 재산이 국가에도 매우 중요하다는 뜻이다. 그렇게 중요한 재산을 빌리

거나 빌려주는 것에 대해서 엄격하게 생각하고 임하는 것은
아주 기본적인 자세다.

지인이나 친척에게 돈을 빌려줘야 할 때는 아예 돌려받
을 생각을 하지 말아야 한다. 돈뿐만이 아니라 지인이나 친척
을 잃을 각오도 해야 한다는 뜻이다. 그리고 연대 보증은 무슨
일이 있어도 절대 해서는 안 된다.

돈을 빌릴 때는 아무리 번지르르한 말로 치장한다고 해
도 결국 엄연한 '빚쟁이'가 된다는 사실을 의식해야 한다. 명
목이야 어떻든 빚을 지지 않는 것을 철칙으로 삼자.

이런 마음가짐에 대해 누군가 왈가왈부하면 나는 그 철
칙이 대대로 전해 내려오는 '가훈'이라고 말한다. 그 철칙을
어기는 바람에 큰일을 겪은 어르신이 있다고 하면 상대도 아
무 말을 하지 못한다.

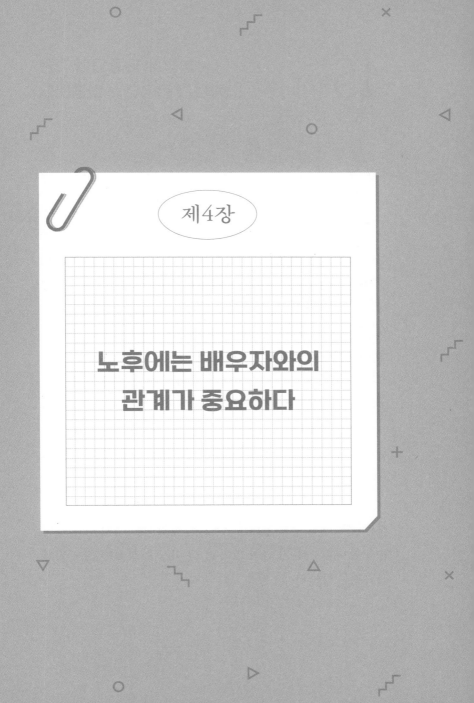

제4장

노후에는 배우자와의 관계가 중요하다

45

부부에게 중요한 것은 사랑보다 존경하는 마음이다

열정에 휩싸여 연애를 할 때는 '너는 내 것'이라는 둥 '나는 네 것'이라는 둥 하면서, 서로의 존재를 소유하고 자기 자신을 상대에게 바치려 든다. 그래서 항상 상대를 배려하고 생각하면서 행동하기 때문에, 너와 나의 구분이 사라지고 말 그대로 '혼연일체'가 된다.

하지만 열정은 세월이 흐르면서 서서히 식기 마련이다. 열정이 식으면 인격의 독립에 눈을 뜨게 되고 각자 자신이 바라는 것을 더욱 중시하게 된다. 그렇게 상대에 대한 배려 없이, 상대를 자신의 소유로 여긴 채로 행동하거나 말하게 되면 파문이 일기 시작한다.

심하면 말다툼이 벌어질 수도 있고, 한쪽이 다른 쪽을 억지로 굴복시킬 수도 있다. 다만 그런 실랑이도 서로 상대의 마음을 헤아릴 여유가 남아 있으면, 그 이상 감정적인 것으로 발전되지는 않는다.

싸움은 최대한 그 불씨가 작을 때, 대화를 통해 해소하겠다는 생각을 가지는 게 좋다. 이때 잊지 말아야 할 것은 서로에게 함부로 침범할 수 없는 '존엄성'이 있다는 것이다. 설령 상대가 유치한 이야기를 꺼내면서 싸움을 걸어와도 상대를 '인격자'로 대하는 자세로 일관하면, 대부분의 갈등은 더 커지지 않고 해결할 수 있다.

다른 관계도 아닌, '부부'가 되어 오랜 세월 함께하기 위해서는 스스로를 낮추고 상대를 떠받드는 자세가 필요하다. 한 걸음씩 양보하고 겸허하게 행동하는 것이다.

친한 사이에도 예의가 있어야 한다. 서로의 마음속에 깃든 사랑의 온기 위에 존경의 마음을 쌓아 올리자. 그런 생각을 '정기검진'하듯이 반복적으로 확인하면서 서로의 유대를 더욱 강화하고, 부부의 인연을 늘 새롭게 맺어 가도록 해야 한다.

46

노력하지 않으면 '이심전심'은 통하지 않는다

매일 업무에 치여 녹초가 되면서도 가장은 자기가 가족을 위해 최선을 다하고 있다고 생각한다. 집에 돌아오면 너무 피곤한 탓에 가족과 대화할 여력이 없고, 배우자가 말을 걸어도 "다음에 이야기하자"라며 곯아떨어지는데, 그러면서도 어쩔 수 없다고 생각하는 것이다.

그러나 가장 또한 가족의 일원이다. 가족에게 발생한 일에는 가장도 관계가 있다. 때문에 적어도 배우자의 이야기에 귀를 기울이는 것 정도는 해야 한다. 그리고 한 마디라도 좋으니 그 이야기에 대한 소감이나 질문에 대한 대답을 돌려줘야 한다. 가족의 이야기를 들으려 하지 않는다면, 가족은 가장에게 아무런 피드백도 받지 못하게 되는 셈이다. 그렇게 마음과 마음의 연결이 단절되어 버린다.

그런 관계가 지속되면 결국 '황혼 이혼'이나 '정년 이혼' 같은 갑작스러운 파국을 맞이하게 된다. 그때가 되어 수습해 보려고 한들 이미 돌이킬 수 없는 상태다. 이혼 통보를 받은 사람 중에는 가족을 생각해서 열심히 일한 자기 마음은 '이심전심'으로 이미 알고 있는 것이 아니냐고 자기변호를 하는 사람이 많다.

그러나 그 말은 그저 변명에 지나지 않는다. 이심전심이라는 것은 자기 마음을 상대의 마음에 전한다는 뜻이다. 아무것도 하지 않았는데 자기 생각이 타인에게 저절로 전해지는 방법 같은 것은 존재하지 않는다. 자기 마음을 상대에게 '전달하는 노력'이 필요한 것이다.

자기는 아무것도 하지 않으면서 상대에게 '내 마음을 왜 몰라주는 거야'라는 것은 너무나 자기중심적인 행동이다. 말로써 확실하게 전달하지 않는다 해도 친밀한 인사나 애정 어린 제스처 등 구체적인 표현이 이뤄져야 한다. 친밀한 사이일수록 마음과 마음이 통하기 위해서는 소통을 게을리 해서는 안 된다.

그래서 나는 '이심전심'이 효과적으로 작동할 수 있도록 부부간의 커뮤니케이션 회선을 항상 연결해 두고자 마음 쓰고 있다. 이따금 사이가 안 좋아졌다 싶을 때도 커뮤니케이션을 시도해서 부부간의 소통이 제대로 이루어지고 있다는 것을 테스트한다. 커뮤니케이션 회선은 방치하는 순간, 녹슬어 버리기 때문이다.

47

처음 만났을 때를
떠올려 본다

인간은 본래 쉽게 질리고 마는 습성을 가지고 있다. 시간이 지남에 따라 긴장감이 엷어지면 귀하게 여기던 존재를 가볍게 대하기도 한다. 부부의 경우, 연애를 할 무렵부터 신혼 때까지 상대를 끔찍이 아끼던 마음에 익숙함이 찾아들면, 결국 서로에게 조금씩 둔감해지게 된다.

경우에 따라서는 그런 부정적인 생각이 강해져서 권태기가 찾아오기도 한다. 그렇게 되면 부부 관계에 위기가 찾아올 위험성이 있다. 최대한 빨리 대책을 세우지 않으면 애써 구축한, 가장 친밀한 인간관계가 무너질 수도 있다.

이런 상황에서는 어느 한쪽이 사태를 호전시키려는 노력을 하면 대체로 위기를 피할 수 있다. 둘이 함께 머리를 맞대고 서로의 장단점을 지적하는 '부부 회의'를 하는 것도 하나의 방법이지만, 그러면 오히려 갈등이 커질 수도 있다. 그러므로 어느 한쪽이 조금씩 상황을 바꾸려는 노력을 하면, 다른 한쪽이 그것에 호응하는 흐름을 노리는 것을 추천한다.

인간관계에서 중요한 것은 초심을 잃지 않는 것이다. 처음 만났을 때의 각오와 순수한 마음을 되새겨서 현재 나아가는 방향이 틀리지 않았는지 점검하는 것이 좋다.

그래서 나는 처음 만난 날을 떠올리곤 한다. 그러면 그날 이후 어떻게 관계가 진전됐는지 기억이 꼬리에 꼬리를 문다. 가슴이 떨리고 설레고 친밀한 관계로 발전하고……. 그때의 그 감미로운 분위기를 떠올려 보면 다시 연애하던 때의 감정이 차오르는 것이다.

48

데이트 놀이를 해본다

부부간의 감정이 매너리즘에 빠졌다는 생각이 들면, 나는 여러 가지 형태로 기분 전환을 시도해 본다. 그중 추천하고 싶은 방법은 막 사귀기 시작했을 무렵의 데이트를 재현해 보는 것이다.

단순히 함께 외출해서 영화를 보거나 식사를 하는 것이 아니다. 가능한 한 그때의 감각이나 분위기를 떠올리고, 최대한 그 환경 속에 스스로를 던져 넣는 것이다. 그래서 나는 연애 감정을 품고 연기하는 배우가 되기라도 한 듯, 사랑에 푹 빠졌을 때의 마음으로 스스로를 이끌어 간다.

부부가 함께 외출하면 단순한 '나들이'가 될 뿐이다. '데이트'가 되려면 약속 장소를 정해 놓고 따로 나가서 만나야 한다. 그래야 다소나마 데이트로서의 기대감이 높아진다. 또 식사 장소도 상의해서 결정하지 말고, 데이트할 때처럼 어느 한쪽이 일방적으로 골라 보자. 물론 상대방의 취향을 고려해서 가장 적당한 식당을 골라야 하는 것을 잊지 말아야 한다.

그리고 데이트 중에는 서프라이즈 이벤트를 준비해서 아내를 기쁘게 해주려고 노력한다. 평소에는 잘 마시지 않는 종류의 샴페인을 미리 준비하고 "우리 둘만의 기념일을 축하하자"라며 건배도 한다. 아내가 "무슨 기념일이야?"라고 물으면 "우리 둘이 다시 사랑에 빠진 기념일이지"라고 둘러댄다. 이런 식의 느끼한 말에도 동조하는 연기를 해주는 것이 예의라는 것을 기억하자.

'막 사귀기 시작할 무렵'이라는 무대 배경을 잊어서는 안된다. 대화할 때도 존댓말을 쓰는 것이 그 시절의 분위기를 재현하기에 수월할지도 모른다. 친근하면서도 약간 서먹서먹한 느낌이 들면 오히려 신선한 감각이 뒤따른다.

집도 낡으면 새롭게 고치는 '리뉴얼'을 한다. 이와 마찬가지로 사랑도 무뎌지면 리뉴얼이 필요하다. 데이트 놀이는 연애 감정을 리뉴얼하는 효과가 있다.

49

해피엔드인
부부 이야기에서 배운다

인생은 새옹지마라, 시작부터 끝까지 늘 순조로울 수는 없다. 그저 '끝이 좋으면 모두 좋다'는 생각으로 열심히 노력하며 살 뿐이다. 그런 목적의식을 부부가 공유하고 산다면, 약간의 위기 정도는 둘이서 힘을 합쳐 극복해 낼 수 있다.

부부는 각자 독립된 인격체의 조합이기 때문에 의견 대립이나 감정 충돌은 당연한 일이다. 다만 그때마다 두 사람이 자기 고집만 부리면 약간의 불씨가 큰불을 일으켜 아수라장으로 발전할 위험성이 있다.

따라서 상대방이 격분했을 때는 반박하지 말고 일단 '냉정'을 유지하는 것이 좋다. 상대방의 말에 꼬치꼬치 토를 달면서 대화해서는 안 된다. 고집과 체면을 내다 버리면 싸움의 불씨는 금세 꺼지게 된다. 부부간의 이익을 위해 한쪽이 고집을 꺾기만 하면 평온한 나날을 유지할 수 있다.

그런 마음가짐을 양성하는 데 도움이 되는 것은 '함께' 부부의 이야기를 다룬 영화를 보는 것이다. 영화에서 전개되는 부부간의 교류 방식을 살펴보면서 자신들과 비교해 보길 바란다. 부부 사이를 돈독하게 만드는 재치나 지혜를 배울 수 있고, 감정을 조절하는 방법도 익힐 수 있다. 영화를 그저 재미로 보지 말고 무언가를 배우려는 자세로 보는 것이 중요하다.

해피엔드인 영화가 보기에도 재미있다. 영화의 여기저기에 널려 있는 긍정적인 언동과 사고방식을 자신들의 생활에 받아들이면 긍정적인 부부 사이를 만드는 데 도움이 된다. 물론 스토리 진행을 위해 도중에 부부 사이에 해로운 사건도 등장하지만, 결국 주인공들은 자신들의 언행을 반성하고 위기를 극복한다. 행복으로 가는 길에는 늘 '인내'가 필요하다는 것을 배울 수 있다.

제5장

노후에는 자녀와의
관계가 중요하다

50
어른이 되어도 자식은 지켜봐 줘야 하는 존재다

부모에게 양육은 인생의 대업 중 하나다. 그래서 아이가 태어 나면 평생 행복하게 살 수 있기를 바라며 온갖 지혜를 동원해 가장 좋다는 이름을 지어 준다. 소리의 울림, 한자의 획수, 한 자의 뜻까지 다양한 요인을 검토해서 정성스럽게 아이의 이 름을 선택하는 것이다.

그래서 텔레비전에 범죄자의 이름이 보도될 때마다 나는 그 부모의 심정을 생각하지 않을 수 없다. 그 이름들에는 지어 준 사람의 마음이 담겨 있다. 그 마음을 저버리고 사회에 엄청 난 해를 끼치는 범죄자가 되다니, 화가 나면서도 슬퍼진다.

그런 생각이 들 때면 나의 행복을 빌어 주신 부모님을 생 각하며 다시금 마음을 다잡는다. 내 이름에 담긴 수많은 감정 이 가슴에 스며드는 것이다. 그러면서 아이가 태어났을 때 품 었던, 아이에 대한 순수한 '초심'을 다시 되새긴다. 자녀가 성 장하거나 독립하더라도 그때 그 마음이 달라지는 일은 없다.

제 몫을 하는 어른이 되었다고 해서, 자식에 대한 생각이 달라지거나 책임이 사라지는 것은 아니다.

　자녀의 인권을 침해하거나 그 인격을 제한하는 행위는 인간으로서의 도리가 아니므로, 필요 이상으로 간섭하거나 옹호해서는 안 된다. 그러나 자녀가 도움을 청하면 전적으로 협조해 줘야 한다. 성인이 된 자녀와의 거리는 그 정도가 제일 좋다. 부모라고 해서 이것저것 간섭하는 것은 지나친 과보호다. 그것은 아이를 도와주는 것이 아니다. '민폐'일 뿐이다.

　아무리 멀리 떨어져 살고 있어도 가족은 가족이다. 자식에게 무슨 일이 생기면 바로 달려가겠다는 초심을 잊지 말고, 멀리서 '지켜보는' 입장을 견지해야 한다.

51

자녀와 함께한 추억은 가장 소중한 자산이다

어른이 되어서도 좀처럼 부모 곁을 떠나지 못하는 사람들이 늘어나 화제가 된 적이 있었다. 부모에게 모든 것을 의존하고 부모를 통해 세상사를 배우는 아이는 '우물 안 개구리'가 되기 쉽다. 그런 아이는 부모 곁을 쉽사리 떠나지 못하고, 독립을 하는 데에 시간이 많이 든다.

하지만 요즘에는 정보가 엄청나게 빠른 속도로 오간다. 대부분의 아이들이 부모에게 의존하지 않고 외부의 정보를 스스로 쉽게 접할 수 있게 됐다. 넓은 바깥세상을 알게 되니 자연스레 부모 곁을 떠나는 데도 거부감이 없어진다.

부모로서는 아이가 얼른 독립심을 키워 부모 곁을 떠나주기를 바라기도 하지만 한편으로, 떠나보내고 싶지 않은 마음도 있다. 하지만 어른이 된 자녀는 이미 훌륭한 인격을 갖춘 독립된 존재다. 아이를 아끼고 사랑하는 마음이야 당연하다. 그러나 그 생각이 강해져서, 자녀를 자기 소유물로 간주하는 마음을 품어서는 안 된다.

아이가 독립하거나 부모와 멀어지기 시작할 때 '내가 지금까지 널 어떻게 키웠는데……'라며 억울해하는 부모도 있다. 그런 마음은 금물이다. 그동안 부모로서 자식을 챙기고 잘 키워 왔다고 생각하겠지만, 실제로는 내 자녀 또한 나를 챙겨 주고 돌봐 준 것인지도 모른다. 아이의 순진한 표정에 마음이 풍요로워지고, 귀여운 행동에 즐거워하면서 마음의 위로를 받은 적이 얼마나 많았는지 헤아려 보자.

그런 기억만 있어도 부모의 인생은 다채로운 빛으로 채색된다. 추억이라는 주옥같은 자산을 남겨 준 자녀에게 고마움을 느끼지 않을 수 없다. 이 점을 생각하면 아이를 독립시키는 것도 그리 어렵지 않을 것이다.

52

자식을 평생 책임지겠다는 마음가짐을 가진다

큰 잘못을 저지른 아이에게 '부모 자식 간의 인연을 끊자'며 화를 내고 내쫓는 부모 이야기를 들어본 적 있을 것이다. 이른바 '의절'이라고 하는 것인데, 법적인 효력은 없다. 그래서 자녀가 여기저기서 빚을 지거나 남에게 민폐를 끼친 나머지 부모가 의절하겠다고 말해도, 부모 자식 간의 관계는 절대 끊어지지 않는다. 법적으로도 그렇고, 세상 사람들 눈에도 부모는 부모고, 자식은 자식이다.

물론 성인이 된 자녀의 악행에 부모가 법적인 책임을 질 필요는 없다. 그 범죄에 직접 관여하지 않은 한, 부모는 기본적으로 타인이다.

다만 그 사건의 내용에 따라서는 도의적으로 혹은 심정적으로 부모에게 책임을 지게 하거나 사과를 요구하기도 한다. 법적으로야 책임이 없겠지만, 사람들의 심정은 그렇지 않다. 부모와 자식은 떼려야 뗄 수 없는 관계라고 생각하는 것이

인지상정이다.

'제조물 책임법'에서는 제품에 결함이 생겨서 그로 인해 손해를 입은 경우, 그 제조자에게 배상책임을 지게 한다. 그와 마찬가지로 자녀라는 존재를 만들고 키워 낸 제조자는 부모다. 따라서 자녀가 사회나 다른 사람에게 손해를 주거나 피해를 끼쳤을 때 부모가 책임져야 한다는 사고방식도 반드시 틀렸다고는 할 수 없다.

'상속'이라는 제도를 이용하는 것은 아이에게 재산이나 자신의 특권을 물려줄 때뿐이고, 자녀의 잘못은 자기 탓이 아니라며 회피하는 부모들이 많다. 이것은 너무 이기적인 발상이다. 권리가 있는 곳에는 의무 또한 존재한다. 부모는 자기 자식에 대해 평생 책임을 지려는 마음가짐을 가져야 한다. 그것이 공정함을 내세우는 인간 사회에 필요한 규범이다.

53 자녀 양육은 혈연관계에서의 봉사 활동이다

예전에는 부모가 자식을 양육해서 어엿한 성인으로 키워 내면, 나이 든 부모가 거동이 불편해졌을 때 자식이 부모를 돌봐 주는 것이 당연한 일이었다. 그러나 개인주의적인 색채가 강해진 요즘에는 이런 가족 구조는 점점 사라지는 추세다.

뼈 빠지게 일하고 애정을 쏟아 부으며 아이를 키운 부모는 그 노력이 보답받기를 은근 기대한다. 자식이 훌륭하게 자라난 것 자체가 '보답'받은 셈이지만, 그것으로 그치지 않고 자식의 부양을 받고 싶어 하는 사람이 적지 않다.

눈을 돌려 동물의 세계를 살펴보자. 대부분의 동물은 새끼가 자라 독립을 하면 자신의 역할이 끝났다고 생각하고 새끼에게 아무런 도움을 기대하지 않는다. 새끼의 독립은 영원한 이별로 여기는 동물도 많다. 인간도 동물의 이런 점을 배워야 하지 않을까?

자식의 양육은 '헌신적'인 노력이다. 즉 자신의 이익을 염두에 두지 않고 온 힘을 바치는 행위자, 자기희생이다. 양육은 선의에 의한 일방적인 봉사 활동이므로 자식의 보답을 기대하는 것은 이치에 맞지 않는다.

애당초 부모가 아이에게 품는 애정은 자연스러운 본능이다. 그렇기 때문에 더욱 아이에게 '보답'을 요구하는 것은 참된 사랑이라 할 수 없다. 사랑은 아낌없이 주는 것이다. 그 속에 어떤 식으로든 '이익'을 추구하는 마음이 숨어 있다면, 그것은 '거짓된 사랑'이다. 자식도 부모가 반대급부적인 보답을 기대하고 있다는 것을 알게 된다면 당연히 실망하지 않겠는가. 그런 실망은 부모 자식 간의 친밀한 관계에 금이 가게 할 수 있다.

54

유언장에는 관련 있는
모든 사람의 사인을 받는다

사후 세계의 존재를 믿는 사람이 있는가 하면, 나처럼 죽으면 모든 것이 끝나서 절대적인 무無가 찾아온다고 생각하는 사람도 있다. 어떤 믿음을 가지고 있든 당사자에게 죽음은 가장 획기적인 변화라 할 수 있다.

사람들은 죽음이 언제 닥쳐올 것인가에 대해 많은 관심을 가진다. 그러나 치명적인 병에 걸려 여생을 선고받은 사람이 아닌 한, 죽음이 언제 도래할지 아무도 예측할 수 없다. 그래서 많은 사람들이 영원히 살 것처럼 막무가내로 행동한다. 그러다가 나이가 들면서 주변의 동년배들이 하나둘씩 세상을 떠나는 것을 지켜보게 되고, 자신의 죽음에 대해 생각하기 시작한다.

신중한 사람은 남겨진 가족이 낭패를 겪거나 분쟁에 휘말리지 않도록, 자신의 사후를 상상하며 가족에게 필요한 것들을 준비한다. 그중 가장 공을 들이는 부분이 자신의 재산에 관한 것이다.

유산의 상속 시 자식들에게는 모두 공평하게 나누도록 법률로 규정되어 있다. 하지만 개개인의 사정과 필요에 따라 조정할 수도 있고, 무엇보다도 피상속인의 의견을 가장 크게 참조하게 된다.

겉으로는 사이가 좋았던 형제자매라도 부모의 유산을 분배받게 되자 각자의 욕심을 그대로 드러내는 경우도 있다. 혼자서 모든 유산을 가져가려는 자식이 나타날 수도 있으므로 이에 대한 대책을 강구할 필요도 있다.

가장 좋은 방법은 상속 관련 법률에 따라 유효한 유언장을 작성해 두는 것이다. 하지만 그것만으로는 충분하다고 할 수 없다. 상속인이 될 자격이 있는 사람을 모두 한자리에 모아서 그 유언장에 이견이 없음을 확인하는 것이 좋다. 그리고 그 내용을 법적으로 유효한 계약서로 만들고 모두의 사인을 받는다.

그렇게까지 했는데도 유산 싸움이 일어날 수도 있다. 그런 경우를 대비해서 나는 '내 부덕의 소치'라는 취지의 사과문도 남겨 두었다.

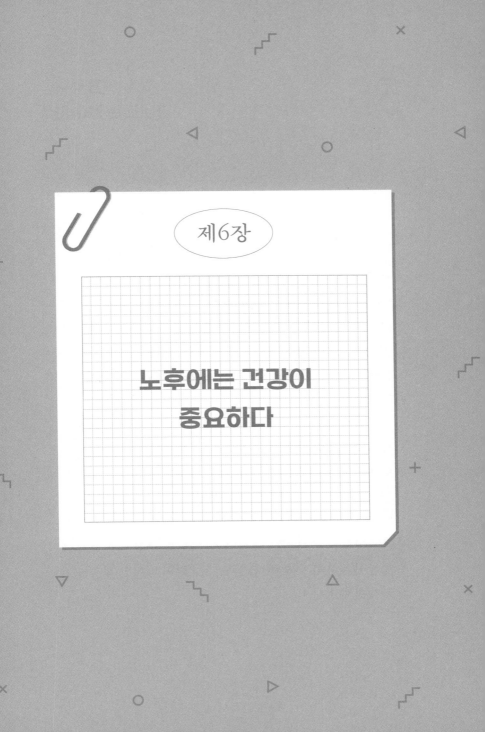

제6장

노후에는 건강이
중요하다

55

음식도
양보다는 질이다

지하철역 근처에는 술집과 식당이 쭉 늘어서서 성황을 이루고 있다. 그중 값싸게 먹고 마실 수 있는 가게가 특히 인기를 끈다. 일정한 금액만 내면 술이나 음식을 무제한으로 즐길 수 있는 가게도 눈에 띈다. 대식가가 그런 식당에 가면 확실히 이득을 볼 수 있다. 많이 먹고 마실수록 음식의 단가가 낮아지기 때문이다.

그런데 많이 먹고 마실수록 이득이라는 생각 때문에, 충분히 만족스럽게 먹고 마셨는데도, 억지로 음식을 입에 넣는 경우가 있다. 이것은 너무나 알량한 행동이다. 음식의 단가보다 자기 건강에 대해 생각해야 한다.

'싼 게 비지떡'이라는 속담이 있다. 값싼 물건은 품질이 좋지 않아 결국 손해라는 뜻이다. 이 속담은 무한 리필 식당에도 똑같이 적용할 수 있다. 음식도 그저 많이 먹기만 해서는 건강을 해칠 뿐이다.

젊었을 때야 상관없지만 중년에 접어들면 음식의 양을 줄여야 한다. 중년에 폭음과 폭식을 하면 노년에 이르러서 치러야 할 대가가 크다. 노년이 되어 후회해 봤자 아무 소용 없다.

건강을 위해서는 양질의 음식을 적게 먹어야 한다. 그러기 위해서 먼저 음식의 질을 한 단계 높인다. 음식의 질이 좋아질수록 가격은 비싸지는데, 나이 든 사람에겐 오히려 잘된 일이다. 자연스럽게 과식을 줄일 수 있기 때문이다. 뷔페식 식당이나 술집에는 가지 않는다. 그렇게 양질의 음식을 찾으며 소식하게 되고, 소식하게 되니 양질의 음식을 찾게 되는 선순환이 일어나도록 노력해야 한다.

56

매일 한 번씩
체중계 위에 오른다

체중은 너무 많이 나가도 안 되고, 너무 가벼워도 안 된다. 이 사실은 이제 누구나 아는 상식이다. 의학계에서는 정상 체중을 확인하는 방법으로 '신체 질량 지수BMI'라는 계산법을 오랫동안 이용하고 있다. 신체 질량 지수는 체중kg을 신장m의 제곱으로 나눈 값인데, 이 지수를 '22' 전후로 유지하는 것이 바람직하다.

어른이 되면 신장은 그리 변하지 않으므로 체중만 재서 신체 질량 지수를 관리할 수 있다. 체중 관리는 건강관리의 기본이다. 물론 가장 효과적인 방법은 종합건강검진을 받는 것이지만, 이것은 자주 하기가 쉽지 않다. 그에 비해 체중을 재는 일은 쉽다. 비싼 기기를 이용해 검진받는 것보다야 못하겠지만, 그래도 과학적으로 증명된 '검사법'이며, 일반인이라도 쉽게 건강을 판단할 수 있는 수단이다. 체중은 또한 겉으로 드러나는 것이라 직관적이고 신빙성도 높다.

나는 보통 저녁에 목욕을 끝내고 체중계에 오르는데, 아침에 샤워할 여유가 있는 사람은 아침에도 재는 것을 추천한다. 중요한 것은 반드시 발가벗고 재는 습관을 들여야 한다는 것이다.

매일 체중을 재는 습관이 생기면 자연스럽게 자신의 체중 변화에 관심을 가지게 된다. 평소보다 체중이 높으면 과식을 하지는 않았는지 반성하게 되고, 다음 날에는 식사량을 약간 줄이거나 음주를 피하게 된다.

체중 관리를 위해 체중계에 오르는 일은 매우 간단하지만 한번 습관을 들이면 그 효과는 기대 이상이다.

57

운동은 걷기와
스트레칭만으로 충분하다

도심 곳곳에는 수많은 헬스장이 영업 중이다. 홍보용 전단지
가 길거리에서 배포되고, 헬스장에는 다양한 트레이닝 기기
와 시설, 전문 트레이너가 대기하고 있다.

　건강을 유지하기 위해 운동이 필요하다는 사실은 누구나
알고 있다. 하지만 여러 가지 업무로 바쁜 현대인들은 제대로
된 운동을 할 틈이 없다. 많은 사람들이 뇌와 정신은 과하게 사
용하면서 몸은 그다지 움직이지 않는다.

　그렇게 운동 부족을 겪는 사람들을 장사꾼들이 놓칠 리
없다. 그래서 헬스장 같은 시설을 갖추고 운동을 권하면서 사
람들을 끌어모은다. 그러나 그런 곳에 일부러 가기 위해서는
그만큼 바쁜 시간을 쪼개야 한다.

　때문에 나는 혼자서 운동하기를 추천한다. 혼자 하는 운
동의 첫걸음은 문명의 이기를 가급적 사용하지 않는 것이다.
가까운 거리를 이동할 때는 가능한 한 차를 타지 않고 걷는다.

먼 거리를 이동할 때도 이왕이면 대중교통을 이용하고, 되도록 앉지 말고 서서 가도록 한다. 그것도 상당한 운동이 된다. 에스컬레이터나 엘리베이터보다 계단을 이용하면 운동량이 꽤 늘어난다. 게다가 스트레칭은 책이나 영상을 보면서 따라 하면 금방 익힐 수 있다.

편리함을 버리고 귀찮음을 선택하는 것은 모두 운동이 된다. 걷는 것이 귀찮아서 차를 타는 것이 운동 습관을 키우는 데 가장 나쁘다. 물론 헬스장에 회비를 내면 본전을 뽑기 위해 어쩔 수 없이 운동하러 가게 된다는 사람도 있지만, 돈이 남아돌지 않는다면 굳이 추천하고 싶지는 않은 방법이다.

58

가까이에 있는
'무면허 보조 의사'를 이용한다

질병을 예방하는 방법, 하면 건강검진이나 의사의 진찰을 우선 떠올리게 된다. 물론 의학의 힘과 전문가의 의견에 따르는 것은 당연하고 또 올바른 대응이다. 그런데 주변 사람의 힘을 빌리는 것도 생각보다 효율적이다.

매일 함께 생활하는 사람들은 아주 미묘한 신체 변화에도 민감하다. 특히 배우자는 일심동체나 다름없기 때문에 서로의 말투, 목소리, 식사량, 식욕, 걸음걸이, 기분 등이 미묘하게 달라지더라도 금방 알아차린다. 그 약간의 차이가 일상생활의 위화감을 일으키기 때문이다.

신체 변화의 원인이 단순한 기분 탓일 수도 있지만, 어쩌면 질병의 전조일 수도 있다. 따라서 부부의 경우라면 아주 작은 차이일지라도, 특히 그것이 순간적이 아니라 어느 정도 지속되는 경우라면, 질병 혹은 질병의 조짐으로 보고 상대방에게 알려 줘야 한다.

의사는 자신의 지식과 경험과 과학적 도구를 사용해 진단하기 때문에 의사의 진단에는 고도의 신뢰성이 있다. 한편 함께 살고 있는 부부는 늘 서로의 '경과 관찰'을 하고 있는 것과 마찬가지다. 그런 만큼 몸과 마음의 기본적인 데이터를 의사보다 더 상세히 가지고 있다.

또한 의사는 프로지만, 각 환자의 배경, 습관, 심리 등에 대해서는 잘 모른다. 배우자는 전문적인 의학 지식이 없기는 하지만, 애정이라는 큰 힘을 품고 상대방을 아주 면밀히 관찰할 수 있다. 그러므로 배우자 등 동거인이 보조 의사가 되지 않을 이유가 없다.

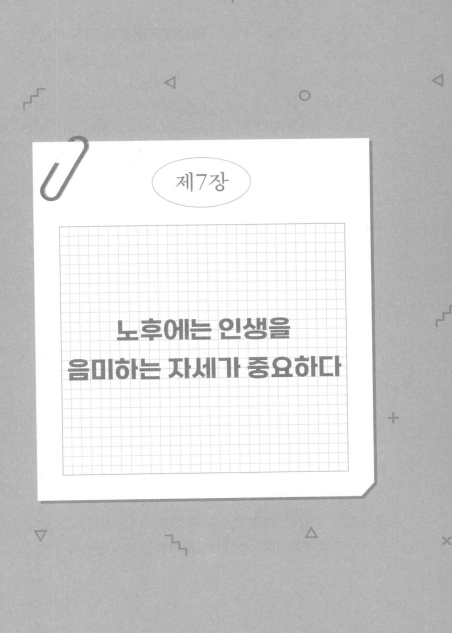

제7장

노후에는 인생을
음미하는 자세가 중요하다

59

일을 재미있게 하는 것이 곧 재능이다

재미없는 일만 한다고 불평하는 사람이 있다. '재미없는 일'은 곧 '가치 없는 일'이라고 여기는 것 같다. 하지만 그 일은 누군가가 꼭 해야 하는 업무다. 즉 사회적으로 해야 할 가치가 있고 반드시 필요한 업무라고 할 수 있다.

진지하게 해보지도 않고 제멋대로 '재미없다'는 가치판단을 내리고 '재미없어서 가치 없는 일'이라고 분류해 버리는 셈이다. 본인이 열심히 업무에 임하지 않으니 좋은 성과가 나올 리 없다. 그러니 다른 사람들에게 인정을 못 받아도 어쩔 수 없다.

재미없는 일이라서 하기 싫고, 하기 싫어서 성과가 나오지 않고, 성과가 나오지 않아서 더 재미없어진다. 이를 방치하면 악순환에서 벗어날 수 없다. 하지만 마음만 먹으면 이 악순환을 끊을 수 있다. 그 업무에 온 힘으로 맞서는 것이다. 그냥 무작정 열심히 하는 게 아니라, 조금 더 효율적인 방법을 궁리

해서 좋은 성과를 내도록 노력하는 것이다.

조금이라도 좋은 결과가 나오면 의욕이 생긴다. 그래서 한층 더 열심히 업무에 임하게 된다. 재미없다고 생각했던 일이 재미있어지는 것이다. 재미있다고 생각되면 그 일을 좋아하게 된다. 좋아하게 되면 더욱 열심히 하게 되고, 더욱 열심히 하면 더 잘하게 된다.

이런 식으로 의욕과 성과 사이에 선순환이 일어난다. 그런 성과가 쌓이면 일이 점점 즐거워질 것이다. 일을 즐겁게 만드는 것도 자신의 재능이다.

노후에 이르는 모든 여정에서 이 점을 꼭 유의해야 한다.

60

놀이에는
자기 돈을 쓴다

서양에는 '공부만 하고 놀지 않는 아이는 바보가 된다'라는 속담이 있다. 인간은 놀이를 통해 세상의 여러 가지 규칙을 배우고 인간의 감정을 이해할 수 있는 것이다. 놀지 않고 공부만 파고들면 인격이 한쪽으로 편향된 채 성장하게 된다.

최근에는 교과 지식을 아이들에게 주입하고 문제를 푸는 기술을 가르치는 데 교육의 중점을 두는 것 같은 느낌이 든다. 스스로 생각하면서 사고하는 힘을 기르고 지혜를 함양한다는 목표는 온데간데없고, 감성을 키워 나가려는 노력도 없다. 머리만 발달시키고 마음은 등한시하는 꼴이다.

이런 아이가 그대로 사회인이 되어서 이익을 최우선으로 하는 기업에서 일하게 된다면 세상을 바라보는 시야가 좁아지는 것이 당연하다. 일하는 틈틈이 인간 감정의 민감성과 인간관계의 중요도를 배우기 위한 공부를 해야 한다. 이를 위한 '공부'가 바로 '놀이'다.

지금은 상당히 나이 든 우리 동년배들이 젊었을 때 하던 '놀이' 중 하나는 술을 마시러 돌아다니는 것이었다. 밤거리의 정경은 낮과는 전혀 다른 것이어서, 여기저기서 사회의 본성을 엿볼 수 있었다. 그런 정경에 기뻐하기도 하고 실망하기도 하면서 인간관계의 틈새에 놓인 자기 자신을 깨닫기도 했다. 물론 나처럼 술 마시러 돌아다니라는 뜻은 아니다. 자기 나름대로의 '놀이'를 찾으라는 뜻이다.

　　놀이에 열중할 때는 자기 돈을 써야 한다. 자기 돈을 스스로에게 투자한다는 심정으로 기분 좋게 쓰는 것이다. 그렇게 해야만 그 경험이 자신의 몸에 새겨진다. 나이가 들어도 자기 돈을 쓴다는 행위의 중요성은 변하지 않는다.

61

문이 닫히기 전에 해야 할 일을 마친다

예전에 업무 관계로 알던 사람들 중에는 이직을 하거나 먼 곳으로 이사를 가서 영영 못 만나는 사람들이 있다. 친척 중에도 어릴 때 함께 어울린 사람이나 나를 돌봐 준 분이 있는데, 자주 만나지 못하고 있다.

다만 친척의 경우에는 지금 그다지 친하게 지내지 않더라도 장례식 같은 집안의 행사가 있으면 얼굴을 마주할 기회가 생긴다. 슬픈 분위기기는 하지만, "이럴 때가 아니면 만날 수 없군"이라며 짧은 소회를 나눈다. 장소가 장소인 만큼 큰 소리로 이야기하거나 웃지는 않는 차분한 재회다.

"나중에 또 보자"라며 헤어지지만, 다음에 보는 것은 또 다른 장례식인 경우가 많다. 그런 대화가 되풀이되지 않도록 날을 잡고 친척들을 쭉 돌아보는 것도 좋다. 생각난 김에 일주일 정도 기간을 잡고 실천해 보자. 다음으로 미루다 보면 끝내 실천하지 못하게 된다.

노후에 접어들면 친척을 찾아다닐 정도의 기력은 있지만 기동성은 떨어진다. 시간을 넉넉히 잡아도 조바심을 떨칠 수 없다. 하지만 인생의 문이 닫히기 전에 해야 할 일을 다 마쳐야 한다. 너무 서두르면 경황이 없어서 대충 끝내 버릴 위험성도 있다. 그 점을 유의해야 한다.

나는 은퇴한 후에 시마네, 히로시마, 후쿠오카에 있는 친척들을 깜짝 방문한 적이 있다. 그때 놀라움과 기쁨이 섞인 친척들의 얼굴은 지금도 뇌리에 남아 있다. 알찬 시간과 응축된 교류는 더할 나위 없이 소중한 것이다. 그때의 경험은 아직까지도 내 마음을 풍요롭게 만든다.

62

눈앞에 있는 보물을
놓치고 있지 않는가?

일에 집중하느라 바쁘게 지낼 때는 그 업무에 도움이 되는 것에만 에너지를 쏟게 된다. 업무에 도움이 된다고 여겨지는 것에는 눈길을 주지만 그렇지 않은 것에는 눈길 한번 주지 않는 것이다.

사회생활을 하게 되면 누구나 자신도 모르는 사이 그런 습성이 배게 된다. 그런데 이런 자신을 분명히 인식하는 사람은 드물다. 그래서인지 대부분의 사람은 오랜 지인이라도 자신의 업무와 전혀 관계없다는 생각이 들면 적극적으로 교류하지 않으려 한다.

반대로 업무와 관련 있는 지인과는 항상 교류하려고 노력한다. 이는 곧 비즈니스 지상주의에 순종하는 결과라고 할 수 있다. 그러나 이따금이라도 좋으니 인생에 일이 전부가 아니라는 점을 상기하고 생활 태도를 바로잡을 필요가 있다.

물론 업무에서 벗어날 틈이 없을 수도 있다. 이럴 때는

'음주운전 단속 주간', '보안 강화 주간'처럼 '○○주간'이라는 방식을 모방해 보자. 봄, 여름, 가을, 겨울의 각 계절마다 한 주 정도를 '인생 재검토 주간'으로 설정하는 것이다. 이 일주일 동안에는 업무 중심으로 돌아가는 자신의 인생을 반성해 보기를 추천한다.

'등잔 밑이 어둡다'라는 속담이 있다. 혹시 가까운 곳에서 중요한 것들을 못 보고 지나치지는 않았는지 체크해 본다. 우선은 주변 사람 중에서 왠지 껄끄럽다고 생각해서 다가가지 않았던 사람을 떠올려 보자. 막상 대화해 보면 그렇게 이상한 사람이 아니고 오히려 마음을 풍요롭게 만드는 사람임을 깨달을지도 모른다. 또한 근처의 낡은 공공건물에서 뜻하지 않게 역사의 발자취를 발견할지도 모른다. 그런 깨달음과 발견을 해낸 자신을 칭찬해 보면, 그것만으로도 '인생의 맛'이 더욱 진해질 것이다.

63

비일상적인 세계에
몸을 담그고 자신을 돌아본다

'백문이 불여일견'이나 '항상 남의 마당 잔디가 더 푸르러 보이는 법이다' 등의 말이 있다. 직접 현장에 가서 자기 눈으로 보지 않으면 신용할 수 없다는 뜻이다. 멀리서는 어떤 사물의 진면목을 파악하기 힘든 법이다.

그렇다면 지금 이 자리에서 자신의 눈으로 보고 있는 현상에 관해서는 그 참모습을 올바르게 판별하고 이해할 수 있을까? 이미 익숙해져서 모든 것이 당연해 보일 것이다. 의심할 것도 없으니 자세히 들여다보려고도 하지 않는다. 또 특별히 불편하지 않다면 개선할 필요성도 느껴지지 않는다.

그러나 그런 자세로는 발전이나 변혁을 기대할 수 없다. 자신의 환경을 객관적인 관점에서 살펴봐야 한다. 애초에 자기 눈에는 자기 자신이 보이지 않는다. 거울 앞에 서도 피상적인 모습이 비칠 뿐이다. 다른 사람의 눈으로, 다른 각도에서 바라봐야 전체적인 상을 확인하고 그 정체를 이해할 수 있다.

주변 환경에 대해서도 마찬가지다. 익숙한 환경에서 벗어나 다른 환경에서 스스로를 바라보면 자신의 환경과 그 특징이 더욱 선명히 드러난다. 이를 위한 가장 손쉬운 방법이 외국에 가보는 것이다.

외국이라면 어디를 가나 나름대로 효과가 있겠지만, 가급적 자국과 이질적인 문화권의 나라로 가는 것이 비교하기 쉬운 만큼 더욱 정확히 관찰할 수 있다.

우선은 그 이국과 자국을 여러 가지 관점에서 비교해 본다. 그런 다음 그 이국의 외국인이 되었다고 가정하고 자국 내에서 자신이 처한 환경을 바라본다. 이런 고찰은 인생에서 가능한 한 이른 시기에, 가능한 한 자주 해두는 것이 좋다. 자신의 진실을 바라보는 실력을 키울 수 있기 때문이다.

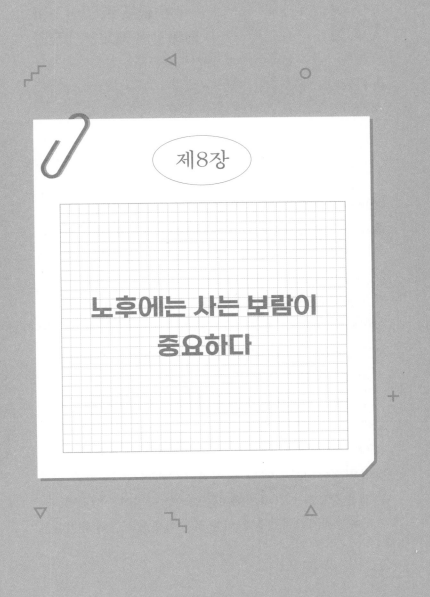

제8장

노후에는 사는 보람이
중요하다

64

미담도 돈 이야기가
들어가면 지저분해진다

한 운동선수가 올림픽에서 우승했다. 그때까지 그 선수의 종
목은 아직 비인기종목이었다. 하지만 올림픽에서 우승을 하
자 그 선수는 텔레비전 등 여러 미디어에서 앞 다투어 취재하
는 인물이 되었고, 굉장한 명성을 얻었다.

그 때문인지는 알 수 없지만, 그 선수의 수입이 좋아진 모
양이었다. 어느 날 그 선수가 텔레비전에 등장해서 이런 말을
했다. "수입이 더 좋아지면 더 많은 사람들이 이 종목의 선수
가 되고 싶어 할 것입니다."

나는 스포츠 정신과는 사뭇 다른 말을 태연하게 하는 태
도에 놀라고 말았다. 세계 1위에 올랐으니 기세등등해지는 것
은 당연하다. 화제의 중심이 되어 여러 미디어에서 다뤄지는
것이 기뻤는지도 모른다. 하지만 우승하면 '돈'을 벌 수 있다
는 점을 강조하는 그의 말에서는 씁쓸한 뒷맛이 느껴졌다.

유명해지거나 큰돈을 버는 것은 확실히 성공의 증거라고

할 수 있다. 그러나 그것만을 단정적으로 말하는 것은 본질을 무시하고 사물을 지나치게 간단히 관련지어 버리는 행위다. 너무 저차원으로 치닫는 사고방식이라 엄청난 거부감이 느껴진다.

모처럼의 미담도 '돈' 이야기가 섞이는 순간 지저분해지고 만다. 물론 돈은 중요하고 누구나 바라는 것이다. 하지만 그것만을 확고한 목적으로 삼고 이야기하면 열심히 노력하는 모습이 가려져 버린다.

이런 이야기를 하면 돈을 못 버는 사람의 질투라고 생각하는 사람도 있겠지만, 돈 이야기에 거부감을 느끼는 사람도 많다는 것은 틀림없는 사실이다. 그 점을 염두에 두었으면 한다.

65

노화를
거스르지 않는다

나이를 먹으면 몸과 마음이 서서히 쇠약해지기 시작한다. 남
성의 경우, 아직 젊을 때부터 머리카락이 빠지는 사람도 있다.
당연히 신경이 쓰일 수밖에 없다. '중요한 건 머리카락이 아니
다. 중요한 건 머릿속에 무엇이 들었는가다.' 호기롭게 이렇게
말하는 사람도 있을 것이다.

　나도 그 말에는 찬성하고, 또 스스로도 그렇게 생각하고
싶지만, 역시 신경이 쓰인다. 사람과 사람이 만날 때, 가장 먼
저 눈에 들어오는 것은 얼굴과 그 위에 있는 머리카락의 상태
다. 눈에 보이는 것이 매력적이면 좋은 인상을 주는 데 도움이
된다. 그것은 틀림없다.

　그래서 비교적 젊을 때부터 머리숱이 적어진 사람은 가
발을 쓰거나 머리카락을 심어서 용모를 가꾸려고 한다. 그러
나 대부분의 경우, 아무래도 부자연스러움이 전부 감춰지진
않는다. 잘 보이고 싶어서 애쓰는 만큼 본인은 은근하게 콤플

렉스를 느끼고 있다. 그리고 그런 기운은 왠지 모르게 남에게도 전해지는 법이다. 방어적인 마음가짐이 적극적으로 다가서려는 의욕을 방해하기 때문이다.

일반적으로 약점을 감추려고 하면 그곳에 온 신경을 쏟아야 하므로 적극적인 에너지가 사라지고 만다. 인생에 맞서는 자세가 약해지는 셈이다. 그럴 때 의지가 강한 사람은 오히려 약점을 당당하게 드러내기도 한다. 자기만 신경 쓰지 않으면 두려울 건 아무것도 없다. 콤플렉스를 신경 쓰고 감추기 위해 사용하던 에너지를 앞으로 나아가는 데 활용할 수 있는 것이다.

노화는 자연스러운 성장과 쇠퇴 과정의 하나일 뿐이다. 이것을 거스르려는 것은 인간적인 삶의 방식에 맞지 않는다. 특히 중년기와 노년기로 이행되는 과정에서는 노화를 받아들이고, 인간답게 살아가는 방법에 관해 마음 쓰도록 해야 한다.

노화라는 과정을 옳지 않은 것으로 여기고 억지로 젊어지려고 애쓰기보다, 나이 듦을 옳은 일로 여기고 받아들이는 편이 인생을 훨씬 즐겁게 한다는 것을 기억하길 바란다.

66

나이는 기껏해야 숫자일 뿐이다

신문이나 텔레비전을 비롯한 언론 매체에서 화제가 된 개인을 소개할 때는 그 사람의 성별과 나이를 표시하는 일이 많다. 좋은 일을 하거나 훌륭한 업적을 달성해서 좋은 기사에 오르든, 나쁜 일을 하거나 남에게 피해를 끼쳐 나쁜 기사로 소개되든, 세간에서 그 사람에 대해 평가하고 판단할 때 성별과 나이가 많은 영향을 준다고 여겨지기 때문이다.

'나이를 먹을 만큼 먹은 사람이 어린애 같은 짓을 했군'이라고 질책하거나, '이렇게 젊은데도 확고한 생각을 갖고 있다니, 훌륭하군' 하고 감탄할 때도 있다. 자신의 나이와 비교해 보면서 열심히 노력해야겠다고 다짐할 때도 있다. 나도 자칫 잘못하면 저 사람과 같은 꼴을 당할지 모른다고 조심하기도 한다. 실제로 나이라는 정보를 얻은 상태에서 보이는 반응은 그 정도다.

한편으로 요즘에는 '개인정보'에 관해 민감한 반응을 보이는 사람이 많다. 예전부터 성별과 연령에 상관없이 상대의 정확한 나이를 묻는 것은 기피해야 하는 일로 여겨지긴 했으나, 요즘에는 그것을 더욱 조심하는 추세다. 서로의 나이는 제법 친해진 뒤에야 조심스럽게 묻는 것이 낫고, 친해진 뒤에도 상대가 굳이 나이를 밝히고 싶어 하지 않는다면 더 이상 추궁하지 않도록 해야 한다.

그래서 나는 나이도 개인정보니, 언론에서 누군가의 나이를 항상 밝히는 것은 삼가야 할 것이라고 생각한다. 이제는 누군가 나이를 물어볼 때, 개인정보를 밝히고 싶지 않다고 거절해도 되는 시대니까 말이다.

내가 겪은 바로는, 나이를 밝히든 감추든 그에 따라 나에 대한 평가가 달라지는 것은 아니었다. 그렇게 보면 나이는 별로 중요한 요소도 아닌 셈이다. 결국 나이는 기껏해야 숫자일 뿐이다. 괜히 감출 필요도 없고, 일부러 드러낼 필요도 없다. 나이에 대해 깊게 생각하고 괜히 중요시할 필요는 없는 것이다.

67

나이의 많고 적음에 얽매이지 않는다

나이가 꽤 들어 보이는 사람에게 "정정하시네요"라고 말하면, 상대방은 활짝 웃으면서 "제가 몇 살로 보이십니까?"라고 물어 온다. 그럴 때는 내가 생각했던 것보다 조금 적은 나이로 대답해 주는 것이 예의다. 나이를 너무 적게 가늠해서 대답했다가는 상대방을 놀리는 것처럼 보일 수도 있다. 그렇게 되면 우호적인 대화 분위기가 순식간에 깨져 버린다. 적당히 적은 나이로 대답해야만 상대방은 기쁜 표정으로 진짜 나이를 알려 준다. 젊어 보이는 것에서 자부심을 느끼는 사람이 많다.

실제로도 진짜 나이보다 젊어 보이는 사람이라면 그 대화는 해피엔드로 끝난다. 그런 자리에서 진짜 나이에 대해 이러쿵저러쿵 토론하는 것은 지극히 어리석은 일이다. 무난한 대화로 끝내는 것이 점잖은 대응법이다.

진짜 나이를 대략적으로 아는 상대방에게 "정정하시네요"라고 말하는 것은 겉으로 보이는 솔직한 감상이다. 기력이 넘치는 모습을 보면서 건넨 말이니 그 말 속에는 아무런 꿍꿍이도 없다. 하지만 "젊어 보이시네요"라고 말하는 것은 기분 나쁘게 들릴 수 있다. 그 말에는 실제 나이보다 젊어 보인다는 뉘앙스가 담겨 있기 때문이다. 노인을 향해 "젊어 보이시네요"라고 말하는 것은 마음속 깊은 곳에 '당신은 젊지 않습니다'라는 판단을 품고 있다는 뜻이다. 이는 곧 '젊음'이 긍정적이고 '늙음'이 부정적이라는 사고방식까지 밑바탕에 깔려 있다는 의미다.

"젊어 보인다"라는 말을 듣고 기뻐한다면 자신의 실제 나이를 부정당한 것에 대해 기뻐하는 것과 다름없다. 그것이 어리석은 생각이라는 점을 기억하길 바란다.

68

남의 인생과 비교하며
일희일비하지 않는다

남의 화려한 생활을 가까이서 보거나 언론을 통해 접하면 부러워질 때가 있다. 자신보다 더 풍족해 보이니 자신도 그렇게 되고 싶다고 생각한다. 이는 인간의 자연스러운 반응이다. 그런 반응은 의욕을 불러일으키는 원동력이 되기도 한다.

하지만 그 사람처럼 되는 것이 불가능하다는 생각이 들면, 부러움이 질투로 번져 애꿎은 사람을 미워하게 되기도 한다. 이는 분명히 지나친 화풀이일 뿐이다. 음험한 사고방식이자, 전혀 발전성 없는 사람이나 하는 짓이다.

남의 일이든 남의 집이든 좋으나 싫으나 자신을 위한 참고사항일 뿐, 본인과 직접적인 관련은 없다. 필요 이상으로 자신의 감정을 그 안으로 끌고 들어가는 것은 아무런 이득도 없고 의미도 없다. '남은 남이고, 나는 나다'라고 딱 잘라 생각해야 한다. '남들이 뭐라고 하든 내 갈 길을 간다'는 자세를 고집해야 한다.

부처는 태어나자마자 일어서서 한 손으로는 하늘을 가리키고, 다른 한 손으로는 땅을 가리키면서 '천상천하 유아독존 天上天下 唯我獨尊'이라고 말했다. 하늘과 땅 사이에 나보다 귀한 것은 없다는 뜻이다.

이 이야기는 우리 같은 범부에게 인격의 고귀함을 가르쳐 주고 있다. 단순히 내가 잘났다는 말이 아니다. 누구나 인간으로서의 존엄성을 갖추고 있기 때문에 그 점을 잊어서는 안 된다는 뜻이다. 자신을 늘 소중히 여기며 살아갈 '권리'가 있는 동시에 그 '의무'도 다해야 하는 것이다.

자신의 자주성을 내세우면 다른 사람의 생각에 시달리거나 좌지우지되는 일은 없다. 물론 자신을 존중하다 못해 이기적인 사람이 되어 남의 권리까지 해치지 않도록 주의해야 한다.

69

'과거의 영광'에
매달리지 않는다

사회인으로서 일하던 시기에는 '과거의 영광'이 실질적인 힘
을 지닌다. 현재 종사하고 있는 일이든 앞으로 종사하려는 일
이든, 사람들은 과거의 실적을 참고해서 업무를 의뢰하고 실
적을 기대한다.

　어떤 일에 종사하고 어떤 실적을 올렸는지, 그 사이에 어
떤 직함으로 일했는지, 그런 과거의 이력은 그 사람의 실력을
가늠할 수 있는 좋은 재료가 된다. 이력서에 회사 이름이나 직
함만 나열해서는 진짜 실력을 알 수 없다는 회의론도 있지만,
적어도 회사 내에서 어떤 역할을 맡았는지는 알 수 있다. 그러
므로 그것을 자랑스럽게 이력서에 적는 것은 전혀 이상한 일
이 아니다.

　그러나 실적이든 직함이든 그것이 통용되는 것은 사회인
이었을 때까지다. 누구나 알고 있는 최고위층이었다면 은퇴
하고서도 사람들이 알아봐 줄지도 모른다. 하지만 자신에게

는 '과거의 영광'이라도, 다른 사람에게는 그저 평범한 하나의 사실일 뿐이다. 은퇴를 하면 더 이상 그 사실에 가치는 없다.

그러므로 은퇴한 사람이 옛 실적이나 직함을 내세우면서 자랑을 늘어놓는다면 '과거에만 사는 사람'이라는 말이 나올 뿐이다. 모두에게 인정받고 싶은 마음에 '과거의 영광'을 자랑한 것인데, 오히려 거만한 사람이나 불쌍한 사람으로 여겨지게 된다.

노후는 지금까지 활약하던 세상의 연장선상에 위치하지 않는다. 지금까지와는 완전히 다른 세상이다. 그러므로 노후를 맞이할 때는 지금까지의 가치관을 버려야 한다. 새로운 세상에 맞는 새 규범과 새 가치관을 익혀서 맨주먹으로 다시 시작한다는 각오를 다지길 바란다.

제9장

노후에도 아직
늦지 않았다

70

호기심은
생명력의 근원이다

철이 들고 난 후로 나는 부모님이나 학교 선생님을 비롯한 어른들의 권유에 따라 공부를 하거나 여러 가지 활동에 힘썼다. 말하자면, 남의 지도에 따라 노력하게 된 학생이었다. 물론 자발적으로 택한 길을 나아가기도 했지만, 그 길 역시 누군가가 미리 깔아 놓은 것이었다.

나는 꽤 창조적으로 살아왔다고 생각했지만, 알고 보면 이미 만들어진 길을 지나왔을 뿐이다. 깨끗하게 포장된 길에서 편하게 걷기도 했고 자갈투성이의 길에서 힘들게 걷기도 했지만, 어쨌든 나아가야 할 루트는 눈에 확실히 보였다.

하지만 제대로 된 공부나 일을 하기 전, 그러니까 훨씬 어렸을 때는 내 마음대로 움직였을 것이다. 그쪽으로 가면 안 된다는 소릴 들어도 기어코 그리로 기어가고, 만지면 안 된다는 소릴 들어도 기어코 만지고 잡으려 했다.

주변이 온통 모르는 것투성이였기 때문에 '호기심'이 향하는 대로 날뛰었던 것이다. 그렇게 시행착오를 겪으면서, 인간 사회의 규칙을 배우고 예절을 익혔다. 그 결과, 어엿한 어른이 되어 무사히 인생을 살아왔다.

　노년기로 접어들면 시간을 마음껏 쓸 수 있게 된다. 나는 이 시기에 '동심'으로 돌아갈 것을 권한다. 유아 시절처럼 호기심을 한껏 발산해 보는 것이다. 무슨 일이든 괜찮으니 그것이 '왜' 그런지 철저히 파고든다. '왜'를 고민하고 조사하면 일단 답은 나온다. 그런데 그것에 만족하지 말고 그 답에 대해 또다시 '왜'를 따져 본다. 그러면 또 다른 깊은 답이 도출될 것이다.

　그런 흐름을 계속 반복하다 보면 끝이 없다. 하지만 그 안의 답이나 물음에서 인생의 진실을 찾을 가능성도 있다. 이것은 머리를 녹슬지 않게 만드는 연습이 되기도 한다.

71

인생은 반복이다

방학 숙제로 일기를 쓸 때 고생한 사람이 꽤 많을 것이다.

'아침에 일어나서, 세수를 하고, 아침을 먹었다. 그리고 공부를 하다가, 점심때가 되어 점심을 먹었다. 오후에는 친구들과 가까운 바다나 강에 가서 헤엄을 치며 놀았다. 다들 신나게 놀았지만, 해가 져서 집으로 돌아왔다. 저녁을 먹고 나서는 책도 좀 읽었는데, 밤이 늦어서 잤다.'

내 또래의 여름 방학은 위와 대동소이하다. 텔레비전도 없고 장난감도 별로 없던 때니 언뜻 보기에는 단조로운 여름 방학 같을 것이다. 물론 친구들과 어울려 신나게 놀긴 했지만, 거의 매일 똑같은 일의 반복일 뿐이라, 특별히 들춰내서 적어야 할 사건 같은 것도 없었다.

그 시절 나는 세상에 대해 궁금한 것도 없었고, 그것을 이상하다고 여긴 적도 없었다. 그래서 일기에는 겉으로 드러나는 생활의 흐름을 썼을 뿐이다. 어릴 때 내가 매일 똑같은 일상을 보냈다는 것을 깨달은 건 어른이 되고서 '철학적 사고'를 다소나마 익힌 이후였다.

어른이 된 후 그런 깨달음을 얻으면 매너리즘에 빠진 자신의 상태를 타파하려는 사람도 생긴다. 일념발기一念發起해서 자기 인생의 새로운 중심축을 세우려 하는 것이다. 뜻한 대로 새로운 길을 열어 성공하는 사람도 있고, 노력하긴 했으나 꿈이 무너져 실패하는 사람도 있다.

성공을 한 사람이든 실패를 한 사람이든 노후에 이르면 결국 다시 예전처럼 매일 같은 패턴을 반복하게 된다. 그러나 그 반복은 더 이상 지루한 반복이 아니다. 날마다 같은 일이 반복되는 것은 평화롭고 안정적이라는 증거기 때문이다.

노후에 맞이하는 매일은 어디서나 볼 수 있는 평범한 일이 매일같이 거듭되는 '일상다반사' 같은 나날이다. 당연한 일이 당연하게 반복되고 눈앞으로 흘러간다. 나는 이것이 실로 이상적인 인생이라 생각한다.

72

물어보고 싶어도
부모는 이제 없다

자기가 나이를 먹는 만큼 부모도 똑같이 나이를 먹는다. 그래도 부모가 큰 병에 걸리지 않는 한, 아직 계속 살아 계실 거라고 생각하게 된다. 그냥 '소망'일 뿐인 생각이 어느 틈엔가 '확신'이 되어 버리는 것이다.

어머니가 중병으로 입원해 계시는 동안, 나는 도쿄에서 차로 열 시간 정도 떨어진 시마네현까지 자주 문병을 갔다. 어머니는 내 눈앞에서 괴로워하는 모습을 보이지도 않았고, 당연히 일상적인 대화를 아무렇지 않게 나눌 수 있었기 때문에 나는 무심코 낙관하고 있었다. 의사는 어머니가 '근근히 버티고 있는' 상태라고 했지만, 나는 그렇게 계속 버티며 살아 계실 거라고 생각하고는 그다지 걱정을 하지 않았다.

그리고 그로부터 두 달 쯤 후, 어머니는 갑자기 돌아가시고 말았다. '근근이 버티고 있다'는 의사의 말이 언제 돌아가셔도 이상하지 않은 상태였다는 뜻이라는 걸 그제야 깨달

왔다.

어머니의 생사라는 중요한 문제에 대해서마저 희망적 관측이라는 비과학적인 해석을 한 스스로가 부끄러웠지만 사후 약방문이었다.

나이 든 부모님은 언제 돌아가실지 모를 일이다. 그러니 어릴 때 이야기나 집안의 선조 이야기 등을 평소에 자주 물어보는 것을 권한다. 내 어머니는 히로시마에서 원폭을 직접 경험한 사람이라, 나는 그때의 참극에 대해 조금 더 자세히 물어보지 못한 것이 내내 아쉽다.

부모님만 아는 진실에 관해 듣고 싶을 때가 되면 이미 부모님은 돌아가신 뒤다. 그러니 평소 대화할 기회가 생길 때마다 자기가 알고 싶은 것을 물어보고, 부모님이 알려 주고 싶어 하는 것을 주의 깊게 들어야 한다. 그리고 이것을 '평소에' 하는 것이 중요하다. 병에 걸리고 나서 누워 있는 부모님을 상대로 물어보는 것은 아무리 부모 자식 사이라도 가혹한 일이기 때문이다.

73

예술 감상을 할 때는
한 작품에만 집중한다

요즘에는 예술 작품을 감상할 기회가 많아졌다. 도심에도 수많은 미술관들이 성황을 이루고 있다. 미술관 측에서 홍보를 잘한 덕분인지도 모르지만, 사람들은 너나없이 미술관으로 발길을 옮기고 있다.

개관 시간 전부터 입구 앞에 사람들이 줄을 서는 경우도 적지 않다. 겨우 안에 들어가도 작품을 찬찬히 감상할 시간이 없다. 작품 앞에서 멈춰 서 있지 말라고 주의를 주는 경우도 있다. 예술 작품을 감상한다는 것은 작품과 마주한 채로 이해하기 위해 노력하는 일인데, 이래서는 본래 목적인 '감상'을 도저히 할 수가 없다.

감상에 부적합한 환경을 만들어 놓고 수많은 관객을 줄지어 입장시키는 것은 예술에 대한 모욕이다. 대중 심리를 은밀히 이용하는 장사꾼 마인드에 분노의 감정보다는 슬픔이 차오른다. 사람들을 무시하는 것도 정도가 있는 법이다.

그런 경박한 상업주의에 말려들어서는 안 된다. 작품을 힐끗 본 것만으로 예술 작품을 감상했다고 말하는 것은 너무 천박한 행동이다. 작품과 작가에게도 무례한 짓이다. 조금 더 여유롭게 시간을 들여서 작품을 마주하고, 작품이 전하려 하는 메시지에 눈을 돌려야 한다. 예술의 향기로움이 가득한 작품을 대하면 가슴에 무언가의 감정이 피어난다. 그것이 바로 '예술적 감흥'이며, 우리의 삶을 윤택하게 만들어 주는 것이다.

수많은 작품을 휙 둘러보면 아무런 감개도 느껴지지 않는다. 어떤 작품이든 자신의 흥미를 끄는 것이 있다면, 그 한 작품에만 집중해서 그 작품과의 교류를 시도해 보길 바란다. 모처럼 찾은 미술관에서 한 작품만 감상하는 것은 손해라고 생각할지 모르지만, 그것이 훨씬 마음이 풍요로워지는 감상법이라 말하고 싶다.

74

'젊음의 혈기'와
'노인의 역정'

젊었을 때는 결과가 어떻게 될지 별로 생각하지 않은 채 무분별한 짓을 많이 했다. 하지만 남에게 큰 피해를 주거나 자신이 크게 다치지 않는 한, 어느 정도 봐주는 분위기였다. '젊음의 혈기'로 벌인 일이니 어쩔 수 없다는 식이었다.

물론 그러한 '젊음의 혈기'로 뜻밖의 성과를 얻어서 사람들의 칭찬을 받는 경우도 있다. 물론 부정적인 결과를 가져오는 경우가 훨씬 많지만, 인생 공부를 한 셈 치고 용서를 해주는 것이 보통이다.

이런 '젊음의 혈기'는 나이가 들면서 에너지가 떨어지면 사라진다고 생각하는 사람이 많다. 하지만 실제로는 '노인의 역정'이라는 형태로 감정을 드러내는 경우를 많이 발견하게 된다.

자주 보게 되는 것이 큰 병원의 대기실에서 노인이 별안간 성난 목소리를 내지르며 대기 시간이 너무 길다고 항의하는 모습이다. 물론 환자를 너무 오래 기다리게 한 병원 측에 일차적인 잘못이 있다. 그러나 다른 환자들은 모두 잠자코 기다린다. 어쩔 수 없다는 것을 알고 있기 때문이다. 유독 노인들만 그새를 못 참고 역정을 내고 만다.

노인이 역정을 잘 내는 이유는 감정을 억제할 에너지가 바닥난 상태기 때문이다. 부정적인 에너지가 통제를 잃고 폭발했다고 봐도 좋을 것이다. 나이가 들어서 분별력을 잃은 모습은 인간의 초기 상태인 유아기로 돌아간 것과 다를 바가 없다.

나이가 들면 성질이 급해지는 경향은 분명 존재한다. 남은 생이 길지 않기 때문에 어떤 일에서든 더 조급해지는 것이다. 그렇다고 해서 아무데서나 역정을 내는 것은 추하게 늙은 모습을 드러내는 결과밖에 되지 않는다. 자기 자신의 명예를 위해서라도 그런 행동은 하지 않도록 자중하고 늘 조심할 필요가 있다.

75

남이 하지 않는 일을 깊이 탐구한다

한창 일할 무렵에는 각자 나름대로 자신의 전문 분야를 가지고 있다. 그 분야에서만큼은 다른 누구보다 많은 지식을 쌓고 다양한 경험을 하게 된다. 그러나 주 업무 외의 다른 분야에 대해서는 대략적인 지식만 가지고 있을 뿐, 상세하게 파고들지도 않고 그럴 여유도 없다.

그런데 노후에 접어들면 전보다 여유로워지고, 언제까지 무엇을 해내야 한다는 제한이 사라진다. 그만큼 마음의 여유도 생겨나기 때문에, 가만히 앉아 무언가에 대해 깊이 탐구할 수 있는 기회가 늘어난다. 회사에 다니던 시절에 하지 못했던 분야의 연구를 처음부터 다시 도전해 볼 수도 있다.

예를 들어 마케팅이 주된 업무였다면, 그동안 전혀 생각지 못했던 다른 문화권에서의 마케팅 방법을 고찰해 보는 것이다. 더 나아가 다른 문화권에 자국의 문화를 소개하고 보급하기 위해서는 어떻게 해야 할지 고민해 볼 수도 있다.

주제를 정했으면 먼저 다른 문화권에 대한 연구를 하는 동시에 자국의 문화에 대해서도 깊이 파고들어야 한다. 자기 혼자 진행하는 연구 주제기 때문에 그야말로 미지의 세계다. 혼자서 자유롭게 가설을 세우고, 혼자서 브레인스토밍을 하면서 연구를 진행하는 것이다.

돈을 벌겠다는 생각으로 하는 것이 아니기 때문에, 순수하게 학문적으로만 추구하고 탐색할 수 있다. 연구 결과를 굳이 발표할 필요도 없으니, 도중에 그만두거나 옆길로 빠져도 상관없다. 창조적으로 연구하는 '학구열'을 순수하게 즐기기만 하면 된다. 공부하고 연구하는 즐거움을 분명 발견할 수 있을 것이다.

76

노후에는 땡땡이를 무제한으로 칠 수 있다

얼마 전에 업무상 알게 된 지인을 만났다. 그의 부친과도 일을 하면서 안면을 튼 사이라, 안부를 물었다. 그랬더니 부친은 아주 건강해서 혼자 산책을 자주 한다는 것이다. 다행이라고 했더니, "아뇨, 걱정이에요"라는 대답이 돌아왔다.

그의 부친은 어디를 다녀오겠다고 행선지를 말하고 외출하는데, 정작 그 행선지에 가는 법이 없다고 한다. 나가면 금방 행선지를 바꾸는 일이 많고, 귀가 시간도 늦는다는 것이다. 팔십 대 중반을 넘긴 나이라 걱정하지 않을 수 없다는 이야기였다. 집을 나설 때는 분명 그저 근처를 좀 걷겠다고 해놓고, 도중에 마음을 바꿔 전철을 타거나 여기저기 돌아다니는 것 같다고 했다. 그 이야기를 듣는 순간, 내 머릿속에는 그의 부친의 신난 얼굴이 선명하게 떠올랐다.

실이 끊어진 연처럼 발길 닿는 대로 이리저리 걸어 다닌다는 것은 그의 부친이 자유롭게 살고 있다는 증거다. 젊은 시절에는 일정에 묶여 정해진 시간에 정해진 행동을 해야 했다. 가볍게 뱉은 말이라도 구두 약속도 약속이라며 어떻게든 지켜야 했다. 하지만 그의 부친은 그렇게 얽매여 있던 젊은 시절과 작별을 고했다. 노후의 자유를 누리고 있는 밝은 표정을 상상하니 내 마음도 가벼워지고 더할 나위 없이 유쾌해졌다.

어릴 때 땡땡이를 치며 즐거워했던 기억은 누구에게나 있다. 부모님이나 선생님에게 혼이 나면서도 마음 내키는 대로 옆길로 빠졌을 때 생각지도 못한 발견이나 즐거움을 찾아내곤 했다. 이제 와서 돌이켜 보면, 정해진 대로 해야 한다던 어른들의 말은 아이들을 쉽게 관리하기 위한 방편이었을 뿐이라는 생각도 든다.

노후에는 일정을 얼마든지 바꿀 수 있다는 자유로운 세계가 펼쳐진다. 주변 사람에게 큰 폐를 끼치지 않는 한, 땡땡이를 칠 자유는 얼마든지 있다. 노후에 찾게 될 새로운 발견이나 즐거움을 당신도 기대하길 바란다.

77

사진을 찍는다는 것은 과거에 산다는 뜻이다

요즘에는 거리 어디에서나 스마트폰을 볼 수 있다. 스마트폰은 통신 기기로서의 본래의 기능 외에도 촬영 기능까지 갖추고 있어서, 행사장에서 유명인이 무대에 오르면 모두가 스마트폰을 들고 일제히 촬영하는 것은 흔히 볼 수 있는 장면이 되었다.

모든 국민이 사진가가 된 듯한 느낌이다. 원래 프로 사진가는 특정한 직업적 목적을 위해 사진을 찍는다. 그러나 요즘의 아마추어 사진가들은 흥미를 불러일으키는 것이라면 무조건 찍고 본다. 명소와 관광지는 물론, 식당에서 자신이 주문한 음식까지도 사진으로 찍는다.

모든 것을 기록으로 남겨 두려는 모양새다. 나중에 다시 보면서 즐기려는 생각일까? 아니면 가족이나 친구들에게 보여 주며 자랑하고 질투심을 유발하려는 것일까? 하지만 나는 사진가가 되어 사진 기록을 남기는 데 신경을 쓰기보다는, 눈앞에 있는 것에 자신의 오감을 집중시켜 한껏 경험하고 온몸에 새기는 편이 더 낫지 않을까 생각한다. 인생은 기록하기 위해서가 아니라 경험하기 위해서 존재하기 때문이다.

모처럼 현장에 있는데도 어떤 사물을 '렌즈'라는 이차적인 형태로 바라본다니 너무 아깝다. 인상적이거나 감동적이었다면 굳이 기계를 사용해 기록해 둘 필요가 없다. 자신의 뇌리에 선명하게 새겨 넣으면 되는 것이다. 만약 뇌리에 남지 않는다면 그것은 그다지 감동적이지 않았다는 증거라 해도 좋다.

어쨌든 사진은 과거의 기록일 뿐이다. 쌓아 올린 과거에 둘러싸여 산다는 건 그 과거에 사는 것이나 다름없다. 그것은 쓸쓸한 생활 방식이다. 그보다는 현재와 미래에 살려고 노력하는 것이 온당한 삶이다. 과거의 기록은 과거의 세계에 놔두고 앞으로 나아가야 한다.

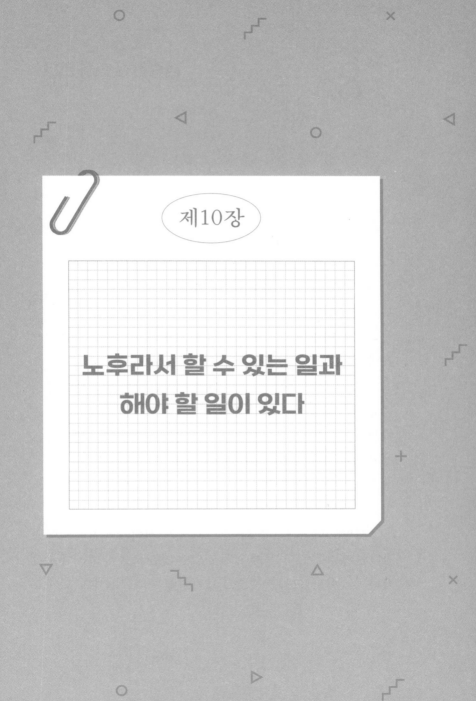

제10장

노후라서 할 수 있는 일과
해야 할 일이 있다

78 원숙한 노인이 된다

나무가 꽃을 피우는 풍경을 볼 때면 화사한 기분이 들고 마음이 들뜬다. 이어서 파릇파릇 잎이 무성한 계절이 되면 풀과 나무가 성장하는 모습에 자극받아 적극적인 의욕을 갖게 된다. 식물의 생명력에 감화되어 열심히 노력하고 싶다는 마음의 스위치가 켜지게 되는 것이다.

그러다 보면 어느새 잎이 다 떨어지고 메마른 고목이 되는 시기가 찾아온다. 화려하게 번영하던 모습은 사라지고 쇠약해진 느낌을 준다. 나무는 마치 여분의 지방분까지 빠져나가서 뼈만 남은 것처럼 앙상해진다. 에너지가 넘치는 힘은 느껴지지 않지만, 대신 굴하지 않고 힘껏 버티며 서 있는 강한 의지는 전해져 온다.

사람도 나이가 들면 외형적으로는 서서히 고목처럼 되어간다는 생각이 든다. 몸에 걸치고 있던 것을 조금씩 버리기 시작하는 것이다. 고목은 겉으로 보기에 쓸쓸해 보일 수도 있지만 그 기골은 여전히 튼튼하다. 그런 고목의 아름다운 점을 본받아 '멋진 할아버지'와 '멋진 할머니'가 되는 것이 이상적인 삶의 모습일지도 모른다.

그때 신조로 삼아야 할 것은 큰 것보다는 작은 것, 많은 것보다는 적은 것, 두꺼운 것보다는 가는 것, 앞보다는 뒤, 빠른 것보다는 느린 것 등이 있다. 적극적이라기보다 조금 소극적으로 느껴지는 말이다. 이런 마음가짐은 특히 인간관계에서 잘 활용해야 한다. 나이가 들면 적극적으로 나서는 것을 슬슬 삼가고, 상대를 배려하며 "먼저 가시지요" 하고 길을 터주려는 자세를 보여야 한다.

남과 경쟁하며 달릴 필요는 없다. 자기 속도에 맞게 천천히 걸으며 앞으로 나아간다. 자신의 능력을 고려하면서 무리하지 않으면, 쓰러지더라도 남에게 피해를 주지 않는다. 그렇게 태연자약한 자세를 갖출 수 있는 것은 자신의 욕심을 모두 내려놓거나, 천천히 사라지도록 내버려 둔 사람뿐이다. 흔들리지 않는 자신감이 바탕에 깔린, 고고하고 원숙한 노인이 될 수 있도록 하자.

79

나이가 들어도
모르는 것은 수두룩하다

세상은 일취월장의 기세로 변화하고 있다. 그에 따라 새로운 물건이나 사고방식이 차례차례 등장한다. 공부를 열심히 하고 세상을 잘 살아온 사람이더라도 또 공부가 필요해지는 셈이다. 공부하지 않으면 낙오자가 되어 세상의 흐름을 따라가지 못할까 봐 불안해지기 때문이다.

그러나 많이 안다고 해서 세상이 편해지는 것은 절대 아니다. 모르는 게 약일 때가 많다. 몰라서 태연하게 있거나, 몰라서 위험한 일을 당하지 않는 경우도 있다. 그러니 긴급하게 알아 두어야 할 일이 아니라면, 어떤 세계나 분야에 대해 알기 위해 굳이 노력하지 않는 것이 좋다.

공부는 꼭 알아야 하는 상황이 닥쳤을 때 시작하면 된다. 학창 시절에 시험 때문에 벼락치기로 공부하거나 업무상 새로운 프로젝트에 관여하게 되어 즉석으로 지식을 주입했던 기억도 있을 것이다. 빠른 시일 내에 무언가를 익힐 능력이 있다는 것을 확신한다면, 하루가 다르게 다가오는 새로운 정보에 대해 예민해질 필요가 없다. 다급하게 공부하는 편이 더 현실적이면서 효과적이다.

지금처럼 새로운 지식이나 정보가 엄청난 속도로 흘러넘치는 양상을 보일 때는 이에 현혹되지 말고 자신만의 리듬을 가질 필요가 있다.

이 세상에서 내가 아는 것의 양과 모르는 것의 양을 비교해 보면 굉장한 차이가 있다. 아는 것은 쌀 한 줌밖에 되지 않지만, 모르는 것은 무수히 많은 법이다.

새로운 것을 잘 모르는 것은 당연하다. 새로운 것에 관해 미리 지식을 가지고 있다면 그것은 운이 좋았다고 생각하는 것이 옳은 자세다. 모든 것을 다 알고 있다는 듯 굴지 않도록, 내가 가진 지식과 정보다 적다는 것을 늘 명심해야 한다.

80

'결과'보다 '과정'을 즐긴다

비즈니스에서 중시되는 것은 결과다. 단순히 운이 좋아서 그런 것이었다 해도 일단 좋은 성과를 내면 모두의 칭찬을 받고 훌륭한 업적으로 인정받는다. 아무리 노력해도 결과를 내지 못한 직원은 아예 언급조차 되지 않는다. 이것이 바로 실적 지상주의다.

　그래서 모두가 항상 성과를 신속하게 내려는 데 혈안이 된다. 언제나 무슨 일에서든 성취나 결과만 외쳐대면서 가능한 한 빨리 눈에 보이는 실적을 이루려고만 한다. 그런 업무에 치이는 동안에는 인생을 즐길 여유 같은 것은 찾을 수도 없다. 날마다 최대한 빨리 결과를 내기 위해 안달복달하는 상황밖에 되지 않는다.

　그런 환경에서는 차분히 중심을 잡고 커다란 프로젝트를 완성하기가 어렵다. 결과를 향해 치닫기만 하니 그 과정을 단순한 통과 지역 혹은 고생으로 인식하는 것이다. 하지만 결과는 지향점이자 목표, 즉 순간적인 것이다.

그에 비해 과정은 집중적으로 노력하는 일정 기간의 흐름이며, 장기간에 걸쳐 지속된다. 즉 과정은 인생이라고 하는 오랜 기간에서 차지하는 비율이 지극히 크다. 인생의 거의 대부분을 차지한다고 봐도 과언이 아니다. 따라서 같은 업무를 하더라도 그 과정을 즐기는 방향으로 이끌어 가는 것이 바람직하다.

비즈니스도 인간이 살아가는 삶의 일부다. 업무에 열중하는 와중에도 인생을 즐기고 맛볼 여유를 만들어 내야 한다.

노후가 되면 비즈니스에서의 '목적 의식'은 가급적 버려야 한다. 조직이 아니라 자기 자신을 위해서 사용할 수 있는 시간이 충분해진다. 그러니 시간의 흐름인 '과정'을 여유롭게 맛볼 준비를 미리 해두는 것이 좋다.

81

지금까지의 '삼고칠고'를 상기한다

사고팔고四苦八苦는 극단적으로 어려움을 겪을 때 쓰는 표현이다. 불교에서 유래한 말인데, 사고四苦는 생生, 노老, 병病, 사死의 고통을 뜻한다. 이 말에 의하면 삶의 시작, 태어남 자체가 고통이며 모든 고통의 시작이다. 태어나지만 않았다면 고통을 겪을 일도 없다. 물론 노, 즉 늙어가면서도 몸과 마음이 약해지고 그에 따라 여러 종류의 고통이 발생한다. 병에 걸리면 그 자체도 고통인 동시에 다양한 활동을 할 수 없어서 더욱 괴로움을 겪는다.

죽음은 인간의 고통 중 하나지만 실제로는 사람에 따라 즐거움이 될 수도 있다. 분명히 죽음에 이르는 과정은 고통스러울 것이다. 세상과 결별하고 싶지 않다는 생각과 죽음이라는 미지의 세계 때문에 느끼는 두려움에서 오는 고통도 있다. 하지만 죽는다는 순간적 경험에 대한 실증적인 데이터가 하나도 없기 때문에, 죽음 자체가 괴로운 것인지는 알 수 없다.

스스로 통제할 수 없는 것이 고통이라고 해석한다면, 죽음도 고통의 범주에 속하는 것은 맞다.

'팔고八苦'는 사고四苦에 추가되는 또 다른 고통 넷을 말한다. 사랑하는 사람과 헤어지는 고통, 원망하거나 미워하는 사람과 만나는 고통, 구하는 것을 얻지 못하는 고통, 심신의 번뇌에 시달리는 고통 등이다.

노후에 이르게 되면 자신의 삶을 되돌아보며, 죽음을 제외한 칠고에 대해 하나하나 되새겨 보기를 추천한다. 거기에 초점을 맞추면 인생은 고통의 연속이라는 생각이 들겠지만, 그런 고통을 회복하거나 극복한 경우 찾아든 '즐거움'도 분명 있었을 것이다. 고통과 고통의 틈바구니에 즐거운 순간들은 항상 존재했음을 깨닫게 될 것이다. 그런 식으로 지금 살고 있는 세상을 찬찬히 음미하는 것은 큰 깨달음을 주리라 믿는다.

82

다음 세대에게 모든 것을 물려주겠다고 마음먹는다

나이가 들면 예전과 지금을 비교하면서 "요즘 젊은 것들은……"하고 청년들의 나쁜 점을 지적하거나 불평하기 십상이다. 본인들도 젊은 시절에는 그런 말을 들은 적이 있다는 사실을 떠올리면 왠지 아이러니하다. 예전 젊은 시절의 울분을 요즘 청년에게 화풀이를 하는 것 같은 느낌도 든다.

이는 종로에서 뺨 맞고 한강에서 눈 흘기는 격이다. 인생의 선배에 대한 원한을 인생의 후배에게 풀려는 것과 같다. 번지수가 틀렸다는 비난을 면할 수 없는 행동이다. "요즘 젊은 것들은……"이라고 청년들을 탓하는 연쇄 반응이 차례차례 다음 세대로 이어지는 것은 멈춰야 한다.

게다가 요즘 청년들이 아무리 잘못하고 있다고 하더라도, '젊은 것들'이라고 칭하면 듣는 청년은 기분이 나쁠 수밖에 없다. 시간이 흐르고 세대가 바뀌었다는 것을 알리기만 하면 된다. 조금 더 부드러운 말투를 쓰는 것이 바람직하다. 또한 남을 비판할 때는 그 사람의 언동을 비판해야지 그 사람의 인격을 비판해서는 안 된다. 이러한 대수롭지 않은 생각의 차이에 따라 상대방의 반응도 달라지는 법이다. 이는 인간관계에서 대화를 나눌 때 지극히 유용한 테크닉이다.

어쨌든 현재를 비판하고 과거를 찬양하고 싶은 마음이 굴뚝같다면 그 사실을 완곡하게 표현하는 것이 좋다. 단순히 노인의 회고를 담담히 서술하는 분위기라면 좋을 것이다. 그러면 거만한 시선으로 말하지 않을 수 있고, 젊은 사람들과 대립하는 구조가 만들어지지도 않는다.

자신은 인생 항로에서 물러나는 사람으로서 다음 세대에게 모든 것을 물려주는 자세를 보여야 한다. 나는 가능한 한 '곱게' 물러나려고 노력하고 있다. 그러면서 자신의 후계자인 젊은 사람들을 전적으로 신뢰하고, 앞으로의 세상을 맡긴다는 자세를 유지한다. 이따금 그런 기분을 "다음 세상을 잘 부탁합니다" 하고 말로도 표현해 본다. 그렇게 예의를 지킬 줄 아는 노인은 조직을 노화시켜 이른바 '고인 물'이 되도록 만드는 '꼰대' 소리는 듣지 않을 것이다.

83

내리막길은 편하지만
오르막길보다 위험하다

인생은 성숙기까지는 오르막길이지만, 그것을 넘어서는 순간 내리막길이 된다. 내리막길에 들어서면 앞으로는 진보나 상승을 할 수 없다는 생각에 낙담하는 사람도 많다. 하지만 오르막길만 평생 지속된다면, 숨이 차서 견딜 수가 없을 것이다. 내리막길이 나타나면 이때를 기회라고 생각하고 자신의 마음속 인생의 기어를 변속해야 한다.

나는 이동할 때 지하철을 이용하므로 계단을 오르내리는 일이 많다. 그런데 지하철의 에스컬레이터는 올라가는 쪽에만 많고 내려가는 쪽에는 별로 설치되어 있지 않다. 일반적으로 계단을 내려가는 것보다 올라가는 것이 힘들다고 여겨지기 때문일 것이다.

하지만 나 정도의 나이가 되면 계단을 내려가는 것이 더 위험하다. 계단을 내려가다가 발이 꼬여서 헛디디고 넘어지면 계단의 맨 아래까지 굴러 떨어져 크게 다칠 위험이 있기 때문이다. 반면에 계단을 오를 때는 발이 꼬이더라도 앞으로 쓰러져서 몸의 앞쪽에 가벼운 상처를 입는 정도에 그친다. 이처럼 내리막 계단은 오르막 계단보다 편할지 몰라도, 목숨을 잃을 수도 있는 위험성이 도사리고 있다. 그래서 나는 계단을 내려갈 때는 반드시 난간을 잡고 걷는다.

인생의 내리막길도 마냥 편하지만은 않다. 손쉬운 내리막길이라고 해서 긴장의 끈을 놓으면 무심코 속도를 내버리기도 한다. 긴장의 끈을 다잡고 때때로 브레이크를 밟으면서 신중하게 내려가야 한다.

노후에는 몸과 마음의 능력에 상당한 제한이 생겼다는 사실을 늘 명심해 둬야 한다. 브레이크를 밟고 싶어도 반사신경이 약해져서 몸이 말을 안 듣는 경우도 있다. 그러므로 절대로 과속은 금물이다. 조심스럽게 조금씩 전진하거나 필요에 따라 멈춰 서기도 해야 한다는 것을 기억하자.

84

가족에게 유언과 같은
수필을 쓴다

노후에는 시간이 넘칠 만큼 있다지만 빈둥빈둥 지낼 수는 없는 노릇이다. 노후에도 자신의 인생에 도움이 되는 일을 하는 것이 정신 건강에도 좋다. 그것이 사회를 위한 일까지는 아니더라도, 최소한 가족 등 주변 사람들에게 도움이 되는 일이라면 더할 나위 없다.

그래서 나는 노후에 유언과 같은 수필을 쓸 것을 권한다. 우선 자신이 살아온 길에 대해 써보자. 자기 개인의 역사는 평범해 보여도 남들에게는 다르게 보일 수 있다. 각자 독특한 인생을 이야기로 정리하면 재미있을 뿐 아니라, 남들에게 인생의 지침이 될 수도 있다. 지금까지 제대로 살아왔다는 사실은 그 삶의 방식이 어느 정도는 훌륭했다는 증거다. 자신감을 가지고 써보기 바란다.

또한 자신의 마음속에 떠오르는 생각이나 보고 들은 것들을 쓸 수도 있다. 어떻게 써야 할지에 관해서는 겐코 법사兼

好法師의『도연초徒然草』첫머리를 참고하길 바란다.

'할 일 없어 심심한데, 하루 종일 벼루를 향한 채 마음속에 떠올랐다가 사라지는 걷잡을 수 없는 일을 하염없이 쓰다 보면 이상하리만큼 미친 기분이 든다'

겐코 법사가 그랬듯이, 당신도 그저 하염없이 써나가면 된다. 자신의 머리나 마음이 흘러가는 대로, 그 솔직한 생각을 문자로 바꾸어 나간다. 수필 쓰기에 대한 책을 사거나 강의를 들을 필요는 없다. 수필을 써서 출판할 것도 아니니까 굳이 멋지게 꾸며서 쓸 필요도 없다. 일부러 잘 쓰려고 노력하는 글에는 자신의 개성적인 생각과 느낌을 제대로 담을 수 없는 법이다.

또한 컴퓨터를 사용하지 말고, 질 좋은 원고지에 손으로 쓰는 것이 좋다. 손을 직접 움직여 글을 쓰는 것은 뇌의 노화를 막는 좋은 수단이 되기도 한다. 글을 쓰다 보면 사전을 뒤져가며 맞춤법을 체크해야 할 경우도 생긴다. 이런 일련의 과정이 치매 예방에 도움이 안 될 수가 없다. 또한 '손 글씨'는 마음을 온전히 전해 주는 매력을 품고 있다.

85 '그리워지는' 마음을 소중히 여긴다

'기쁘다'거나 '즐겁다'는 감정은 환영할 만한 것이다. 마음이 밝아지고 스트레스도 받지 않는 상태를 뜻하기 때문이다. 기분이 밝아지니 모든 일에 적극적으로 도전할 수 있게 된다. 세상이 나쁜 방향으로 흘러가거나 개인적으로 사소한 걱정거리가 있더라도, 기쁨과 즐거움은 그런 부정적인 요인마저 순간적으로나마 획 날려 버린다.

기쁜 일이나 즐거운 일이 많을수록 그 사람의 생활에서는 행복도가 높아진다. 웃음은 기쁨과 즐거움의 부산물이라 할 수 있는데, 그렇게 생각하면 웃으면 복이 온다는 말도 납득이 간다.

기쁨이나 즐거움이 평범한 감정이라는 건 아니지만, 다소 고차원적인 감정을 찾아보면 '그리움'이 등장하게 된다. 그리움은 머릿속에서 과거를 재현하고, 그 재현된 풍경에 마음이 강하게 이끌려 푹 잠겨들게 되는 감정이다. 그리운 과거를 떠올리는 것만으로도 마음이 풍요로워진다. 그리운 풍경은 촉촉하고 잔잔하게 마음에 스며든다.

　나이가 들수록 과거의 양은 많아진다. 따라서 '그리움'이라는 감정은 특히 나이 든 사람이 풍족하게 누릴 수 있다. 그리운 것을 떠올릴수록 마음은 위로를 받는다. 그리워지는 순간, 장소, 장면은 정신적인 자산이므로 몇 번이고 사용해도 닳지 않는다. 먼 과거일수록 그리움이 더 쌓인다는 효용마저 있다.

　다만 그리운 감정을 떠올리는 것으로 끝내지 말고, 그리움의 대상이 되는 사람과 실제로 만나거나 그 장소를 찾아가서 그리운 장면을 재현해 보길 추천한다. 마음속에 안정적인 탄력이 더해지는 것을 알 수 있을 것이다. 또 그런 시도 자체가 새로운 그리움의 대상이 될지도 모른다.

86

인간 사회의 미래는 걱정하지 말자

'세계'라는 커다란 무대는 국가와 개인의 끝없는 욕심이 꿈틀 거리며 교차하는 곳이다. 언뜻 질서정연하게 보이지만, 사실 은 치열하고 혼란스러운 양상을 띠는 무질서한 곳이다. 정치 와 경제의 불평등 혹은 불균형에서 비롯되는 전쟁과 테러도 세계 곳곳에서 빈번하게 발생한다.

따라서 세계를 돌아다니며 견문을 넓히려는 시도는 위험 이 가득하다. 젊은 시절에 어느 정도 세계를 여행하며 다닌 사 람들이라면 나이 들어서 더 이상 돌아다니지 않는 편이 현명 한 세상이다.

게다가 지구의 환경도 악화되고 있다. 환경오염을 막으 려는 움직임도 있지만, 결과적으로 정치적·경제적 이익을 추 구하려는 욕망의 분출 앞에서는 허무하고 실효성 없는 상황 만이 이어지고 있다. 소규모의 응급 대책만 겨우겨우 시행되 고 있을 뿐이다.

인류가 서로에게 위해를 가하겠다는 분명한 의도를 가지고 만들어진 핵무기도 특정한 소수의 국가가 독점하고 있다. 그 소수의 국가는 다른 국가가 핵무기를 만들려고 하면 위험한 무기라면서 무조건 반대하고 압력을 넣는다. 위험한 무기를 이미 소유하고 있는 나라끼리는 서로 '전쟁 억지력'이 있기 때문에 괜찮다고 헛소리를 한다.

핵무기를 이미 가진 나라는 무조건 선하고, 앞으로 가지려고 하는 나라는 무조건 악하다는 것이 그들의 입장이다. 하지만 그들이 말하는 '전쟁 억지력'이 자칫 작동하지 않게 된다면 지구는 대규모 참극을 맞이하고 만다. 그런 위험성을 생각하고 싶지 않기 때문에 모두가 '희망적 관측'이라는 믿을 수 없는 비과학적 사고를 신봉하고 있는 것이다.

물론 지구는 언제든지 우주에서 날아오는 소행성에 충돌해서 크게 파괴되고 멸망해 버릴 가능성도 있다. 하지만 이를 너무 진지하게 걱정하는 것은 '기우'일지도 모른다. 현재 자신이 존재하는 사회가 어떤 상태인지 정확하게 파악하는 것은 좋지만, 어떻게 될지 모를 미래를 걱정하는 것은 의미가 없다. 그러니 노후가 되면 화를 내기보다 낙천적인 마음가짐으로 삶을 사는 편이 낫다.

87

겸허한 자세와 커다란 마음으로 산다

이따금 눈을 감고 자신이 어떻게 살아왔는지 떠올려 본다. 남을 밀치며 나아간 적도 있겠지만, 일단은 자신의 분수에 맞게 말하고 행동하려 했을 것이다. 적어도 인생의 중요한 각 시점에서는 그때그때 최선을 다했을 것이다. 다시 말해 내 나름대로는 훌륭한 삶을 살아왔다고 할 수 있다.

따라서 그 누구에게도 손가락질 당할 일은 한 적이 없다. 자신의 인생이 손가락질 받을 만한 것이 아니라는 점에 대해 스스로 확신할 수 있다면, 앞으로 어떠한 것에도 흔들리지 않는 마음을 한결같이 가질 수 있다. 자신은 작은 존재지만, 주변 사람들을 비롯한 삼라만상과 우주에 존재하는 모든 것들에 대해서도 겁먹지 않고 정정당당히 맞설 수 있다.

눈을 들어 위를 올려다본다. 낮에는 태양이라는 은총이 내리쬐고, 밤에는 고요한 달빛이 마음을 가라앉혀 준다. 또 맑은 날 밤이면 무수한 별들이 하늘에 빼곡히 들어차서 자기들끼리 속삭여 댄다. 우리와 별들 사이의 거리는 어마어마하게 멀지만, 눈으로 그 별들을 바라보는 데는 아무런 문제가 없다. 우리 시력으로는 포착할 수 없는 미지의 별들도 우주에는 말 그대로 셀 수 없이 많다.

그렇게 광대한 우주에 마음이 옮겨가면 우리의 크기가 얼마나 미미한지 생각하지 않을 수 없다. 툭 건드리면 금세 희로애락의 감정이 한꺼번에 쏟아져 나올 것 같은 기분에 휩싸인다. 그와 동시에 그런 기분도 '우주의 크기'로 생각하면 더할 나위 없이 사소한 것에 불과하고, 바람 불면 획 날아갈 듯한 보잘것없는 것이라고 생각하면 마음이 한없이 겸허해진다.

우주에는 마음이 없다. 따라서 물리적으로는 엄청나게 크지만, 그 이상의 확대는 없다. 하지만 인간은 우주로 생각을 닿게 함으로써 관념적으로 우주를 삼키고 있다. 내가 우주보다 더 큰 존재인 것이다.

88

지금까지 살아온 것이
곧 훌륭한 업적이다

자신이 현재 살아 있다는 사실, 이것이야말로 당당히 자랑할
만한 훌륭한 업적이다. 지금껏 그다지 대단한 업적을 남기지
못했다고 겸손을 떨든, 왕년에 어마어마한 일들을 이뤘다고
거만을 떨든, 지금 살아 있다면 모두 훌륭하다.

어쨌거나 나름대로 열심히 노력했기 때문에 인간 사회의
작은 구석에나마 자리를 잡고 있는 것이다. 이는 적어도 각자
의 능력에 걸맞은 훌륭한 위업이다. 그 이상으로 무엇인가를
바라는 것은 현시점에서 아무런 의미도 없다. 어쨌든 자신이
멀쩡하게 존재하고 있다는 사실은 자신의 존재 이유가 충분
하다는 증거다.

한껏 자신을 뽐내며 대로를 활보해도 좋다. 사회적으로
큰 공적을 세우지 못했다고 좌절할 필요도 없다. 오히려 세상
을 시끄럽게 만들지 않고 묵묵히 살아온 것은 사회 구조를 조
용히 뒷받침해 온 훌륭한 행동이다. 그렇게 사회의 기초를 단

단히 다져 준 수많은 사람들의 노력이 있었기에 사회 전체가 원활하게 운영될 수 있었다.

　예로 기업 운영을 생각해 보자. 경영진은 리더십을 발휘해 기업의 지속가능성을 달성해 낸다. 그런데 그렇게 상층부에 있는 사람들뿐 아니라 기업의 말단에 있는 여러 사람들 역시 각자 노력하며 기업의 존속을 뒷받침하고 있다. 즉 기업에 속하는 모든 구성원이 자기 나름대로 크고 작은 공헌을 기업에 하고 있는 것이다.

　기업에 속한 사람들은 기업에 속해 있음을 증명하는 사원증을 걸고 다닌다. 우리도 인간 사회의 일원임을 증명하는 배지를 달고 다닌다고 생각해 보자. 범죄를 저지르지 않는 한, 가슴을 당당히 펴고 마음껏 돌아다녀도 된다. 사회를 위해 공헌해 왔으니 이는 당연한 권리다.

옮긴이의 말

인생은 흐르는 강물처럼
담담히 흘러가는 것

이 책의 저자인 야마사키 다케야는 1935년생이며, 이 책은 그의 나이 84세에 출간되었다. 인생의 황혼기에 자신이 걸어온 발자취를 돌아보면서 인생 후배들에게 따스하면서도 날카로운 조언을 건네는 책이다.

그는 젊었을 때 비즈니스 컨설턴트로 일하면서 치열한 비즈니스계에 몸담았다. 그리고 그 경험을 바탕으로 『일류 조건』 『조직에서 살아남는 50가지 기술』 『결과의 기술』 같은 수많은 정통 자기계발서나 비즈니스서를 집필해 왔다.

그런데 저자가 육십 대에 접어들었을 무렵부터 『일류 노인』 『60부터 청춘』 『노후는 긴자에서』 『행복의 연구』처럼 늙음과 노후와 죽음에 관한 자전적 에세이를 주로 출간하기 시작했다. 아무래도 나이가 들면서 앞만 보며 달리던 인생에 브레이크를 걸고 뒤를 돌아보려는 심경의 변화가 있었던 것 같다.

그만큼 노후에 들어선다는 것은 인생의 커다란 변곡점이

다. 이 책은 노후에 대해 낙관적이거나 혹은 비관적인 양극으로 치닫지 않고 '나이 든다는 것'을 담담히 받아들이는 방법을 가르쳐 준다. 인생은 흘러가는 것이다. 노화가 나쁜 것도 아니고 그렇다고 좋은 것도 아니다. 그저 흐르는 강물처럼 담담히 흘러갈 뿐이다.

저자는 '노후의 세계로 들어서는 입구 앞에서는 아무런 빚도 남기지 않은 상태가 되어야 한다'라고 말한다. 가족, 친구, 인간관계, 건강, 돈, 생활방식에 이르기까지 철저히 정돈하고 대비해 두어야 후회가 남지 않는다는 뜻이다. 저자는 이 책에서 그에 대한 답을 매우 경험적인 측면에서 제시한다.

아직 노후에 접어들지 않은 사람들은 저자의 충고가 먼 나라 이야기처럼 느껴질지도 모른다. 하지만 우리는 시시각각 나이 들어감을 경험하고 있다. 삼십 대는 이십 대를 보며, 사십 대는 삼십 대를 보며 '나도 나이를 먹었구나'라고 생각하기 때문이다. 그러므로 우리는 저자의 이야기를 쉽사리 무시할 수 없다.

특히 '부모님과 대화하고 싶어질 때면 이미 부모님은 돌아가신 뒤다'라는 저자의 충고는 뼈아프다. '있을 때 잘하라'는 말이 괜히 있는 것이 아니다. 소중한 사람들이 곁에 있을 때 잘 챙겨주지 않으면 분명히 후회가 남는다. 소중한 사람들이 영원히 곁에 있을 것이라는 믿음은 환상이다. 이와 마찬가지로 자신이 영원히 늙지 않고 젊음을 유지할 것이라는 믿음 역시 환상이다.

인생의 목표가 무엇이냐고 묻는다면 성공, 보람, 돈, 건강, 가족, 경험, 쾌락 등 사람에 따라 여러 가지 대답이 나올 것이다. 그런데 사람에 따라 대답이 갈리지 않는 유일한 인생의 목표는 '행복'이 아닐까 싶다. 다른 것들은 원하는 사람도 있고 원하지 않는 사람도 있지만, '행복'은 누구나 원하기 때문이다. 그러므로 궁극적으로 사람은 '행복'해지기 위해 살아가는 것이 아닐까. 돈이나 성공이나 건강도 따지고 보면 결국 행복해지기 위한 도구에 지나지 않는다.

그런데 노후에는 기력의 쇠퇴, 부모와의 사별, 경제적 불안, 인간관계의 단절 등으로 고독을 느끼면서 행복과는 거리가 먼 생활을 보내는 사람이 많다. 노인의 자살률이 세계 최고 수준인 우리나라에서는 노령화가 더욱 진행되면서 이 문제가 한층 심각해지고 있다. 독거노인의 비율도 높아지면서 노후의 사회적 고립 문제도 매우 위태로운 상황이다.

그러나 행복은 결코 멀리 있지 않다. 즐거운 취미 생활 속에도, 호기심을 충족하는 배움의 기쁨 속에도, 가족이나 친구와 함께하는 일상생활 속에도 행복은 또렷이 존재한다. 노후에는 소중한 사람들과 함께 인생을 행복하게 즐기려는 것이 이상적인 자세가 아닐까 싶다. 그리고 사회적으로도 '노후의 행복'에 대해 더욱 관심을 기울이고 필요한 지원을 아끼지 말아야 할 것이다.

노후를 '여생'이라고 표현하는 경우가 있는데, 이 단어는 단순히 죽음을 기다리는 '남은 인생'이라는 뉘앙스가 느껴져서 약간 쓸쓸하다. 노후는 결코 여생이 아니라 풍요로운 인생의 일부다.

풍요로운 노후를 보내려면 지금 현재의 생활이 풍요로워야 한다고 생각한다. 현재의 행복도가 높아야 현재의 연장선상에 있는 노후의 행복도도 높아질 것이기 때문이다.

그런 점에서 노후 대비는 중요하다. 그리고 이 책은 노후를 대비하기 위해 현재의 삶을 되돌아볼 수 있게 한다는 면에서 큰 가치가 있다. 누구나 이 책의 내용을 가슴에 새기고 실천한다면 훌륭히 노후를 대비할 수 있는 길이 열릴 것이다. 과연 정말로 행복한 노후가 기다리고 있을지는 닥쳐 보지 않으면 모르는 일이지만, 적어도 저자의 인생 경험을 통해 그런 방법을 알려 주고 있다는 점이 이 책의 미덕이다.

이 책은 전쟁 직후의 비참한 환경에서 어린 시절을 보내고, 고도성장기의 맹렬한 비즈니스계에서 젊은 시절을 보내며 치열하게 살아온 한 인간이 노년에 들어서 행복의 의미를 차분히 되새기며 자신의 인생을, 세상 모든 사람들의 노후 준비를 위한 밑거름으로 삼으려는 값진 결과물이다. 저자는 자신의 인생에 대한 애정뿐 아니라 세상을 살아가는 모든 사람들에 대한 애정 역시 그에 못지않게 크기에 이러한 결과물을 낼 수 있지 않았을까 싶다.

인생 100세 시대, 노후의 행복에 관심을 기울이는 사람들이 많아지고 있는 요즘에 이 책의 가치는 매우 각별하다.

옮긴이 **이용택**

한국외국어대학교에서 일본어를 공부한 후, 출판사에서 기획 및 편집 업무를 담당했다. '꽃씨를 심는 번역가'를 모토로 내걸고, 독자들의 마음에 꽃씨를 뿌려 생각의 싹을 틔워서 풍요로운 삶의 꽃을 피우려는 심정으로 다양한 분야의 일본 도서를 우리나라에 소개하고 있다. 현재 출판 번역 에이전시 베네트랜스에서 전문 리뷰어 및 번역가로 활발히 활동 중이다. 옮긴 도서로는 『하버드 건강 습관』『우리에게는 수학적 사고가 필요하다』『행복해질 용기』『의욕상실 극복 중입니다』『중년 충격』『고양이는 참지 않아』『도쿄대학 살인사건』『무심코 당신을 부르다가』외 다수가 있다.

우아하고 멋진
노후를 위한 88가지

1판 1쇄 인쇄   2022년 4월 21일
1판 1쇄 발행   2022년 4월 29일

지은이   야마사키 다케야
옮긴이   이용택

펴낸이   임지현
펴낸곳   (주)문학사상
주소   경기도 파주시 회동길 363-8, 201호(10881)
등록   1973년 3월 21일 제1-137호

전화   031) 946-8503
팩스   031) 955-9912
홈페이지   www.munsa.co.kr
이메일   munsa@munsa.co.kr

ISBN 978-89-7012-536-7 (03190)

눈의 황홀

HAJIMARI NO MONOGATARI : DESIGN NO SHISEN by Yukimasa Matsuda

Copyright © 2007 Yukimasa Matsuda

Original Japanese edition published by Kinokuniya Company LTD.

This Korean edition published by arrangement with Kinokuniya Company LTD., Tokyo

in care of Tuttle-Mori Agency, Inc., Tokyo through EntersKorea Co., Ltd., Seoul.

눈의 황홀

보이는 것의 매혹, 그 탄생과 변주

마쓰다 유키마사 지음 ㅣ 송태욱 옮김

바다출판사

한국어판 서문

이 책을 쓴 계기가 된 문장이 있습니다. 7장 '추상 표현의 시작'에서도 말했습니다만, 19세기 중반 여객 철도가 발전하여 차창으로 보이는 풍경이 당시까지의 풍경과 달라졌습니다.

빅토르 위고는 달라진 그 모습을 "밭 언저리에 핀 꽃은 이미 꽃이 아니라 색채의 반점, 아니 오히려 빨갛고 하얀 띠일 뿐입니다. 곡물 밭은 엄청나게 긴 노란 띠의 행렬, 클로버 밭은 길게 땋아 늘어뜨린 초록의 머리로 보입니다. 마을도 교회의 탑도 나무들도 춤을 추면서 미친 듯이 곧장 지평선으로 녹아듭니다"라고 표현했습니다.

위고는 여기서 열차의 속도에 의해 차창 밖 풍경의 색이 뒤섞여 하나의 색으로 수렴되어 가는 과정을 말하고 있습니다. 여기서부터 흐릿해지고 디테일을 상실해 가는 회화의 역사가 시작되었습니다.

저는 위고의 말에 강한 자극을 받아 '추상'의 성립에 대해 써 보고 싶어졌습니다. 20세기가 되어 이 '추상' 표현은 '섞는' 방향으로 나아가고 콜라주 등의 '섞는' 문화가 꽃을 피웁니다. 그리고 '섞는' 것은 예술만이 아니라 산업계를 포함한 모든 장르에 파급되어 20세기 전체의 중심 개념이 되었습니다.

여기에서 '추상', '섞는 것'의 기원을 생각하다가 갓 태어난 아기처럼 모든 일의 출발점은 백지이고, 선천적으로 갖추어진 것은 없으며, 모든 것에는 시작이 있다는 직감이 싹텄습니다.

그러나 이 '추상' 이야기도 시간이 지나면서 변해 갑니다. 20세기 후반부터 '섞고 녹임'으로써 진짜 내용물을 알 수 없게 되는, 즉 '돈세탁Money Laundering'이라는 말로 상징되는 다양한 것의 '세탁' 현상이 문제가 되었습니다.

예컨대 환경 문제입니다. 독毒도 대자연에 섞이면 묽어진다는 발상에서 자꾸 그대로 버려졌습니다. 그러나 묽어지기는커녕 자연에 커다란 해를 입혔고, 지금 그 결과 때문에 어려움을 겪고 있습니다.

그리고 광우병 문제입니다. 한국에서도 미국산 쇠고기 수입 문제가 말썽이라는 이야기를 듣고 있습니다. 소의 사료를 소로 만드는, 같은 동물끼리 서로 잡아먹는 것에 관해서는 논외로 하겠습니다만, 어쨌든 광우병은 병든 소와 다른 소를 섞어 만

든 사료로 인해 발생했습니다. 부적절한 부분이 보이지 않게 되어 버린 것입니다.

　또한 일본에서는 식품의 유통기한을 속인 사건, 재생지의 폐지 비율을 속인 사건 등의 문제가 일어나고 있습니다. 모두 '섞고 녹임'으로써 출처와 내력이 불분명해져 블랙박스가 되어 버린 것이 원인이라고 생각됩니다. 얼마 전에는 내진耐震에 관한 부정 사건도 발생했습니다. 이것도 복잡해진 계산을 점검하는 기능이 제대로 작동하지 않아서 발생한 사건이었습니다.

　"눈은 입만큼 말을 해 준다"라든가 "백문이 불여일견"이라는 말이 있습니다만, 편집력(섞는 힘)이나 컴퓨터그래픽이 발달하여 영상을 봐도 어느 게 진짜인지 알 수 없게 되어 버렸습니다. '백문'과 '일견' 중 어디에 가치가 있는지 비교할 수 없게 된 것입니다. 여기에도 '반전'(이 책에서도 한 장을 할애해서 '반전'에 대해 이야기합니다. '반전'은 지금까지 좋은 것으로 생각되었던 것이 반대 의미를 갖는 것을 말합니다. 그 반대의 경우도 성립합니다) 현상이 있습니다.

　그리고 2008년 6월 일본에서 고대의 한일 교류를 생각하는 이벤트 〈백제 문화와 일본 열도〉가 열렸습니다. 일본 문화의 '기원'을 생각할 때 빼놓을 수 없는 것은 중국에서 오는 정보가 경유하거나 그것을 전개시키는 등 정보의 발신원이 된 백제라는 존재입니다. 아스카 문화와 백제 문화의 영향 관계도 대단히 흥미로운 테마입니다.

　이 책이 한국에서 출간되는 것은 저로서는 무척 기쁜 일입니다. 한국의 독자 여러분이 이 책에 실린 다양한 '기원'을 만나며 즐길 수 있기를 바랍니다.

2008년 9월
마쓰다 유키마사

차례

15장 가둔다는 것 267

인류는 태곳적부터 다양한 것을 가두고 지식을 응집시키는 전략으로 문화를 형성해 왔다. 예컨대 달력에 시간을, 동굴벽화나 종이에 기억을, 토기에 목숨을, 부적에 원령을, 지도에 방위를, 악보나 책에 청각을, 사진이나 영화에 시각을, 종교나 철학에 정신을 가두어 왔다.

목숨을 가둔 토기 | 시간을 가둔 달력 | 신의 힘을 가둔 한자 | 문자를 가둔 종이와 인쇄 | 물건을 가둔 자동판매기 | 지구를 가둔 지도 | 소리를 가둔 풍경과 악보 | 산업혁명 이후의 가두기 | 가두어지는 것에 대한 러스킨의 공포 | 실제로 가두어진 블랑키

16장 레디메이드 285

마르셀 뒤샹은 공업 제품 등의 기성품을 그대로, 또는 조금 손을 본 다음 그것에 제목을 붙였다. 기성품은 선택된 그 순간부터 원래 가지고 있던 기능을 상실하고 오브제로서의 물체가 되어 버린다. 이것이 뒤샹의 '레디메이드'가 갖는 본질이다.

그리스도교의 레디메이드 | 뒤샹과 레디메이드 | 레디메이드 신화 | 케플러와 레디메이드 | 리큐와 레디메이드 | 촉각 미의 발견 | 흉기와 레디메이드

17장 데포르메 305

'데포르메'란 프랑스어로 '변형시키다'라는 뜻이다. 만화나 애니메이션에서 쉽게 볼 수 있고, 대상을 실제 형태보다 과장하거나 변형시켜 표현하는 것을 말한다. 반원근법의 움직임, 모더니즘의 발흥기, 일본의 요괴담에 이르는 데포르메를 살펴보자.

데포르메와 상징 | 반원근법으로서의 데포르메 | 원에서 타원으로 | 수치의 시각화 | 일본 요괴의 변천사 | 일신교라는 왜곡 | 서양의 괴물 | 오늘날의 요괴

18장 오브제 333

오브제를 앞에 두었을 때 사람들의 반응은 아마 모두 비슷할 것이다. 왜 거기에 그런 형태로 존재하는지 전혀 모르겠지만 묘하게 '존재감'이 있어서 마음에 걸리는 것이다. 이것이 '오브제'라 불리는 물체의 최대 특징 가운데 하나다.

분위기를 교란하는 오브제 | 몽상과 오브제 | 숫자와 오브제 | 몽상과 주술 | 상징과 오브제 | 책과 오브제 | 물질화된 몽상

영화 〈다빈치 코드〉 개봉에 편승하여 수수께끼를 푸는 텔레비전 프로그램에서 '필리 레이스 지도의 수수께끼'를 소개한 적이 있다. '필리 레이스의 지도'란 오스만 제국의 해군 필리 레이스가 1513년 과거의 여러 지도를 인용하여 작성한 남아메리카 남단 근처의 지도를 말한다.

1818년에 발견된 이 지도에는 16세기에는 알려지지 않았을 남극이 꼼꼼하게 그려져 있었기 때문에 항공사진을 기초로 그린 게 아닐까 하는 등의 의문을 낳았고, 《미래에 대한 기억》의 에리히 폰 대니켄이나 《신의 지문》의 그레이엄 핸콕이 이를 고대에 우주인이 지구에 왔다는 증거로 내세워 큰 화제가 되었다.

시청자들을 위해 그럴듯하게 말한 것인지는 모르겠으나 이 프로그램에서도 우주인이 있다고 하여 스튜디오는 한바탕 큰 소동이 벌어졌다. 그러나 초대 손님으로 나온 아라마타 히로시(일본의 박물학자, 소설가, 수집가, 신비학자, 요괴 평론가, 번역가, 탤런트 ― 옮긴이) 씨가 "고대인의 기술을 무시해서는 안 된다"고 말해 다소 불만이

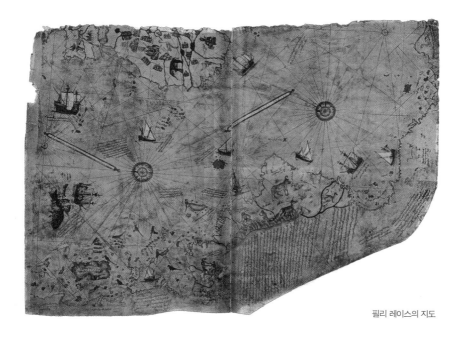

필리 레이스의 지도

가시고 가슴도 후련해졌다. 프로그램을 만드는 쪽에서 보면 우주인이 있다고 하는 것이 더 재미있을 것이고, 또 무슨 결론을 낼 문제도 아니었기 때문에 아라마타 씨의 발언은 더 이상 들을 수 없었는데, 그게 좀 아쉬웠을 뿐이다.

그러나 이 지도의 유래에는 몇 가지 설이 있다. 적어도 우주인이 관련되어 있지 않다는 것만은 확실한 듯하다. 우주인의 소행이라고 하는 건 너무 안이한 생각이다. 역시 아라마타 씨의 말대로 옛날 사람들은 굉장했을 것이다.

이런 점에서 보면 원, 정사각형, 삼각형, 나선, 십자, ×표 등의 형태는 인류가 원래부터 가지고 있는 형태라는 카를 구스타프 융의 원형설도 상당히 안이하다는 생각이 든다. 원형설에 따르면 고대인의 사고 궤적을 더듬어 가면서 여러 가지 것들을 상상해 보는 즐거움도 사라지게 된다. 재미있는 것은 역시 인간의 행위, 발상 쪽일 것이다.

문예평론가 미우라 마사시는 인간에게 자연적인(생득적인) 것 따위는 아무것도 없다고 말한다. "아무렇지 않게 한 말, 아무렇지 않은 표정이라고 말하지만 말도 표정도 철저하게 학습된 것이다. 철저하게 학습되었기 때문에 완전히 몸에 스며들어 본인조차 아무렇지 않다고 느끼는 것일 뿐이다."

이 책은 전작 《눈의 모험》에 이어 기획된 것이다. 발명이라든가 발견에 관한 이야기는 그동안 수없이 나왔지만 '개념', '형태', '방법manier' 등의 기원에 대해 정리한 책은 아마 없을 것이다.

당연히 거의 모든 테마는 각각 서로 관련이 있으므로 똑같은 이야기가 이 책 여기저기서 얼굴을 내밀 것이다. 테마의 성격상 어쩔 수 없는 일이지만, 테마를 섭렵하며 알게 된 것은 가치관의 변천이 가지고 있는 재미다. '그림'이 '바탕'이 되고 '바탕'이 '그림'이 된다. '그림'이 다른 '그림'이 되어 '바탕'을 덮는다. 여기서 이러한 플러스·마이너스 부호의 반전反轉에 대해 이야기하는 것이 이 책의 개설로서는 이해하기 쉬울 것이다.

예컨대 신데렐라 이야기처럼 갑자기 출세하는 설화는 전 세계 어디에나 있다. 그런데 그 기본 형태는 가난에 시달리던 가엾은 소녀가 마녀의 힘을 빌려 부자나 왕족이 되어 행복하게 살았다는, 플러스·마이너스가 반전하는 패턴이다. 눈에 띄는 기호인 스트라이프 무늬에도 이와 같은 플러스·마이너스가 반전하는 역사가 있다.

중세 유럽 사람들은 신 중심의 생활을 강요받고 기복이 적은 단순한 생활을 했

다. 그 가운데 스트라이프 무늬는 너무 눈에 띈다는 점에서도 이단이었지만, 원래 이슬람교도가 몸에 걸치는 무늬라는 이유로 교회 측에서 혐오했던 것이다. 사막이라는 가혹한 곳에서 생활하는 이슬람교도에게 눈에 띄지 않는다는 것은 눈에 보이지 않게 된다는 것으로 연결되어 죽음을 의미하기도 했는데, 그리스도교 사회에서는 눈에 띄는 것이 죄였던 것이다.

그래서 그 무늬를 직업 차별에 이용하고자 사회의 하층에서 일하는 사람들에게 스트라이프 무늬가 들어간 옷을 입도록 의무화했다. 오랫동안 이 차별은 계속되었으나 시간이 지나면서 차차 인식이 바뀌어 귀족도 스트라이프 무늬를 좋아하게 되었고 인테리어에까지 사용될 정도의 위치로 올라섰다. 이런 움직임은 결국 스트라이프 무늬가 미국이나 프랑스의 국기에 사용되는 것으로 이어져 완전히 긍정적인 기호로 변했다.

여기서 흥미로운 것은 인테리어에 스트라이프 무늬가 사용됨으로써 이번에는 하인의 복장에 스트라이프 무늬가 사용되었다는 점이다. 스트라이프 무늬의 커튼에 하인을 동화시키려는 것이 목적이었다. 가엾게도 하인은 필요한 존재이긴 했으나 눈에 거슬렸던 것이다. 여기에서는 눈에 띄는 기호에서 눈에 띄지 않는 기호로 플러스·마이너스가 반전되는 양상이 보인다. 이러한 일은 노란색의 역사에서도 일어났다.

동양에서 노란색은 그다지 이미지 변화 없이 고귀한 색으로 취급되었다. 서양에서도 처음에는 노란색이 태양의 색에 가깝다는 이유로 풍요로운 색으로 숭상되었다. 그러나 그리스도를 배신한 유다가 입었던 옷이 노란색이어서 기피의 대상이 되었고, 노란색은 유대인의 색으로서 인종 차별을 상징하게 되었다.

19세기 말, 그렇게 학대받아 온 이미지가 반대로 힘찬 이미지로 전화한다고 생각한 아방가르디스트들에 의해 노란색은 대중적인 색 중의 하나가 되었다. 이 책의 표지를 노란색으로 한 것도 그것에서 영향받은 것이다.(원서의 표지에 노란색이 들어간다 — 옮긴이)

일본의 붉은색에도 노란색과 같은 내력이 있다. 겐페이源平의 싸움(일본 헤이안 시대 말기의 숙적인 2대 가문 미나모토 가와 다이라 가 사이의 싸움으로. 미나모토 가의 미나모토 노 요리토모가 다이라 가에 승리를 거두고 1185년 가마쿠라에 막부를 연다. 이로부터 메이지 유

신 때까지 일본은 700년 동안 무가 시대가 이어진다 — 옮긴이)에서 패한 다이라 가의 패잔병들이 붉은색 옷을 입었던 데서 붉은색은 사람 이하로 취급되었던 히닌非人(에도 시대에 에타穢多와 함께 사농공상의 아래에 있던 천민 계층 — 옮긴이)의 복색이 되었다. 그런데 흉작이 계속되자 농부들이 붉은 옷을 입고 들고일어났다. 붉은 옷은 신분이 히닌으로 떨어지더라도 싸우겠다는 결의를 표명하는 증거였던 것이다.

이것이 가부키나 유녀에게 퍼졌다. 그들은 차별당하면서도 숭상받았기 때문에 영향력이 컸고, 붉은색은 원래의 자리를 되찾았다. 붉은색은 원래 태양의 색이기도 해서 단숨에 색의 상징성이 가속화되었고, 결국 일본 국기의 색으로까지 발전했다.

이렇게 어떤 사물에 그때까지는 생각도 못했던 다른 이미지가 더해짐으로써 이미지가 팽창하기도 하고 역전되기도 한다. 이 책에서는 그것을 '몽상' 이라 부르고 '몽상' 이 덧붙여진 것을 '오브제' 나 '레디메이드' 등으로 불렀다. 이전에 쓴 책 《눈의 모험》의 핵심 개념은 '닮았다' 는 것이었다. 물론 이 책에서도 '닮았다' 는 발상은 충분히 발휘되고 있지만, '몽상' 이라는 개념에 더 큰 비중을 두었다.

이 글을 쓰고 있는 무렵 데이비드 호크니의 《비밀의 지식》(《명화의 비밀: 호크니가 파헤친 거장들의 비법》으로 번역되었다 — 옮긴이)이라는 책을 읽고 충격을 받았다. 1420년대 이전의 회화와 그 이후 회화의 묘사력이 확연히 다르다는 것이다. 이 책에서 호크니는 테크닉이 능숙한 것만으로는 해결되지 않는 뭔가가 있었다고 생각해, 렌즈나 거울을 이용한 광학적인 방법으로 대상을 벽에 비추고 그것을 베끼지 않았을까 하는 추리를 하고 있다. 그리고 그는 그 방법론이 더욱 익숙해지자 이번에는 그리고 싶은 회화를 부분으로 나누어 베끼고 나서 나중에 합성(콜라주)한 게 아니었을까 하고 말하며, 반 에이크, 조르조네, 다빈치, 라파엘로, 뒤러, 홀바인, 카라바조, 벨라스케스, 렘브란트, 앵그르 등의 작품에서 베끼기 기법이나 콜라주의 흔적을 보여 준다.

이러한 주장에서 볼 때 '빛의 마술사' 였다는 렘브란트가 어두운 화면에 빛이 비치는 듯한 표현을 한 것도, 광학 처리를 하기 위해서는 강한 빛이 필요했다는 것을 생각하면 필연적인 것이었을 것이다. 또 하나의 몽상이 나의 리스트에 추가된 것 같다.

쌍이라는 관념

자연계에서 쌍을 찾아내는 것은 무척 쉬운 일이다. 우선 해와 달, 하늘과 땅, 육지와 바다, 밤과 낮, 아침과 저녁, 화창함과 흐림, 하늘을 나는 새와 땅 위를 달리는 동물, 육상동물과 수중동물, 동물과 식물, 꽃과 풀, 수컷과 암컷.

인간에서는 남자와 여자, 어른과 아이, 소년과 소녀, 아버지와 어머니, 미녀와 추녀, 두 눈, 두 눈썹, 두 눈꺼풀, 두 귀, 두 콧구멍, 두 손, 두 발, 유방, 유두, 엉덩이, 고환, 윗입술과 아랫입술, 입과 항문. 이야기를 신체 내부까지 확대하면 뇌, 폐, 신장 등등.

기원전 6세기 중반 피타고라스 교단의 알크마이온은 "인간과 관련된 것들 대부분은 쌍을 이루고 있다"고 했다. 확실히 인간이 중심에 있기 때문에 쌍이 많은 것이다. 이 피타고라스 교단은 쌍 개념을 기억술에 이용했다고 한다. 그것은 피타고라스의 철학적인 여러 말을 책에 기록하여 남기는 것이 아니라 살아 있는 기억으로서 전하는, 수많은 리틀 피타고라스, 피타고라스 클론의 탄생을 이상적인 것으로 여겼기 때문이다. 책을 "기억의 시체"라고까지 단언했다고 한다.

그래서 열 가지 쌍을 들고 있다. "유한과 무한, 홀수와 짝수, 하나와 다수, 왼쪽과 오른쪽, 남성과 여성, 정지와 운동, 곧은 것과 굽은 것, 빛과 어둠, 선과 악, 정사각형과 직사각형"이다. 이 발상은 나중에 말할 조로아스터교로부터 영향을 받았음이 분명하다. 쌍으로 분류함으로써 알기 쉬워졌지만 아울러 세부를 무시할 위험성이 있다는 것도 잊어서는 안 된다.

쌍이 되는 말을 생각나는 대로 열거해 보았다.
안과 밖, 불과 물, 청정과 오염, 영혼과 육체, 공개와 비밀, 공과 사, 과거와 미래, 승리와 패배, 허상과 실상, 삶과 죽음, 아침과 저녁, 원과 사각, 전쟁과 평화, 건설과 파괴, 자본가와 노동자, 굵은 것과 가는 것, 장단, 고저, 성김과 빽빽함, 대소, 확대와 축소, 울다와 웃다, 희극과 비극, 고통과 쾌락, 사디즘과 마조히즘, 섭식과 배설, 자기와 타자, 아웃사이더와 인사이더, 전위와 후위, 결혼과 이혼, 애증, 표리, 출구와 입구, 표면과 내면, 정통과 이단, 접속과 차단, 주택과 노상, 천상과 지상, 남조와 북조, 서양과 동양, 양식과 일식, 서양 영화와 일본 영화, 무성과 토키, 흑백과 컬러, 흑마술과 백마술, 청군과 백군, 집합과 이산, 희망과 절망, 아날로그와 디지털, 건과 습, 열과 냉, 한과 난, 건강과 질병, 경사스러운 날과 평상시, 결성과 해산, 요설과 과묵, 카오스와 코스모스, 옳고 그름, 동서와 남북, 좌익과 우익, 진보와 보수, 부자와 빈자, 경위經緯, 진퇴, 명암, 농담濃淡, 깊음과 얕음, 과식과 거식, 단순과 복잡, 질서와 혼돈, 대칭과 비대칭, 점과 선……

······ 깨끗함과 더러움

수를 세는 방법의 기원을 보면 원래 하나, 둘까지는 금방 셀 수 있지만 그 이상인 경우는 "많다"라고 표현했다. 둘까지 셀 수 있었다는 것은 자신과 타인을 구별할 수 있었다는 것이다.

와시다 기요카즈는 2006년 출간한 《감각의 어두운 풍경》에서 날카롭게 지적했다. 변이나 콧물, 침이 몸 안에 있을 때는 아무도 그것을 더럽다고 생각하지 않지만 일단 몸 밖으로 배출되면 극도로 더럽다고 느끼고 혐오감을 가진다는 것이다. 음식물의 형태가 바뀌어 나온 변이나 소변, 토한 것을 다시 먹는 것은 견딜 수 없는 일이다. 콧물이나 침, 혈액, 정액 등의 체액을 먹는 것도 특별한 취향을 가진 사람이 아니라면 보통은 사양한다. 체내에서 나온 것은 아니지만 다른 사람이 먹다 남긴 것을 먹기 싫어하는 사람들도 있다. 소처럼 먹는 것을 되새김질하다니 당치 않다는 것이다.

와시다에 따르면, 이것은 자신과 타인의 차이와 신체 안과 밖의 경계가 모호해지는 것을 견딜 수 없어하는 경향이라서 이것들을 구별하는 것이 사회의 기초가 되는 규칙이라고 주장한다. 이 규칙을 의식하기 시작했을 때는 이미 상반된 두 관념의 존재를 깨달았다고 할 수 있을 것이다.

왼쪽 중세 유럽의 오래된 성에서 볼 수 있는 화장실. 창틀처럼 튀어나온 것이 화장실이다. 변은 그대로 밑의 강물로 떨어진다.
오른쪽 수메르에서 발견된 세계 최고最古의 수세식 화장실. 오른쪽 블록 사이의 틈으로 배변을 하고 그 아래로는 물이 흐른다.(이상 海野弘ほか, 《ヨーロッパ·トイレ博物誌》, INAX出版, 1988)

Just in Time

화장실로 말하자면 고대인은 아무 데서나 싸는 게 기본이었다. 그리고 1만 년 전에 농업이 시작되었다. 밭에는 많은 물이 필요했고, 치수와 관개 공사를 해야 했다. 공사를 위해 사람들이 모였다. 사람이 많이 모이는 곳에 취락(도시)이 생겼다. 사람이 많기 때문에 화장실이 필요했다. 아무 데서나 싸는 것은 취락에는 어울리지 않았다. 메소포타미아나 인더스의 도시에서는 하수도 같은 것도 발견되었는데, 이 도시가 발생한 것이 4000년도 더 되었으니 깨끗함과 더러움의 관념이 생긴 것도 꽤 오래되었다고 할 수 있다.

······ 그리스도교의 좌우관

신약성서의 네 개 복음서 가운데 하나인 〈마태오의 복음서〉에는 그리스도의 좌우관이 쓰여 있다. 〈마태오의 복음서〉는 기원전 85~60년경에 쓰였다고 하고, 반유대적 색채가 강하여 중세 그리스도교에 유대인을 배척하는 논리를 제공한 복음서이기도 하다.

16세기 유럽에서는 휴대용 변기인 요강을 사용했다. 귀족은 사용한 요강을 방 앞에 내놓았다. 하인은 매일 아침 요강을 집 앞에 내놓고, 이를 딴 곳으로 버리러 갔다. 귀찮을 때는 행인이 있든 말든 창문 밖으로 그대로 버리기도 했다. 18세기 영국에서는 이를 '도시의 소나기City Shower' 라고 했다.

위 영국의 '도시의 소나기'. 행인이 오줌을 얼굴에 정통으로 맞은 그림. 《Just in Time》.(Lucinda Lambton, 《Temples of Convenience and Chambers of Delight》, Pavilion Books)
아래 16세기 이탈리아, 도망가려고 갈팡질팡하는 사람들.(海野弘ほか, 《ヨーロッパ・トイレ博物誌》, INAX出版, 1988)

여기서 그리스도는 사람들을 모아 둘로 선별했다. 오른쪽은 축복받은 사람, 왼쪽은 저주받은 사람이라는 식이다. 즉 오른손잡이와 왼손잡이를 선별한 것이었는데, 소수파인 왼손잡이에 대한 차별이기도 했다. 물론 유대인은 왼쪽이었다.

830년경 베네투스 수도회가 나폴리 북쪽에 세운 성 비첸초 알 볼투르노 수도원 근처에 있는 지하실의 벽화. 그리스도의 왼손 쪽에는 초승달, 오른손 쪽에는 태양이 그려져 있다. 이 위치를 정위치로 하여 연금술 등의 그림으로 계승되어 갔다.(藤田治彦,《天體の圖像學 西洋美術に描かれた宇宙》, 八坂書房, 2006)

이것은 나중에 그리스도교 회화 "그리스도 책형도(磔刑圖)"에 해와 달을 배치하는 것이 당연해졌을 무렵, 그리스도의 오른쪽에는 해가, 왼쪽에는 달이 오는 것을 기본으로 삼는 사고의 기원이기도 하다. 또한 당시부터 그리스도교와 반목하고 있던 이슬람교 오스만투르크의 깃발에 초승달이 있었던 것과도 무관하지 않다.

그러나 이러한 좌우관도 그리스도교가 처음은 아니었다. 고대 이집트의 최고신인 호루스의 오른쪽 눈에는 해, 왼쪽 눈에는 달이 배치되었다. 태양 신앙에서 우위에 있는 것은 당연히 오른쪽이었다.

아울러 이 유대인 차별의 원인을 노예 매매로부터 보는 설도 있다. 그리스 로마 시대 이래 11세기에 십자군 운동이 시작될 때까지 유럽에서는 비단, 보석, 향료 등 아라비아 · 중국의 사치품에 대한 대금을 노예로 지불했다. 따라서 유럽의 변두리에서부터 노예를 공급해 줄 필요가 있었다. 노예의 첫 번째 후보는 그리스도교도가 아닌 자였다. 예컨대 영어로는 노예를 '슬레이브slave'라고 하는데, 이것은 동유럽의 슬라브족이 주로 노예가 되었던 데서 온 말인 듯하다.

이렇게 해서 모인 노예들은 그리스도교권으로도, 이슬람교권으로도 갈 수 있는 유대인에 의해 중개되어 오리엔트의 문물과 교환되었다. 더러운 일을 하는 유대인에 의해 그리스도교 문화권이 지탱되었다는 것은 바로 그리스도교도에게는 인정하고 싶지 않은 현실이었을 것이다. 이 왜곡된 콤플렉스야말로 차별을 낳은 원흉이었다고 한다.

1617년에 쓰인 연금술 책에서. '쌍'의 기본으로서 의인화된 해와 달이다. 연금술과 관련해서는 왼쪽에 해, 오른쪽에 달이 배치되는 형태가 철저하게 지켜졌다.

…… 조로아스터교의 빛과 어둠

또 하나, 태양 신앙의 과정에서 생겨난 쌍 개념이 있다. 기원전 1200~1500년경 고대 페르시아, 즉 지금의 이란 고원 근처에서 빛과 어둠이라는 선악의 원리가 대립하면서 공존하는 것이 우리 세계라고 주장한 조로아스터교가 등장했다. 고대인들 사이에서 전해져 온, 태양 신앙에 기초한 다양한 선과 악의 정령 이야기를 정리하고 모아 체계화한 사람이 조로아스터교의 창시자 자라투스트라이다. 그는 빛(선)의 세력과 어둠(악)의 세력이 이 세상을 지배하고 사람들은 그 어딘가에 속해 있다고 말했다. 그리고 시간의 끝에서 유일한 최고신이자 빛의 신인 아후라 마즈다가 승리할 때까지 구세주가 몇 번이고 나타나 민중을 도와준다고 주장했다. 조로아스터교는 태양 대신에 불을 숭상해 배화교라고도 불렸다.

조로아스터교 이전에 빛과 어둠은 독수리와 뱀의 이미지로 나타났다. 독수리는 태양을 직시할 수 있다고 생각되었다. 나이를 먹으면 태양을 향해 날아가 신체에서 낡은 것, 깃털이나 시력을 방해하는 눈의 순막瞬膜 등을 달구어 태워 버림으로써 젊음을 되찾는 태양 독수리라고 여겨졌다. 이것이 헬리오스(태양신)를 한가운데에 두고 부리로 뱀을 물고 있는 독수리가 좌우에서 지탱하는 그림이 되어 빛과 어둠의 이원론으로 수렴되어 갔다고 생각된다.

조로아스터.(K. セリグマン, 平田寛譯,《世界敎養全集20 魔法 その歷史と 正體》, 平凡社, 1961)

9세기의 샤를마뉴 이후 이 독수리는 한 쌍의 뱀으로부터 분리되어 절대적인 권력을 상징하게 되었고, 나치스가 그 정점이었다. 1945년 독일의 패전과 함께 나치스 사령부 건물 위에 설치되어 있던 독수리 조각상이 전차의 대포로 파괴됨으로써 결국 독수리의 상징주의는 종언을 고했다.

또한 조로아스터교에는 그리스도교에서와 같은 원죄의식이 없으며, 사람들은 순수하고 무구한 존재로 태어났다고 보기 때문에 태어날 때의 그 순수함을 그대로 유지하기 위해 혈연을 중시했다. 따라서 근친상간의 금기가 없었다. 이것이 조로아스터교가 기피된 요인 가운데 하나였다. 사교邪敎의 부류로 간주되었기 때문이다.

영어로 'assassination'이라고 하면 '암살'을 뜻하는데, 이것은 매직magic의 어원이 된 '마기'라는 조로아스터교 사제가 반대파를 말살하기 위해 해시시heshish (마리화나)를 이용해 암살자를 만들어 냈다는 데서 유래한다. 그들은 해시시를 마시고 환각 상태에서 암살에 임했는데, 거기에서 아라비아어로 풀이라든가 건초를 의미하는 해시스가 변해 'assassin(암살자)'이 되었다고 한다. 해시스는 인도 대마초 해시시의 어원이다. 이후 어새신은 이슬람교로 계승되었으며 두려움의 대상이 되었다.

조로아스터교는 인도를 거쳐 5세기 남북조 시대에 중국으로 들어가 현교祆敎로 불렸다. 일본에는 전해지지 않았다는 것이 정설이지만 마쓰모토 세이초는 《불의 길》에서 조로아스터교가 일본에도 전래되었다고 주장했다.

'나치스의 독수리는 게르만 국가의 문장, 인종과 역사의 신화 체계, 보는 자를 아연케 하는 형태의 체계적인 이용이라는 여러 기원에서 생겨난 기호"(A. ブーロー, 《鷲の紋章學》)였다. 이것은 1938년 나치스 당대회 기념 그림엽서인데, 당대회에서 마치 빛의 쇼를 통제하는 것처럼 독수리가 기념비적으로 사용되고 있다.

중국사에서 유일한 여제인 측천무후는 690년 권력의 증표로서 새로운 문자(측천문자: 측천무후가 제정해 보급한 문자로 한자의 일부 글자를 새로운 글자로 바꿔 사용했다 ─ 옮긴이) 열 몇 개를 제정했다. 지금은 중국에서도 거의 사용되지 않지만 미토코몬水戶黃門 도쿠가와 미쓰쿠니德川光圀(도쿠가와 이에야스의 손자로 미토코몬이라 불렸다 ─ 옮긴이)라는 이름에 '국圀' 자가 남아 있다.

그 가운데서 측천무후는 자신만 사용할 수 있는 문자, 즉 자신의 이름 한 글자를 만들었다. 측천무후는 원래 이름이 무조武照였는데, '조照' 자를 '명明'과 '공空'을 세로로 조합하여 한 글자로 만들고 '조'라고 읽게 했다. 마쓰모토 세이초는 빛의 '明'과 하늘을 나타내는 '空'에서 빛에 대한 동경을 읽어 내고 측천무후가 현교나 거기에서 파생된 마니교의 신자였을 거라고 추측했다. 오늘날 중국사에서는 측천무후가 국호를 바꾼 주周 나라는 인정하지 않으며, 측천무후는 당나라 고종의 황후로만 취급될 뿐이다.

왼쪽 측천 문자 열일곱 자. 오른쪽 열 위에서 네 번째가 '照照'이다.
오른쪽 일곱 번째 행 이후가 측천문자.(鄭樵, 〈六書略〉,《通志》)

이야기가 옆길로 샜지만, 그리스도교나 유대교는 조로아스터교에서 유일한 최고신
의 창조, 구세주 원망顯望과 종말관을 모방했다. 그리하여 신과 악마의 이원론적 발
상이 인류 지배 원리의 필두로 뛰어올랐다. 특히 그리스도교의 십자가에 담긴 이원
론적 상징에 대해 나카자와 신이치는, 예수는 '들꽃이나 하늘의 새'처럼 살아온, 지
상에 존재하는 그 어떤 것에도 구속되지 않은 완전히 자유로운 자연인이었고, 그런
극도의 자유인이라는 존재가 허락될 리 없어 예수는 결국 십자가에 못 박히고 말았
으며, 이렇게 해서 탄생한 그리스도교는 "내부에 숨겨진 절대적인 자유와 그것을
강력하게 억누르려는 구속력의 다툼에 의해 생겨난 종교이고, 그 이중적인 성격은
그 후에도 계속 그리스도교와 서구의 역사를 관통하고 있다"고 했다.

······ 음과 양
어쨌든 조로아스터교나 그리스도교가 주장하는 이원론의 격심한 대립은 낮에는
기온이 50도까지 오르고, 밤에는 영하로 내려가는 일교차가 심한 지역적 특성에
의해 생겨났다고도 말할 수 있다.

음과 양에 대해 말하자면, 양성구유의 신(한 몸에 남녀의 성기를 모두 갖춘 신)이 가나세키 다케오의 《발굴로부터 추리한다》에
나온다. 이 책에 따르면 양성구유의 신이 굉장한 힘을 발휘하여 괴물을 퇴치한다고 하여, 평화와 풍요를 기원하는 축제가 동남
아시아 등에서 널리 행해지고 있다고 한다. 이것은 사회의 악을 제거하기 위해 음양을 합치면 힘을 키울 수 있다는 생각이다.
일본의 경우를 말하자면 오로치와 싸운 스사노오노미코토, 구마소 다케루와 싸운 야마토 다케루, 고조오하시五條大橋에서 벤
케이와 싸운 우시와카마루, 비비를 퇴치한 이와미 주타로 등은 모두 여자로 변장하여 결전에 임했다.

일교차가 이란 고원만큼 심하지 않은 중국에서는 조로아스터교와는 다른 이원론이 생겨났다. 바로《역경易經》이다.

《역경》은 조로아스터교가 생긴 시기와 비슷한 기원전 12세기에 주周의 문왕과 그의 아들 주공에 의해 정비되어 지금과 같은 모습이 되었다. 역은 원래 중국 고대 전설의 왕 복희씨가 천지의 이치를 해석하여 처음에는 팔괘로, 훗날 8×8=64괘로 정리했다고 한다. 공자는 이렇게 정비된 역경에 우주의 원리, 즉 보편성을 가미해 역경적 우주론을 완성했다.

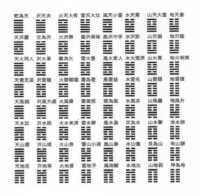

위 64종류의 선 명칭.(松田行正,《ZERRO》, 牛若丸, 2003)
아래 역경을 풍수에 적용한 부적. 같은 것을 원형과 사각형으로 늘어놓았다.(Lawrence Halprin,《The RSVP Cycles: Creative Processes in the Human Environment》, Braziller, 1969)

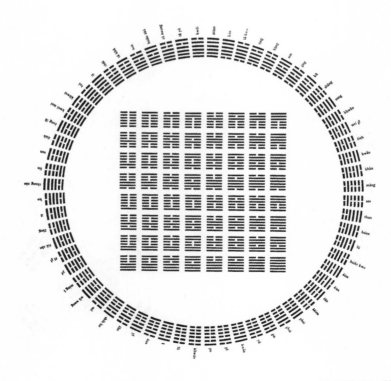

요컨대 역경은 음과 양 두 가지로 천지간의 만상을 모두 설명하려는, 이른바 우주론인 셈이다. 모든 현상, 천지간에 일어나는 모든 세상사는 음과 양이라는 이원 중 어딘가에 속하고, 이것들이 변화하고 중첩되어 현상을 해명하고 답을 제시해 준다는 일종의 바이오리듬론이기도 하다. 이를테면 우주와 개인의 바이오리듬을 조화시키려는 것이다.

역경도의 중심에 있는 것이 카오스, 즉 태극이라 불리는 궁극의 세계 원리다. 변증법에서 말하는 정반합의 합에 해당한다. 우리가 흔히 사용하는 '기운元氣'은 이 태극의 별칭으로, 그것이 음양 이극으로 나뉘고 사상팔괘가 되고 64괘가 된다.

세 줄의 삼중선도는 천인지로 불리고 있다. 하늘과 땅 사이에 사람이 있다는 배치다. 그리고 자석의 방위, 하루의 시간, 1년의 시간을 나타내고 있다. 끊어지지 않은 선이 양, 끊어진 선이 음이다. 삼중선도 두 개가 겹쳐진 육중선도가 하나의 '괘'가 되고, 그것이 항상 변전하는 현상의 형태를 보여 주는 회답이다.

한국의 국기는 이 역 사상을 형상화한 것으로 1883년에 국기로 제정되었다. 물론 중앙의 빨간색과 파란색의 파문은 음양(빨강이 양, 파랑이 음)을 나타내고, 왼쪽 위가 하늘, 오른쪽 위가 물(또는 달), 왼쪽 아래가 불(또는 해), 오른쪽 아래가 땅이다. 이원론이 교차된 형태이고, 주제는 '화합'이다.

라이프니츠가 이러한 역경의 음양 시스템에서 0과 1의 이진법을 고안한 것은 18세기 초의 일이다. 일본에는 6세기 중엽 백제를 경유해 역경이 전해졌다. 역경의 이원론에는 서양의 이원론 같은 대립 개념이 없다. 역경의 이원론은 공존의 사고인 것이다.

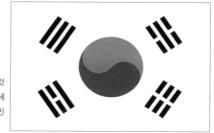

한국의 국기. 주위에 하늘과 땅, 불과 물(해와 달) 등 상반된 것들을 배치하고 중심에 화합의 의미를 갖게 했다. 그러나 19세기 이래 조선은 일본을 포함한 외국 세력에 농락당했으므로 민족 자립의 기개가 담겨 있는 디자인으로 보인다.

...... 정의와 악

태평양전쟁이 종결된 직후 미국의 프로레슬링계에는 등의 하얀 바탕에 일장기와 '남무묘법연화경南無妙法蓮華經'이라는 글자가 쓰인 가운을 걸치고, 굽이 높은 게다를 신었으며, 이마에는 일장기에 '가미가제神風'라고 적힌 머리띠를 두른 레슬러가 등장했다. 전승국 미국을 대놓고 깔보는 의상이었다. 그의 이름은 그레이트 도고グレート東鄉였다. 일본계 미국인인지 중국계 미국인인지 출신이 불분명한 이 레슬러는 역도산을 키워 냈고, 역도산에게는 아버지 같은 사람이기도 했다.

모리 다쓰야(일본의 영화감독, 텔레비전 디렉터, 작가 ― 옮긴이)의 '그레이트 도고' 론에 따르면, 그레이트 도고는 주로 반칙만 했는데 상대 선수의 눈에 소금을 문질러 바른다거나 게다를 벗어 때리는 등 그야말로 자기 멋대로 날뛰었다고 한다. 전쟁이 끝난 직후여서 일본에 대한 원한이 아직 가시지 않은 미국 사람들을 일부러 자극하려는 듯 상대를 넘어뜨리면 '반자이(만세)!'라든가 '진주만'을 연호하는 등 목숨을 내놓고 하는 것으로밖에 보이지 않는 난폭한 시합을 반복했다는 것이다.

그러나 도고의 이런 작전은 보기 좋게 적중했다. 사람들은 원한을 발산할 대상을 찾아 링으로 몰려들었고 시합은 항상 만원이었다. 이때부터 악역과 선인이 싸우는 구도가 만들어졌다. 바로 조로아스터교의 세계관 그대로다. 조로아스터교와 다른 것은 항상 선인이 이긴다는 보장이 없다는 것이다.

왼쪽 가지와라 잇키 원작, 쓰노 다지로의 만화 《가라테 바보 일대空手バカ一代》에 그려진 그레이트 도고의 분장. 이마에 일장기가 그려진 머리띠와 핫피法被(옥호나 상표 등을 등이나 옷깃에 염색한 겉옷 ― 옮긴이)는 비록 없지만 가운에는 일장기와 가쓰시카 호쿠사이 풍의 후지 산과 물마루가 그려져 있다. ⓒ 가지와라 잇키·쓰노 다지로/고단샤
오른쪽 1961년 6월, 피투성이의 그레이트 도고.(森達也, 《惡役レスラーは笑う〈卑劣なジャンプ〉グレート東鄉》, 岩波新書, 2005)

악역이 선인을 호되게 공격하면 할수록 관객의 증오심은 끓어오르고 경기장은 엄청난 열기로 가득 찬다. 악역은 상대에게 복수당하기 전에 링을 떠나고 말기 때문에 다음 시합에는 다시 관객이 우르르 몰려든다. 악역이 철저하게 나가떨어지는 모습이 보고 싶어서다. 이렇게 해서 그레이트 도고는 트릭스터(가치를 교란하는 장난꾼)로서의 프로레슬링 스타일을 확립했다. 그러니 악역이 더 많은 개런티를 받는 경우가 많았다는 이야기도 수긍할 만하다.

일본에서 이런 구도는 역도산의 등장으로 완전히 조로아스터교 같은 것이 되었다. 선인(역도산)은 악역에게 심한 반칙을 당해 혼이 난다. 반칙을 견디고 견뎌 더 이상 견딜 수 없는 한계 상황에 이르면 단숨에 반격하여 보기 좋게 악역을 때려눕힌다. 악역은 전승국 미국이고 역도산은 패전국 일본의 대표라는 아주 간단한 설정이다. 이것은 1960년대 중반부터 시작된 도에이 야쿠자 영화의 기본적인 구도이기도 했다.

"항상 정의가 이긴다"라는 조로아스터교적 드라마투르기는 이렇게 해서 세계의 공통 언어로서 보편성을 띠게 되었다. 물론 입장이 바뀌면 정의와 악은 바탕과 그림이 반전하듯이 역전된다. 역도산과 싸운 수많은 미국 레슬러들은 미국으로 돌아가면 선인이 되었고, 또 미국으로 무사 수업을 떠난 일본의 레슬러는 대부분 미국에서 악역으로 활약하다가 일본으로 돌아와서는 선인이 되었다.

어차피 장사였던 것이다.

속도에 대한 동경

키워드로 역사를 양분하는 관점이 있다. 예컨대 농업이 시작되기 이전과 이후가 그것이다. 조몬 시대에서 야오이 시대로 이행한 것처럼 인류사란 농경민족이 수렵민족을 몰아내며 발전한 역사이기도 했다. 또는 핵(방사능의 발견)을 몰랐던 시대와 핵에 의해 환경이 오염된 오늘날이라는 식으로.

'속도'를 키워드로 보면 느긋한 템포로 지내던 시대와 압도적인 '속도'를 획득한 시대로 양분할 수 있다. 즉 '속도' 개념을 몰랐던 시대와 알아 버린 시대인 것이다.

…… 빨리 달리는 것과 하늘을 나는 것

오랜 세월 동안 '속도'란 인류에게 콤플렉스였다. 미나토 지히로는 이미지의 기원을 이 콤플렉스에 두었다. 즉 인류는 어떤 동물보다도 느리고 하늘도 날지 못하는 약소한 종이었던 것이다. 따라서 빠르게 멀리 이동할 수 있는 것을 동경하고 경외했으며, 거기에서 힘의 상징을 보았다. 동굴벽화에 움직이는 동물이 많이 그려진 것도 힘에 대한 동경의 발로였을 것이다. 이렇게 해서 스스로의 힘으로 말처럼 빠르게 달리고 새처럼 하늘을 나는 것이 인류의 꿈이 되었다.

〈날개 부러진 천사〉라든가 〈날개 달린 소년〉 등 '날개'라는 말이 들어간 명곡을 조사한 사람이 있었는데, "날개라는 말에는 동서고금을 불문하고 단지 새나 비행기의 장치를 가리키는 것 이상으로 손이 닿지 않는 것에 대한 동경과 이어져 있다"고 했다.

그러나 새들은 '나는' 것을 위해 많은 것을 희생하고 있는 것 같다. 실제로는 자유롭게 하늘을 날고 있는 게 아닌 것이다. 지구의 서커디언 리듬에 속박되어 있고 체중을 가볍게 하기 위해 머릿속은 텅 비어 있다. 뼈는 간략화되어 있기 때문에(필요하지 않을지도 모르지만) 발돋움 같은 것도 할 수 없다. 앞발이 날개가 되었으므로 물건을 움켜잡을 수도 없다.

하지만 인간은 자신의 신체 능력을 연장(확장)할 수 있을 만큼 강한 욕망을 갖고 있다.

······ 기술·동력·교통혁명

동물보다 빠르게 움직이고 싶다는 '속도'에 대한 동경은 영국의 산업혁명을 기점으로 철도의 발명과 발달로 실현되기 시작했다. 민감한 아티스트들은 '속도'라는 개념에서 미래를 느꼈다. 이 '속도' 개념은 '운동'에 대한 탐구, 즉 움직이는 것에 대한 분석에서 시작하여 서서히 속도와 운동을 동일시하게 되었다.

산업혁명 자체도 원인이 결과를 낳고 결과가 다음 원인이 되는, 슬랩스틱식의 인과율처럼 눈이 팽팽 돌 정도의 속도로 전개된 혁명이었다.

영국은 17세기 초 인도 지배의 첨병으로 동인도회사를 설립했고 교육을 장악했다. 그러나 한편으로는 인도의 질 좋은 면제품을 대량 수입함으로써 자국의 면 공업이 쇠퇴하는 것을 두려워했다. 정말 제멋대로인 이야기지만 여기에서 산업혁명의 드라마가 시작되었다.

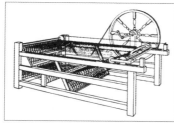

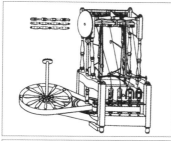

1770년 영국은 인도산 면포의 수입을 금지하고 인도 면제품을 흉내 낸 옥양목을 생산하여 판매했다. 강한 자는 분방한 법이다. 이것이 카리브 해의 서인도 제도에서 성공했다. 그곳은 대량의 옥양목을 필요로 했고 미처 수요를 따라갈 수 없게 되었다. 그리하여 자본주의 경제 시스템이라는 사고가 싹텄다.

그러나 생산 능률은 올랐지만 원료가 되는 면사 생산이 이를 따라가지 못해 실이 부족해지는, 이른바 실 기근 사태가 일어났다. 그래서 아크라이트나 크럼프턴 등은 방적기의 개량과 개발을 시작하여 수력 방적기(1769년)나 뮬 방적기(1779년)를 만들었다. 기술혁명이었다.

이 기술혁명은 다양한 산업 장르에 파급되었다. 석탄을 에너지로 하는 제임스 와트의 증기기관이 방적기의 동력으로 사용되었고, 새로운 동력혁명도 시작되었다. 이 동력혁명에 의해 대량생산은 이제 시대의 요청이 되었다.

위 제임스 하그리브스의 제니 방적기, 1764년. 아내 제니의 힌트로 만들어져 그렇게 부른다. 개량을 거듭하여 한 번에 100개의 실을 뽑을 수 있게 되자 직물 직인들은 실업을 두려워해 기계를 파손했고, 그러한 기세는 멈추지 않았다.
가운데 리처드 아크라이트의 수력 방적기, 1769년. 제니 방적기는 가로만 뽑았지만 아크라이트는 세로로도 뽑을 수 있었고 수력을 이용한 점이 새로웠다.
아래 제임스 와트의 증기기관, 1788년. 와트는 그 공적을 인정받아 일의 양을 나타내는 단위로 자신의 이름을 남기게 되었다.
(이상 平田寬,《圖說 科學・技術の歷史 ピラミッドから進化論まで》, 朝倉書店, 1985)

옆 위 왼쪽과 오른쪽 직선으로 나아가는 철도로 인해 잘린 풍경. 선로의 직선에 비해 왼쪽 그림의 오른편에 있는 일반적인 길은 굽어 있다.(W. シヴェルブシュ,《鐵道旅行の歷史 19世紀における空間と時間の工業化》, 法政大學出版局, 1982)
옆 아래 왼쪽 조지 스티븐슨과 아들 로버트가 개발한 증기기관차 로켓호. 1829년 일반 사람들을 상대로 공모한 기관차 채택 대회인 레인힐 경주에서 우승했다.
옆 아래 오른쪽 1831년 3월, 세계 최초의 철도회사 리버풀 앤드 맨체스터 철도의 포스터. 세계 첫 철도 사고의 사망자는 아이러니하게도 이 철도 개통의 최대 공로자인 윌리엄 허스키슨 경이었다. 1825년 9월 15일 개업식에 참석한 허스키슨 경이 웰링턴 후작에게 인사를 하려고 선로를 건너려다 증기기기관차에 치여진 것이다. 당시에는 제동 장치의 성능이 좋지 않아 멈추지 못한 모양이었다. 철도의 실질적인 개업은 1830년이었다.

　물건이 대량으로 만들어지면 판로의 확대가 더욱더 요구된다. 19세기 초에 이르러서 증기기관을 동력으로 한 증기기관과 증기선이 발명되어 수송의 양과 거리의 네트워크가 확대되었다. 육지와 바다의 교통혁명이었다.

…… 철도와 환경 파괴

1830년 리버풀과 맨체스터 사이에 세계 최초의 철도가 개통되어 기차가 운행되기 시작했다. 그리고 철도는 세계 각국으로 퍼져 나갔다. 철도는 산을 무너뜨리고 굴을 뚫으며 강에 다리를 놓는 등 자연을 개조하며 오직 똑바로 돌진해 나갔다. 증기선도 바람과 파도를 거스르며 바다 위를 똑바로 힘차게 나아갔다.

　중세 이래 유럽에서는 영국이나 프랑스의 인공 정원처럼 자연을 개조하는 환경 만들기에 매진해 왔다. 그러나 철도에 의한 환경 개조에 비하면 그것은 아직 깜찍한 수준이었다. 더욱 빠르게 더욱 대량으로, 라고 생각한 네트워크 확대의 결과는 자연과 인공물의 대립을 낳았고, 앞으로 인류가 몹시 근심하게 될 환경 파괴라는 최대의 문제를 초래했다.

인류가 대지를 개간하여 농업을 시작했을 때부터 환경 파괴가 시작되었다고 하더라도 산업혁명 자체에는 환경에 대한 커다란 발상의 전환이 있었다. 그것은 물의 가치가 전도된 일이었다.

우리 신체의 약 70퍼센트는 물로 이루어져 있다고 한다. 고대부터 그 물은 생명을 키워온 것으로 중시되었다.

환경고고학자 야스다 요시노리는 다음과 같은 사고가 환경 파괴에 큰 영향을 주었다고 했다. 먼저 그리스도교가 생명을 키우는 그 생명수를 정화수라고 말함으로써 물에서 생명을 빼앗아 그 역할을 한정해 버렸고, 산업혁명 때는 물을 수력·증기라는 단순한 에너지 공급원으로 만들어 버렸으며, 이것이 결과적으로 물이 더러워지더라도 에너지만 얻으면 된다는 방향으로 나아가게 했다는 것이다.

아울러 철도의 탄생은 7000년의 완만한 환경 파괴의 템포를 단숨에 밀고 나아갔다(여기서도 속도가 관련된다). 그것은 직선으로 대지와 야산을 난도질했을 뿐만 아니라 침목, 그리고 19세기 중엽부터는 전신주까지 더해져 대량의 목재를 소비했다. 영국에서는 목재의 수요를 따라갈 수 없어 식민지의 숲을 모조리 베어 나갔다.

위 1886년 조 메이그의 제안으로 시험 운행까지 한 원통형 모노레일. 창문이 측면만이 아니라 위에도 달려 있어 채광을 고려했으며 차체를 가볍게 하기 위해 구리와 종이로 만들었다.
아래 '베세머 법'으로 알려진 헨리 베세머의 《철도의 공기 저항》(1848년) 이래 유선형 열차가 검토되었다. 이것은 미국의 새뮤얼 칼스롭이 특허 신청한 유선형 증기기관차의 도면이다. 객차의 창문으로 증기 연기가 들어오는 것을 막기 위해 굴뚝을 높이 달았다. (이상 R. C. Reed, 《The Streamline ERA》, Golden West Books, 1975)

그러나 철도 보급은 공간 간의 거리와 시간을 단축시켰고 이로써 단축된 공간이 인간의 활동 범위를 더욱 멀리까지 확대시켰다. 이제 동물보다 빠르고 멀리 갈 수 있는 기술을 손에 넣은 것이다.

여기서 주목해야 할 것은 철도 여행이 시작되고 얼마 지나지 않은 무렵, 이미 유선형의 증기기관차가 제안되었다는 점이다. 공기 저항을 고려해야 할 정도의 속도가 아직 일반적이지 않았는데도 공기 저항이라는 문제가 일찌감치 부상했다는 것은 놀랄 만한 일이다.

…… 운동 표현의 역사

마차와는 비교가 안 될 정도의 속도로 달려가는 철도 여행은 사람들에게 새로운 지각을 가져다주었다. 바로 '추상'이다.(7장 '추상 표현의 시작' 참조) 중세 유럽에서 그리스도교 문화는 인간보다는 신에게만 흥미가 있어 하늘만 쳐다볼 뿐 지상에는 눈길을 주지 않았다. 인간의 지각에 대해서도 신의 필터가 필요했다. 그러던 것이 르네상스 운동으로 드디어 신의 속박에서 벗어나기 시작했고 자유로운 표현을 모색하게 되었다. 그로부터 400년, 지각은 해방을 향했다. 이것이 철도의 확대가 초래한 최대 공적 중 하나다.

19세기 말 지각의 해방과 함께 '속도'를 새로운 신으로 숭배하는 인종이 출현했다. 마레나 마이브리지 등은 '속도'를 알기 위해 우선 '운동'을 해명하는 일부터 시작했다.

조르조네의 〈잠자는 비너스〉(1508년경). 당시까지 제대로 그려진 적이 거의 없던 풍경이 르네상스 시대에 이르러 주목받게 되었다. 이 풍경은 조르조네가 흑사병으로 죽은 뒤 티치아노가 그렸다고 한다.

운동의 과정을 어떻게 정지 화면에 정착시킬까 하는 것이었다.

서양에서는 레오나르도 다빈치가 등장할 때까지 거의 운동 표현을 찾아볼 수 없었다. 다빈치는 인간을 기계로 본 최초의 인물이다. 운동의 근본에는 관절이 있다며 수많은 해부도를 남겼다. 인체란 관절에 의해 움직이는 기계라는 것이다. 나중에 보게 될 마이브리지의 운동 연속 사진과도 일맥상통한다.

그러나 운동을 그림으로 남기는 시도는 태곳적부터 있었다.(17장 '데포르메' 참조) 1만 년 전, 아직 녹음으로 우거져 있던 사하라 사막의 동굴 벽이나 돌멩이에는 만화에서 익숙한 운동 표현, 즉 동물의 발이 여섯 개라거나 사냥을 하는 사람을 왜곡함으로써 운동하는 느낌을 표현한 그림이 그려졌다. 다시 말해 잔상을 시각화한 것이다. 이것이 바로 추상화의 선구다. 이 그림들은 기억을 기초로 해서 그려졌다. 기억 속에서는 시간이 바뀌기도 하고 날짜가 다른 장면이 같은 화면에 그려지기도 했을 것이다.

피카소가 참고한 아프리카의 회화나 조각, 가면도 기억에 기초해서 그려졌다. 기억이 앞뒤로 바뀜으로써 얼굴이 이쪽저쪽으로 향하거나 정면을 보는 눈과 옆을 보는 눈이 하나의 얼굴에 그려지기도 하며, 뒷모습인데도 얼굴은 앞을 향하기도 한다. 시간이 열려 있을수록 당연히 움직임의 낙차는 크고, 그것이 매력이기도 하다.

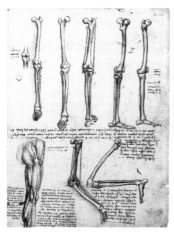

왼쪽 인체 표현의 골자인 관절 소묘.(《レオナルド・ダ・ヴィンチの解剖圖》, 岩波書店, 1982)

오른쪽 날뛰는 말. 수많은 운동 표현을 나타낸 레오나르도 다빈치의 소묘를 보면 운동 표현이야말로 회화의 본질이라고 인식하고 있었던 듯하다.(ブルーノ・サンティ, 《イタリア・ルネサンスの巨匠たち18 レオナルド・ダ・ヴィンチ》, 東京書籍, 1993)

위 프랑스 쇼베 동굴의 3만 년 전 벽화. 미래파 그림이라고 해도 어색하지 않을 만큼 움직임을 훌륭하게 겹쳐 놓고 있다.(中原佑介 編著, 《ヒトはなぜ繪を描くのか》, フィルムアート社, 2001)

가운데 왼쪽 벨라스케스의 〈아라크네의 우화〉(1657년경) 일부. 회전하는 물레의 방추차 바퀴살을 흐릿하게 표현했다. 레오나르도 다빈치 이후 첫 운동 표현이다.

가운데 오른쪽 에스파냐의 텔엘에 가까운 알바라신이라는 곳에서 발견된 다리가 여섯 개인 목우.

아래 기원전 450년경 고대 그리스 판 아테네의 항아리 그림. 연속 사진 같은 묘사 방법을 보여 준다.(横山正 監修, 《アール・ヴィヴァン叢書 空間の發見2 エティエンヌ=ジュール・マレー〈運動〉1894》, リブロポート, 1982)

일본에서는 서양과는 비교도 안 될 정도로 오래 전부터 운동 표현이 성행했다. 군중을 그림으로써 약동감을 살리거나 그 발전 형태로서 원호를 반복해서 그려 파도를 표현했다. 세이가이하青海波 모양(주로 의상에 사용되는 문양으로 반원형을 세 겹으로 겹쳐 물결처럼 반복시킨 물결무늬 ― 옮긴이)처럼 같은 모양을 반복해서 그리는 방법론은 에도 시대의 우키요에浮世繪에서 큰비를 표현하기 위해 가는 선을 가득 그려 넣는 방법 등으로 승화되어 갔다.

일본인의 확실한 관찰력, 높은 감수성을 보여 주는 그림이 있다. 가마쿠라 시대 말기에 그려진, 오노노 고마치가 사후에 변화되는 사람의 모습을 그린 〈구소시에마키九相詩繪卷〉다. 여기에는 사람이 죽은 직후의 아직 생생한 장면에서부터 점점 썩어가고 결국 뼈만 남아 소멸에 이르는 아홉 번의 변화 과정이 한 장 한 장에 정밀하게 그려져 있다. 변화하는 모습이 굉장히 현실감 있게 그려진 것을 보면 상상이 아니라 직접 관찰해서 그린 것으로 보인다. 삶의 변화는 완만하지만 사후에는 급속히 변화한다. 이것은 마이브리지보다 600년이나 빠른 운동 표현이며, 분해 사진이 아닌 분해 회화다.

위 에스키모가 춤출 때 사용한 가면으로 좌우 얼굴 모양이 같다.(A. ブルトン, 《魔術的藝術》, 河出書房新社, 1997)
아래 에도 시대의 세이가이하 도송원범도松遠帆 문양의 자수. 파도를 표현한 세이가이하 가운데 섬과 소나무, 돛단배가 떠다닌다. 이슬람에도 세이가이하 문양이 있지만 원호가 여러 겹인 일본 것과 달리 원호 가운데 점이 하나 있다.(吉岡幸雄 編著, 《日本のデザイン12巻 日本の意匠 風月山水》, 紫紅社, 2002)

위 왼쪽 우타가와 히로시게의 〈명소에도백경 아타
케 다리의 소나기〉(名所江戸百景大はし あたけの
夕立, 1856~1858)

위 오른쪽 왼쪽의 우키요에를 흉내 낸 빈센트 반 고
흐의 〈비 내리는 다리〉(1887년). 억수같이 쏟아
지는 비를 선만으로 표현한 것은 히로시게가 훨씬
섬세하지만, 고흐가 다리나 교각을 밝게 보이게
한 것은 역시 히로시게와는 다른 표현력이다.

아래 〈허공을 질주하는 검의 법력虚空を疾走する劍
の護法〉(12세기 말). 두루마리 그림 중 일부이므
로 전체가 왼쪽으로 진행해 가지만 이것만 유일
하게 역행하여 갑자기 동자가 차바퀴를 앞으로
굴리며 나온다.

······ 운동의 정착

한편 유럽에서 "운동(속도)을 어떻게 정지 화상에 정착시킬까" 하는 탐구는 앞에서 나온 생리학자 마레로부터 시작되었다. 마레는 운동의 과정 전부를 한 장의 인화지에 정착시키는 방법을 개발했고, 그것은 나중에 미래파 등 모더니즘 운동의 중심을 이루는 이미지가 되었다.

아이러니하게도 마레는 전문 분야인 생리학보다는 미술사에 이름을 남겼다. 마레는 조수에게 온통 새까만 옷을 입히고 신체의 관절 부분에 하얀 테이프를 붙여 그가 움직이는 모습을 촬영했다. 레오나르도 다빈치가 인체란 관절에 의해 움직이는 기계라고 한 것에 호응한 것처럼 말이다. 이 조수가 검은 배경 앞에서 운동하면 인화지에는 하얀 선의 난무만이 정착되었다.

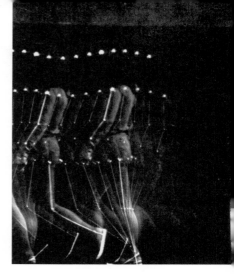

위 1883년 마레가 촬영한 것으로, 마레의 조수가 몸에 하얀 테이프를 붙이고 검은 배경 앞을 걷고 있다.(松浦壽輝,《表象と倒錯 エティエンヌ=ジュール・マレー》, 筑摩書房, 2001)
아래 마레의 총 모양의 카메라, 크로노포토그래피.(橫山正 監修,《アール・ヴィヴァン叢書 空間の發見2 エティエンヌ=ジュール・マレー'運動' 1894》, リブロポート, 1982)

〈구소시에마키〉, 가마쿠라 시대 중기. 사람이 죽어 팽창, 변색, 부패, 들짐승과 날짐승에 의해 신체가 엉망이 되고 백골이 되어 흙으로 돌아가는 모습을 불교적 부정관不淨觀(=구상관九相觀)에 기초해 아홉 장으로 그린 것이다. 그러나 시체의 냄새가 풍기는 듯한 필치에는 기억이라든가 상상력이 아니라 관찰해서 그린 것 같은 생생함이 있다.

마레가 개발한 카메라는 크로노포토그래피(사진총)라 불렸다. 포획물을 노리고 셔터(방아쇠)를 누르는 데서 사진기를 총에 비유하는 일이 많다. 그런데 이 카메라는 총 그 자체다. 철도도 자연을 가르고 오직 똑바로 나아가는 데서 총알(총알 열차 등)에 비유된다. 산업혁명은 무기의 개발·대량 생산 혁명이기도 했기 때문이다.

마레와 함께 에드워드 마이브리지의 연속 사진도 시대에 쐐기를 박았다. 달리는 기차의 차창이 초래한 파노라마 같은 연속 장면과 함께 마이브리지의 연속 사진은 영화의 등장을 마련했다. 1830년대 이래, 정지 화상을 사용해 그 잔상 효과로 움직임을 보여 주는 방법을 집대성한 것이 영화다.

1881년, 마이브리지가 질주하는 말을 촬영한 패로알트 실험 코스. 전 캘리포니아 총독 릴런드 스탠퍼드는 말이 질주하는 모습을 촬영해 줄 것을 마이브리지에게 의뢰했고, 자신의 목장에서 말이 질주하는 장면을 촬영하도록 했다.(J.L.Sheldon+J. Reynolds, 《Motion and Document-Sequence and Time: Eadweard Muybridge and Contemporary American Photography》, Addison Gallery of American Art, 1991)

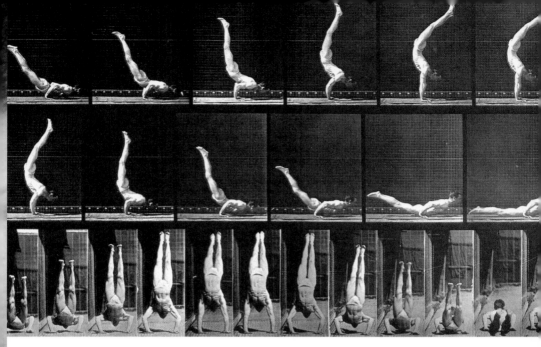

마이브리지의 작업은 영화의 탄생을 향해 달려가는 속도를 단숨에 가속화했다. 그리고 움직이고 있는 것처럼 보이기 위해 정지하고 있을 필요가 있다는 이율배반이 운동 표현의 근본이라는 것을 보여 주었다. 아이러니하게 표현한다면 영화의 몇 분의 일인가는 우리에게 화면과 화면 사이의 어둠을 보여 주는 것이다. 연속되는 정지 화상 사이에 끼워 넣어진 어둠에 바로 운동의 비밀이 숨어 있다는 견해는 신비주의적이지만 무척 흥미롭다.

위 마이브리지의 연속 사진, 1887년.(《Le Temps D' un Mounement: Aventures de L' instant Photographique》, Photo Copies, 1986)
아래 마이브리지에게 보내는 솔 르윗의 오마주, 〈형태에 꼭 낀 마이브리지 II〉, 1964년. ⓒ Sol Lewitte / ARS, New York / SPDA, Tokyo, 2007.

······ 미래파와 속도

영화가 탄생하고 나서 곧 '속도'의 산물로서 미래파가 등장했다. 한 장의 인화지에 잔상을 정착시킨, 즉 마레가 개발한 이미지는 미래파 회화의 중심이 되었고 운동감을 표현하는 기본적인 방법이 되었다.

그중에서도 움베르토 보초니의 조각 〈공간 속에서 연속하는 특이한 형태〉(1913년)는 잔상을 새롭게 해석했다. 즉 잔상을 왜곡하여 운동감을 더욱 키움으로써 빠르다는 느낌을 들게 하는 데 성공한 것이다. 마치 운동하고 있는 신체에서 수분을 빼 나뭇진으로 굳힌 듯한, 운동하고 있는 인체표본plastination이다.

이 조각은 달리고 있으므로 당연히 신체 표면의 미세한 부분은 없어지고, 장딴지는 빠른 속도로 앞으로 나아가고 있는 것처럼 근육이 뒤쪽으로 흐르고 있다. 전신은 초합금처럼 갑옷 같은 표피로 덮여 있다. 뼈 없는 유려한 로봇이다. 기계와 운동의 이러한 합체는 시대정신을 반영한 것인데, 마르셀 뒤샹이나 프란시스 피카비아도 기계와 인간의 합체를 시도했지만 기계와 운동을 합체시킬 수 있었던 사람은 보초니뿐일 것이다. 버둥대는 피부는 폭력적인 인상을 주기도 한다.

보초니의 조각 〈공간 속에서 연속하는 특이한 형태〉. 마치 육상 경기에서 질주하는 단거리 선수의 슬로모션을 순간 응결한 것처럼 보인다.(《L' Art en Mouvement》 Jean-Louis Part 편, Fondation Maeghy, 1922)

폴 비릴리오는 속도란 폭력의 상징적인 표현이라고 말한다. 산업혁명은 속도를 낳는 수단과 '속도' 라는 사고를 발명했다는 것이다. 거기에는 긍정적인 측면과 부정적인 측면이 있는데, 양자를 아울러 생각해야 한다는 것이 비릴리오의 주장이다. 부정적인 측면이란 곧 기관차는 탈선을, 자동차와 고속도로는 충돌을, 배는 침몰을, 비행기는 추락을 발명하고 마지막에는 대량 살육의 전쟁을 발명했다는 것이다.

확실히 속도의 폭력 그 자체와 같은 보초니의 작품이 발표된 이듬해, 세계 최초의 대량 살육 전쟁인 제1차 세계대전이 발발했다. 즉 "너무 빠른 것은 자기를 잃는 것"이다.

위 1895년 10월 22일 파리의 몽파르나스 역에서 721호 증기기관차와 객차 12량의 그랑빌발 몽파르나스행 급행 열차가 정차선에서 멈추지 않고 역사驛舍 솜를 뚫고 역 앞 광장으로 떨어진 사진이다. 사망자는 한 명, 부상자는 소수였다. 최신식 제동 장치의 동작 불량이 원인이었는데, 이 사진이 미스터빅의 앨범 〈Lean Into It〉(1991) 재킷으로 사용되었다.
아래 봅 카를로스 클라크의 자동차 사고 사진 작품.(《美術手帖1988.5 マシーン・エイジ》, 美術出版社)

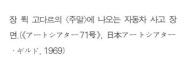

장 뤽 고다르의 〈주말〉에 나오는 자동차 사고 장면.(《アートシアター71号》, 日本アートシアター・ギルド, 1969)

앤디 워홀은 1963년 '참사 시리즈' 의 하나로 〈녹색의 참사 10회〉라는 실크스크린 작품을 발표한다. 자동차 사고 현장 사진인데, 제2차 세계대전과 한국전쟁 후 미국에서 교통사고로 인한 죽음이 가장 많았기 때문이다. 일본에서도 매년 한신 대지진 때 죽은 사람보다 많은 수의 사람들이 교통사고로 죽는다.

워홀을 이어받기라도 하듯이 장 뤽 고다르는 영화 〈주말〉(1967년)에서 혁명이 일어나기 전에 교통사고로 사멸해 버릴지도 모르는 사고 러시를 그렸다.

…… 운동과 대륙
제1차 세계대전 직전인 1912년, 독일의 기상학자 베게너는 판게아라는 초거대 대륙이 어떤 원인에 의해 갈라지고 분리되어 현재의 대륙으로 자리 잡았다는 대륙이동설을 발표했다. 브라질의 해안선과 서아프리카의 해안선이 비슷하다는 데서 착상을 얻은 가설이었다.

19세기 말은 모든 장르에서 '운동' 이라는 테마가 화제인 시대였다. 미국으로 유럽 사람들의 이민이 쇄도했고, 마르코니가 무선통신 기술을 발명한 것도 19세기 말인 1895년이다. 수년 후에는 대서양 횡단 무선 통신도 가능해졌다.

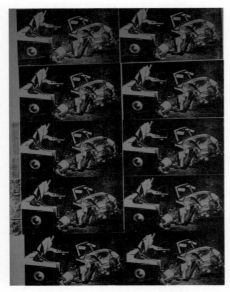

앤디 워홀의 〈녹색의 참사 10회〉. 잭슨 폴록이 1956년에 자동차 사고로 사망했던 것, 짐 다인이나 존 챔버레인의 조각에 촉발되어 만든 〈참사〉 시리즈 중 하나이다. ⓒ 2007 The Andy Warhol Foundation for the Visual Arts ARS, New York / SPDA, Tokyo.

아인슈타인이 특수 상대성 이론이나 분자의 운동을 밝힌 브라운 운동 등을 발표한 것은 1905년이다. 아르투르 코른이 사진 전송기를 발명한 것은 1906년이다. 미래파 운동이 선언된 것은 1909년이고, 뒤샹이 뉴욕에서 물의를 일으킨 〈계단을 내려가는 누드 No.2〉를 발표한 것은 1912년이다. 이렇게 '운동' 이야기가 한창인 시대였다.

이런 시대에 설마 대륙까지 움직이고 있다니, 하고 학회에서는 대륙이동설을 처음부터 부정했다. 그러나 "대륙이 움직이고 있다"는 대륙이동설의 심리적 효과가 컸기 때문에 세계에 영구불변한 것은 없다는 코페르니쿠스적 체념도 생겨났을 것임에 틀림없다. 힘을 얻은 것은 미래파와 파시스트였다. 아마 이것이 미래파가 파시즘에 다가간 원인일 것이다. 비릴리오에 따르면 "파시즘이 전체주의였던 것은 철두철미하게 속도 체제가 되려고 했기" 때문이고, 바로 미래파적이기도 했기 때문이다.

결국 이 설은 잊히고 말았지만, 1950년대 후반에 지자기地磁氣를 조사하여 대륙이 이동했다는 증거를 찾아냈다거나 1960년대에 '해양저 확대설', 1970년대의 '판구조론' 등으로 철저하게 조사한 결과 아프리카 대륙과 북아메리카 대륙이 분리된 것은 1억 3500만 년 전이라는 것이 드러났다. 인도는 4000년 전에 남극에서 분리되어 아시아에 부딪쳤고, 그 충격으로 대지가 불거져 나와 히말라야 산맥이 생겼으며 중국에는 단층이 생겼다. 베게너는 참으로 조숙한(너무 빠른) 천재였다.

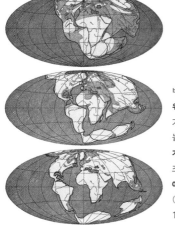

베게너의 대륙이동설
위 약 2억 9000만 년 전 고생대 석탄기 후기. 대륙은 한곳에 모여 있었다. 거대 곤충이나 바퀴벌레, 양서류의 시대이며 양치류의 거목이 번성하여 오늘날 이것이 석탄의 재료가 되었다는 데서 석탄기라고 명명했다.
가운데 약 5500만 년 전 중생대 에오세. 현재 살아 있는 조류, 포유류의 선조가 다 나온다.
아래 약 180만 년 전 신생대 제4기. 거의 현재의 지형이 된 지구.
(이상, A. ヴェーゲナー, 《大陸と海洋の起源 大陸移動說 上下》, 岩波文庫, 1981)

⋯⋯ 움직이는 프라모델

다시 여담인데, 일본인이 '움직이는 것'을 좋아한다는 것을 보여 주는 재미있는 이야기가 있다. 일본에 프라모델(조립식 장난감으로 정식 이름은 '플라스틱 모델'이며, 주로 일본어식 영어인 '프라모델'이라는 이름이 쓰이고 있다 — 옮긴이)이 생겼을 무렵의 일인데, 이다 히로시의 《일본 프라모델 흥망사》에 따라 프라모델의 역사를 개관해 보기로 하자.

프라모델은 영국에서 최초로 개발되어 '펭귄' 시리즈라는 이름으로 판매되었다. 이 프라모델은 동력으로 나는 모형 비행기와 달리 날지 않으므로 '날지 않는 새, 즉 펭귄'이라는 의미에서 그렇게 불렸다.

미국으로 건너간 프라모델은 붐을 일으켰다. 전쟁이 일어나자 미군은 적과 아군을 구분하기 위한 식별 교육용으로 프라모델을 사용함으로써 프라모델을 보급하는 데 공헌했다고 한다.

일본에서 연합군 총사령부는 재군비로 이어질 것 같은 일은 일절 금하고 있었고, 모형 비행기도 그 안에 포함되었다. 이러한 금지도 몇 년 후에는 풀렸지만, 그전에 진주한 미국 병사들은 용돈을 벌기 위해 프라모델을 일본에 가지고 와 팔고 있었다. 이렇게 해서 일본인은 처음으로 프라모델을 보게 되었다.

프라모델의 매력에 홀린 사람들은 금형金型 등 하나부터 자력으로 제작했고, 1958년 말에는 드디어 일본산 프라모델을 탄생시켰다. 도쿄타워가 완성된 해였다. 이때의 프라모델은 'SSN-571 원자력 잠수함 노틸러스', '닷산 1000 세단', 'PT212 초계수뢰정', '보잉 B-47 스트라토제트' 이렇게 네 가지였다. 일본산이라 하더라도 닷산 이외에는 미국제 프라모델의 복제품이었다.

또한 '프라모델' 이라는 이름은 최초로 프라모델プラモデル을 판매한 마르셴이 프라호비プラホビー나 프라모プラモ 등 후보로 올라온 이름 중에서 5·7조로 가락이 좋다고 하여 골랐다고 한다(프라호비도 다섯 글자인데……〔다섯 글자라는 것은 일본식 표기가 '프라모데루', '프라호비'이기 때문이다 — 옮긴이〕). 미국에서는 플라스틱 모델이나 오센틱 키드라고 부르는 모양이다.

이리하여 프라모델의 제1차 붐이 찾아왔고 많은 제작사들이 격전을 벌이게 되었다. 1961년 말 타미야 모형은 연합군계의 모형이 주류였던 시대에 독일 전차 '판터 탱크'를 발매했다. 이것이 바로 모터를 탑재한 움직이는 모델로 크게 히트한 모델이다. 프라모델이 사회적으로 인지된 순간이었다.

서양에서는 조립해서 감상하는 것이 프라모델이다. 이를테면 어른들의 취미인데, 움직이며 논다는 것은 생각지도 못한 모양이었다. 그런데 일본에서는 프라모델은 완구이고, 완구는 움직이지 않으면 안 된다는 관념이 있었다. 이다 히로시가 말한 것처럼 미니어처를 지향하는 것과 꼭두각시 인형을 지향하는 것의 차이다.

나에게도 경험이 있는데, 모터로 움직이는 것이 아니어도 어딘가 움직일 수 있는 부분이 있으면 왠지 기쁘다. 전투기를 좋아했기 때문에 주날개나 꼬리날개의 방향타가 움직인다거나 바퀴가 주날개 밑으로 들어가게 되어 있으면 감격했다. 애써 캐노피(조종석의 창)를 가공하여 여닫을 수 있게 만든 적도 있다. 어쨌든 '움직이는' 것에 대해서는 무척 민감했던 것을 기억하고 있다. 그리고 이 '움직이는' 것을 지탱한 것이 마부치 모터다. 프라모델이 탄생한 해에 마부치 모터는 경량, 소형 모터 제작에 성공하여 판터 탱크를 비롯해 당시의 프라모델에 모두 사용되었다.

원근법과 깊이감의 발견

여기서는 15세기 이탈리아 건축가 브루넬레스키에서 시작된 원근법의 발견에 이르기까지 인류가 어떻게 깊이라는 개념을 획득했는가에 대해 말하고자 한다.

······ '여기와 저기'의 발견

이야기는 농업이 발명되고 취락이 생기며 사람들 중에서 우두머리가 나타나 국가로서 조직을 갖추려는 데서 시작된다. 기상정보는 고대에도 중요했고 오늘날에도 중요하다. 기상정보는 현대인보다 고대인에게 훨씬 더 사활이 걸린 문제였다. 농경에 의한 수확은 날씨에 좌우될 수 있고, 신에게 제사를 지내는 의식도 화창한 날^{晴れ} (하레: 민속학이나 문화인류학에서 화창한 날이라는 뜻. 의례나 제사 같은 연중행사 등의 '비일상'을 나타낸다. 한편 '褻'는 평소의 생활인 '일상'을 나타낸다 — 옮긴이)이 바람직하다. 어부가 물고기를 잡으러 나간다거나 전쟁 등에서 기후를 파악하는 일은 생사와 관련된 문제였다.

전쟁에 관해서는 한자에 상징적인 문자가 있다. 바로 '見(견)'이다. 고대 중국의 전쟁에서는 눈썹에 문신을 해서 눈을 강조한 무녀가 일제히 적이 있는 쪽을 향해 시선을 던진다. 눈으로 저주를 내려 적을 죽이기 위해서다. 한자 '見'의 상형은 이것을 나타낸 것으로, 눈을 크게 뜨고 멀리 바라보는 사람의 형상이다. '望(망)'도 '見'과 같은 의미인데, 구름의 모양을 보고 먼 곳에 있는 적의 모습을 아는 것을 의미한다.

이처럼 기상정보의 파악이라고 할 때 거기에는 구름의 움직임을 보고 적의 상황을 분석하는 것도 포함되어 있었다. 그리고 저주로 죽이는 행위를 상당히 두려워한 것으로 보이는데, 전쟁에서 패한 측에서는 저주로 죽이는 일에 관련된 모든 무녀가 가장 먼저 죽임을 당했다(한자로는 '蔑(멸)' 자로 표현된다). 저주로 죽이는 행위는 비오는 날보다 화창한 날이 더 멀리 볼 수 있어서 효과가 있는 듯하지만, 여기서는 "여기는 아군이고 저기는 적"이라고 명확하게 구별하고 있었다는 것이 중요하다.

왼쪽으로부터 '蔑', '望', '見'의 상형문자.

이러한 점에서 보면 날씨를 알 수 있는 시스템을 장악하는 것은 지배자에게 권력 유지를 위한 중요한 안건이었다. 따라서 천체 관측은 신과 관련된 행사가 되어 결국 신관이나 예언자가 실권을 잡게 된다. 그들은 먼 하늘을 보고 구름의 상태 등으로 기상의 변화, 적의 정보를 예측했다. 여기에서 '여기와 저기here and there'라는 개념이 탄생했다.

'여기'에는 '지상과 하늘'이라는 개념도 포함되어 있다. '저기'는 도달할 수 없는 먼 저편이 되어 피안, 저세상이라는 이미지도 더해진다. 일본에서는 피안(황천, 저승, 극락 등)과 이승, 즉 유럽에서는 천국과 현세다.

······ 세로로 긴 서양의 종교 건축

후지모리 데루노부의 《인류와 건축의 역사》에 따르면, 그리스도교 성당의 건축 양식은 313년 로마 황제에 의해 건립이 허용된 이래 집중식이라 불리는 원형 돔을 지붕에 얹은 것과 직사각형의 바실리카 방식, 그리고 이 두 가지의 혼합 타입, 이렇게 세 종류가 있었다고 한다. 바실리카란 원래 로마 제국에서 집회나 시장으로 사용되었던 가로로 긴 직사각형 건물인데, 그리스도교 성당에서는 이것을 세로로 길게 사용해 가장 안쪽에 제단이 오게 했다. 이것은 앞쪽을 땅, 안쪽을 하늘로 비유한 결과다. 이것이야말로 '깊이(안길이)' 개념이 형태를 갖춘 사건이다.

책에서도 아랫부분을 '땅', 윗부분을 '하늘'이라고 부른다(우리나라에서는 그냥 아래, 위라고 한다 — 옮긴이). 현재의 책자형 책은 원래 성서와 함께 널리 퍼졌기 때문에 그리스도교 성당을 세로로 길게 높인 사고에서 유래했다고도 할 수 있다.

옆 오른쪽 330년, 로마의 산 피에트로 대성당 평면도. 왼쪽의 큰방 아트리움에서 한가운데의 복도를 지나 오른쪽 안쪽 반원형의 돔아피스에 이르는 것이 바실리카 방식의 기본이다.

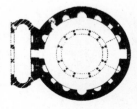

오른쪽 집중당集中堂 형식의 로마 산타 콘스탄차 성당의 평면도. 주로 성자나 순교자를 모시는 방이나 세례당으로 사용되었다. 똑바른 원형이 기본이었지만 코페르니쿠스나 갈릴레오의 지동설이 등장한 무렵부터, 원이라는 형태가 방향성이 없기 때문에 주제단으로 이어지는 동선이 확보될 수 없다는 이유로 타원이라는 세로로 긴 방향성을 가진 형태가 부상했다. 케플러가 행성의 궤도는 타원이라고 발표한 것(1609년)도 영향을 미쳐 돔의 형태는 타원으로 기울었다. 르네상스가 일어나기까지 견고했던 그리스도교 지배가 동요하기 시작한 것을 보여 주고 있다.(이상 《世界建築全集7 西洋Ⅱ 中世》, 平凡社, 1961)

16세기에 자기 나침반이 발명되었고 바늘이 북쪽, 즉 위를 가리켰으므로 지도의 위가 북쪽이 되었던 데서 위가 하늘이 되었다는 설도 있다.(5장 '마방진과 격자무늬' 참조)

그리고 석조 볼트의 아치가 등장하기까지 서양 건축은 그저 돌을 쌓아 가는 방식이었으므로 옆으로 펼쳐진 창은 물리적으로 어려워 저절로 세로로 길어지게 되었다. 그리스도교 성당에서는 원래 창으로 밖을 내다보지 않는다. 극단적으로 말하면 밖은 하늘의 신만 보면 되는 것이었다. 르네상스 때까지 풍경화가 없었던 것도 같은 이유에서였다.

위 로마의 바실리카식 건축물 산타 마리아 마조레 성당의 내부, 432~440년. 안쪽에 세로로 긴 창이 보인다. 사진: 이다 기시로
왼쪽 아미앵 대성당의 스테인드글라스로 뒤덮인 장미 창. 후기 고딕 양식을 보여 준다. 사진: 호리우치 기요하루

성당도 대부분 창다운 것이 없으며 있다고 해도 스테인드글라스 정도로 상당히 위에 달려 있다.

이러는 사이 그리스도교 지배의 속박이 심했던 중세에도 가톨릭에 의문을 품은 무리가 나왔다. 그들은 안개가 걷힌 듯이 세로로 긴 이 창으로 바깥 경치를 바라보았다. 세로로 긴 이 창은 가까운 곳을 보는 것보다 먼 곳을 조망하는 데 적합했다. 원근법이 성립하는 것도 이제 시간 문제였다. 이에 대해서는 나중에 설명하겠다.

······ 가로로 긴 일본의 종교 건축

불교 발상지 인도의 불교 건축은 정사각형에서 시작되었고, 정사각형에 더하듯이 안쪽으로 세로로 긴 사원이 생겨났다. 그리스도교에서와 발상이 같다. 종교 건축에서 안쪽이 신성하다는 것은 자명하다. 중국, 한국, 베트남에서도 기본은 정사각형이고, 세로로 길고 가로로 긴 것은 정사각형의 변주다. 그런데 일본의 불교 사원에서는 어쩐 일인지 정사각형이거나 가로로 긴 것이다.

예수회의 선교사 발리냐노 신부는 아즈치모모야마 시대에 포교를 위해 일본에 왔고, 일본에서는 로마로 소년 사절(1582년 출발)을 보냈다. 소년 사절단이 돌아올 때는 인쇄기 등을 가져왔다.

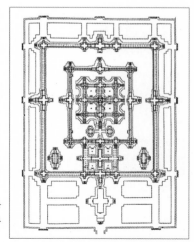

12세기 수리야바르만 2세가 건립한 앙코르와트의 평면도. 중심에는 정사각형이 있고 그것을 직사각형이 둘러싸고 있다.(《世界建築全集4 インド·東南アジア·中國·朝鮮·中南米》, 平凡社, 1959)

이 발리냐노 신부는 선교사들에게 포교에 임해서는 승려와 친하게 지내라는 말을 늘 했지만 불교 사원이 모두 옆으로 긴 데에 놀라 "옆으로 긴 것은 악마의 형식"이라고 단정했다. 그래서 일본에 세워지는 그리스도교 성당에는 장지와 다다미는 허용할 수 있지만 옆으로 긴 것만은 참을 수 없다는 말을 남기고 귀국했다.

그렇지만 유럽에서도 세로로 긴 것을 엄밀히 적용할 수 없는 경우가 있다. 예컨대 뒤에 길이 있어서 깊이(안길이)를 확보할 수 없는 성당 등에서다. 밀라노에 있는 산 사티로 성당이 그러한데, 입구에서 들어가 정면의 벽에 바로 입구에서 벽까지와 같은 거리로 보이는 투시화가 그려져 있다. 이것은 브라만테가 그린 트롱프뢰유trompe l'œil(그림을 실제로 착각할 정도로 사실적으로 재현한 것. 속임수 그림 등으로 번역된다 ― 옮긴이)로, 투시도법(한 점을 시점으로 하여 물체를 원근법에 따라 눈에 비친 그대로 그리는 기법 ― 옮긴이)이 확립된 지 얼마 지나지 않은 무렵이었다. 거기에는 제단도 그려져 있는데, 진짜 제단은 그 옆으로 튀어나온 부분 안쪽에 설치되어 있는 듯하다.

발리냐노의 이 굳어진 의식은, "선교사는 일본 문화에 경의를 표하며 포교해야 한다"고 말은 하지만 결국 그를 뒤따른 선교사들이 일본 고래의 종교를 사악하게 보거나 악마나 이단으로 본 것으로 이어져 당시의 지배자로부터 탄압받았다는 것을 보여 준다.

그렇다면 왜 일본의 종교 건축에서는 옆으로 긴 것이 주류였을까?

일본 문화는 기본적으로 가로이기 때문이다. 밥상 위의 젓가락은 반드시 가로로 놓는다. 크게 신경을 쓴 적은 없지만 밥상을 놓을 때도 나뭇결이 가로가 되도록 하는 것이 예의인 것 같다. 맹장지도 옆으로 열고, 지금은 그다지 보이지 않지만 현관문도 옛날에는 옆으로 닫는 미닫이식이었다.

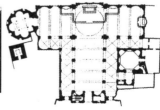

밀라노의 산타 마리아 프레소 산 사티로 성당, 1482년. 뒤에 길이가 있기 때문에 본당을 안쪽으로 깊이 할 수 없어서 화가 겸 건축가인 브라만테는 본당 안쪽에 제단을 두고 그 뒤에 본당 하나만큼의 투시화 트롱프뢰유를 그렸다.(평면도는 橫山正 監修, 《アール・ヴィヴァン叢書 空間の發見1 ヴィアトルの透視圖法 1505》, リブロポート, 1981. 사진은 伊藤哲夫, 《SD選書165 アドルフ・ロース》, 鹿島出版會, 1980)

피리도 세로로 부는 피리보다 후에후키도지笛吹童子(기타무라 히사오의 소설 제목이자 이 소설에 나오는 인물 — 옮긴이)나 우시와카마루牛若丸(헤이안 시대 말기의 무장 미나모토 요시쓰네의 아명 — 옮긴이)가 좋아한 것처럼 옆으로 부는 피리를 좋아한다. 가장이나 제일 높은 사람이 앉는 장소는 정면의 가장 안쪽, 안쪽으로 등을 보이고 앉는 이른 바 상좌인데, 여기는 방석 등 깔개를 옆으로 깔기 때문에 '요코자横座'(상좌라는 뜻 — 옮긴이)라고 했던 것 같다. 툇마루도 마루가 진행되는 방향을 향해 옆으로 판자를 까는 '기리메엔切目緣' 식으로 신사나 사원에 많고, 세로로 까는 '구레엔くれ緣'에 비해 품격이 높다. 노能 무대도 기리메엔이다. 판자가 자기 앞쪽으로 뻗어 가는 느낌이어서 세로로 늘어선 것처럼 보이지만, 한 장 한 장 옆으로 깔아 가는 감각이다. 다이묘大名(일본에서 10세기경부터 19세기 말까지 넓은 영지와 강력한 권력을 가진 유력자, 즉 지방의 영주를 일컫는다 — 옮긴이)의 저택은 종교 건축을 모방해 옆으로 뻗어 있는 것이 많다. 주신구라忠臣藏(1703년 주군 아사노의 복수를 위해 47인의 로닌이 주군의 원수인 기라 요시나카의 저택을 습격하여 복수하고 할복한 실제 이야기다. 이를 소재로 한 《주신구라》는 가부키, 영화, 드라마 등으로 만들어졌다 — 옮긴이)로 유명한 에도 성의 마쓰노로카松の廊下(1701년 3월 14일 아사노가 기라에게 상처를 입힌 장소 — 옮긴이)도 옆으로 길게 뻗어 나간 이미지다.

한편 중국이나 한국은 젓가락을 세로로 놓는다. 서양에서도 스푼, 나이프, 포크는 세로로 놓는다. 일본에서 세로가 나올 때는 이상 사태가 일어났을 때다. 예컨대 죽은 자의 머리맡에 놓는 제삿밥에서는 밥에 젓가락을 수직으로 세운다.

그런데 왜 가로라는 것에 그토록 집착하는 것일까?

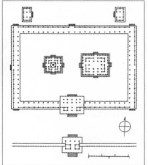

호류지 금당과 호류지 전체의 평면도, 7세기. 금당의 상층부는 3 대 2의 비율로 가로로 길게 되어 있다. 오층탑만 정사각형이고 나머지 모두는 옆으로 긴 것이 기본이다.(二川幸夫,《世界建築全集4 インド·東南アジア·中國·朝鮮·中南米》, 平凡社, 1959)

…… 일본의 좌식 문화

인테리어 디자이너인 우치다 시게루는 가로 문화, 수평 문화에 '앉는다'는 신체감각이 있었기 때문에 가로에 집착한 것이라고 말한다. 우치다의 《인테리어와 일본인》에 따르면 앉음으로써 눈은 좌우로 움직이고 '바라본다'라는, 풍경을 수평으로 보는 행위가 자연스럽게 생겨난다고 한다.

　유럽 문명의 경로는 중동의 사막이다. 이 가혹한 사막 한가운데 앉아 기다린다는 것은 죽음을 의미했다. 일어나 멀리 오아시스를 찾아나서야 한다. 더욱 높은 곳, 언덕에 서서 멀리 바라본다. 여기에서 위에서 아래를 보는 조감이 시작되었다. 파노라마적 조망, 조감적 시점이다. 그리고 하늘에 가까이 다가가기 위해 바벨탑이나 지구라트 Ziggurat(메소포타미아의 각지에서 발견되는 고대의 건조물. 구약성서에 나오는 '바벨탑'은 바빌론의 지구라트를 가리킨다 — 옮긴이) 같은 높은 건축물을 세웠다.

위 사막에 세워진 바벨탑, 이라크의 사마라 회교 사원 첨탑, 9세기.
(J. バース, 《イメージの博物誌7 螺旋の神秘 人類の夢と怖れ》, 平凡社, 1978)
아래 시점의 포인트를 정하기 힘든 사막.

의자에 앉는 생활도 이 수직 지향의 연장선상에 있다. 솟아오른 수직선 끝에는 한 사람의 신이 있었다. 이런 환경에서 의지하는 신은 한 명으로 충분하다. 많이는 필요 없다. 그래서 일신교가 탄생한 것이다. 원근법이 탄생할 토양은 원래 여기에 있었다.

그런데 삼림이 울창한 일본에서는 나무 틈새로 풍경을 보지 않을 수 없다. 틈새로 보이는 풍경은 각각 다른 트리밍을 한 것처럼 다양하다. 여기에서 일본 문화의 특징인 점경點景(풍경화 등에서 화면을 잡아당겨 죄기 위해 부차적으로 덧붙여진 사람이나 사물 — 옮긴이)이 생겨난 것 같다. 곤충의 눈으로 본 충감虫瞰(아래에서 올려다본 투시도법, 또는 곤충처럼 세심하고 세세한 눈으로 바라보는 것 — 옮긴이)적 시점이다. 하나하나의 풍경마다 신이 있다고 해도 이상하지 않다. 뭇 신이다. 거기에 불교가 전래되어 '결가부좌結跏趺坐', 즉 앉는다는 것이 정신을 안정시켜 준다는 것을 가르쳐 주었다.

이리하여 '앉는' 생활을 하는 집은 성스러운 공간이 되었다. 이 성스러운 공간에 신발을 신은 채 들어갈 수는 없다. 이렇게 해서 신발을 벗는 일본의 독자적인 문화가 생겨났다.

이 '신발을 벗는' 습관에 대해서는 토양의 성질도 관계가 있을 거라는 설도 있다. 일본의 토양은 유럽처럼 모래가 많아 물이 잘 빠지는 토양이 아니기 때문이다. "롬loam이라 불리는 자잘한 알갱이의 모래나 실트silt 점토 따위가 비슷한 양으로 섞여 있는 일본의 흙은 화산재가 퇴적한 것이라고 하는데 비가 내리면 진득진득하게 질퍽거리고 마르면 바람이 살짝 불기만 해도 흙먼지가 되어 날아간다. 흙이 옷에 묻으면 스며들어 간단히 씻어낼 수도 없다."

결가부좌를 하고 있는 당나라 승려 감진화상鑑眞和上의 상, 763년경.

종교는 기본적으로 하늘과 땅을 잇는 수직 지향이다. 그리스도교 등 일신교에서는 하늘의 신에 이르는 수직선에 동화하려고 한다.

서예가 이시카와 규요는 아시아에서 서양의 수직 지향에 해당하는 것이 위(하늘)에서 아래(땅)로 내려 쓰는 '세로 쓰기'라는 자극적인 논의를 전개했다. '세로 쓰기'는 종교의 대체물이라는 것이다. 여기에서 '천지신명에 맹세코'라는 말이 생겨났다고 주장하는데, 여기서 더 이상 파고드는 것은 삼가기로 한다.

그리스도교도나 인도의 불교도는 수직선을 평면으로 투영하면 세로로 길게 된다고 생각했다. 물론 일본에서도 그런 사고는 같다. 아니, 같았을 것이다. 그런데 일본에서 신의 존재 방식은 달랐다. 그리스도교에서 신의 지위는 변하지 않으며 순교자도 신에 가까운 존재가 된다. 그 대극은 악마로서 한데 묶이고, 악마가 신이 되는 일은 없다.

일본의 신화에서 신은 물론 변하지 않지만 사람이 죽으면 신이나 원령이 된다. 오해를 무릅쓰고 말하자면, 신 자체가 원령의 동료인 것이다. 그중에서도 불우함을 원망하며 죽으면 귀신이 되어 재앙을 일으킨다. 그래서 신에게 제사를 지내 노여움을 풀려고 한다. 이것이 일본 신의 특징이다. 제사를 지내면 신이 되고 제사를 지내지 않으면 원령이 된다. 원령에서 신으로 반전한 좋은 예가 스가와라 미치자네(헤이안 시대의 시인이자 학자로 학문의 신으로 모셔지고 있다 ─ 옮긴이)다.

스가와라 미치자네가 죽은 후 교토에 벼락이 치는 등 이변이 잇따랐는데 사람들은 그 원인이 미치자네의 원령 때문이라고 생각했다. 환경고고학자인 야스다 요시노리는 이때의 기상 이변은 재앙 같은 게 아니라 바로 오늘날의 온난화처럼 그때도 세계 전체의 온도가 상승한 무렵이어서 그런 것이었다고 했다.

그렇게 국지적으로 온도가 갑자기 내려가고 전 세계에서 천재지변이 빈발한 시기였던 모양이다. 그러나 그런 것은 추호도 모른 채 조정은 재앙을 진정시키기 위해 교토 북쪽 들판에 텐만구天滿宮를 지었다. 이것이 천신 신앙의 시작이다. 이 원령은 무섭기 때문에 신으로 만들어 문제 삼지 않게 하라는 것이 일본적 발상의 뿌리에 있다.

앞에서 말한 것처럼 일본에서 신에 이르는 수직선은 자칫하면 원령이 되어 재앙을 내릴지 모르는 두려운 선이다. 그래서 그 수직선의 주위에는 결계結界(법당 안에서 중과 속인의 자리를 갈라놓은 목책 — 옮긴이)를 설치해 함부로 다가가지 못하도록 한다거나 '오소奧所'라고 표현하여 제쳐 두고, 무섭지 않은 장소나 물건을 수평선, 즉 가로로 표현했다. 마님奧方이라는 표현은 개그이지만 안방奧座敷, 깊은 뜻奧義, 깊이奧行き, 비법奧の手, 오슈奧州(옛 지명 — 옮긴이), 심오深奧 모두 이쪽의 연장선상에 있는 표현이 아니다. '오奧'라는 것은 이쪽과는 다른 곳이다. 이것도 일종의 점경이다.

어쨌든 일본 문화에 서양과 같은 원근법이 필요하지 않았다는 것은 분명하다. 다만 유일하게 노 무대의 네모난 공간이야말로 의식적으로 안길이(깊이)를 만든 장소다.

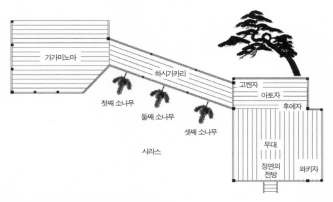

가가미노마鏡ノ間 거울을 놓은 방으로 배우가 무대에 등장하기 전에 가면을 쓰고 준비하는 방. **하시가카리**橋掛かり 준비실에서 무대로 등장할 때 통과하는 긴 통로이자 무대의 일부. **고켄자**後見座 시중드는 사람이 대기하는 자리. **아토자**後座 연주를 담당하는 악사들의 자리. **후에자**笛座 피리를 부는 악사들이 앉는 자리. **시라스**白洲 객석과 무대 사이에 자갈을 깔아 놓은 곳, 물을 뜻한다. **와키자**脇座 조연인 '와키'가 앉는 자리.

제아미가 창시한 노의 무대는 이 세상에도 있고 저세상에도 있는 상반된 것을 통합한 장소이다. 저세상의 귀신이나 혼령을 이 세상으로 부르는 주술적인 공간이다. 망령은 가가미노마에서 세 그루의 소나무가 있는 하시가카리를 통해 한 변이 6미터인 사각형 무대에 나타난다. 망령이 나타날 때 휴우(피리 소리), 둥둥(빠르게 치는 북 소리) 하고 울리는데 이것이 나중에 망령이 등장할 때의 흉내 내는 소리가 되었다. 작도: 가토 아이코

그리고 르네상스의 원근법이 탄생했다. 그보다는 투시도법의 탄생이라고 하는 것이 더 정확할 것이다. 원근법이란 영어로 'perspective'다. 이 말은 5세기 로마의 철학자 보에티우스가 그리스어로 '보는 것의'를 뜻하는 'optikos'라는 말을 번역할 때 라틴어 '투시하는 기술', 즉 'ars perspectiva'를 원용한 데서 왔다.

이는 기원전 1세기경부터 번성하게 된 유리 생산과 무관하지 않다. '본다'라는 것은 유리(창)를 통해 보는 것이었다.

건축사가 요코야마 다다시의 말을 빌리면, 투시도란 "올바르게 풍경을 모사하기 위한 기술"이고, 또 미술사가 파노프스키가 "장대한 허구의 체계"라고 한 것처럼 일종의 모조품fake이다.

16세기에 트롱프뢰유가 유행한 것도 투시도법의 본질이 드러났다는 의미일 것이다. 와카쿠와 미도리는 투시도법을 사용한 원근법은 여기에 그려져 있는 것이 현실이라는 메시지를 보내는 일종의 기호라고 했다.

어쨌든 투시도법이 개발됨으로써 오늘날의 우리마저 풍경을 바라보는 방법이 한정되어 버린 것은 부정할 수 없다. 투시도적으로 소실점이 있고 거기에서 능선이 뻗어 있는 것처럼 보기 십상이다.

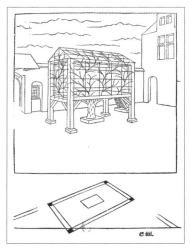

《비아토르의 투시도법》(1505년)에 실린 본문 삽화. 이 책이 출판된 16세기 초는 브라만테나 레오나르도 다빈치 등이 활약하던 시기였다. 결국 비아토르의 투시도법이 인간의 시선까지 내려온 르네상스적 투시도법을 집약한 것이고, 이후 투시도법으로부터 벗어나는 움직임이 회화를 중심으로 나오기 시작한다.(橫山正監修,《アール・ヴィヴァン叢書 空間の發見1 ヴィアトルの透視圖法 1505》, リブロポート, 1981)

중심에 주변이 따르는 투시도법의 이러한 관점은 신석기 시대까지 거슬러 올라갈 수 있다. 그때 처음으로 좌우대칭이라는 구도가 생겨났다. 이것이야말로 중심의 발견이었다. 중심인물을 떠받치듯이 좌우에 사람 얼굴을 한 소가 그려져 있다.(18장 '오브제' 참조) 이 좌우대칭이 극도에 이른 형태가 바로 투시도법이다.

그리고 고딕 성당이 수없이 건설되면서 투시도법의 구체적인 이미지가 완성되어 갔다. 그것은 고딕 성당의 천장에 이르는 베이bay라 불리는 기둥이 격자무늬 이미지가 되어 소실점을 만들어 냄으로써 깊이감을 강조했기 때문이다.

메소포타미아에서 출토된 장식판으로 신석기 시대 인간이 만든 것이다. 한 사람을 가운데 두고 두 마리의 동물이 좌우대칭으로 마주하고 있다. 생물의 외견이 좌우대칭인 탓인지 좌우대칭 도형은 인지되기 쉽다. 운동감이 없는 안정된 형태이므로 자기 지위의 안녕을 상징한다. 신전이나 궁전 등을 좌우대칭으로 배치하고 싶어 하는 것은 어느 시대의 권력자나 마찬가지다.

고딕 건축은 12세기 중반 북프랑스에서 탄생했지만 고딕 건축의 대표인 아미앵 대성당은 1220년에 착공되어 1269년에 완성되었다. 세로로 긴 창에서 신비스러운 빛이 들어와 높이 치솟은 베이의 깊이감을 높인다. 사진: 호리우치 기요하루

이탈리아 르네상스는 중세 유럽의 그리스도교에 의한 절대적 지배가 흔들리고, 하늘같이 높은 신이라는 존재보다 인간에게 더 다가가려고 한 데서 시작되었다. 르네상스인은 그때까지 신을 믿었던 것처럼 소박하게 인간의 눈을 믿고 있었다. 세계의 중심에 있는 것은 신만이 아닌 것 같다는 점을 실감한 것이다. 근대 과학의 여명이라고 할 수 있다.

이것이 원근법이 낳은 발상인데, 결국 소실점이라는 다른 신을 등장시켰다고도 할 수 있다. 한 점 투시의 원근법은 사물을 보는 한 가지 관점에 지나지 않는데도 그 한 점으로 전체를 투시하는 관점만이 옳다고 한다면 새로운 신의 출현이라고 해도 과언이 아닐 것이다.

그리고 비로소 열린 '창'으로 바깥을 본다. 여기서 '트리밍'이라는 발상이 생겨난다. 종잡을 수 없는 풍경에 질서를 가져오는 방법이다. 르네상스는 어디까지나 '질서'를 필요로 했던 것이다. 그것도 그리스도교와는 다른 질서를. 17장 '데포르메'에서 말하겠지만, 원근법적 세계관에는 곧 파국이 찾아온다.

직선의 발견과 사각형의 탄생

카를 구스타프 융의 원형설은 여기서는 등장하지 않는다. 우리에게 원이나 정사각형은 극히 당연한 도형이므로 융의 학설처럼 처음부터 있던 것처럼 느껴지지만, 고대인은 우리보다 감수성이 훨씬 예민했다. 이러한 도형은 자연과 매일 접하는 과정에서 생겨났다고 보는 것이 자연스럽고, 어쨌든 거기에는 드라마가 있었다.

······ 사각형의 성립

아카세가와 겐페이는 《사각형의 역사》에서 사각형의 성립에 대해 말했다.

먼저 직선의 발견이다. 자연계에서 직선은 바다의 수평선(엄밀하게는 곡선이지만)을 제외하면 거의 보이지 않는다. 있다고 한다면 운동의 궤적일 것이다. 예컨대 밤하늘에 한 줄기 직선을 남기고 사라지는 유성, 나뭇가지에 걸린 거미집 등이다. 그리고 직선을 알게 되면 다음에는 '열列'의 발견이 이어진다.

한 열로 날아가는 새, 무리를 지어 걸어가는 동물, 여기에는 질서가 있다. 거기서 인류는 '질서'를 알게 된다. 질서는 인류의 최대 발견 중 하나다.

그리고 인간은 다양한 도구를 만들어 냈다. 그것은 짧은 막대기거나 돌이나 뼈였다. 이 도구들과 과일이나 열매 등 먹을거리가 집에 모인다. 이것들을 정돈하는 방법이 또 어렵다. 그러나 적당히 놓았을 테지만 서서히 질서가 생기기 시작하고 늘어서게 된다. 이것이 첫 번째 열, 두 번째 열이라는 식으로 열을 이루기 시작했다.

위 직선으로 연결되어 있는 거미줄에 매달린 물방울과 마른 잎.

아래 편대로 날아가는 기러기 떼.

여기서부터 형태라는 관념이 생겨나 사각형이라는 형태를 인식하기 시작했다. 아카세가와의 이 학설에서 질서를 발견한 것에는 동의하지만, 내가 생각하는 사각형 발견의 드라마에서 보면 아카세가와의 학설에 더하고 싶은 항목이 있다. 그것은 프레임의 발견이다.

아카세가와는 파인더로 본 풍경 이야기에서 사각형의 역사를 시작하고 있다. 인간의 역사를 보면 인간이 항상 걱정했던 것은 자신에게 위해를 가할지도 모르는 동물 또는 식료로서의 동물이고, 사랑해야 할 대상으로서의 이성이었다. 늘 목적의 대상으로서 동물·사람을 보고 있어서 그 배후에 펼쳐진 풍경은 한 번도 돌아보지 않았다. 풍경을 의식하는 것은 집에 창이 열려 있고 비가 내려 밖으로 나갈 수 없을 때 사각의 프레임으로 멍하니 먼 풍경을 보는 순간이었다는 것이다.

창의 역사를 살펴보면, 고대 그리스 이래 창이란 벽에 뚫린 구멍에 지나지 않았다. 환기나 빛이 들어오게 하는 것 외에는 그곳으로 쓰레기나 오물을 던지는 뚫린 구멍에 지나지 않았던 것이다. 창으로 밖을 보는 것은 매춘부 정도일 거라는 말이 있을 만큼 창으로 밖을 내다보는 사람은 없었다. 창의 지위는 한없이 낮았던 것이다. 창을 영혼이 드나드는 길이라고 생각해서 악령이나 역귀가 창으로 침입해 오는 것을 두려워했기 때문이다. 물론 이 무렵에는 사각형이라는 존재를 의식하고 있었지만 창으로 느긋하게 밖을 내다보는 습관은 근세, 즉 르네상스 이후에 생겨났다.

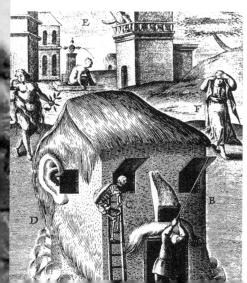

해골 모습을 한 '죽음'이 사람의 얼굴처럼 생긴 집의 창으로 침입하려는 우화, 1601년. 악령이 사람의 입, 눈, 코, 귀로 들어와 죽음을 초래한다는 내용을 담고 있다. 흑사병의 맹위도 영향을 끼쳐 죽음이 가까이 있던 시대를 비유하고 있다.

아테네의 풍탑風塔이라 불리는 호롤로기움, 기원전 1세기경. 빛이 들어오고 바람이 통할 뿐인 조그마한 창이 보인다. 사진: 이시이 아키라

5세기에 그리스도교가 대두하자 인간은 신만을 보면 되었고 창으로 밖을 본다는 건 당치도 않았다. '보는' 것을 포함해 쾌락을 수반하는 감각 일체가 금지되었다. 쾌락은 모두 신이 준다는 식이었다. 이것이 르네상스 때까지 이어졌으므로 어두운 시대였던 것이다.

여기서부터 아카세가와의 학설로 돌아가기로 하자. 르네상스 후, 17세기 (원근법은 트리밍이라는 관점을 제시하는데 이에 대해서는 3장 '원근법과 깊이감의 발견' 참조) 신의 멍에가 느슨해져 사람들은 주위를 둘러보기 시작했다. 신이나 중심이 되는 대상물이라는 테마가 없어도 된다는 것을 깨닫기 시작했던 것이다. 이것이 풍경의 탄생이다.

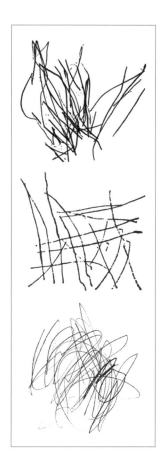

······ 질서와 프레임의 탄생

우리가 태어나서 처음으로 표현하는 형태는 'ㅁ'이나 'ㅌ'라는 설이 있다. 아동심리학자 로더 켈로그가 유아들의 그림을 모아 분석한 것에 따르면, 유아에게 파스텔을 쥐어 주자 처음에는 아래위로밖에 그릴 수 없었지만 서서히 수평 방향도 그릴 수 있게 되었다고 한다. 극단적으로 말하면 유아가 맨 처음에 그리는 그림은 상하좌우의 사각이나 십자형 또는 비스듬하게 그린 × 표라고 할 수 있다. 원이 중심이 되는 것은 세 살 이상의 아동이라는 것이다.

위 콩고가 갈겨쓴 것.
가운데 2세 반의 유아가 갈겨쓴 것. 상하좌우로 비스듬한 선을 그릴 수 있게 되었을 무렵이다.
아래 3세 유아가 갈겨쓴 것. 상하좌우로 비스듬하게 원이 생기기 시작했다.(이상 R. ケロッグ,《兒童畵の發達過程 なぐり描きからピクチュアへ》, 黎明書房, 1998)

　유아의 그림이 세로로 긋는 것에서 시작된다는 주장의 배경에는 인류가 아직 원숭이였을 무렵의 기억이 남아 있기 때문이라는 브래키에이션 설brachiation theory(인류가 두 발로 걸어 다니기 이전에 인류의 조상은 양손으로 나뭇가지에 매달려 몸을 흔들며 나무에서 나무로 이동하고 다녔다고 보는 견해다 — 옮긴이)이 있다.

　원숭이는 나뭇가지를 건널 때 손을 아래에서 위로 스트로크하며 번갈아 내밀어 잡는다. 이를 브래키에이션이라고 한다. 이 브래키에이션이 유아의 인격 형성기에 나타나는 본능 같은 것이라는 이야기다.

　몇몇 영장류의 브래키에이션은 나뭇가지를 잡기 쉽도록 엄지손가락이 다른 손가락과 마주보고 있어서 가능하다. 이것을 '엄지손가락 마주봄'이라고 하는데, 이것은 인류에게 계승되어 손의 발달을 촉구함으로써 도구를 사용할 수 있게 되었다. 엄지손가락과 다른 손가락이 나뉘어 있기 때문에 '세는 것'도 가능해졌다. 그리고 알다시피 열 개의 손가락에서 생겨난 것이 바로 십진법이다.

　그러나 인류가 원숭이에서 인간으로 이행하는 과정에는 육체적으로 큰 변화가 있었다. 여기서부터 인류는 사실 원숭이에서 진화한 것이 아니라는 설도 등장한다. 그것은 인류가 왜 일어서서 두 다리로 걸어야 했는가와 무관하지 않다.

위 원숭이의 브래키에이션.

오른쪽 로더 켈로그에 의한 유아화의 발달 도식. 갈겨쓰는 것에서 시작되어 태양 인간이 출현하기까지를 보여 준다. 가로 선의 위아래로 유인원과 인간이 나뉜다.(이상 多木浩二ほか,《多木浩二對談集 四人のデザイナーとの對話》, 新建築社, 1975)

인류가 왜 숲을 떠나 초원으로 가서 두 발로 서서 걷기 시작했는가는 환경의 변화, 즉 지구가 한랭하고 건조해져서 숲의 면적이 줄고 사바나(열대 초원)가 확대되었기 때문이라는 환경설로 설명되는 경우가 많다. 하지만 분명하지 않은 점도 많다. 집단을 한데 모으기 위해, 지도자가 모두를 압도하기 위해 일어섰다는 과시 행위설도 나름대로 설득력이 있다.

그러나 일어섬으로써 달리는 속도를 희생했다고 해도 두 손으로 먹을 것을 딸 수 있어서 효율은 좋아졌다. 강렬한 태양 광선을 신체 전체가 아니라 머리나 어깨만으로 받을 수 있게 되어 신체의 다른 부분을 시원하게 할 수 있는 등 이점도 많았다.

일어서서 두 발로 걷는 것은 인간을 근본적으로 바꾸었다. 뇌는 척추에 의해 지탱됨으로써 성장할 수 있게 되어 지력이 높아졌고, 두 손도 자유로워져서 도구를 사용할 수 있게 되었다.

고개도 똑바로 되었고 중력으로 목이 내려가 수직이 됨으로써 구강의 개폐가 자유로워졌다. 목 주변에 공간이 생겨 목 근육의 미세한 움직임으로 공기를 진동시킬 수 있게 되었고, 그에 따라 턱도 작아져 말을 하기 위한 바탕이 되었다. 그때까지는 이동과 호흡이 일체가 되어 있었지만 호흡과 이동이 분리됨으로써 기관氣管이 해방되어 공기의 흐름을 조절할 수 있게 되었다.

그리고 지금까지 좌우에 있던 눈이 가운데로 몰려 평행시平行視(먼 곳을 볼 때의 눈의 상태 — 옮긴이)가 가능해져 거리감을 알 수 있게 되었다.

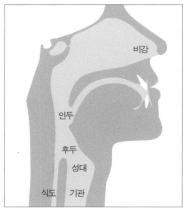

비강

인두

후두

성대

식도   기관

사람 목의 단면도. 사람은 직립함으로써 목이 똑바로 되었고 주변에 공간이 생김으로써 발성하기가 쉬워졌다. 그림: 가토 아이코

평행시에 의해 눈을 깜박이기 시작했다. 카메라에서 말하는 조리개다. 그리고 초점의 자유도가 높아지고 방향의 발견으로 이어졌다. 방향의 발견은 해·달·별의 운행을 관찰할 수 있게 했고 방위를 낳았다. 거기에서 하늘과 땅의 차이를 인식하게 되었다. 인식의 기준이 되는 포인트는 지평선이다. 즉 수직과 수평이라는 좌표축을 설정할 수 있게 된 것이다.

밤하늘은 어둡기 때문에 깊이감이 사라져, 올려다보면 왠지 둥글다는 느낌이 든다. 또한 둥근 해나 달을 매일 보고 있으면 하늘에는 둥근 것이 있다는 것을 깨닫게 된다. 대지는 한없이 펼쳐져 있지만 대지에 선을 그어 구획할 수가 있다. 중요한 것은 움직이는 것을 원, 움직이지 않는 것을 사각이라고 인식한 일이었다. 여기서부터 대지를 나누는, 대지에 프레임을 짜는 질서가 시작되었다. 자신이나 가족의 몸을 지키는 안전권인 진지 만들기인 것이다.

사람이 모이면 거기에는 원이 생긴다. 아프리카 사람들이 추는 댄스서클도, 윤무도 항상 원이다. 따라서 최초의 진지는 원으로 그렸다. 한 가족이 하나의 원이고 이 작은 원이 모여 큰 원이라는 취락이 생겼다. 이것이 더욱 많이 모이자 수습할 수 없게 되었다. 여기에서 아카세가와 학설에서 말하는 질서가 시작된다. 질서는 사각형을 이끌어 낸다. 이것이 바로 고대 중국의 우주관, 천원지방설天圓地方說의 시작이기도 하다.

하늘은 둥글고 대지는 사각형으로 상징할 수 있다. 대지의 사각형이란 질서가 승화한 형태로서의 성벽이다. 유럽도 마찬가지로 사각형에 이르렀지만 질서라기보다 배제의 논리에서 나온 것이었다.

북쪽 밤하늘을 장시간 노출해서 찍은 사진. 모든 것은 원으로 수렴된다.

버크화이트의 〈Crowd Around Near-Drowning Victim〉(1952년). 해안에 모이는 군중이 자연스럽게 원형이 된다.
©Time Life Pictures / Getty Images

시벽 시문

내성벽

시문

시문

시문

시문

0   500 m

시문

시문 시문

사르곤 2세의 궁전

바람
불어오는 방향

N

위 직사각형의 흔적이 남아 있는 아케메네스조 페르시아의 수도인 페르세폴리스의 궁전 유적. 마케도니아의 왕 알렉산더에게
멸망하기까지 약 200년 동안(기원전 518년~331년) 동방세계에 군림했다. 사진: 호리우치 기요하루 ⓒ 堀內淸治
아래 왼쪽 아시리아의 유적 호르사바드의 평면도, 기원전 8세기 말. 둘레 벽의 두께는 28미터다.《世界建築全集5 西アジア·
エジプト·イスラム》, 平凡社, 1960)
아래 오른쪽 인디언이 들소를 에워싸고 쫓아가면 광범위하게 퍼져 있던 들소들은 바람이 불어오는 방향으로 원형을 만들면서
도망친다.(Lawrence Halprin,《The RSVP Cycles: Creative Processes in the Human Environment》,
George Braziller, 1969)

유럽의 우주관이 원인 것은 토지의 넓이 문제도 있지만 일신교가 초래한 결과일 것이다. 일신교가 찾는 것은 항상 중심, 단 하나의 극이다. 그것도 주위로부터 등거리에 있을수록 중심(극=신)의 위대함은 두드러지게 눈에 띈다. 이렇게 특히 두드러진 상태를 구한 것이 중세 유럽이다. 중세 사람들은 동심원상의 우주관에 집착했지만, 케플러가 행성의 궤도를 타원이라고 한 무렵부터 이 우주관은 흔들리기 시작했다.

이러한 일신교적 감성은 19세기 과학의 방법론에도 어른거렸다. 요소환원주의는 아무리 복잡한 것이라도 분해해 가면 반드시 단순한 요소에 이르게 된다는 것이다. 궁극에는 신이 있다고 말하는 것과 같다. 융의 원형설도 이 연장선상에 있는 것 같다. 이 요소환원주의도 어느 정도까지는 효력을 발휘했지만 그 앞만 추구한 결과 양자역학은 복잡하기 그지없는 것이 되고 말았다.

한편 천원지방설은 하늘인 신의 영역과 전제군주가 있는 땅을 나눔으로써 현실감이 늘어나는 이점이 있었다. 지배 구조를 만들기 쉬웠던 데서 정전법 등의 격자무늬를 사용한 과세법이 완성되었을 것이다.(5장 '마방진과 격자무늬' 참조)

마방진과 격자무늬

스기우라 고헤이가 엮은 《아시아의 책·문자·디자인》에서, 인도의 디자이너는 1700년 전 인도의 필사본 《바스투라 우파니샤드》에 이미 격자무늬에 대한 것이 쓰여 있었다고 했다. 《바스투라 우파니샤드》에서는 사원을 짓는 법이라거나 불상을 그리는 법을 격자무늬를 사용해 가르친 모양이었다. 이 책이 바로 세계 최초의 디자인 책이다. 여기서는 "선이나 원을 이해할 수 있는 자는 뭔가를 만들 수 있다", "격자무늬를 만드는 것이 가장 중요하다", "격자무늬를 침범해서는 안 된다", "격자무늬에서 불거져 나오게 하여 이미지를 만들면 이미지가 엉망이 된다"는 등 격자무늬란 신과 접하기 위한, 신의 목소리를 듣기 위한 방법이고, '구획'으로 자르면 세계라는 신이 보이게 된다고 하는 것처럼 범격자무늬에 대해 말하고 있다.

······ 3마방진과 격자무늬

서양의 원 중심 우주관과 중국의 사각형 중심 우주관은 시선에 큰 차이가 있다. 서양에서는 오직 하늘을 보고 있었다. 수직 지향인 것이다.(3장 '원근법과 깊이감의 발견' 참조) 프톨레마이오스의 우주도는 계속해서 하늘을 쳐다본 끝에 나온 필연적인 표현이었다.

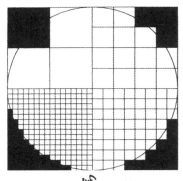

위 격자무늬를 이용하면 원을 포함한 모든 다각형을 그릴 수 있다고 설명한 그림. 인도의 《바스투라 우파니샤드》에 그려져 있다. 격자무늬가 세밀하면 할수록 원에 가까워진다.

아래 인도 불교의 뿌리인 브라만교의 최고신조차 정사각형에 넣어졌다.(이상 杉浦康平, 《アジアの本·文字·デザイン》, DNPグラフィックデザインアーカイブ, 2005)

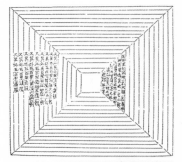

한편 중국에서는 대해처럼 한없이 펼쳐지는 황토의 대지, 그 강렬한 인상에서 시선은 필연적으로 수평, 그리고 대지를 향한다. 둘러싸지 않으면 자신의 입각점을 확보할 수 없다는 듯이 그 대지에 선을 긋고 스스로를 둘러싼다. 이것이 중국의 사각형 우주관이다.

그리고 이 사각형 우주관은 '상자'라는 관념에 이른다. 중국인의 시선은 공포에 가득 찬 공백의 외부보다도 이 상자라는 결계結界의 안쪽을 향한다. 상자 안은 아무것도 없다는 것에 대한 공포가 응집되어 오직 무늬로만 메워진다. 바로 넓은 바다에 홀로 남겨진 영화 〈오픈 워터〉의 공포다. 이것이 중국 문화의 기저에 있는 사각형 우주관, 상자, 공간 공포다. 그리고 이 우주관의 기저에 있는 것이 하도락서도河圖落書圖라는 전설이다.

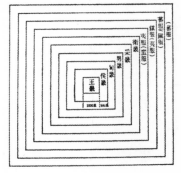

중국의 세계관을 나타낸 그림. 위에서 바로 10의 제곱수에 따라 중심을 확대해 간다.(중국의 《회남자惟南子》에서)

위 중심을 넣지 않은 16층. 중심에는 세계의 끝이 있고 그 바깥에는 광대한 바다가 펼쳐지는 변경이다.(大室幹雄, 《劇場都市 古代中國の世界像》, 三省堂, 1981)

가운데 세계의 끝에는 여덟 개의 산이 있고 그 기둥이 하늘을 떠받치고 있으며 그 문으로 바람이 불어와 날씨가 결정된다. 중심에 있는 구주九州가 인간이 사는 곳이다.(中野美代子, 《中國の靑い鳥 シノロジーの博物誌》, 南想社, 1985)

아래 구주의 중심에는 왕이 거주하는 왕기王畿(왕도 부근의 땅 ― 옮긴이)가 있다. 중심에서 멀어짐에 따라 '번藩'이라거나 '이夷'라는 글자가 있는 것처럼 야만이 되어 간다. 중국이란 중심의 나라라는 뜻이다. 일본은 해가 뜨는 곳, 조선은 해가 선명한 곳이라는 식으로 일본도 조선도 중국에서 보면 변경이었다.(中野美代子, 《中國の靑い鳥 シノロジーの博物誌》, 南想社, 1985)

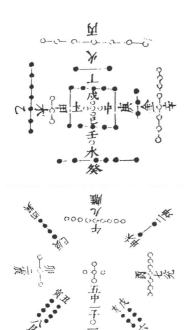

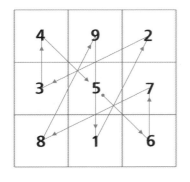

하 왕조(기원전 20세기)의 우왕은 하천의 범람에 마음 아파하고 있었다. 그날도 강을 바라보고 있었는데 강에서 거북이가 올라왔다. 그런데 거북의 등에는 후일 3마방진이라 불리는 그림이 그려져 있었다. 우왕은 곧 그 그림을 적어 두었다고 한다. 등딱지가 있는 거북은 등딱지가 하늘이고 배가 땅으로 간주되어 원래 천원지방을 체현한 영험한 동물로 여겨졌다. 이 마방진(바둑판 모양 용지의 눈 첫 칸부터 순서대로 숫자가 들어찬 방진으로, 여기에서는 가로, 세로, 대각선의 어떤 열의 숫자들을 더해도 그 합이 모두 같다 ─ 옮긴이)에서 '囲(위)'라는 한자도 생겨난다.

그리고 기원전 11세기 은나라의 뒤를 이은 주나라에서는 이 마방진을 토지 구획 제도에 응용했다. 이것이 기록에 남은 최초의 격자무늬라고 해도 좋을 것이다.

이 토지 구획 제도는 정전법이라 불렸는데, 둘레가 각 집의 밭이고 중심이 주위 여덟 집의 공동 밭이며, 그 중심 밭에서 수확한 것을 세금으로 내는 방식이다.

4	9	2
3	5	7
8	1	6

중국의 우주론, 음양오행설의 방위도, 하도락서도. 《삼재도회三才圖繪》에서.
위 하도(《陰陽道の本 日本史の闇を貫く秘儀・占術の系譜》, 學習研究社, 1993)
가운데 낙서(《陰陽道の本 日本史の闇を貫く秘儀・占術の系譜》, 學習研究社, 1993)
아래 하도락서도에서 나온 마방진 숫자의 움직임.

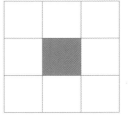

정전법. 중심의 회색 부분이 공동으로 경작하는 밭이고, 거기서 수확한 것은 모두 세금으로 낸다.

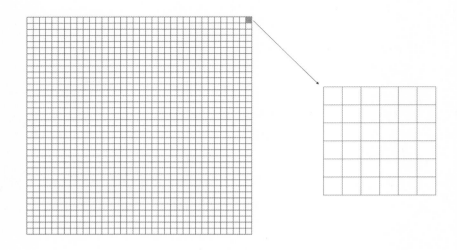

정전법이 일본에 전해져 나라 시대에 반전수수법班田收授法이 되었다.

반전수수법은 정전법을 더욱 세밀화한 것으로, 우선 가로와 세로는 동서남북으로 맞춰서 사각형의 한 변을 36개로 분할하고 그것을 다시 여섯 개로 분할한다. 따라서 한 변이 216개로 분할되고 가장 큰 사각형의 한 변이 약 23킬로미터, 작은 것의 한 변이 약 109미터가 된다. 작은 것은 '평坪'이라 불렸다.

평은 일본에서는 정사각형이지만 중국어로는 '평평한 토지'를 의미했다. 이 평의 크기가 점점 작아져 무로마치 시대에 일본의 독자적인 다다미 넉 장 반의 다실茶室이 등장한다.

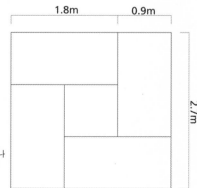

위 반전수수법의 도식. 36칸이 다시 여섯으로 나뉘어 한 변이 216칸이 된다. 합계 4만 6656개.
오른쪽 4첩 반의 촌법도寸法圖.

이 다실의 계기는 가마쿠라 시대 초기 가모노 조메이의 《호조키方丈記》(중세 일본
문학의 대표적인 수필. 1212년에 기록되었다고 하는데 원본은 남아 있지 않다. 한자와 가타카나
또는 한자와 히라가나가 섞인 한문과 일문의 혼효문混淆文으로 쓰였다 ― 옮긴이)다. 인생무상
을 느끼고 은자로서 조용히 살아가는 즐거움의 공간이 사방이 약 3.3미터인 다다
미 넉 장 반(이 무렵에는 아직 다다미가 없었으므로 다다미 넉 장 반으로 불리지는 않았다)이
었다. 다다미 넉 장 반의 이 공간이 다실의 기본이 되어 여기에서 넓은 방을 거실,
다다미 넉 장 반 이하의 넓이를 작은 방으로 부르게 되었다.

이리하여 센 리큐의 다다미 넉 장 반짜리 방은 가장 사치스러운 공간이 되었다.
다다미 넉 장 반을 반 장으로 구획하면 3방진이 된다. 다시 다다미 한 장 단위로 구
획해 가는 방법에서 일본의 독자적인 등량 분할이 생겨난다. 이것은 1 대 1, 1 대
2, 1 대 3 등 정수비로 분할해 가는 방법이다. 이것이 장지문이나 창호 등에서 보이
는 황금분할과는 다른 일본 특유의 규칙이 되었다.

…… 바둑과 격자무늬

격자도 두 공간의 경계를 애매하게 하는 일본의 독자적인 고안이다. 이 칸막이 방
식에 의해 빛이나 시점이 이동하고 공간에 변화가 찾아온다. 이 격자는 바둑에 뿌
리를 두고 있다.

바둑의 시작은 분명하지 않지만 앞에서 말한 중국 하 왕조의 우왕을 발탁한 요堯
가 만들어 순舜에게 전했다고 한다. 기원전 21세기 또는 22세기경의 일이다. 하도
락서도가 흑백의 원으로 만들어진 것도 바둑 이미지에서 온 것이다. 요가 바둑을
만든 무렵에는 선이 가로 세로 각각 아홉 줄의 구로반九路盤이었지만, 요의 아들 주
단이 11로반으로, 순의 아들 상균이 13로반으로 했고, 다시 기원후에는 17로반이
되었다고 한다.

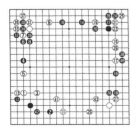

현존하는 가장 오래된 바둑 기보, 2세기 말. 중국 삼국시대 오나라에서는 바둑이 유행
했는데, 이것은 오나라의 손책과 여범의 대국이다. 그러나 삼국시대는 아직 17로반을
사용했을 텐데, 이 19로반의 기보는 당송시대의 장난이 아닐까 하는 설도 있다.(中野
謙二, 《囲碁 中國四千年の知恵》, 創土社, 2002)

오늘날 19로반이 된 것은 삼국시대 오나라의 손책과 여범이 대국을 남긴 19로반 기보가 현존하는 가장 오래된 것이기 때문이다. 이 무렵에 19로반이 처음 등장했을 것으로 보고 있다. 19로반은 가로 세로 열아홉 줄로 교차점이 361군데다. 중심에 있는 천원天元이 역易에서 말하는 카오스(태극)이고, 중심 이외의 360군데가 1년을 나타내며, 방진 네 구석을 춘하추동이라고 여긴다.

카오스 상태인 태극은 '원기元氣'라고도 하는데, 바둑이란 태극 주위에 흑백음양의 옥을 늘어놓아 고대에서 가장 중요한 사항인 1년간의 천문기상을 점치는 것이었다.

겐지 이야기 에마키의 우쓰세미와 의붓딸인 노키바노 오기와의 대국도. 왼쪽 아래의 맹장지 뒤에서 엿보고 있는 것은 우쓰세미를 어떻게 해보려는 겐지다. 우쓰세미만 바라볼 뿐 바둑에는 눈길 한 번 주지 않는다. 우쓰세미의 풀어진 모습에 겐지는 정욕을 느껴 밤에 몰래 침소에 들어가는데 실수로 의붓딸과 동침해 버려 우쓰세미에 대한 사랑은 이루지 못한다. 어찌되었든 무슨 말을 하리오.(《別冊 太陽 源氏物語繪卷五十四帖》, 平凡社, 1973)

　이것이 기원 전후에 게임이 되었고 5세기에는 일본에도 전해졌다. 헤이안 시대의 《겐지 이야기 에마키繪卷》에도 우쓰세미와 의붓딸이 바둑을 두는 그림이 그려져 있다. 바둑은 귀족이나 승려들 사이에서 유행했는데 무라사키 시키부(《겐지 이야기》의 저자 — 옮긴이)나 세이쇼나곤(일본 수필의 효시로 알려진 《마쿠라노소시枕草子》의 작자 — 옮긴이)은 바둑을 상당히 잘 두었던 모양이다. 이 바둑의 이미지에서 생겨난 무늬가 바둑판무늬다.

　바둑판무늬는 나라의 헤이조쿄平城京가 완성되었을 때 대로를 정사각형의 판석으로 깐 것이 최초다. 조금 전의 《겐지 이야기 에마키》에서는 바지의 무늬로도 등장한다.

　바둑판무늬를 이치마쓰市松 무늬라고도 하는데, 에도 시대의 가부키 배우 사노카와 이치마쓰가 감색과 흰색의 바둑판무늬가 그려진 옷을 입고 연기하여 크게 유행한 데서 이치마쓰 무늬라고 불리게 되었다.

왼쪽 겐지 이야기 에마키의 모미지노가紅葉賀(54첩 중 7첩 — 옮긴이). 기리쓰보테이桐壺帝의 50세 생일 잔치에서 세이가이하를 추는 도노추조와 겐지.
오른쪽 겐지 이야기 에마키의 하하키기帚木(54첩 중 2첩 — 옮긴이). 바둑판무늬 바지를 입은 당상관.
(이상 《別冊 太陽 源氏物語繪卷五十四帖》, 平凡社, 1973)

그 밖에 기러기가 편대를 형성해 날아가는 무늬도 있는데, 이것은 바둑판에 놓인 흑백의 돌이라는 상상력이 낳은 디지털 무늬다.(4장 '직선의 발견과 사각형의 탄생'에 기러기 떼에서 열을 발견한 이야기가 나온다)

…… 지도와 격자무늬

여기서 서양의 격자무늬 역사를 보기로 하자. 이것은 지도에 보조선을 넣는 역사이기도 하다.

기원전 4세기 아리스토텔레스의 제자 디카이아르코스는 지도에 방위선을 넣었다. 그로부터 100년 후 알렉산드리아 도서관장이 된 에라토스테네스가 같은 간격은 아니지만 중요한 지점을 지나도록 지도에 경선과 위선을 일곱 개씩 그려 넣었다.

에라토스테네스는 처음으로 지구의 크기를 측정한 사람이다. 고대 그리스에서는 배가 수평선에서 점점 보이지 않게 된다는 사실에서 대지가 구형이라는 걸 알고 있었다. 에라토스테네스는 지구가 구라는 것을 전제로, 지면에 막대기를 꽂고 같은 시간에 두 지점에서 태양 광선의 각도를 측정하고 두 지점의 거리와 각도를 이용해 지구의 둘레를 계산했다. 이 수치의 정밀도는 상당히 높은 모양이었는데, 계산에 의해 지구의 크기를 도출했다는 의의도 매우 크다. 그 후로 과학적 시점이 확대되어 갔다.

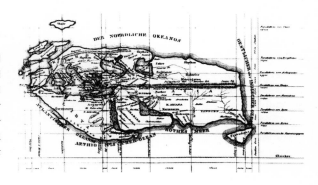

에라토스테네스의 세계지도. 이것은 1842년에 폴 비거가 로마의 스트라본이 기원 전후에 쓴《지리지》의 에라토스테네스 부분을 참조해서 그린 것이다. 그리스를 중심으로 경선과 위선이 그려져 있다.(海野一隆,《地圖の文化史 世界と日本》, 八坂書房, 1996)

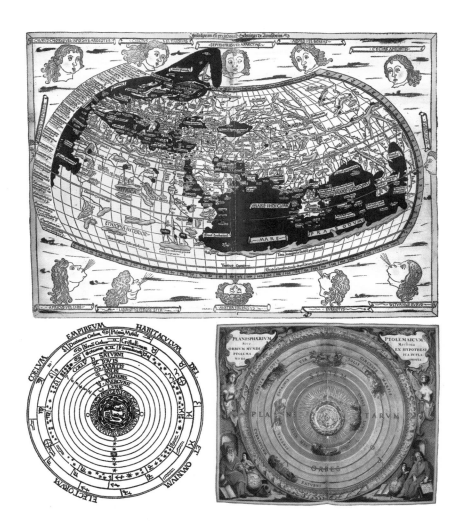

위 중세의 기본적인 세계 인식을 표현한 2세기 로마 프톨레마이오스의 세계지도. 이것은 1482년 울름에서 복원된 것이다.(《織田武雄, 《地圖 の歷史》, 講談社, 1973)

아래 왼쪽과 오른쪽 태양 중심의 프톨레마이오스 우주도.(왼쪽 M. P. Hall, 《The Secret Teachings of All Ages: An Encyclopedic Outline of Masonic, Hermetic, Qabbalistic, and Rosicrucian Symbolical Philosophy》, The Philosophical Research Society, 1978)

위 프톨레마이오스의 세계지도가 있었지만 중세의 주류 지도는
이 OT도라 불리는 그리스도교적 세계관이 짙게 나타난 공상 지
도였다. O는 주위를 둘러싸는 대양, T는 내륙을 흐르는 해양이
다. 위의 왼쪽은 일반적인 OT도인데 동쪽이 위이고 에루살렘이
다. 수평으로 흐르는 해양은 지중해이고, 아래 왼쪽이 유럽, 오
른쪽이 아프리카다. 아시아는 수평의 지중해 오른쪽 끝에 작게
그려져 있다. 오른쪽의 OT도에는 아담과 이브의 낙원이 그려져
있다.(平田寬,《圖說 科學・技術の歷史 ピラミッドから進化論
まで》, 朝倉書店, 1985)

가운데 16세기에 만들어진 프톨레마이오스 세계지도의 목판화.
프톨레마이오스의 지도책은 몇 번이나 만들어졌는데, 1935년
리옹에서 간행된 지도책에는 이단적인 부분이 있다고 하여 종교개혁가 칼뱅의 명령으로 대부분 소각되었다고 한다. 그 중요한 부분
이란 "많은 여행자들의 말에 따르면 성지는 일반적으로 사람들이 생각하는 것만큼 비옥한 토양이 아니다." (M. サウスワース+S. サ
ウスワース,《地圖 視點とデザイン》, 築地書館, 1983)

아래 13세기 포르토라노형 해도. 중세 시대 선원들이 항구를 찾기 위해 만든 것으로, 당시 가장 정확하다는 평을 받았다. 교차하는 선
이 항구와 항구를 이어 주는 항로다.(M. サウスワース+S. サウスワース,《地圖 視點とデザイン》, 築地書館, 1983)

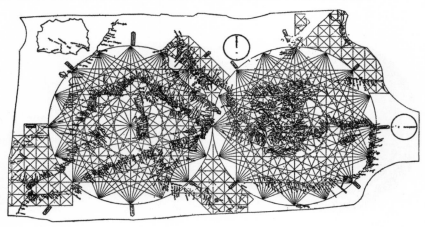

그리고 에라토스테네스로부터 100년 후 천문학자 히파르코스가 경선과 위선을 같은 간격으로 그려 넣었다.

북쪽이 위에 오도록 한 것은 15세기 이후다. 그때까지는 중요한 방향을 위에 두었다. 왜냐하면 지구 중심설을 주창한 프톨레마이오스의 지도가 1500년 동안이나 유럽을 지배했고, 거기에는 중심은 있어도 상하 관계가 없었기 때문이다. 그래서 중요한 곳이 위에 오도록 배치한 듯하다.

대항해 시대 전기에는 자기 나침반을 사용하게 되었고, 바늘이 위를 향하므로 필연적으로 북쪽이 위가 되었다. 항로를 직선으로 잇고 방사선이 무수하게 뒤얽힌 포르톨라노형 해도가 대표적이다. 아울러 책의 윗부분을 하늘이라고 부르는 것은 아마 자기 나침반과 관계없이 건너편, 즉 교회의 제단이 있는 안쪽을 하늘이라 부른 데서 왔을 것이다.

일본에는 이노 다다타카가 전국을 측량할 때까지 일본 전도라는 것은 없었고 지역도만 있었다. 지역도는 그 지역의 상징이나 권력자가 있는 장소를 중심으로 배치되어 거기에서 지도의 위아래가 정해졌다.

그리고 16세기에 대포와 함께 세계지도가 포르투갈로부터 전해져 에도 시대에는 종래의 지도와 서양식의 위아래가 있는 지도가 사용되었다. 메이지 시대가 되면서 본격적으로 북쪽이 위로 정해졌다.

나침반. 중앙에서 위에 있는 것이 496년의 프랑크 왕 클로비스 이래 프랑스 왕가의 문장이었던 플루르드리스다.

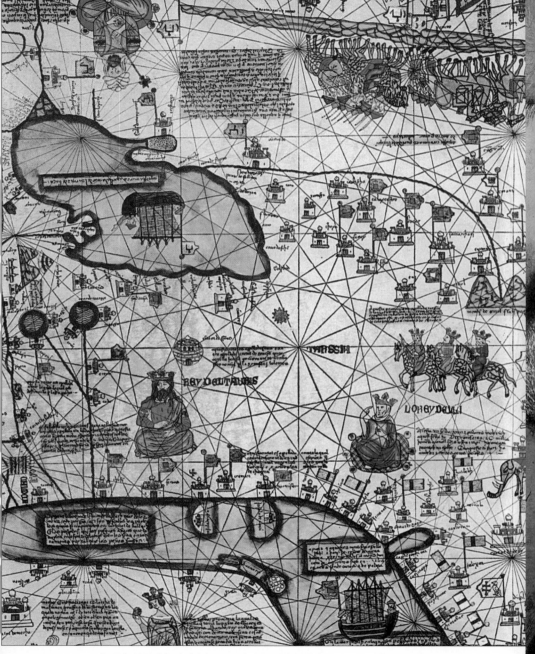

포르토라노형에 기초한 카탈루냐 세계지도, 1385년. 이것은 아시아 부분인데 마르코 폴로의 《동방견문록》에 따르고 있다. 지도의 오른쪽 위에 거꾸로 그려진 것이 마르코 폴로의 대상隊商이다. 육지의 윤곽은 거의 정확하다고 한다.(織田武雄,《地圖の歷史》, 講談社, 1973)

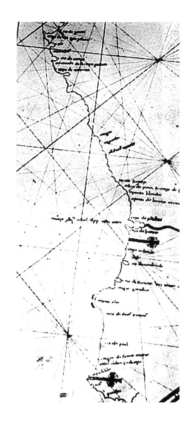

…… 메르카토르와 격자무늬

지도에 기호다운 것이 나타난 것도 중세의 암흑시대가 끝나고 나서다. 1385년 카탈루냐 지도에는 왕후, 술탄, 건물, 범선, 깃발 같은 것이 그려졌고, 이것이 지도에 등장한 것이 최초의 기호다. 1490년경 포르투갈은 지도 여기저기에 십자가 모양을 그려서 포르투갈이 발견한 토지를 표시했다. 이러한 침략 지도야말로 지도 기호의 시작이다. 문화는 침략과 전쟁에 의해 형성된다.

이 포르투갈을 중심으로 한 대항해 시대의 도래는 원래 십자군에 의해 이슬람 세력의 강력함을 뼈저리게 느끼게 된 것이 간접적인 원인이었다. 즉 이슬람권을 가로질러 동쪽으로 갈 수 없었기 때문이다. 그래서 이슬람의 배후를 돌아가는 항로의 발견이 중요한 주제가 되었던 것이다.

포르투갈의 주앙 2세로부터 인도 항로를 발견하라는 명령을 받은 디에고 칸이 아프리카 서안을 탐험한 지도. 이것은 1490년 무렵의 사본이다. 도착한 곳에 증거로 십자가 표시를 했다. 그 후 바르톨로메오 디아스가 1488년 고생 끝에 도착한 아프리카 최남단에 '폭풍의 곶'이라는 이름을 붙였는데, 주앙 2세가 불길하다며 희망봉이라고 했다.(織田武雄,《地圖の歷史》, 講談社, 1973)

그리고 인쇄술과 제판술이 발달하게 되자 지도를 대량으로 정확하게 복제할 수 있다는 것도 알게 되어 지도 제작에 박차가 가해졌다. 여기에는 "지구는 둥글지 않다"고 믿고 있던 그리스도교도들이 포교나 가톨릭과 프로테스탄트의 비방전에 인쇄를 크게 활용함으로써 인쇄 기술이 연마되었다는 배경이 있었다. 아이러니하게도 "지구는 둥글다"는 것을 부정하고 싶은 그리스도교도가 "지구는 둥글다"는 것을 증명하는, 항해를 위한 지도 제작에 공헌했던 것이다.

최초로 지도를 인쇄하려고 한 사람은 메르카토르였다. 메르카토르가 1569년에 출판한 책에는 세계지도가 둥근 지구를 사각으로 그리는 방법으로 그려져 있었다. 바로 중국의 우주관을 반영한 듯하다. 이를 정각원통투영법(메르카토르 도법)이라 부르는데, 경선과 위선이 같은 간격의 격자무늬 모양으로 그려진 완전히 새로운 지도가 등장한 것이다.

메르카토르 도법은 구를 사각으로 치환했기 때문에 면적은 적도 부근이 가장 정확하고 극 방향으로 가면서 극단적으로 커진다. 그린란드나 남극은 거대한 대륙 같지만 동서남북이 어느 곳에서나 수평·수직으로 표현되었기 때문에 항해자에게는 알기 쉬운 지도였다. 그리고 무엇보다 '세계'라는 이미지를 사람들에게 준 공적이 크다.

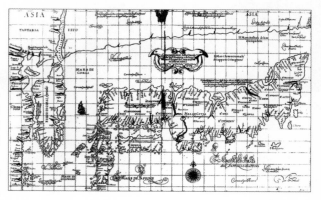

로버트 더들리의 《바다의 신비》(1647년)에서 일본을 나타낸 지도. 이 책은 조선造船이나 항해 기구의 해설서인데 메르카토르 도법으로 그려진 세계지도 130매가 실려 있다. (海野一隆, 《地圖の文化史 世界と日本》, 八坂書房, 1996)

이 지도책에는 '아틀라스'라는 표제가 붙었고, 이후 아틀라스라 불리게 되었다. 메르카토르가 1538년 초에 만든 세계지도에는 처음으로 북아메리카와 남아메리카라는 호칭이 사용되었다.

그러나 이러한 공적 이상으로 대단한 것은, 이 메르카토르의 지도가 인도에서 시작되어 20세기 초 모더니즘 건축이나 디자인의 기본 규칙이 된 '격자무늬'라는 사고의 첫 표현이라는 것이다. 그리고 현재의 자동차 네비게이션 시스템, 즉 경도와 위도로 장소를 특정하는 격자무늬 시스템의 유비가 된 일일 것이다.

그런데 18세기 후반 에도 시대의 화가 이토 자쿠추, 혹은 자쿠추와 그 제자들은 아주 엉뚱한 그림을 그렸다.

92쪽에 확대도가 있다.

그것은 〈조수화목도병풍鳥獸花木圖屛風〉이라는 그림인데, 화면 전체에 조그마한 격자무늬를 긋고 칸을 메우듯이 그 하나하나에 그림을 그리는 마스메가키枡目描(약 1센티미터의 사각형 점으로 표현하는 기법 — 옮긴이)로 완성한 것이었다. 격자무늬는 약 1센티미터이고, 격자의 총수는 이 책의 한 쪽 크기인 가로 3.74미터, 세로 1.687미터 안에 4만 3000개로, 두 쪽을 합치면 8만 6000개. 꼼꼼하게 하나씩 그린 것은 일종의 아웃사이더 아트를 떠올리게 한다.

이토 자쿠추는 니시진오리西陣織(염색된 실로 짜는 교토의 직물을 말함 — 옮긴이)의 밑그림이 격자무늬로 되어 있는 데서 이런 방식을 알게 되었다고 한다. 그러나 인도의 풍미도 가미되어 화려하다. 맹장지에 그려진 이 그림을 보면, 마치 앙리 루소의 낙원이 디지털로 처리된 것 같은 국적불명의 표현에 놀라게 된다. 물론 어느 곳에서보다 일찍 격자무늬를 사용한 표현이었으며, 무엇보다 철저하게 계산된 배치와 치밀함이라는 말이 어울리는 그림이다.

이토 자쿠추의 〈조수화목도병풍〉. 다음 페이지는 일부분을 확대한 그림이고 실물과 거의 같은 크기다. 작자의 이름은 이토 자쿠추라고 되어 있지만 제자들과 공동으로 작업한 것 같다.(東京國立博物館＋日本經濟新聞社編,《プライス コレクション 若冲と江戸繪畵》, 日本經濟新聞社, 2006)

나선과 만취감

자연계에 '나선'은 아주 풍부하다. 인류의 탄생 이래, '나선' 모양을 알게 된 것도 시간 문제라고 생각될 정도다. 카르만 소용돌이라고 불리는 물이 돌아 들어갈 때 생기는 물 흐름의 소용돌이, 소용돌이치는 조수, 솟아나는 물, 조개껍데기, 데이지나 해바라기, 솔방울, 타래난초, 거미집, 나비의 입.

인간도 '나선'을 몸에 지니고 있다. 몸 표면의 가마, 지문 등이 그렇다. 해·달·별도 일정한 간격으로 반복되어 나타나고, 그 순환에서 자연계의 '나선'과 결부되거나 했다.

이러한 자연 관찰로부터 '나선' 모양을 알게 되었다는 것이 지금까지의 통설이다. 그러나 어떤 것에 주목하려면 뭔가 자극적인 사건 없이는 마음에 남지 않는 게 아닌가 하는 구사모리 신이치의 주장도 언급하고자 한다.

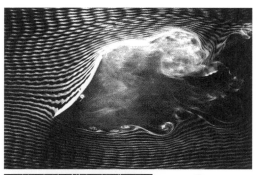

위 카르만 소용돌이. 흐름 안에 물체를 놓으면 물체로 돌아 들어가는 듯이 생기는 소용돌이. 헝가리의 응용 역학자 카르만의 이름을 딴 것이다. 사진은 마레가 연기로 유체를 만들어 촬영한 것이다. 1900년.(M. Frizot, Etienne-Jules Marey, Photo Poche, 1983)

아래 왼쪽 소립자가 날아간 흔적.(《藝術新潮 1995.1 20世紀を決定した〈眼〉》, 新潮社, 1995)

아래 오른쪽 위에서 본 데이지의 모식도, 솔방울을 밑에서 본 모식도, 해바라기의 잎차례 모식도.(위/ G. ドーチ, 《デザインの自然學 自然·藝術·建築におけるプロポーション》, 靑土社, 1994. 가운데와 아래/ R. デ・ファリア, 《選擇なしの進化》, 工作社, 1993)

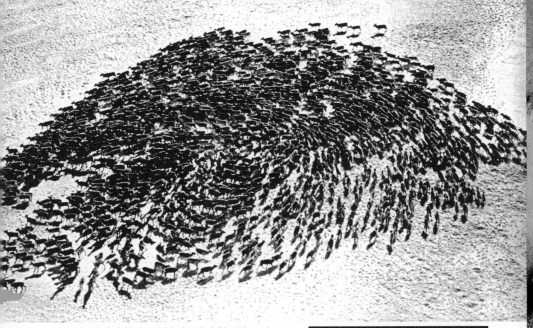

위 순록이 헬리콥터 소리에 놀라 방어 태세를 취하는 모습으로, 그 모양은 나선으로 수렴되어 간다.(O. Bihalji-Merin, 《The World from Above》, Hill & Wang, 1966)

가운데 앵무조개의 껍데기.(《세계의 패류전》의 팸플릿, 일본패류학회, 1963)

아래 왼쪽으로부터 소용돌이치는 해류, 가마, 기상위성 '해바라기'가 포착한 태풍의 눈, 처녀자리 은하.(왼쪽 두 개의 그림은 잡지 《遊》 1001号, 松岡正剛 編, 《相似律連想と類似》, 工作社, 1978)

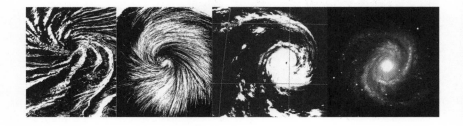

…… 식인과 나선

사람은 고대부터 인간을 먹어 왔다. 태평양전쟁 때도 사람을 먹었다는 이야기가
있다. 노가미 야에코의 《가이진마루海神丸》나 오오카 쇼헤이의 《들불》, 다케다 다이
준의 《반짝 이끼ひかりごけ》, 최근에는 고도코로 세이지의 《룰》 등에도 사람을 먹는
이야기가 나온다. 이것들은 기아로 인한 식인이지만 아주 오래전 전쟁에서는 적의
힘을 뺏기 위해 붙잡은 포로를 먹었다. 죽은 자를 애도하기 위해서도 먹었다.

  루벤스와 고야에게는 〈자기 아들을 잡아먹는 사투르누스〉라는, 같은 주제의 그림
이 있다. 로마 신화의 사투르누스(영어식으로는 새턴saturn)는 아버지를 죽이고 왕좌에
올랐다. 그러나 자기가 한 것처럼 자신도 아들에게 왕좌를 빼앗기지 않을까 하는
의심이 들자 점점 두려워졌다. 그래서 마침내 자기 아들을 게걸스럽게 먹어 버렸
다. 이 장면이 〈자기 아들을 잡아먹는 사투르누스〉다. 결국 어머니의 도움으로 살아
난 제우스가 아버지의 배를 갈라 형들을 구해 주었다. 동화 〈빨간 모자 이야기〉 같
기도 하지만, 이렇게 해서 사투르누스는 절멸한다. 이때 갈라진 배에서 나선형의
물체가 튀어나왔을 것이다. 그런데 이 배경에는 토성에 대한 공포가 있었다.

왼쪽 고야의 〈자기 아들을 잡아먹는 사투르누스
(연작 '검은 그림'에서)〉(1821년~1822년).
오른쪽 루벤스의 〈사투르누스〉(1678년).

점성술에서는 외견상 행성이 접근한 것으로 보이는, 이른바 회합(천구 위에서 행성이 태양과 같은 방향에 오는 일 — 옮긴이) 때 변동이 일어난다고 했다. 특히 목성과 토성의 회합 때는 큰일이 일어난다고 생각되었고, 그것이 자식을 잡아먹는 그리스 신화의 크로노스에 비견되어 공포로 표현되었다.

'카니발(인육을 먹는 풍습)'이라는 말은 에스파냐가 서인도 제도(카리브)를 침략했을 때 원주민에게 식인 풍습이 있었다고 하여, 그리스도교와 다른 원시적 풍습이라고 한 차별적인 표현에서 시작되었다. 그러나 그리스 신화에도 있듯이 악마적 행위이기는 하지만 서양에서도 식인의 예가 있었다고 보고되었다. '카니발'의 어원은 'carne vale(고기여, 안녕)'이다. 단식 수행 전에 고기를 실컷 먹어 두는, 즉 마지막으로 고기를 실컷 먹어 두는 것이 기원이다.

이 축제의 기원은 농업신 사투르누스를 기리는 행사다. 여기에서 로마 신화에 나오는 자식을 잡아먹는 사투르누스와 결부되어 카니발의 어원을 칸니발이라고 한 설도 있다.

오늘날에는 성적 욕망을 만족시키기 위해 인육을 먹는 도착 행위까지 나타나 식인은 더욱 복잡해졌다. 고대인은 처음으로 인육을 먹었을 때 어떤 것을 목격했다. 사람을 먹기 위해 몸을 갈랐을 때 불거져 나온 고불고불 구부러진 내장이었다.

1460년경에 만들어진 타로 카드의 '토성'. 이탈리아에서는 타로를 타로키라고 했다.(田中純,《アビ・ヴァールブルク 記憶の迷宮》, 青土社, 2001)

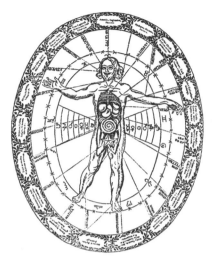

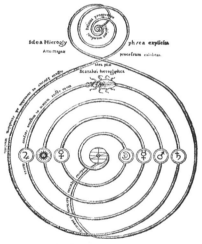

이때 사람들은 이 구불구불한 내장이 평소 보는 꽃이나 솟아나는 물 등과 같은 형태를 취하고 있구나, 우리 체내에도 자연과 똑같은 모양이 있구나, 하고 깨닫게 되었(는지도 모른)다. 이것이 체내에서 발견한 '나선' 무늬다.

17세기 독일 예수회에 소속되어 있던 만능 과학자 아타나시우스 키르허가 그린 목판화에는 체내에 있는 '나선'이 상징적으로 그려져 있다. 이 그림 자체는 인간에게 영향을 미치는 환경을 신비주의적 견지에서 본 것이다.

그러나 '나선'이 인간의 중심에 놓이고, 거기에서 태양을 포함한 여섯 개의 행성이 나오는 등 '나선' 무늬의 지위는 높았다. 이것은 '나선'이 가진 순환에 주목한 예일 것이다.

위 아타나시우스 키르허의 《오이디푸스 아이기프티아쿠스》(1653년)에 실린 삽화. 의학생용으로 체내 기관과 행성, 동물大帝를 연관시키고 있다. 치료에 사용하는 동물, 식물, 광물 등이나 약을 먹는 데 좋은 시간 등이 기록되어 있다.(W. ケントン,《イメージの博物誌1 占星術 天と地のドラマ》, 平凡社, 1977)
아래 《오이디푸스 아이기프티아쿠스》에 실린 또 다른 삽화. 고대 이집트에서는 스카라베(황금충)가 재생의 상징이었으므로 이것은 스카라베에 따른 우주도이다.(J. パース,《イメージの博物誌7 螺旋の神秘 人類の夢と恐怖》, 平凡社, 1978)

인육을 먹는 풍습에서도 또 하나의 발견이 있었다. 안구가 둥글다는 것이다. 자신들에게 계절이나 나날의 은총을 가져다주는 신비한 태양이나 달과 같은 원, 또는 구체를 내부에 가지고 있었다는 것은 충격이었다. 이쯤에서 눈의 신비주의, 눈에 대한 집착이 생겨났는지도 모른다. 이렇게 해서 안구는 인체 중에서도 가장 중요한 기관이 되었다.

이 둥근 눈으로 '나선'을 보면 어질어질해진다는 것도 알았다. 취한 것처럼 되는 것이다. '나선'은 회전하는 성장의 궤적이기도 하지만 그것보다 만취감을 가져온다는 것, 눈이 도는 것 같은 쾌감을 발견한 것에 사람들은 놀라며 기뻐했다.

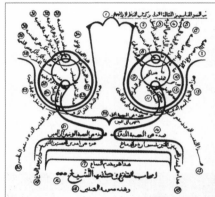

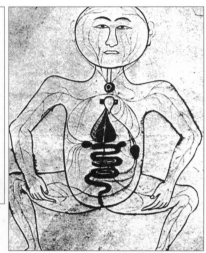

중세 아랍권 최대의 물리학자 이븐 알하이삼의 《광학의 서》(라틴어 번역은 12세기 말)에 실린, 뇌까지의 시각 정보 전달의 경로. 안구 내의 명칭 중에는 이 책에서 유래한 것도 있다.(平田寬, 《圖說 科學·技術の歷史 ピラミッドから進化論まで》, 朝倉書店, 1985)

인도의 해부도, 1세기. 내장이 현실감 있게 표현되어 있는데, 신체를 관통하는 장은 체내 기관에서도 중요시되었다. (J. パース, 《イメージの博物誌7 螺旋の神秘 人類の夢と恐怖》, 平凡社, 1978).

구사모리 신이치는 나선을 보고 만취감을 느끼는 것은 "인간이 자신의 육체와 만나기 때문"이라고 말한다.

······ 나선과 만취감

인류는 나선을 다양하게 그려 왔다. 동굴벽화, 바벨탑, 단테의 지옥, 시메나와注連繩(그대로 주련승이라고도 하는데 금줄을 말한다 — 옮긴이), 가엔다이코火焰太鼓(아악에 사용되는 큰 북의 일종 — 옮긴이), 우보법禹步法(중국 하 왕조의 시조인 우가 전했다고 하는 보행술이다. 절뚝거리는 걸음걸이라는 뜻도 있다 — 옮긴이), 도교의 부적, 도교의 용과 구름, 켈트 문양, 미로, 나바호 인디언의 모래 그림 만다라, 연금술의 두 마리 뱀, 카발로의 세피로트, 아라베스크 등등.

위 후쿠시마 현 기요토사쿠오케쓰 고분 벽화, 4~8세기. 분묘이며 매장된 유력자의 생애가 그려져 있다. 소용돌이는 태양을 모방한 것이거나 카오스 상태를 휘저어 우주를 만들었다는 우주 탄생의 신화를 재현한 것이라고도 한다. (《圖說 日の丸そのルーッと歷史》, あがき出版, 1999) 아래는 그것을 그대로 베낀 것.

아래 단테의 《지옥편》에 실린 지옥도, 16세기. 하늘로 향하는 것도 땅으로 향하는 것도 모두 나선으로 그려졌다. (J. バース, 《イメージの博物誌7 螺旋の神秘 人類の夢と恐怖》, 平凡社, 1978)

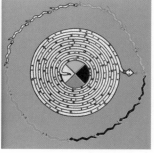

파문은 이자나미가 카오스 상태의 바다를 휘저어 섬을 만들었다는 건국 신화를 표현한 것이다. 섬(島, 시마)이란 나라의 별칭으로 세력권(やくざのしま, 야쿠자의 섬)이라는 말도 여기에서 유래한다.

위 왼쪽 교토 묘신지妙心寺의 돌 정원.(織田尙生,《王權の心理學》, 第三文明社, 1990)

위 오른쪽 교토 후쿠주인福壽院의 돌 정원.

아래 존 버니언의《천로역정》(17세기) 19세기판 삽화에서. 멸망해 가는 도시에서 하늘로 향하는 도정을 나타낸 지도. 탐구 여행은 나선으로 표현된다.(J. バース,《イメージの博物誌7 螺旋の神秘 人類の夢と恐怖》, 平凡社, 1978)

나바호 인디언의 모래 그림 만다라를 F. J. 뉴컴이 그 의식에 입회한 다음, 그 기억을 바탕으로 수채화로 그린 것. 모래 그림은 의식을 위한 신성한 것이므로 촬영하거나 그리는 것이 금지되어 있다.(F. J. ニューカム＋G. A. レイチャード,《ネイティブ・アメリカン ナバホ〈射弓の歌〉の砂繪》, 美術出版社, 1998)

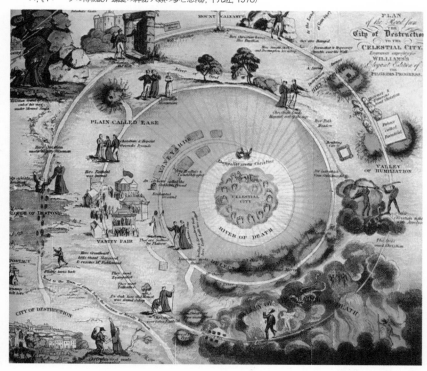

1908년 이탈리아의 고고학자 그룹이 그리스의 크레타 섬에 있는 궁전 터에서 양면에 그림 문자가 그려져 있고 점토로 만들어진 원반을 발견했다. 기원전 1700년경의 것으로 추정되는데, 지름이 16센티미터로 아주 작고 점토도 그 지역의 것이 아니었다.

음절 문자 같은 45개의 그림 문자가 반복적으로 사용되어 양면에 241개의 그림 문자가 나선형으로 늘어서 있었다. 이것들은 스탬프 같은 것으로 찍은 것인데, 물론 구텐베르크 인쇄술보다 빨랐다. 중국에서 목판 인쇄가 시작된 것이 6세기 말경이므로 그것보다도 훨씬 빠른 스탬프 인쇄였다. 히에로글리프hieroglyph와 마찬가지로 얼굴이 향하는 방향이 진행 방향이라고 한다면, 이 나선 형태로 쓰인 그림 문자는 안에서 밖을 향하고 있었다.

그러나 이 그림 문자는 아직 해독되지 못했다. 소용돌이치는 모양으로 그려진 문자는 대체로 주문이나 악령을 퇴치하는 말이기 때문에 주문을 외우면서 빙빙 돌려 악령의 눈을 돌리고자 하는 주술적 도구였을지도 모른다는 설이 있을 뿐이다. 상당히 이른 단계에 나선이 가지는 만취감에 관심을 보인 것이다. 이것은 크레타 섬의 파이스토스 궁전에서 발견되었으므로 파이스토스 원반Phaistos Disc이라 불린다.

또한 아돌프 히틀러도 나선의 만취감을 이용했다. 제1차 세계대전에서 패한 후 그 배상 문제와 늘어난 실업 등으로 고생을 겪고 있던 독일 민중의 스트레스를 세계 제패라는 과격한 꿈에 취하게 한 계기 중의 하나가 바로 거꾸로 된 만卍자 모양이었다.

늘어뜨린 나치스의 막은 두세 개가 기본이다. 이 발상에는 항상 중심을 갖는 좌우대칭이 있었다.(草森紳一,《ナチス・プロパガンダ 絶對の宣傳3 煽動の方法》, 番町書房, 1979)

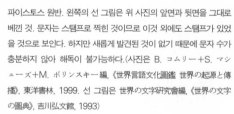

파이스토스 원반. 왼쪽의 선 그림은 위 사진의 앞면과 뒷면을 그대로 베낀 것. 문자는 스탬프로 찍힌 것이므로 이것 외에도 스탬프가 있었을 것으로 보인다. 하지만 새롭게 발견된 것이 없기 때문에 문자 수가 충분하지 않아 해독이 불가능하다.(사진은 B. コムリー＋S. マシューズ＋M. ボリンスキー 編,《世界言語文化圖鑑 世界の起源と傳播》, 東洋書林, 1999. 선 그림은 世界の文字研究會編,《世界の文字の圖典》, 吉川弘文館, 1993)

거꾸로 된 만자 모양은 나치스당의 문장으로 사용되었고, 이 모양을 45도로 기울이면 만자는 회전하기 시작한다.

나치스는 모든 장면에서 거꾸로 된 만자 모양의 당기를 둘러쳤다. 거꾸로 된 만자 모양은 지배자(히틀러)가 사람들에게 자랑스럽게 내보이는 기호였다. 그러나 9·11 이후 성조기가 만연했을 때 미국에서의 국기는 사람들이 내셔널리즘적 일체감을 얻기 위해 서로 보여 주는 기호였다. 아울러 중국의 문화대혁명 무렵 홍위병이 손에 들고 치켜올린 빨간 마오쩌둥 어록은 마오쩌둥에게 충성을 맹세하기 위한 기호였다.

또한 만취감을 일종의 제정신을 잃은 것으로 간주할 때 그 궤적이 나선 모양이었다는 예가 있다. 배버들나방 유충의 한쪽 눈을 칠해서 보이지 않게 하고 빛을 비추면 빛을 향해 나선 모양으로 움직인다. 이것은 모충의 두 눈에 균등하게 빛을 비추면 똑바로 나아가고 한쪽 눈에만 빛을 비추면 몸의 한쪽 다리에만 근육 운동이 일어나 회전 운동을 시작한다는 주광성으로 흔히 설명된다.

사람도 숲에서 길을 잃으면 같은 곳을 빙빙 돌게 된다. 손수건으로 눈을 가리고 걷거나 수영을 하면 구심적인 나선 궤적을 그린다. 한눈을 팔면서 운전을 하면 직진하지 않고 비뚤게 가기 쉬운 것도 같은 이유에서일까? 여기서 융은 인간에게는 '원'이나 '사각', '십자형', '×'와 함께 '나선'도 심층 의식에 박혀 있다고 말했다. 원형설이다. 그러나 인간은 원래 시각 정보에 많이 의존하기 때문에 시각이 차단되었을 때 그것을 메우기 위해 총동원되는 감각의 비명이 나선을 그리게 되었다고 생각하면 이해할 수 있을 것 같다.

어쨌든 "사념이 소용돌이친다"거나 "고뇌가 소용돌이친다"는 표현에서처럼 '나선'은 머릿속의 쾌락 물질같이 뇌에서 어느 정도 작용하는 도형인지도 모른다.

위 왼쪽 눈이 칠해져 보이지 않게 된 배버들나방은 오른쪽에서 노란 동그라미를 향해 나선 모양으로 나아간다. 가운데서 바깥쪽으로 갈수록 노란 점이 점점 엷게 빛을 발하고 있는 모습.(東龍太郎ほか 編,《現代生理學5》, 河出書房, 1955)
가운데 눈을 가리고 호수에서 수영한 사람의 궤적.
아래 눈을 가리고 평원을 운전한 차의 궤적.(가운데와 아래 C. マクナマス,《非對稱の起源 偶然か, 必然か》, 講談社, 2006)

옆 왼쪽 전시 공채公債를 모집하는 미국의 포스터, 1917년. 당신의 아버지가 가족을 위해 전선에서 싸우고 있으니 공채를 사서 후방에서 지원하자고 선전하고 있다. 여기서 국가가 하는 역할은 매우 크다.(Denis Thomas,《Battle Art: Images of War》, Phaidon, 1977)
옆 오른쪽 문화대혁명 시대의 포스터, 1969년. "노동자 계급이 모든 것을 지도해야 한다"는 메시지가 공허하게 들린다. 문화대혁명 10년 동안 마오쩌둥 어록 65억 권, 마오쩌둥 선집 8억 4000만 세트 33억 6000만 권, 마오쩌둥 시초詩抄 4억 권, 마오쩌둥의 초상화 22억 장, 마오쩌둥 배지 80억 개가 만들어졌다. 현기증이 날 정도다.(牧陽一+松浦恆雄+川田進,《中國のプロパガンダ藝術 毛澤東樣式に見える革命の起源》, 岩波書店, 2000)

······ 떨림과 나선

와시다 기요카즈는《감각의 어두운 풍경》에서 신체의 떨림에 대해 이야기한다.

"세계를 지각하는 것 자체가 떨림 또는 공명이라는 사건"이고, "보인다는 것과
들린다는 것은 세계가 떨리는 것"이며, "그런 떨림의 집적이 '세계'라는 현상"이라
고 말한다.

확실히 우리의 눈은 흔들림(떨림)에 의해 대상을 파악하고 소리도 떨림(진동)의
결과다. 신체도 환경의 변화나 쾌락에 대한 신체의 임계상태를 떨림으로 표현한
다. 만취감도 떨림이다. 여기에서 감격이 극도에 이르는 임계상태의 상징적 표현
이야말로 나선이 아닐까 하는 사고가 싹튼다.

나선무늬의 최대 특징은 재생 이미지다. 신체의 떨림과 재생은 임계점이 되고 나
서 재편 단계로 향한다는 점에서 유추와 연결된다. 그리고 중심이나 주변이라는
두 극밖에 없는 극단적인 나선의 성격은 떨림이 갖는 빠듯한 긴장감과도 겹쳐진
다. 그러나 거기에는 좀 더 단순한 충격이 있었다. 떨림(경련)이야말로 신과 접하는
몇 안 되는 방법이었던 것이다. 그리고 "자신의 육체와 만나는"(앞에서 말한 구사모리
신이치의 말), 즉 제어할 수 없는 자신의 육체와 만나는 방법이기도 하다.

떨림에 의해 샤먼이, 무녀가, 예언자가, 성인이, 얼간이가 신으로부터 계시를 받는다. 이른바 신들린 것, 빙의 현상이다. 마치 안구가 흔들림으로써 외계를 지각하는 것처럼 흔들림에 의해 사람은 사람이 아닌 존재가 되기 위한 중요한 실마리를 얻는다.

배버들나방의 한쪽 눈에만 빛을 비추면 한쪽 다리에 근육 운동이 일어난다고 했는데, 이 근육 운동도 일종의 떨림이 아닐까? 그렇다면 떨림이 나선이라는 회전 운동을 일으켰다고도 할 수 있다.

…… 나치스 영화 속 나치스 마크
사족 같지만 히틀러나 나치스를 모방한 듯한 독재자나 파시즘 조직을 그린 영화에서 거꾸로 된 만자 모양을 어떻게 바꿔 사용하고 있는지 비교해 보자.

이들 영화에서는 군대, 비밀경찰 등의 제복이 나치스의 것처럼 직선을 기본으로 한 디자인이고, 빨간 현수막이 건물이나 집회장 무대 뒤에 반드시 두 장 이상 걸려 있다. 현수막 한가운데의 원 안에는 나치스의 거꾸로 된 만자를 모방한 마크도 필요하다.

1935년 히틀러는 의회를 소집하여 반공과 평화를 바란다고 연설함으로써 해외에 '온건하고 조심스러운' 독일 이미지를 각인시키려고 했다. 그러나 단상에 찬란하게 빛나는 하켄크로이츠(갈고리 십자가)가 모든 것을 말해 주고 있다. 빨간 화살표가 히틀러다.(S. ローラント, 《ジークハイル! ビスマルクの榮光からヒトラーの沒落まで》, インターナショナル · タイムズ, 1975)

최근에는 9·11 직후 성조기가 나부끼는 모습에 위화감을 느꼈는데, 성조기의 성립에 신비로운 구석이 없었던 탓인지 전제적인 이미지를 말하는 논조는 적었다. 성조기는 처음에 캔턴이라 불리는 디자인으로 왼쪽 위 4분의 1에 영국의 국기를 배치하고 빨간 바탕에 여섯 개의 하얀 스트라이프로 열세 개 식민지를 나타내는 등 영국을 의식한 디자인이었지만, 이듬해인 1777년에 지금의 별 모양이 되었다. 그런데 어쨌든 미국은 국기의 모양에 의해 도움을 받는 경우가 많다. 이것이 거꾸로 된 만자 모양 같은 강렬하고 추상적이며 상징성 있는 국기였다면 전제국가 같은 인상을 주었을 것이다. 그러한 의미에서 히노마루(일본의 국기)도 상당히 상징성이 높기 때문에 결백하지 않다고 이웃나라로부터 공격받기 쉽다.

　　찰리 채플린 감독의 첫 유성영화〈위대한 독재자〉(1940년)에서는 독재자 힌켈과 꼭 닮은 이발사가 힌켈로 오인되어 정복자로서 단상에 올라 연설을 하게 된다. 그런데 그는 "독재자와 싸우자!"라고 말해 갈채를 받는다. 나치스의 폴란드 침공 직후에 만들어진 영화여서 유성영화를 싫어하던 채플린이 충분히 준비하고 때를 기다려 만든 이 6분간의 연설에는 현실성이 있었다.

채플린이 만든 유사 **나치스 마크**

〈위대한 독재자〉
위 힌켈로 오인된 이발사가 영화의 마지막에서 6분간 평화 연설을 하는 장면. 모자와 옷소매에 힌켈 마크가 있다. 그리고 등 뒤에도 뒤집어진 힌켈 마크의 일부가 보인다.
아래 무솔리니를 닮은 사람과 옷소매의 마크(왼쪽). 오른쪽에는 힌켈이 있다.(채플린의 영화〈위대한 독재자〉팸플릿, 1973. 마크를 그린 사람은 히나타 마리코)

블랙조크로 흘러넘치는 채플린의 유사 나치스 마크는 ×표를 세로로 두 개 늘어 놓은 것이다. 똑같은 마크가 두 개 이어짐으로써 마크가 갖는 구심력과 힘은 약해 진다. ×표이기 때문에 고유명사를 상실하고 무명이 되는, 즉 신비성과 권위를 상 실하는 것이다. 무솔리니도 가끔 등장하는데, 그 제복의 마크는 주사위의 1과 6이 다. 이렇게 권위 없게 만들어 버린 것이 채플린의 기개일 것이다.

다음은 미국의 텔레비전 드라마 〈브이〉다. 영화 〈인디펜던스 데이〉의 원래 소재 이기도 한, 도마뱀처럼 생긴 외계인이 초대형 원반 우주선을 타고 지구의 대도시 로 찾아온다. 그들은 인간으로 변신해 지구를 지배하고 지구의 모든 물을 획득하 며 인간을 식료로 삼으려고 한다. 외계인은 나치스이고, 유대인으로 비유된 과학 자가 박해를 받는다는 설정이다. 따라서 프리메이슨의 암호처럼 보이는 그들의 마 크도 유대계인 프리메이슨으로부터의 인용이라고 할 수 있다.

나치스의 갈고리표 하나에 눈을 붙인 듯한 이 마크는 해골이나 파충류의 얼굴일 것이 다. 90도로 회전시킨 마크와 겹치면 나치스 마크가 된다. 그러나 갈고리와 눈이라는 다 른 성질의 두 가지 마크를 합침으로써 초점 이 희미해지고 모호해진다.

〈브이〉
왼쪽 위 지구를 침략해 온 외계인의 마크.
왼쪽 아래 우주선 내의 물탱크에 붙어 있 는 마크. 외계인은 지구의 물을 모두 빨아 들여 자신들을 위해 쓰려고 했다. 그림을 그린 사람은 가토 아이코.
오른쪽 프리메이슨의 암호 두 종류. 시험 삼아 외계인 마크를 적용해 보면 미묘하 게 다르지만 위의 것으로 하면 'AI'나 'AJ', 아래 것으로 하면 'JR'. 물탱크는 'GS'와 'PR'이다.

이 마크는 공포감을 주는 동시에 만취시켜야 한다는 관점에서 보면 실효성이 없는 얼간이의 얼굴 같다. 원래 외계인이 사용하는 언어의 문자 하나를 마크로 했다는 설정인데, 이를테면 야구팀의 모자에 붙이는 마크 같은 것이다. 그래서 상징성은 희박하다.

그리고 앨런 파커 감독의 〈핑크 플로이드의 더 월〉(1982년). 핑크 플로이드의 음악을 배경으로, 이제는 라이브에이드LIVE AID("1억 인을 기아에서 구하자"라는 슬로건 아래 '아프리카 난민 구제'를 목적으로 행해진 20세기 최대의 '자선 콘서트'. 2004년에 DVD로 발매되었다 — 옮긴이)의 기획자가 된 전前 붐타운 래츠의 밥 겔도프가 파더 콤플렉스와 성적 망상으로 굴절된 남자를 연기했다.

밥 겔도프의 나치스적 제복은 상당히 어울렸는데, 제복의 배경을 장식하는 마크는 빨간 테두리 안에 검은 바탕의 깃발이 있고, 그 한가운데에 흰색과 빨간색이 상하로 양분된 원에 같은 방향(왼쪽 방향)을 향한 쇠망치 두 개가 ×자로 교차하고 있는 것이다. 물론 그 발상은 구소련의 국기인 쇠망치와 낫이다.

〈핑크 플로이드의 더 월〉
위 다리를 곧게 뻗고 걷는 쇠망치들. 그림은 히나타 마리코.
오른쪽 독재자 포즈가 어울리는 밥 겔도프와 그 마크.
(영화 〈더 월〉 팸플릿, 쇼치쿠, 1982)
왼쪽 영화 속에 등장하는 마크. 그림은 히나타 마리코.

나치스가 무릎을 굽히지 않고 행진하는 것처럼, 영화에서는 두 개의 쇠망치가 행진하는 장면이 애니메이션으로 만들어졌다. 이 마크를 포함하여 모든 것이 은유와 상징으로 가득 차 있어 그만 지치게 된다. 그래도 러시아 혁명 이래 전통적으로 파괴를 상징하는 쇠망치인 데다 빨간색과 흰색(적군과 백군?)이 있는 것도 의미가 있는 듯해서 어쩐지 마음에 걸리는 마크다.

마지막은 〈매트릭스〉 3부작에서 컴퓨터그래픽의 새로운 경지를 보여 준 워쇼스키 형제가 각본과 제작을 담당한 〈브이 포 벤데터〉다. 이 영화는 〈핑크 플로이드의 더 월〉에 오마주를 바치고 있다. 그 마크는 원 안의 십자 위에 가로 막대가 하나 더 그려져 있다. 이른바 로렌의 십자가Croix de Lorraine 또는 대주교 십자가Patriarchal Cross라 불리는 것이다. 이것은 그리스도교의 대주교만 사용할 수 있다.

이 십자가는 제1차 십자군 원정 때 예루살렘을 손에 넣은 뒤 기사들이 유럽으로 철수하는 바람에 성지 수호를 위해 결성된 템플 기사단에 예루살렘 대주교가 기대를 담아 준 십자가이기도 하다.

한켄크로이츠가 묘표가 된 구소련의 반독재 포스터, 1943년 작. 쇠망치가 다리를 곧게 뻗고 걷는 모습과 이 미지가 겹쳐진다.(Nina Baburina, 《The Soviet Political Poster 1917/1980》, Penguin Books, 1985)

그 후 1147년 교황 에우게니우스 3세가 템플 기사단에 성 요한 기사단과 같은 형태의 십자가를 주었기 때문에 템플 기사단 측은 반발하여 디자인을 좀 더 복잡한 것으로 바꾸었다. 디자인의 중요성을 상당히 빨리 인식한 예다. 아울러 십자 위에 가로 막대를 하나 더하면 로마 교황의 십자가가 된다.

그러나 나선 모양이 가지는 만취감과 비교해 보면, 파시즘의 마크로서는 너무 얌전하다는 인상이다. 원 안에 있는 십자에 회전을 방해하는 것처럼 가로 막대가 그려져 있기 때문에 주인공 V에 의해 체제가 파괴되는 것을 미리 예측한 것 같은 마크다.

V는 항상 가면을 쓰고 있는데, 마지막에는 런던의 가정에 V와 똑같은 가면과 망토를 보내 많은 사람들이 가면과 망토를 쓰고 V로 분장해 마치 행진이라도 하는 것처럼 국회의사당에 모이는 장면이 있다. 〈핑크 플로이드의 더 월〉에서도 같은 가면을 쓰고 줄지어 걷는 장면이 있어 데자부 같지만 앞으로 새롭게 생길 체제를 암시하는, 즉 가면이라는 개성을 배제한 집합체가 갖는 공포의 예감으로 가득 차 있었다.

그런데 이 마크가 그려진 포스터에 V의 가면을 쓴 아이들이 스프레이로 'V'라는 글자를 쓰는 장면이 있는데, 텔레비전 드라마 〈브이〉에도 비슷한 장면이 있다.

〈브이 포 벤데터〉
위 독재자 서틀러의 마크. 마크를 그린 사람은 히나타 마리코.
아래 연설하는 서틀러. 격렬한 연설은 독재자의 기본이다. (영화 〈브이 포 벤데터〉 팸플릿, 워너브라더스, 2005)

평화를 가장해 지구를 찾아온 외계인의 상반신 사진에 어린아이가 스프레이로 'V' 라는 낙서를 했던 것이다. 그러나 드라마 〈브이〉에서 가면을 쓰고 있는 것은 외계인 쪽이다. 인간 모습의 가면에 숨겨진 흉측한 파충류의 얼굴이 엿보이는 게 흥미를 끌었다.

영화에는 없지만 나치스 분위기가 풍기는 라이브 공연이 있었다. 옐로 매직 오케스트라Yellow Magic Orchestra: YMO(1978년에 결성된 일본의 3인조 테크노 음악 그룹으로 사카모토 류이치, 호소노 하루오미, 다카하시 유키히로가 멤버였다—옮긴이)가 도쿄에 있는 실내 경기장 부도칸에서 행한 산개 콘서트(해산解散을 산개散開라고 불렀다)였다. 무대는 완전히 나치스 당대회의 이미지로 만들어졌다.

프리츠 랑 감독의 〈메트로폴리스〉(1927년)와 미래파 건축가 안토니오 산텔리아 풍의 건물과 계단이 무대장치였고, 거기에 빨간 현수막이 걸렸으며, 빨간 완장을 찬 멤버들이 그 무대 위에 나란히 섰다.

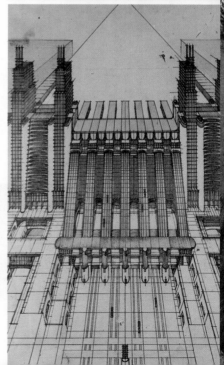

나치스 당 대회와 함께 YMO 산개 콘서트의 무대가 참조한 것으로 보이는 이미지. 기본은 중심에 (독재자가 오르기 위한) 계단이 있다는 것이다.
위 프리츠 랑 감독의 영화 〈메트로폴리스〉의 한 장면.
아래 미래파 건축가 안토니오 산텔리아의 〈엘리베이터와 세 갈래의 길이 딸린 로프웨이가 있는 공항 · 철도역 그림〉(1914년).(Pontus Hulten, Futurism & Futurisms, Abbeville Press, 1986)

　YMO의 멤버 세 명은 온천 마크이긴 해도 빨간 완장을 찼고, 무대 배후에는 독일의 독수리 날개를 캐리커처한 듯한 현수막 몇 개가 걸려 있는 등 무대는 나치스의 패러디로 가득 차 있었다.

　연출을 담당한 사람은 극단 '구로이로 텐트'의 사토 마코토였다. 사토 마코토는 첫 모임에서 YMO의 멤버로부터 "어쨌든 멋있게" 만들어 달라는 의뢰를 받고, 그렇다면 나치스 당대회로 만들자고 생각한 듯하다. 그런데 실제로 라이브 공연이 시작되자 관객은 YMO를 아이돌로만 받아들여 환호했을 뿐이다. 그들은 연출이 개입할 여지가 없었다고 공연을 본 감상을 말하고 있었다. 그 후 액막이를 위해서인지 뭔지는 모르겠으나 사토 마코토는 자신이 감독한 해산 기념 영화에서 지바[F]葉의 해안에 이 무대를 재현해 놓고는 불태웠다.

왼쪽 YMO의 현수막
오른쪽 완장
그림: 히나타 마리코

현수막은 항상 걸려 있고 부스는 도중에 빨간 커튼과 함께 올라간다. 중앙 뒤쪽에 있는 YMO 세 명을 본뜬 입체도 나치스의 독수리 마크 냄새가 난다.(비디오 〈YMO 전설〉, 알파레코드, 1993)

YMO는 테크노 음악을 추구하기도 해서 내용·내면을 모두 소거한 표층의 미학을 확립하려고 했다. 나치스 친위대의 제복이나 중국 홍위병의 인민복을 입는 등 공포의 표시를 철저하게 패션으로 포착해 의미를 무화해 버리는 것을 지향하는 것 같았다. 시대도 1970년대 말 펑크가 등장한 후이고, 독일이나 영국에서 파시즘을 패션으로 파악하려는 움직임이 일었던 시기였다.

　　당시 내 친구 중에도 빨간 완장을 차고, 테크노를 좋아하던 디자이너가 있었다. 그는 원래 나치스나 파시즘에도 조예가 깊어서 파시즘을 단순한 패션을 넘어선 것으로 파악하고 있었던 것 같다. YMO는 그러한 운동의 최후를 장식한 표현이었다고 생각한다.

　　2005년 영국의 왕자가 파티에 나치스 제복을 입고 참가해 영국에서 사회문제가 되었고, 독일에서는 지금도 나치스의 스바스티카(권자) 사용은 법으로 금지되어 있다. 물론 일본에서 나치스 취향은 어디까지나 패션이다. 나 자신도 어렸을 때 비행기 프라모델을 좋아했는데 그 태반이 제2차 세계대전 당시의 독일군 군용기였다.

지금 생각해 보면 이것은 영국이나 미국, 일본에 비해 십자를 모방한 독일군 비행기의 몸통 마크가 굉장히 멋있게 보였기 때문인 것 같다. 군용기의 몸통에 그려진 십자라는 것이 매우 위화감이 있어서 일본 디자인의 장기를 빼앗긴 듯한, 조화를 살짝 비튼 디자인이었다. 그것이 매력으로 바뀌었을 것이다.

　어쨌든 나치스가 흩뿌린 이미지의 상징성에는 손을 들 수밖에 없다. 아마 세계 침략이나 홀로코스트에 대한 자세한 사항은 잊혀도 이러한 기호군은 계속 남을 것이다.

추상 표현의 시작

제목을 좀 더 정확히 하면 "20세기 모더니즘의 견인차가 된 추상 표현의 시작"이다. 추상 표현은 인류의 탄생과 함께 있었다. 동굴에 그려진 벽화를 비롯하여 사람들은 지금보다도 훨씬 별이 가득했던 밤하늘을 보면서 소나 양의 형태를 발견하는 등, 로르샤흐 테스트(1921년에 독일 심리학자 로르샤흐에 의해 창안된 검사로 대표적인 투사 검사 방법이다. 열 장의 잉크 얼룩 그림을 보여 주고 어떻게 반응하는지를 통해 내면의 모습을 알아본다 — 옮긴이)로도 거기까지는 힘들 거라고 생각되는 형태까지 짜냈다. 상당한 추상 표현력이 있었다고 할 수 있다.

문화인류학자 르루아 구랑은 직접 수집한 동굴벽화에서 남성 성기와 여성 성기 형태의 그림만 모아 발표했다. 그 그림을 보면 그들의 파격적인 상상력에 그만 눈이 휘둥그레지고 만다.

이러한 추상 표현은 매일매일 보아 온 해나 달, 별과 크게 관계된 것인지도 모른다. 다시 말해 하늘의 한구석에 아무런 지지대도 없이 떠 있는 달이나 해는 이해할 수 없는 존재였기 때문이다. 바로 존재 자체가 추상적이라고 할 수 있을 것이다.

또한 신도 상당히 추상적인 존재다. 그리스도교의 〈요한의 복음서〉는 "태초에 말(로고스)이 있었다. 말은 신과 함께 있었다. 말은 신이었다(처음 말씀이 계셨다. 말씀은 하느님과 함께 계셨고 하느님과 똑같은 분이셨다)"라는 말로 시작된다. 〈요한의 복음서〉는 1, 2세기에 쓰인 것이지만 '신'과 '말'은 같은 것이라는, 상당히 추상적인 신 개념을 선언한 것이다. 이것도 추상의 시작에 넣을 수 있을지도 모른다.

성기로 본 남녀의 기호. 라스코 동굴 그림에 그려진 것들을 르루아 구랑이 분류했다. 왼쪽이 남성, 오른쪽이 여성의 성기 이미지.(A. ルロア=グーラン,《身ぶりと言葉》, 新潮社, 1973)

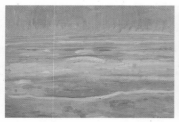 

　그러나 여기에서 말하는 '추상'은 처음에 말한 것처럼 산업혁명 이후의 "추상이라는 형태에서 발생한 사고방식이나 관점"의 탄생에 대한 이야기다.

…… 철도와 추상

19세기 전반 산업혁명이 한창이던 영국에서 증기기관차가 발명되었고, 1830년에 여객 철도가 개통되어 전 세계에 철도 네트워크가 만들어졌다. 사람들은 기차로 여행하면서 차창을 통해 낯선 풍경을 목격했다.

　빅토르 위고는 1837년에 쓴 편지에서 차창으로 보이는 풍경에 대해 "밭 언저리에 핀 꽃은 이미 꽃이 아니라 색채의 반점, 아니 오히려 빨갛고 하얀 띠일 뿐입니다. 곡물 밭은 엄청나게 긴 노란 띠의 행렬, 클로버 밭은 길게 땋아 늘어뜨린 초록의 머리로 보입니다. 마을도 교회의 탑도 나무들도 춤을 추면서 미친 듯이 곧장 지평선으로 녹아듭니다. 마침 하나의 그림자가, 모습이, 유령이 입구의 문 있는 데에 떠올랐다가 재빨리 사라집니다. 그것은 차장입니다."라고 썼다.

위 왼쪽 바다를 그린 몬드리안의 〈Seascape of Sunset〉, 1909년.(J. Milner, Mondrian, Abbeville Press, 1992)
위 오른쪽 콘서트 풍경을 그린 칸딘스키의 〈Impression III Concert〉, 1911년.(J. Hahl-Koch, Kandinsky, Thames and Hudson, 1993)
오른쪽 왼쪽이 1840년, 오른쪽이 1850년의 영국 철도망. 10년 동안 네트워크가 급성장한 모습을 엿볼 수 있다.(W. シヴェルブシュ, 《鐵道旅行の歷史 19世紀における空間と時間の工業化》, 法政大學出版局, 1982)

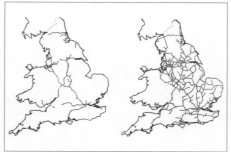

늘 보던 풍경이 기차의 속도로 인해 왜곡되어 보였던 것이다. 차창으로 보는 풍경은 그 속도에 의해 깊이감과 디테일을 잃고 점차 평평해졌다. 이거야 말로 '추상'이라 하지 않고 뭐라 하겠는가. 대체로 추상파의 뿌리는 이런 데 있는 것인지도 모른다.

극단적으로 말하자면 기억을 바탕으로 차창 밖 풍경을 묘사한 것이 추상 표현의 시작이다. 이 '기억을 바탕으로 묘사'한다는 점이 석기시대의 동굴 그림과 상통한다는 게 흥미롭다. 태고의 인류가 추상 표현을 획득하고, 그것이 상징이 되어간 과정과 연결되어 있다. 어쨌든 기억이 바탕이 되기 때문에 여러 가지로 모호해진다. 이 '모호함'이 추상 표현을 가속화시켰을 것이다. 차창으로 보는 풍경은 지금의 우리에게 그다지 충격적이지 않지만 당시 사람들에게는 뜻밖의 것이었음에 틀림없다.

또 하나 중요한 점이 있다. 그것은 활짝 연 차창이라는 사각의 프레임으로 풍경이 잘라진다는 점이다.

마차를 탔을 때는 그저 그런 속도였기 때문에 바깥 풍경에까지 관심이 가지 않았던 것 같은데, 이처럼 프레임으로 풍경을 잘라 낸다는 데서 영화의 필름 이미지가 생겨났다는 것도 분명하다.

하여튼 윌리엄 터너, 클로드 모네, 칸딘스키, 미래파 화가 파올로 부치의 기차 그림을 보면 같은 추상이라도 표현 방식은 상당히 다르다. 즉, 시각적 기억을 바탕으로 묘사하는 데서 시작한 추상은 느낀 그대로를 표현하는 데까지 단숨에 나아간 것이다.

그러나 이렇게 충격을 준 차창의 풍경도 익숙해지면 지루한 것이 되어 버린다. '추상화'라는 방법론이 아울러 갖고 있는 함정이다. '추상'이 극에 달하면 시시해진다는 것을 암시하고 있다.

위 왼쪽 파올로 부치가 타이포그래피로 열차를 만든 작품 〈Vilenza Dell' aria Violentata(Violence of the Violated Air)〉, 1917년.(坂本龍一＋細川周平 編,《未來派 2009》, 本本堂, 1986)
위 오른쪽 지루한 철도 여행. 오노레 도미에가 그린 풍자화.(W. シヴェルブシュ,《鐵道旅行の歷史 19世紀における空間と時間の工業化》, 法政大學出版局, 1982)
아래 왼쪽 터너의 〈비, 증기, 속도 - 그레이트 웨스턴 철도〉, 1944년.(W. ゴーント,《ターナー》, 西村書店, 1994)
아래 가운데 모네의 〈생 라자르 역〉, 1877년.
아래 오른쪽 칸딘스키의 〈철도와 성이 보이는 무르나우〉, 1909년.

······ 조감과 추상

철도가 등장할 그 무렵, 지금까지는 없었던 또 하나의 조망이 나타났다. 하늘에서 보는 조망이다.

프랑스 혁명 직전인 1783년 11월 21일, 프랑스의 몽골피에 형제가 제작한 열기구가 지상에서 무사히 하늘로 떠올랐다. 인류 최초로 공중 산책을 한 사람은 물리학자 장 프랑수아 필라트르 드 로지에와 달랑드 후작이었다. 로지에는 그로부터 2년 후 그가 타고 있던 열기구가 추락하여 인류 최초로 하늘에서 추락하여 사망한 사람이 되었다. 그 후 1857년 세계 최초의 카메라맨 중의 한 사람인 펠릭스 나다르는 처음으로 기구로 비행하며 하늘에서 촬영을 시도했다. 몇 번인가의 실패를 거듭한 후 1858년 하늘에서 촬영하는 데 성공했다.

풍자 화가 오노레 도미에는 1862년에 〈사진을 예술의 높이로 끌어올리는 나다르〉라는 풍자화를 그렸다. 지상은 어디를 봐도 사진관뿐이라고 해도 좋을 만큼 폭발적으로 유행한 사진에 대해 빈정거린 것이다.

오노레 도미에의 〈사진술을 예술의 높이로 끌어올리는 나다르〉, 《불바르》지. 지상에는 온통 사진관뿐이다. 당시에 사진이 들어간 명함이 크게 유행했기 때문이다. 이 그림에는 사진이란 그저 명함에나 들어가는 것인데 일부러 공중에서 촬영한다는 게 뭐 그리 대단하냐는 빈정거림이 들어 있다.(伊藤俊治,《寫眞史》, 朝日出版社, 1992)

나다르가 공중에서 촬영한 사진. 오른쪽 사진의 위쪽
에 개선문이 보인다.(Rudolf Skopec, 《Nadar》,
SNKLHU, 1960)

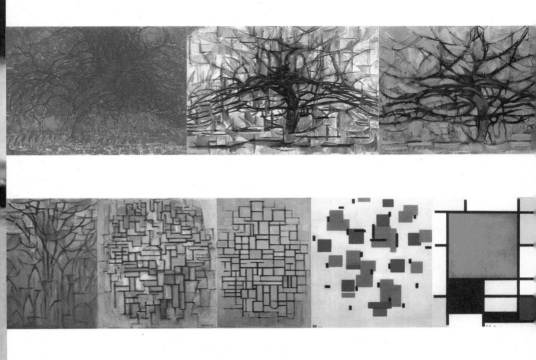

수평에서 본 나무들이 조감한 풍경으로 바뀌고, 몬드리
안의 추상이 서서히 지도처럼 변해 가는 모습.
위 왼쪽에서 아래 오른쪽으로 진행한다.
위 왼쪽에서부터,
⟨The Red Tree⟩, 1908년~1910년
⟨Tree⟩, 1911년~1912년
⟨Grey Tree⟩, 1912년
가운데 왼쪽에서부터,
⟨Tree⟩, 1912년
⟨Facade in Tan and Grey⟩, 1913년~1914년
⟨Composition No.6⟩, 1914년
⟨Composition with Colours B⟩, 1917년
⟨Composition with Red, Yellow, Blue and Black⟩, 1921년
아래 왼쪽에서부터,
⟨Foxtrat A⟩, 1930년
⟨Broadway Boogie-Woogie⟩, 1942년~1943년
(J. Mikner, ⟪Mondrian⟫, Abbeville Press, 1992)

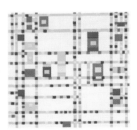

여담이지만 나다르는 공중에서 사진을 찍은 후 지상을 건너뛰어 지하에 흥미를 가졌다. 지하 묘지 카타콤Catacomb이나 지하 하수도를 촬영하며 돌아다니는 등 말 그대로 진폭이 큰 활동을 했다.

이렇게 해서 공중에서 조감한 사진이 등장함으로써 풍경은 모두 평평해지고 원근법이 통용되지 않는다는 것을 알게 되었다. 눈 아래로 펼쳐지는 깊이감 없는 평평한 도시의 사진은 화가들에게 충격을 주었다.

풍경이 구상에서 추상으로 바뀌는 과정을 더듬어 볼 수 있는 독특한 화가 몬드리안의 그림은 구상에서 추상으로 흘러가고 동시에 시점도 수평에서 수직으로 이동해 갔다. 나무를 그리고 있었을 텐데 어느새 조감한 밭이 밭두렁이 되고, 시가 그림이 되었다. 말년에 뉴욕의 브로드웨이를 그린 그림은 바로 약도라고 할 수 있다. 노란색 도로에 드문드문 표시된 빨갛고 파란 사각형은 아마 자동차일 것이다.

…… 검은 사각형

이리하여 새로운 표현 수법으로 각광을 받기 시작한 '추상'의 본질이 '속도'라는 듯이 20세기에 접어들어 미래파가 등장하고 모더니즘이 시작되었다. 추상 표현이 주류가 된 시대가 도래한 것이다. 이렇게 생각하자마자 러시아의 추상파 화가 말레비치에 의해 표현이 궁극에까지 가 버렸다. 러시아 혁명이 일어나기 2년 전, 혁명의 기운이 고양되고 있던 1915년의 일이었다.

깊이감을 상실하고 평평해진 주택. 프랑스 툴루즈의 조감 사진.
(R. ユイグ, 《かたちと力 原子からレンブラントへ》, 潮出版社, 1988)

말레비치의 운동을 상실한 검은 사각형과 부유하기 시작한 하얀 사각형.

위 말레비치의 〈검은 사각형〉(1915년).

아래 왼쪽 말레비치의 〈흰 바탕에 흰 사각형〉 (1918년).

아래 오른쪽 1915년 말레비치의 〈검은 사각형〉이 발표된 〈0, 10〉 전시회에서의 말레비치 코너. 〈검은 사각형〉은 오른쪽 위 코너에 전시되어 있다. 러시아정교회 신자의 가정에서라면 통상 성상이 장식되는 장소다. 일본에서 말하자면 신위를 모시는 곳에 해당한다.(이 페이지의 도판은, A. Hammer 編,《Kazimir Malevich 1878-1935》, The Armand Hammer Museum of Art and Cultural Center, 1990)

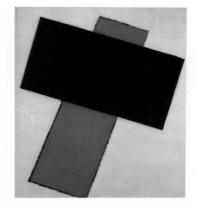

말레비치는 하얀 바탕에 검게 칠한 사각
형만 그린 작품을 만들었다. 이것이 전 유
럽에 한없는 파문을 일으켰다. 다시 말해
이것은 이미 회화가 아니다. 아무것도 표현
하지 않았다는 것이다. 검은 정사각형을 수
평으로 놓으면 움직임이 멈춘다. 검기 때문
에 모든 것을 삼켜 버리는, 바로 블랙홀인
것이다. 말레비치는 이런 회화를 절대주의
Suprematisme 회화라고 했다. 어디에도 갈

곳이 없는 회화라도 되는 것 같은데, 그렇게 이름을 붙인 것이야 좋지만 막다른
곳에 이른 말레비치의 비명이 들려오는 것 같다.

그리고 말레비치는 이 사각형에서 성상의 역할도 보고 있었다. 성상이란 그리스
도교의 성스러운 도상을 말한다.

그리스도교는 로마 가톨릭과 프로테스탄트, 동방 정교회로 나뉘어져 있는데, 러
시아의 경우는 동방 정교회다. 러시아 정교회에서는 성상을 반드시 방의 구석 상
부에 장식한다. 말레비치는 전람회에서 그 성상이 있어야 할 자리에 이 사각형을
장식했다. 체제에 대한 도전이었다.

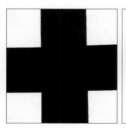

위 원래 책형도에서 시작된 십자가가 부유하기 시작하
고 비행기의 이미지로 변모해 간다.(J. C. マルカデ,
《マレーヴィチ畵集》, リブロポート, 1994)
아래 왼쪽 말레비치의 〈검은 십자가〉(1923년경).
아래 오른쪽 말레비치의 〈검은 원〉(1923년경).
(아래 왼쪽과 오른쪽 A. Hammer 編, 《Kazimir
Malevich 1878-1935》, The Armand Hammer
Museum of Art and Cultural Center, 1990)

또한 말레비치는 요소파라고도 불렸다. 다시 말해 융의 원형설을 그대로 모방하는 것처럼 정사각형이나 원 등 기본적인 형태만 그렸기 때문이다. 그리스도 책형도의 새로운 표현으로서 십자형도 그렸다. 신자에게는 실소를 금할 수 없는 것이었으리라.

그러나 추상 표현에 대한 말레비치의 도전도 여기까지였다. 말레비치는 드디어 하얀 바탕에 하얀 요소를 그리기 시작했다. 아무것도 표현하지 않는다는 경지까지는 이제 한 발짝밖에 남지 않았다. 이렇게 막다른 곳에 이른 추상 표현에 활로를 열어 준 사람은, 같은 러시아 사람인 그래픽디자이너 로드첸코와 리시츠키였다. 그들은 혁명 후의 러시아, 아니 소비에트 연방으로 이름이 바뀐 나라에서 말레비치의 영향을 받으면서도 슈프레마티즘에 구속되지 않는 새로운 표현을 모색했다.

말레비치가 쌓아 온 것(이라고 해도 5~6년간의 이야기지만)에 그들은 명확히 '아니요'라고 들이댔다. 로드첸코는 하얀 바탕에 하얀 물체를 그린 말레비치의 작품에 대항해 검은 바탕에 검을 물체를 그렸고, 리시츠키는 말레비치의 둔중하고 검은 사각형을 부유하도록 만들어 자유를 구가하게 했다. 그것은 혁명 직후 꿈과 활기가 넘친 시대를 상징하는 것 같기도 했다.

그중에서도 찍개(스테이플러)로 찍기만 한 것 같은 값싸게 만든 책이 나와 안팎에 충격을 주었다. 이것이 1922년에 발표된 리시츠키의 〈두 개의 정사각형에 대하여〉다. 빨간색과 검은색 두 가지 색의 정사각형이 떠다니고 거기에 약간의 문자가 뒤얽힌다. 이 빨간 정사각형이 러시아의 정치 혁명을 나타내고 검은 정사각형이 예술 혁명을 상징한다.

리시츠키의 《두 개의 정사각형에 대하여》. 여섯 개의 콤포지션을 한 장에 배치한 것이다. 검은 정사각형은 말레비치의 사각형을 나타내는데, 이것은 종래의 예술을 상징하는 것이기도 하다. 검은 정사각형이 서서히 작아지고, 앞으로 예술의 상징인 빨간 정사각형이 그것을 대체하는 것처럼 전면에 등장한다. 그리고 마지막에는 건축물처럼 일어선다. 어린이용이라고는 하지만 수준 높은 디자인으로 오늘날까지 그 신선함을 유지하고 있다.(H. Read 序文, 《El Lissitzky: Life·Letter·Texts》, Thames & Hudson, 1968)

검은 정사각형은 말레비치의 이미지지만 떠돌고 있던 정사각형은 어느새 위에서 내려다본 건물, 즉 건축의 평면도처럼 되어 간다. 몬드리안의 조감도와 크게 다른 것은 디자인되어 있다는 것, 즉 여백까지 포함한 레이아웃 센스의 차이다.

로드첸코와 리시츠키는 디자인을 화가의 영역에서 분리시켰고 동시에 디자인을 예술로 만든 중심 인물이기도 했다. 그러나 이러한 활기도 혁명의 속도가 떨어지는 것과 스탈린의 독재 체제로 인해 급속하게 사라져 갔다. 소련에서 혁명의 속도가 떨어지고 나치스가 대두하여 '추상 표현'의 무대는 유럽에서 미국으로 건너갔다. 미국에는 '대량생산'이라는 20세기의 새로운 추상 개념이 만연해 있었다.

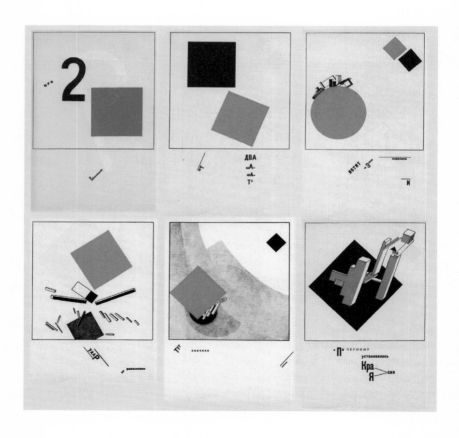

······ 켈트의 추상

19세기부터 추상 표현의 진화를 좇아 리시츠키에 이르렀지만, 이것들이 흔적 없이 사라질 법한 모더니즘을 선취한 듯한 표현이 2000년 넘게 시간을 거슬러 올라간 켈트 문화에 있었다.

중앙아시아에서 발생한 인도유럽어족은 원래 유럽에 있었던 신석기 시대 사람들을 쫓아내고 실질적인 유럽인의 조상이 되었는데, 그중의 일부가 켈트인이었다. 그들은 기원전 1200년 무렵에 브리튼 섬을 거점으로 삼았고, 기원전 800년에는 중앙 유럽으로 이주하여 철기 문화(할슈타트 문화)를 구축했다.

기원전 600년 무렵부터 고대 그리스 로마의 침략을 노리고 있었으므로 고대 그리스인들은 그들을 갈라타이Galatai인이라든가 켈토이Keltoi인이라 불렀는데 여기서 '켈트' 라는 이름이 붙었다. 고대 로마인은 그들을 갈리아인으로 불렀고 카이사르가 갈리아(프랑스, 벨기에, 스위스, 네덜란드, 독일 근방이 갈리아이고, 켈트인의 지배 지역은 프랑스 주변)를 정복할 때(기원전 1세기 중엽)까지 켈트 문화는 번영을 구가했다.

유럽에 남은 켈트의 흔적은, 파리라는 이름의 유래가 켈트계의 파리시족이 최초로 살았던 곳이라거나 부르타뉴에 있던 켈트 왕국의 수도 이스Is를 동경하여 '같다' 라는 의미의 'par' 에 'Is' 를 붙여 생겼다는 데서 찾을 수 있다. 켈트 신화의 여신 세쿠아나Sequana(유유히 흐르는 강이라는 의미)의 이름에서 센 강이라는 이름이 생겼고, 켈트어의 '흐름' 이라는 말에서 라인 강, '강' 이라는 말에서 도나우 강이라는 말이 생겼다고 한다.

왼쪽 위아래 그리스 마케도니아의 필리포스 2세 치하에 사용된 스타테르 금화. 스타테르란 순금(순도 98퍼센트)을 말한다. 앞면에는 아폴론 신의 얼굴을 새겼고(위), 뒷면에는 쌍두 전차를 탄 전사를 그렸다(아래).

오른쪽 위아래 스타테르 금화를 모방한 켈트의 금화. 아폴론 신은 얼굴이 분해되어 있고 머리카락도 뻗쳐 있어 켈트인의 높은 추상력을 보여 주고 있다(위). 아래가 뒷면인데 전사는 사라지고 말만 있다. 그것도 분해되어 운동 표현이 미래파를 방불케 한다. 어쨌든 공간 공포증적인 배치다. 이 금화의 실제 크기는 18밀리미터다.

(이상 酒井健,《死と生の遊び 繩文からクレーまで 美術の歴史を體感する》, 魁星出版, 2006)

알파벳 서체인 헬베티카는 스위스의 그래픽디자이너 막스 미딩거의 디자인인데, 스위스에서는 네 개의 언어(독일어, 프랑스어, 이탈리아어, 로만슈어)를 쓰고 있기 때문에 국명 표시가 필요할 때는 네 개의 언어로 쓴다. 쓸 공간이 없어서 한 가지밖에 쓸 수 없을 때는 라틴어인 헬베티카 연합Confederation Helvetica, 줄여서 CH로 쓴다. 이 헬베티카는 켈트의 헬베티카족에서 유래한다.

아직도 이런 예는 한없이 많다. 켈트는 유럽 지식의 원천이었다. 〈올드 랭 사인〉은 켈트 음악이 뿌리이고, 할로윈도 켈트의 축제에서 비롯되었다. 이름 앞에 붙는 'Mac'은 켈트어로 '~의 아들'이라는 뜻이다.

항상 이동하면서 지반을 다져 온 켈트인에게 우주와 자연이란 끊임없이 변화하는 것이었다. 따라서 변화의 과정을 그대로 형태로 하는 것이 많았는데, 매듭 문양 등으로 불리는 휘감기는 것이나 살아 있는 듯한 나선 장식이 특징적이다.

켈트인이 프랑스에 정주한 것은 기원전 400년경이었다. 그리고 알프스를 남하하여 로마를 침공해 한때 점령하기도 했다. 기원전 300년경, 이번에는 그리스를 침공했지만 결국 쫓겨났다. 이때 그리스에서 화폐를 가져왔다. 켈트인은 그리스의 화폐를 다시 만들어 사용했지만 원래 구상이었던 아폴론 신의 얼굴이나 쌍두 전차의 형태가 오카모토 타로 같은 아방가르드 화가의 역동적인 추상으로 변모했다.

그리스인과 켈트인의 이러한 표현의 차이에 대해 사카이 겐은 《죽음과 삶의 유희》에서 말_馬을 비유하여 "켈트인이 말의 생명력, 즉 난폭하고 폭력적인 그 힘에 매료되었던 것에 비해 그리스인은 말의 아름다운 모습에 빠져 있었다"고 말했다. 켈트인은 형태에 고정된 것은 없다고 생각해 유동적인 것의 표현에 주목했지만, 그리스인은 아름다움의 영원성을 믿었다는 차이가 있었던 것 같다.

반전하는 이미지

어떤 이미지가 완전히 정반대의 이미지로 변해 버린 것에 대한 탐색이 이 장의 목적이다.

독일의 광물학자 넥커가 발견한, 순식간에 깊이(안길이)가 반전하는 육면체의 선 그림 〈네커의 정육면체〉(1832년)나 풍자 화가 힐이 그린 〈아내와 장모〉(1915년), 덴마크의 심리학자 루빈이 그린 〈루빈의 술잔〉(1915년)의 반전 도형, 그리고 게슈탈트 심리학자도 가담한 다의 도형이나 있을 수 없는 도형의 탐구에 의해 지각 심리학이 시작되었다.

이 지각 심리학에서 반전하는 이미지의 기본이 되는 것은 '그림'과 '바탕'의 반전이다. 시점을 바꿈으로써 지금까지 보고 있던 것(그림)이 배경으로 물러나고, 배경(바탕)이었던 것이 주역으로 튀어나오는 것이 반전도형이다. 젊은 여성이라고 생각했는데 할머니가 된다거나(〈아내와 장모〉) 영락없이 오리라고 생각한 것이 토끼라거나(〈오리와 토끼〉) 항아리로도 마주보는 남녀로도 보인다거나(〈루빈의 술잔〉) 하는 것이다.

역사 속에서도 시간의 흐름에 따라 좋은(긍정적) 이미지가 나빠진다(부정적)거나 나빴던 이미지가 좋아지는 등 반전이 자주 일어난다. 좋은 이미지가 시간의 흐름 속에서 나쁜 이미지로 반전하는 경우는, 조사 연구에 의해 실상이 밝혀지는 경우가 많다. 예컨대 예전에 원자력은 꿈의 에너지 등으로 환영받았지만 지금은 취급하는 데 주의가 필요한 것의 대명사가 되어 버렸다.

〈네커의 정육면체〉.

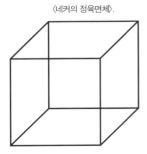

힐의 〈아내와 장모〉.

1950년대 일본에도 소규모이기는 했으나 우라늄 산지가 있었다. 거기서 우라늄 광맥이 발견되었을 때 현지는 들끓었다. 몸에 좋다고 목욕탕에 우라늄 조각을 넣었고, 야채를 재배하기 위해 비료에 우라늄을 섞었으며, 끝내는 우라늄 만두, 우라늄을 구워서 만든 도자기가 팔리기도 했다. 몰라서 생긴 일이었다고는 하나 너무나 끔찍한 이야기다.

석면도 내구, 내열, 내절연 등에 뛰어나기 때문에 '기적의 광물'로서 단열재, 절연체로서 건축, 자동차, 가정용 전기제품에까지 광범위하게 사용되었지만, 지금은 한없이 가는 석면 유지가 폐암 등을 일으킬 확률이 높다고 해서 기피의 대상이 되었다.

한편 부정적인 기호는 사회의 변화와 함께 긍정적인 기호로 반전한 예가 많다. 예컨대 일본에서 백색 옷차림은 죽음의 옷차림이라고 하여 할복 등 죽음에 임할 때나 죽어서 관에 들어갈 때 온통 하얀 옷을 입든가 일부가 하얀 옷을 입었다. 혼례를 치를 때 신부가 입는 하얀 의상도 물론 죽음의 의상이다. 다른 집에 시집감으로써 자신이 태어난 집을 떠난다는 것을 '죽음'의 의미로 받아들였기 때문이다.

'하얀' 색은 부정한 것을 씻는 색으로, '죽음'이 다른 사람에게 전염되지 않도록 액막이를 하는 방파제의 의미가 있었다. 그런데 메이지 시대에 접어들어 이토 히로부미의 국장 때 정부는 장례식 복장을 서양의 예에 따라 검은색으로 하라는 시달을 내렸다. 그때부터 점차 장례식 복장은 검은색이 되었다. 제2차 세계대전 후 부정한 것을 씻는다는 '하얀색'의 의미는 완전히 사라졌고, 대신에 '시로무쿠白無垢 (소복)'라고 하듯이 더럽혀지지 않은 것의 대명사가 되었다. 혼례 때 "생가에서 떠나는 것"을 죽음으로 받아들인 이미지도 소멸했다.

조셉 자스트로의 〈오리와 토끼〉 두 가지 모양, 1900년.

〈루빈의 술잔〉 풍으로 그린 것.

······ '人'이라는 한자의 반전

자신을 소중히 여기는 듯한 "나는 이러이러한 사람"이라거나 '사람'은 원래 훌륭하다는 것이 전제가 되어 있는 듯한 "그런 사람이 되어서는 안 된다"라든가 악인, 선인, 애인, 인도^{人道}에서 벗어난 사람, 위인, 은인, 개인, 친구^{友人}, 노인, 본인, 범인, 당사자^{當人}, 중매인, 선인 ······ 등 '人' 자가 들어가는 한자어의 배경에는 어딘지 모르게 사람에 대한 경의가 들어 있는 것 같다. '살인'이나 '광인'이라는 말조차 "사람의 생명은 무엇보다도 귀하다", "사람이 아니게 된 존재"라는 뉘앙스가 느껴지는 것처럼 '사람'은 모든 존재 중에서도 특별하다는 의식이 어른거린다.

시라카와 시즈카의 한자학에 따르면, '人'이라는 한자의 기원은 힘없이 고개를 숙이고 앞으로 나아가는 형상이라고 한다. 이것이 앞뒤가 역전되어 뒤로 향하게 되어 지금에 이르렀다. 위대해야 할 '사람'이 왜 고개를 숙이고 걸어야 했을까?

고대인들 사이에서 중요한 것은 신이고, 그 다음이 왕이다. 나머지는 아무래도 좋은 잡다한 것들이 무질서하게 섞여 있는 것이다. 고개를 숙이고 걸어가는 이 '사람'이 의기소침해 있는 모습을 생생하게 알 수 있고, 또 우리가 역사를 다룬 영화 등에서 본 적이 있는 것처럼 그들은 바로 노예다. 즉 '사람'이란 이민족과의 싸움에서 포로가 된 자들, 양이나 소와 마찬가지로 언제든 희생물로서 신에게 바쳐져도 좋은 존재를 가리켰다. 요즘 '사람'의 감각에서 보면 '사람'이 아닌 존재, 마음을 쓸 필요가 없는 존재를 '사람'으로 보고 있었다는 이야기다.

'人'의 상형문자.

기원전 9~8세기의 시를 모아 놓은 《시경》에서는 '人' 이라는 글자가 빈번하게 등장한다. 오늘날의 이미지와 같은 방법으로 쓰인 것을 보면 '사람' 의 이미지가 인간적이 된 것은 한자가 성립된 직후였던 것 같다. 그러나 한자의 뿌리를 더듬어 가는 이야기는 산더미처럼 나온다. 그것은 결코 정점에 도달할 수 없는 신이라는 대권력자가 있었기 때문이다.

'賢(현)' 이라는 한자의 상형은 사용을 꺼리고 싶을 정도로 장난스럽다. '賢' 이라는 글자에서 '臣(신)' 부분은 신☖의 종인 신하를 의미하는데, 그는 이미 한쪽 눈을 신에게 바친 인간이다. '又(우)' 는 손이다. '貝(패)' 는 주술 기구다. 주술 기구 앞에서 한쪽 눈을 찔리는 사람이 '賢' 이다. 이미 한쪽 눈을 잃었기 때문에 또 하나의 눈이 찔리면 맹인이 된다. 여기서 떠오르는 것은 쓸데없는 말을 하지 않고 맹목적으로 신을 모시는 것이 '賢' 이라는 것이다. 여기서 신의 의도를 정확하게 민중에게 전달하는 사람이 '賢' 이 되고, 서서히 다른 사람보다 뛰어나다는 쪽으로 의미가 변화해 간 것 같다.

'童(동)' 이라는 한자도 눈 위에 문신을 한 죄인의 모습인데, 죄를 지어 노예의 몸으로 전락한 사람을 가리킨다. 이것이 모든 자유를 빼앗기고 죽을 때까지 강제노동을 해야 하는 노예라는 의미에서, 물론 자유는 없지만 신을 모시는 종으로서의 노예라는 식으로 그 의미가 변해 갔다. 여기서부터 모든 자유를 빼앗겼다고 하더라도 오직 신에게 기도하는 생활이라는 단순함 또는 근엄하고 성실한 느낌에서 아이의 '순진무구' 라는 인식이 생겨났고, 지금은 '순진무구' 만이 남아 있는 것 같다.

賢 의 상형문자.

童 의 상형문자.

동요도 파고들면 잔혹하고 무서운 이야기가 많다. "동심으로 돌아간다"고 할 때 좋은 의미만 있는 것이 아니라 곤충의 머리 같은 걸 뽑아 버리는 등 잔혹하게 죽이는 것도 허용되는 이미지가 있다. '순진무구'란 '모른다'는 것을 자랑스럽게 생각하는 사람을 말한다. 여기에는 생각하는 자유마저 빼앗긴 노예의 심정이 살아 있는 것 같다.

…… 악마의 무늬 스트라이프
유럽 스트라이프 무늬의 역사에도 멋진 이미지의 반전이 있다.

원래 이슬람권에서 스트라이프는 흔해 빠진 무늬였다. 사막에서 오아시스의 초록이나 꽃의 색은 옅은 갈색의 사막과 대조되어 금세 눈에 띈다. 여기에서 대조를 강하게 하면 눈에 잘 띈다는 사실을 알게 되었다. 사막에는 많은 부족이 뒤섞여 있기 때문에 그 안에서 금방 소속을 알 수 없으면 곤란해진다. 일본 전국 시대의 진영이나 깃발에 노란 스트라이프가 많았다는 것과 같은 이유에서지만, 사막이라는 대해에 빠져 죽지 않기 위해서는 눈에 잘 띄는 색과 무늬가 필요했다. 그래서 색의 강약만으로 구성된 스트라이프 무늬가 나타났던 것이다.

팔레스타인에서 흥한 그리스도교 가톨릭의 카르멜 수도회는 사막의 사람들이었기 때문에 스트라이프 무늬가 들어간 외투를 입었다. 13세기에 그들이 파리로 찾아왔을 때 아무 무늬가 없는 옷을 입고 있던 가톨릭교회 측에서는 큰 불만이 터져 나왔다. 그들이 이교도인 이슬람교도와 같은 무늬의 옷을 입고 있었기 때문이다. 만약 고급 소재로 만든 옷이 마침 스트라이프 무늬였다면 동경했을지언정 불만은 없었을 것이라고 한다. 소박한 의복인 주제에 눈에 띄다니 용서할 수 없다는 것이 본심이었을 것이다.

여기에는 두 가지의 사정이 있었다. 먼저 유럽 중세에서는 오감 가운데 청각이 중시되었다는 것이다. 시각은 신을 보기 위해서만 사용하는 것으로, 다른 것을 보는 것은 허용되지 않았다. 극단적으로 말하자면 청각만 있으면 된다고 생각했던 것이다. 물론 다른 감각, 즉 촉각 같은 것도 무시되었다. 게다가 눈에 띈다는, 이를테면 시각을 우위에 둔 상태는 허용할 수 없고, 그런 자는 저급한 시민이라고 했던 것이다.

또 하나는 물론 이교도 혐오. 여기서는 카르멜 수도회를 이교도 같다고 했을 뿐이지만, 사실 같은 가톨릭교도인데도 그렇게나 비난한 배경에는 비정상적인 이슬람 혐오가 낳은 공포가 있었던 것이다. 그 하나가 '사제왕 요한Prester John 공포(12~17세기에는 아프리카나 아시아 등 동방에 사제왕 요한이 다스리는 거대하고 풍요로운 그리스도교 왕국이 있었다는 전설이 있었다 — 옮긴이)' 다.

그리스도 교도들은 성과를 내지 못하고 있던 십자군에 절망하며 동방의 사제왕 요한이 다스리는 그리스도교 국가가 배후에서 이슬람교도를 쫓아 줄 것을 열망하고 있었다.

왼쪽 카르멜회 수도사가 입은 줄무늬 외투. 피에트로 로렌체티의 그림, 1329~1330년.
오른쪽 12~17세기, 동방의 그리스도교 국가에 있다고 생각되었던 전설의 군주 사제왕 요한. 사제왕 요한의 왕국은 중앙아시아나 에티오피아에 있다고 생각되었다.

그런데 구원의 신이어야 할 사제왕 요한이 칭기즈 칸과 겹쳐지고 칭기즈 칸이 이슬람교도를 파죽지세로 깨부수는 모습이 유럽에 전해졌다. 유럽에서는 오히려 그 파괴적인 진군을 두려워했다고 한다. 기대가 반전되었을 때의 공포는 오히려 더 큰 법이다.

이러한 일에서 십자군의 패배로 이슬람교도의 강력함을 알게 되었고 이슬람교도보다도 훨씬 강한 사제왕 요한의 공포도 있어서 아시아와 교역하고 싶어도 이슬람권을 포함한 대륙을 통과할 수 없었다. 그래서 이슬람의 배후를 찌르듯이 아프리카를 돌아가는 신항로를 발견하려고 했고, 드디어 대항해 시대가 도래했다.

그리하여 로마 교황은 곧장 스트라이프 무늬 착용 금지령을 내렸다. 마치 이교도를 대신하여 혼내 주려는 듯 스트라이프에 대한 증오심이 높아졌다. 중세 말기까지 유럽의 여러 도시에서는 사회의 밑바닥 사람들, 사회적 약자, 예컨대 범죄자, 농노, 사생아, 매춘부, 유랑 예능인, 사형 집행인, 문둥이, 장애자, 광인, 집시 등에게 스트라이프 무늬가 전부 혹은 일부 들어간 옷을 입도록 강요했다. 악마적인 느낌이 난다거나 동물을 죽여 잔인하다거나 평소 사재기를 해서 기근을 가속화시킨다거나 하는 이유 없는 비난을 받은 대장장이, 푸줏간 주인, 방앗간 주인 등이 변종이었다. 유대인이나 이단자도 같은 부류였다.

중세부터 르네상스 무렵까지의 사형 집행인. 알브레히트 알트도르퍼의 그림, 1506년경.(M. Pastoureau, Rayures, Seuil, 1991)

피리를 부는 피에로. 뮤지션이나 코미디언도 멸시를 받았다. 얀츠 쿠아스트의 그림, 1630년경.(M. Pastoureau, Rayures, Seuil, 1991)

...... 배경에 동화되는 스트라이프

그런데 이토록 증오의 대상이었던 스트라이프 무늬에도 변화가 찾아왔다. 발단은 인테리어의 발달에 있었다.

근세가 되어 옷감은 의복에 사용될 뿐만 아니라 실내 장식 등 일상생활 전반에 사용되었다. 이에 따라 스트라이프 무늬의 커튼 등이 등장하여 스트라이프에 대한 면역이 생기기 시작했다.

스트라이프 무늬가 들어간 의복은 사회의 밑바닥 사람들로부터 하인의 의복으로 옮겨 갔다. 마치 실내 조도의 하나인 것처럼 말이다. 딱하게도 하인은 조루리淨琉璃 (에도 시대에 샤미센 반주에 맞춰 이야기를 낭송하는 공연 장르 — 옮긴이)에서 말하는 구로 코黒子(주로 가부키 등을 공연할 때 잘 보이지 않게 검은 옷을 입고 무대 위로 올라와 배우를 돕는 일을 하는, 일종의 무대 스텝이다 — 옮긴이)와 같은 취급을 받았다.

그때까지 스트라이프는 눈에 띄게 하는 기호로서 존재했지만 여기서는 눈에 띄는 것이 아니라 주위에 동화되어야 했다. 물론 차별 감정은 살아 있었지만 무늬가 없는 사회에서 무늬가 있는 사회로 이행함으로써 스트라이프에 대한 시각도 바뀌었던 것이다. 이 무렵에는 기본적으로 가로 스트라이프가 많았다.

위 1330년경, 스트라이프 무늬의 옷을 입은 하인들.
아래 1770년대 이후 실과 옷감의 제조가 기계화되어 간단히 스트라이프 무늬의 옷감을 만들 수 있게 되었다. 산업혁명이 스트라이프 무늬를 확대했다고 해도 좋을 정도로 의복, 가구, 실내 장식은 스트라이프 일색이었다. 스트라이프 무늬가 들어간 옷을 입은 집사가 있었다면 벽에 동화될 것 같다. 19세기 초의 텐트 방.(이상 M. Pastoureau, Rayures, Seuil, 1991)

…… 각광 받은 스트라이프

그 즈음, 그러니까 16세기경에는 프랑스
귀족들 사이에서 가로 스트라이프가 유행
했다. 그 배경에는 프로테스탄트의 발흥
이라는 사정이 있었다. 프로테스탄트는
반가톨릭의 표시로서 스트라이프를 특별
히 좋아했던 것이다. 엄격한 가톨릭 교도인 스페인 궁정만 이 유행에 편승하지 않
았고, 그 이외의 유럽 상류 계급 사이에서 급속하게 퍼져 나갔다.

　이 스트라이프 무늬가 얼마나 유행했는지는 확실하지 않지만 스트라이프 무늬
의 이미지가 완전히 반전되는 데는 두 가지 중대한 결정타가 있었다. 하나는 1749
년부터 간행되기 시작한 박물학자 뷔퐁의《박물지》다. 이 책에서 뷔퐁은 스트라이
프 무늬를 가진 얼룩말의 근사함, 아름다움, 기품을 이야기했다.

위 1640년경 "예술가는 스트라이프를 입는다"는 것이 기본이었
다.(M. Pastoureau, Rayures, Seuil, 1991)
왼쪽 1764년판《박물지》에 실린 판화 삽화. 뷔퐁은 얼룩말이 모든 네
발짐승 중에서 가장 멋있고 기품 있으며, 우아하고 섬세하며 경쾌하
다고 입에 침이 마르도록 칭찬했다.(M. パストゥロー,《悪魔の布縞
模様の歴史》, 白水社, 1993)

또 하나는 1777년 미국이 열세 개의 빨간색과 하얀색 스트라이프를 국기에 채택한 일이다. 처음에는 영국에 대한 종속을 의미하기 위해 그때까지의 스트라이프와 마찬가지로, 즉 하인들에게 스트라이프 무늬의 옷을 입힌 것과 같은 식으로 빨간색과 하얀색의 가로 스트라이프를 사용했다. 그러나 나중에 영국에 반기를 들었기 때문에 이 가로 스트라이프는 오히려 혁명적인 무늬로 부상하게 되었다. 그리고 독립전쟁에서 미국이 영국에 승리한 것도 스트라이프가 부상하는 데 결정타가 되었다.

…… 공포의 표시, 스트라이프

미국 독립에 뒤이어 1789년 프랑스 혁명 때는 적백청의 스트라이프가 혁명을 상징하는 무늬로 변모했다. 무슨 일이든 확대되기 시작하면 어처구니없는 방향으로 나아가기도 하는 법이다. 프랑스 혁명 정부는 혁명의 상징이 된 삼색 스트라이프를 소홀히 다루면 사형을 포함해 엄중하게 처벌하겠다고 발표했다. 스트라이프는 혁명의 상징이 됨으로써 공포의 표시로 변해 버렸다. 이렇게 되자 오히려 스트라이프를 멸시하던 무렵을 그리워하는 사태가 발생했다. 적어도 스트라이프와 관련해서 죽는 일은 없었기 때문이다.

선원의 기본형 스트라이프, 즉 하얀 바탕에 마린블루의 스트라이프도 원래는 공포의 표시였다.

헨리 모슬러의 〈미국 국기의 탄생〉(1788년). 미국 독립전쟁에서는 이 열세 개의 스트라이프가 자유의 상징이었다.(M. Pastoureau, Rayures, Seuil, 1991)

이지마 유키토의《마도로스는 왜 줄무
늬 셔츠를 입는가》에 따르면, 18세기 범
선 시대에 규율 위반자에게는 채찍질을
가했고 배 안 여기저기로 끌고 다녔다고
한다. 등에는 빨간 줄무늬의 채찍 자국이
무수하게 남았고 그중에는 죽는 자도 있
었다. 그러나 살아남은 자는 동료들로부
터 "체크(스트라이프) 무늬 셔츠를 받았다"
는 놀림을 받았다. 그러던 것이 어느새 바
다를 나타내는 마린블루와 물결마루의 하
얀색이 나란히 늘어선 선명한 스트라이프
가 되었다고 한다.

위 마네의 〈아르장퇴유〉(1874년).
아래 미국의 독립은 프랑스 혁명에 스트라이프를 가져
다주었다.(이상 M. Pastoureau, Rayures, Seuil,
1991)

이 청백의 스트라이프 무늬는 19세기 말 해수욕장에서 수영복으로 크게 유행했다.

새로운 레저인 해수욕은 흥에 겨운 나머지 지나친 행동을 할 수 있는 자유였고, 그 자유와 새로움이 스트라이프 무늬와 결합했으며, 거기에 다시 '청결'을 나타내는 하얀색이 더해졌다. 여기에서 스트라이프 무늬에는 청결한 느낌이 있다는 위생 관념이 생겨났다. 스트라이프 무늬는 강약이 분명한 탓인지 이미지 반전의 기복도 심했다.

이리하여 종래의 스트라이프에 대한 멸시 의식은 서서히 희미해져 갔지만, 아직 뿌리 깊이 남아 있는 지역도 있었다. 뷔퐁에 의해 얼룩말이 복권되기 시작한 바로 그 무렵, 반점이나 줄무늬가 있는 동물은 악마적이고 위험한 존재라고 생각되었던 것이다.

뱅상 카셀이 출연한 〈늑대의 후예들〉이라는 영화에서도 다루어졌는데, 1764년 프랑스의 변경 제보당 지역에서는 잔학한 살인 사건이 빈발했다. 사람들은 마수의 짓이라고 두려워했고, 이 야수에게 얼룩말 같은 스트라이프 무늬가 있다고 믿었다. 실제로는 거대한 늑대라고도 했으나 야수라는 존재 자체도 의심스러웠다.

19세기 중반까지는 정체불명의 사건 대부분이 제보당의 야수 짓이라고 여겨졌다. 이전의 스트라이프는 이교도 냄새가 난다고 싫어했지만 이때 야수의 스트라이프 무늬는 혁명에 의해 생겨난 공포의 상징으로 간주되었던 것이다. "혁명은 사람을 야수로 만든다", 이 말은 이 영화 첫머리의 내레이션이었다. 하지만 이 영화의 주제는 그 야수 소동에 편승한 다른 배경에 있었다.

영화 〈늑대의 후예들〉에서 야수 분장을 한 제보당의 수수께끼 전사.(《늑대의 후예들》 영화 팸플릿, 갸가 커뮤니케이션, 2002)

...... 순수한 스트라이프

일본에도 스트라이프의 의미가 반전된 역사가 있다. 일본은 원래 가로 문화였다.(3장 '원근법과 깊이감의 발견' 참조) 고대 이래 가로 스트라이프는 있었지만 세로 스트라이프는 없었다. 왜 가로밖에 없었는지는 분명하지 않다.

16세기에 세로 스트라이프 무늬가 들어간 옷감이 포르투갈이나 동남아시아, 중국으로부터 일본에 들어왔다. 세로에 대한 면역이 생기지 않은 탓인지 다도를 즐기는 사람을 중심으로 그 멋진 모습에 빠져에도 시대를 포함해 몇 번인가 그 무늬가 유행했다.

세로 스트라이프의 유입과 함께 수직 지향의 화신으로서 그리스도교가 들어왔다. 사람들은 세로 스트라이프에서 새로운 흐름을 느낀 듯 세로 스트라이프 무늬가 들어간 옷을 입은 기발한 패션의 선교사들을 멋지다고 생각했다.

그리스도교가 금지된 것은 타문화를 이해하지 못한 선교사 측의 문제도 있었지만, 그리스도교가 강대한 세력이 될 잠재적 능력을 갖고 있을지도 모른다고 염려했기 때문일 것이다. 패션에만 그쳤을 때는 그래도 괜찮았지만 말이다.

위 기타가와 우타마로의 〈아이아이가사相合傘〉('아이아이가사' 는 한 우산을 남녀가 같이 쓰는 일을 말한다 — 옮긴이), 1798년. 줄무늬 기모노는 우키요에의 기본형이다.

오른쪽 아편전쟁 후 영국은 상하이 등 다섯 개 항을 개항시켰지만, 생각했던 만큼의 무역 수입을 얻을 수 없었다. 그래서 개항 도시를 늘리려고 트집을 잡아 시작한 전쟁이 애로우 전쟁(1857~1860)이었다. 프랑스도 멋대로 된 구실로 참전하여 청나라는 영국·프랑스와 싸우지 않을 수 없게 되었다. 이 풍자화는 완강히 저항하는 청나라 측의 융통성 없음을 비아냥거린 것인데, 청나라 병사들에게 스트라이프 무늬의 제복을 입히는 등 차별 의식이 엿보인다. 오노레 도미에의 〈중국에서 18〉, 《샤리봐리》지, 1859년.(喜安朗 編, 《ドーミエ諷刺畵の世界》, 岩波文庫, 2002)

그런데 스트라이프 무늬는 상인 계급에서부터 유행했다. 처음에는 상인 같은 패션이라고 깔보던 무사 계급도 결국 그 멋진 모습에 사로잡혔고 그들 사이에서도 유행하기에 이르렀다. 유럽과 같은 격심한 차별 의식과는 무관하게 순수한 무늬로서 일본에 정착한 것이다.

...... 죄수복과 스트라이프

오늘날에는 스트라이프 무늬를 사용한 죄수복을 찾아보기가 쉽지 않다. 예전에는 죄수복의 기본형은 반드시 스트라이프였다.

아우슈비츠 등 나치스 강제 수용소에서 유대인이 입은 옷도 세로 스트라이프 무늬의 죄수복이었다. 1995년, 바로 아우슈비츠 해방 50주년 기념식이 열리던 날 행해진 가을겨울 파리 컬렉션인 콤 데 가르송의 쇼 〈SLEEP〉에서 머리를 짧게 바싹 깎은 모델이 세로 스트라이프의 남성용 파자마를 입고 등장했을 때 관객들은 큰 불만을 터뜨렸다. 아우슈비츠 해방 기념일에 터뜨린 스트라이프 의상이 우연인지 아닌지는 분명하지 않지만, 늘 아슬아슬한 반사회적 표현으로 승부해 온 가와쿠보 레이가 유럽의 스트라이프 트라우마를 만만하게 보고 있었던 것만은 틀림없는 사실일 것이다. 결국 〈SLEEP〉는 제품화되지 않았다. 홀로코스트 생존자도 이제 얼마 살아 있지 않은 오늘날, 나치스에 의한 스트라이프 트라우마도 앞으로 10년만 지나면 소멸해 버릴지도 모른다.

왼쪽 미국 앨커트래즈 감옥의 죄수, 1920년경.(M. パストゥロー,《惡魔の布 縞模樣の歷史》, 白水社, 1993)

오른쪽 1995년 1월 27일 파리에서 열린 콤 데 가르송의 가을겨울 남성 컬렉션에서 발표된 스트라이프 무늬의 파자마. 테마가 〈SLEEP〉이어서 파자마일 뿐인데도 맹렬한 공격을 받았다. 19세기 후반에 스트라이프에 위생 관념이 생겨 수영복, 양말, 속옷, 파자마에 사용되었다. 여기에는 세균 같은 외적으로부터 '보호' 한다는 의미도 있지만, 이 '보호' 를 '격리' 로 파악한 것이 죄수복의 스트라이프라는 설도 있다.

여담이지만 당시의 나치스가 유대인에게 보낸 포고문에는 장중하고 북구 게르만적이라는 이유로 블랙 레터체 슈바바허가 사용되었다. 그런데 여기에는 또 하나의 반전이 있었다.

1941년 1월, 히틀러는 블랙 레터체가 아닌 로마체를 독일 국민의 정규 서체로 선언했다. 나치스의 강령이 유럽에서 좀 더 많이 읽혀야 한다고 생각해서 개성이 강한 블랙 레터체가 아니라 유럽에서 널리 쓰이고 있다는 이유만으로 로마체를 선택한 것이다. 이때 블랙 레터체 계열의 슈바바허는 유대인이 만들었다는 등 근거 없는 이유로 지탄받았다.

그러나 슈바바허는 나치스에 의해 오랫동안 사용되었고, 전후 나치스의 서체였다고 해서 유대인으로부터 심한 혐오를 받았다. 이스라엘 사람들은 독일에서 만들어졌다는 이유만으로 퓨투라 서체를 싫어했다는 이야기도 있다. 물론 풍설의 일종이고 오해였다. 이와 관련하여 서체의 인과관계는 모르겠으나 《뉴욕 타임스》의 로고도 블랙 레터체다.

그래도 나치스는 만만치 않았다. '빅뱅'이 야유에서 생겨났다고 16장 '레디메이드'에서 말하겠지만, '나치'라는 말도 야유에서 생겨났고 그 야유를 역이용한 것이다.

위 1933년 4월 1일, 나치스 선전 장관 괴벨스는 전국의 유대계 상점, 백화점, 상품, 의사, 변호사에 대해 보이콧하라는 지령을 내렸고, 돌격대는 유대인이 경영하는 상점 등에 피켓을 걸었다. 간판에는 "독일인이여, 자신의 몸을 지켜라. 독일인 상점 이외에서는 사지 마라"고 쓰여 있었다. 이후 유대인 배척은 점점 심해졌다. 사진 속 서체가 블랙 레터체 슈바바허다.
아래 1871년 《뉴욕 타임스》에 블랙 레터체를 사용한 제호 부분.(A. Keylin+G. Brown, 《Disasters: From the Page of The New York Times》, Arno Press, 1976)

이케다 히로시에 따르면 당시 비스마르크 시대의 독일에서는 반역자인 사회주의자Sozialist(조치알리스트)를 '조치Sozi'라는 멸칭으로 불렀다고 한다. 이것은 일본에서 말하는 '주의자'나 '빨갱이'에 해당한다. '나치오날조치알리스트Nationalssozialist(국민사회주의자)'의 약칭은 보통 '나치Nati'나 '나조Naso'가 되지만 '조치Sozi'에서 끌어다 '나치Nazi'라고 했다. 보통 야유를 받으면 화를 내지 않는 사람은 없겠지만 야유를 자기 안으로 받아들여 힘을 돋우는 경우도 있다. 나치스가 스스로 그 멸칭을 쓰기 시작했을 때 독일 사회는 이미 빼도 박도 못하는 데까지 가 버렸다.

······ 짧게 자른 머리와 이발소 표시등

유럽에서 스트라이프 무늬는 신분의 차별을 나타내기 위한 표지에서 새로운 경향을 초래하는 표시, 그리고 프랑스 혁명에서 순식간에 공포의 표시가 되었으면서도 세련된 표시로 변해 갔다. 일본에서도 이것과 비슷한 흐름을 따라간 상징이 있었다. '짧게 자른 머리'가 그것이다.

'짧게 자른 머리'란 귀께에서 가지런히 자른 머리, 또는 상투를 잘라 부스스한 머리를 말한다. 1871년 메이지 정부는 '단발을 하고 칼을 차지 못하게 하는 명령'을 내렸다.

메이지 시대의 정치가 이와쿠라 도모미가 서양을 시찰했을 때 서양인들은 그를 보고 머리에 권총이나 돼지 꼬리 같은 걸 올리고 있다며 바보 취급을 했다고 한다. 이와쿠라는 그 사실에 충격을 받아 귀국한 후 곧장 상투를 잘랐고, 그런 김에 칼도 버리라는 명령을 내렸다고 한다.

포고령을 내린 후 서생들 사이에서 "(이마에서 정수리까지 머리를 밀고) 상투를 튼 머리를 두드리면 낡은 인습과 편안함만을 추구하는 소리가 난다. (이마에서 정수리까지 밀지 않고) 머리 위에서 묶은 머리를 두드리면 왕정복고의 소리가 난다. 짧게 깎은 머리를 두드리면 문명개화의 소리가 난다"라는 속요가 유행했으며, 짧게 자른 머리가 문명개화의 상징이 되었다.

나가사키의 외국어 학교 고운칸廣運館의 생도들이 단발하기 전 모습(위)과 1871년 8월 9일 단발령·폐도령 후에 촬영된 단발한 모습(아래). 사진은 일본 최초의 카메라맨 중 한 사람인 우에노 히코마가 촬영한 것이다. 고운칸에서는 메이지의 관료 이노우에 고와시나 총리대신을 지낸 적이 있는 사이온지 긴모치 등을 배출했다.

이발소 표시등을 설치한 일본의 첫 번째 이발소는 '서양산발사西洋散髮司'라는 간판을 내건 '가와나도코川名床'였다. 짧게 커트한 머리가 세일즈 포인트였다고 한다. 이발소 표시등도 빨강·파랑·하양의 스트라이프였는데, 뜻밖에도 새로운 물결을 나타내는 기호가 다 모이게 된 것이다.

이런 새로운 흐름의 대표가 된 짧게 자른 머리도 에도 시대에는 원래 죄수 관리나 뒷바라지를 하는 히닌의 머리 모양으로 정해져 있었다. 히닌非人이란 글자 그대로 사람이 아닌, 즉 사농공상 아래의 최하층 천민이다. 히닌 중에서 사회의 더러운 일을 모두 떠맡고 있던 자들은 에타穢多라 불렸다. 에타는 사형 집행은 물론이고 처형된 사람이나 길거리에 죽어 있는 사람, 동물의 처리, 소와 말의 도살, 그 사체에서 얻은 고기와 가죽의 판매, 절이나 신사, 마을의 청소 등 체제 내의 온갖 더러운 일을 해야 했다. 형벌 중에 히닌 신분으로 떨어뜨리는 것도 있었을 만큼 히닌은 가장 지위가 낮았다. 이렇게 가장 천대받아 온 사람들의 머리 모양이 최첨단 유행이 되었으니 세상에 불변의 가치관이라는 것은 없는 셈이다. 바로 상대성 이론인 것이다.

오늘날 우리는 25년 전에는 몹시 혐오했던 펑크 뮤지션의 찢어진 바지나 이리저리 뻗친 머리를 아무렇지 않게 보고 있다. 위화감도 없고 그다지 신선하다고 느끼지도 않는다.

그런데 현재 내가 사용하고 있는 Mac OS X라는 문서 편집기에서는 '히닌非人'도 '기치가이気違い'도 '메쿠라盲人'도 한 번에 한자로 변환할 수 없다(Mac OS 9 이하의 가나와 한자 변환 프로그램 환경이라면 변환할 수 있었다). 차별적인 용어라고 해서 예전의 언어 문화를 마음대로 없애 버리자고 정한 사람은 누굴까? ('에타'는 어느 환경에서도 한자로 변환할 수 없었다.)

선과 연속이라는 개념

보더라인(경계선) · 가이드라인 · 밀리터리라인 · 합격라인(합격선) 등은 수준이나 경계를 나타내고, 아웃라인 · 보디라인은 윤곽이나 대강의 모습을, 프런트라인은 전선, 스타트라인은 출발점, 텔레폰라인은 전화선, 에어라인은 항공로를 말한다.

이러한 '라인＝선'이라는 발상의 뿌리 가운데 하나로 글자를 쓰는 방법이 있다. 글자의 경우 처음에는 몇 글자끼리 흩어진 모양으로 썼지만, 사각형의 성립에 대해서 말한 것처럼(4장 '직선의 발견과 사각형의 탄생' 참조) 서서히 정리되고 질서를 갖게 되어 오른쪽에서 왼쪽으로, 왼쪽에서 오른쪽으로, 소가 밭을 갈듯이 왔다 갔다 하는 우경식으로, 그리고 위에서 아래로 한 방향의 선 모양으로 쓰게 되었다.

수메르인은 글자를 선 모양으로 순서 있게 쓴 최초의 민족이다. 이 형식을 이집트인이 흉내 냈고 그것을 이어받은 페니키아인이 알파벳을 썼다. 이것이 그리스인에게 전해지고 글자를 선 모양으로 늘어놓는 것이 당연해졌다. 거기에서 '연속'이라는 개념도 생겨났다.

그리고 글자 이상으로 '선'과 '연속'의 개념을 밀고나간 것은, 오랜 시간이 지난 후 산업혁명 때 생겨난 레일과 침목 위를 달린 철도였다.

그림문자에서 설형문자로 바뀌면서 그때까지 세로로 오른쪽에서 왼쪽으로 쓰였던 그림문자가 왼쪽으로 90도 회전하여 세로로 긴 공간에서 왼쪽에서 오른쪽으로 쓰이게 되었다. 세로 짜기라면 갈대를 뾰족하게 만든 펜으로 쓰기 힘들었기 때문이다. 기원전 2500년경부터 이러한 경향이 시작되었다. 이 비문은 기원전 2048년 수메르의 보리 감정 기록으로 이라크 남부 기르스에서 출토되었다.

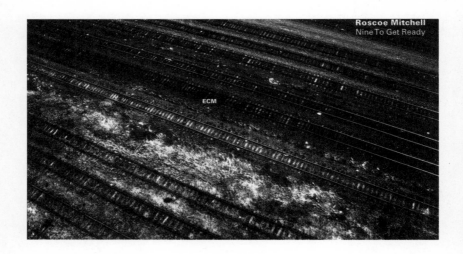

····· 선과 연속

산업혁명이 초래한 산물은 많다. 그중에서도 철도의 역할이 컸다. 이미 말한 것처럼 철도는 추상과 속도의 개념 등 인간의 감각, 의식, 사고를 크게 뒤흔들었다.

　기차에는 똑바로 나아가는 것이라는 통념이 있다. 산을 무너뜨리고 강에 다리를 놓는 등 자연을 개조하여 오로지 똑바로 돌진했다. 두 개의 레일 위를 움직이기 때문에 굴곡이나 커브에는 익숙해지지 않았고 직선이야말로 최대의 안전책이었다. 자연계에는 거의 없는 직선의 성질을 가진 철도는 인공성을 강조한 것이었고, 동시에 여기에서 '선'의 역사가 시작되었다.

철도의 직선을 지탱하는 두 개의 레일과 침목.(Roscoe Mitchell, 〈Nine To Get Ready〉 ECM 1651)

에드워드 스타이켄의 사진 〈6번 가 40번 로〉(1925년경). 고가 철도의 등장은 도시를 미래 도시로 생각하게 하는 새로운 풍경을 낳았다.

위 1872년 뉴욕의 외과 의사 루퍼스 헨리 길버트는 고속 운송의 필요성을 통감하고 공기 수송관을 사용한 고가 철도를 고안했다.(L. デ・フェリス, 《圖說 創造の魔術師たち 19世紀の發明家列傳》, 工學圖書, 2002)

왼쪽 길버트의 제안으로 실현된 뉴욕의 고가 철도, 1878년.(原克, 《モノの都市論 20世紀をつくったテクノロジーの文化誌》, 大修館書店, 2000)

스페인의 구조·시멘트 기술 연구소 소장 에두아르도 토로하가 설계한 아로즈의 수도교, 1939년. 토로하는 철근 콘크리트 구조에 새로운 차원을 도입했다. 아로즈의 수도교는 마드리드 경마장(1935년)과 함께 토로하의 대표적인 작품이다. 바로 파시즘이 주류인 시대였고 에스파냐는 프랑코 정권의 시대였다. 구조에 대한 토로하의 선견지명은 어떻든 간에 이 직선성의 이미지는 파시즘적이다. 사진: 에두아르도 토로하(《世界建築全集9 近代 ヨーロッパ·アメリカ·日本》, 平凡社, 1961)

열차의 직선에는 균등하게 달린 차창, 두 개의 레일과 그것과 교차하는 듯 늘어선 침목, 레일 위를 달리는 여러 개의 차륜을 가진 차량으로 '연속' 이미지를 수반하고 있다.

그리고 하나의 차창은 마치 영화의 필름 한 컷과 같다. 레일과 침목도 영화의 필름과 거기에 난 구멍, 퍼컬레이션이다. 필름에는 1810년에 도입된 윤전기와 대형 종이 두루마리의 이미지도 숨어 있다. 그리고 세계 최초의 연발총 콜트 45와 타자기의 이미지도 숨어 있다.

촬영할 때 '쇼트' 라고 하는 것처럼 카메라에는 총의 유비가 반영되어 있다. 필름 케이스를 '매거진' 이라고 하는데 이것도 탄환의 탄창을 말한다. 탄환이 한 발 한 발 탄창에 장전되는 것도 톱니바퀴가 퍼컬레이션을 하나씩 보내는 것과 비슷하다. 타자기도 '선' 과 '연속' 을 쳐내는 기계다. 활판인쇄의 식자라는 것은 16세기 이래 남자가 해야 할 일이었다. 그러나 1872년 타자기가 등장하고 여성 타이피스트가 탄생하면서 활판 이외에 문학을 만들어 내는 시스템은 비로소 여성의 일이 되었다. 이것을 여성 해방으로 불러도 된다면 세계에서도 유달리 이른 여성 해방이었다.

그리고 '텍스트' 란 '텍스타일' 이라고 말하는 것처럼 원래 직물을 가리킨다. 직물을 짜듯이 문자를 뽑아내는 타자기는 이를테면 직기織機이고 문자는 뽑아진 한 줄의 실이다.

뉴욕, R. Hoe & Co. 제품인 윤전기의 광고, 1870년. 인쇄 속도는 종래의 여섯 배 정도로 빨라졌다. 대량생산과 대량소비 시대의 요청에 부응한 획기적인 기계로 등장했다.(原克,《モノの都市論 20世紀をつくったテクノロジーの文化誌》, 大修館書店, 2000)

타자기는 숄즈와 글리든, 인쇄업자 새뮤얼 소울이 공동으로 개발하고(1866년), 그 특허권을 총기 회사인 레밍턴 사가 사서 대량생산함으로써 확산되었다. 총과 타자기의 구조가 같다고 판단한 듯한 아이러니한 발상이다. 즉 자판(방아쇠)을 두드리면 순식간에 글자(탄환)가 연속해서 한 줄로 튀어나온다는 유추이다.

게다가 레밍턴 사는 재봉틀도 제조했다. 재봉틀도 실이라는 글자가 만들어 내는 선 제조기다. 레밍턴 사는 장르를 뛰어넘어 동일한 발상의 기계 생산에 종사한 것이다.

위 타자기의 대량생산 라인. "출발 신호가 필요할 뿐, 나머지는 자동적으로 일이 진행된다"고들 하는 라인인데, 전쟁이 벌어지면 이러한 생산 라인은 곧바로 총기 공장이 되었다. 여기에는 글자를 쳐 내는 것과 총알을 쏘아 대는 것의 유사성이 있다.(F. キットラ, 《グラモフォン·フィルム·タイポライター》, 筑摩書房, 1999)

아래 타자기의 발명은 여성의 사회 진출을 촉진하고 동시에 남성 비서를 실직시켰다. 그리고 그것은 당시까지의 '쓰는 것'에 있었던 명목성이 사라지고 익명성이 부상한 것이기도 했다. 타이피스트는 내용에 파고들지 않고 자동적으로 글자를 생산하면 되었다. 바로 글자 제조 기계의 탄생이었다.(原克, 《モノの都市論 20世紀をつくったテクノロジーの文化誌》, 大修館書房, 2000)

위 이탈리아의 올리베티 M20 필라모의 선전 포스터. 글자를 직선상에 고속으로 대량생산할 수 있는 타자기를 고속으로 달리는 철도에 비유한 것이 빼어나다. 1920년.(F. キットラ,《グラモフォン・フィルム・タイポライター》, 筑摩書房, 1999)

아래 1890년의 타자기 레밍턴 5. 타자기는 1867년 밀워키의 저널리스트 숄즈 등이 실용화했고, 무기 회사였던 레밍턴 사가 그 권리를 사서 상품화했다.(밀라노, 레오나르도 다빈치 과학박물관 소장)

철도, 영화, 타자기, 콜트Colt, 재봉틀, 잔디 깎는 기계, 그리고 식용육을 컨베이어 시스템으로 해체하는 식용육 처리장, 어느 것이나 '라인'이라는 생각을 중심에 둠으로써 '연속'성을 얻을 수 있었던 것들이다. 그 후 이것들의 이미지는 헨리 포드에게 자본주의의 상징이 되는 대량생산 방식이라는 발상을 불러일으켰다.

…… 포드주의

포드주의란 차 한 대의 조립 공정을 세분화하여 단순한 노동으로 분해하고, 컨베이어 시스템으로 조립되는 부품이 한 명의 노동자에게 머무는 시간을 될수록 짧게 해 생산 효율성을 높이려는 것으로, 헨리 포드가 생각해 낸 방식이다. 포드에 의해 '라인'은 생산 효율이라는 다른 신神에게 묶인 선線일 수밖에 없게 되었다.

대립자에 의해 본질을 규정당하는 일이 있다. 고생 많고 수익이 적어도 '일'은 살아가는 보람이고 자긍심이었다. 그런데 카를 마르크스에 의해 '노동'은 돈과 시간으로 계량할 수 있는 수치가 되어 버렸다. 마르크스는《자본론》에서 노동의 대가는 일한 시간에 비례하여 결정되기 때문에 임금이 싸면 쌀수록 장시간 노동을 해야 한다고 했다. 그런데 자본가가 지불할 수 있는 노동 대가의 상한선이 높지 않기 때문에 오래 일하면 할수록 오히려 시간 임금이 내려가는 악순환에 빠지게 된다는 것이다.

《사이언틱 아메리칸》지의 목판화, 19세기 말. 미국 피츠버그의 F. 웨스팅 주물 공장의 철도용 브레이크의 주물 콘베이어 벨트.(平田寬,《圖說 科學·技術の歷史 下 約 1600~1900年頃), 朝倉書店, 1985)

이런 이야기가 있다. 노동자가 퇴직 기념으로 시계를 받는 관습이 있는 회사가 있었다. 이것은 공장주가 시간을 관리하던 무렵의 아이러니한 상징이다. 공장주는 시계가 느리게 가도록 조작하여 정규 노동 시간보다 더 많이 일을 시키려고 했다. 물론 노동자는 공장으로 시계를 가져오지 못했다. 따분한 노동은 동기를 주지 못하고 시간의 분절이야말로 일이 되어 버렸다. 마르크스의 지적은 정확히 표적을 맞힌 것이다. 그리고 포드주의도 모든 것이 시간 효율에 의해 움직이는 시스템이다.

1914년 컨베이어 벨트를 중심으로 한 포드주의는 전면적으로 포드 자동차 공장에 도입되었다. 이 방식으로 생산된 포드 T형 자동차는 대량으로 팔릴 만큼 획기적이었다.

포드는 '대량생산'을 단순한 양산이나 기계 생산이 아니라 "동력, 정확성, 경제성, 시스템, 연속성, 스피드의 원리" 등이 '제조 계획'에 집중된 것이라고 말한 것 같은데, "동력, 정확성, 경제성, 시스템……" 등은 모두 근대에 생겨난 개념이다.

1933년 시카고 만국박람회에서 제너럴 모터스 사가 행한 자동차 조립 라인의 실연. 전직 포드사 사원이 설계에 가담해 만든 것으로, 1929년 공황으로부터 재기하는 방책으로서 수요에 따라 생산을 조절할 수 있는 제안이었다.

이리하여 인간(노동자)은 '(조립) 라인'에 편입되어 하나의 톱니바퀴가 되었다.

그러나 포드주의에는 고임금, 조업 단축에 의한 주 5일제, 주 40시간 노동, 장애인 적극 고용 등 선견지명이 있었다는 것도 분명하다. 그러나 그것도 세계공황이나 미국 노동운동의 격화로 바뀌지 않을 수 없게 된다. 포드사에서는 노동운동의 대항책으로 사내에 보안부를 만들어 철저하게 노무 관리를 했다. 나치스의 게슈타포와 같은 과격한 보안부의 활동은 '포드 테러'나 '기업 파시즘'이라 불렸고, 포드주의는 서서히 속도를 잃어 갔다.

채플린은 영화 〈모던 타임스〉(1936년)에서 포드주의를 빈정거렸다. 영화는 점심 시간이 짧고 의자나 벤치에 앉는 것이 금지되어 있기 때문에 선 채로 또는 마룻바닥에 앉아 점심을 먹고, 그리고 나서도 항상 감시를 받으며 컨베이어 벨트 옆에 서서 실려 나오는 조립된 부품의 나사를 조이는 노동자의 모습을 묘사함으로써, 그 속도를 따라갈 수 없는 기업 노동자의 고뇌를 표현했다.

위 마치 생산 라인 같은 주말의 자동차 정체, 미시건 주.(Time-Life Books 編, 《This Fabulous Century III : 1920-1930》, Time-Life Books, 1969)
아래 영화 〈모던 타임스〉의 한 장면. 오로지 나사를 돌리기 위한 기계가 되어야 하는 노동자의 비애를 보여 준다.(영화 〈모던 타임스〉 일본판 팸플릿, 1972)

······ 라인 살인 사건

앨프리드 히치콕은 프랑수아 트뤼포와의 대담집 《히치콕과의 대화》에서 자신의 영화 〈북북서로 진로를 돌려라〉(1959년)를 편집할 때 삭제한 장면에 대해 이야기했다.

캐리 그랜트와 공장 감독이 컨베이어 벨트 위를 흘러가며 조립되는 한 대의 자동차 옆에서 이야기를 나누고 있다. 공장 감독은 "완전한 제로에서 자동차가 완성되다니 굉장하지 않소"라고 말하고 막 완성된 자동차의 문을 열어 본다. 그러자 남자 사체가 굴러 떨어진다.

볼트나 너트에서 자동차가 조립될 때까지의 과정을 연속해서 보여 주기 때문에 컨베이어 벨트라는 라인이 낳은 밀실 살인 사건이다. 그러나 트릭이 완성되지 않은 것인지 유감스럽게도 이 장면은 편집 단계에서 삭제되었다. 삭제되지 않았다면 '라인'과 '연속'을 단절하는 멋진 장면이 되었을 것이다.

······ 건축과 축선

기업의 이익이라는 하나의 목적을 향해 나아가는 대량생산 시스템은 관점을 달리해서 보면 파시즘과 닮은 점이 있다.

이탈리아의 《파시스트 청년단 핸드북》 표지, 1935년. 전쟁에서 대량생산은 빼 놓을 수 없지만 파시즘에는 '직선과 연속과 전진'을 빼 놓을 수 없다.(S. Heller+L. Fili, 《Italian Art Deco: Graphic Design Between the Wars》, Chronicle Books, 1993)

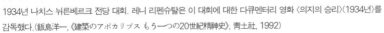

1934년 나치스 뉘른베르크 전당 대회. 레니 리펜슈탈은 이 대회에 대한 다큐멘터리 영화 〈의지의 승리〉(1934년)를
감독했다.(飯島洋一,《建築のアポカリプス もう一つの20世紀精神史》, 靑土社, 1992)

왼쪽 1937년 올림픽 스타디움에 모인 군중. 일직선으로 뚫린 통로는 오로지 원형의 중심을 향한다.(飯島洋一,《建築のアポカ リプス もう一つの20世紀精神史》, 靑土社, 1992)

오른쪽 베를린 올림픽 개회식에서 성화 주자를 위해 훌륭한 직선 통로를 만드는 나치스 병사들.(F. Nathan,《C'etait Berlin》, Susanne Everett, 1980)

위 왼쪽 알베르트 슈페어에 의한 베를린 도시 개조 계획 전체안, 1938년. 이 새로운 행정 도시 계획안은 철도 부지에 지으려고 했던 것으로, 원래는 빈 터였다. 따라서 남북의 축선을 따라 건축할 수 있었지만 슈페어가 설계한 총통의 새로운 관저는 이 축선에서 벗어난, 동서로 가늘고 길게 뻗은 건물이 되었다(화살표 부분). 총통의 옛 관저를 증축하기로 계획되어 있었기 때문이다.(R. Wolters, 《Stadtmitte Berlin》, 1978)

위 오른쪽 베를린 도시 개조 계획 전체안의 모형. 독일의 텔레비전 시리즈의 DVD〈히틀러의 건축가 알베르트 슈페어〉(하인리히 브륄레 감독, 2005)에 히틀러와 슈페어가 어두운 방에서 이 모형을 보는 빼어난 장면이 있다.(飯島洋一, 《建築のアポカリプス もう一つの20世紀精神史》, 靑土社, 1992)

오른쪽 왼쪽이 파시즘 정권 이전의 로마 시 중심지 지도, 오른쪽이 이후의 지도. 지도의 오른쪽 위에는 타원형의 콜로세움이 있고 무솔리니의 집무실에서 직선으로 이어져 있다.(《Architettural vol.6》, 1933)

실제로 대량생산 없이 전쟁을 수행할 수 없다는 것은 분명하다. 나치스(일본도 그랬지만)는 병기는 물론 "낳으라, 늘리라"라며 병사의 대량생산을 지향하기도 했다. 여성은 사회에서 일하는 것보다 가정으로 돌아가 아이 낳는 일에 힘쓰라고 독려했다. 권력이 필요로 한 것은 클론 같은 인간이다. 그러나 어쨌든 파시즘이라는 시스템 자체가 독재자를 정점으로 결집하는 하나의 화살표 선 같은 것이다. 그 선을 강조함으로써 기념비적인 것이 되어 간다.

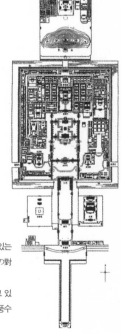

위 쯔진청紫金城의 조감 사진. 남북 축을 관통하는 직선상에 나라의 중추 기관이 집중되어 있는데 바로 중앙집권제 그 자체다.(J. ミッチェル,《イメージの博物誌11 地靈 聖なる大地との對話》, 平凡社, 1982)
오른쪽 쯔진청의 축선. 쯔진청 자체는 거꾸로 된 요凹자 형태로 타이허뎬太和殿이 둘러싸고 있는데, 축은 풍수적 견지에서 그 뒤쪽 징산景山까지 뻗어 있다. 즉 쯔진청은 유교와 불교와 풍수라는 심중의 질서로 성립되어 있다.(王其亨外編,《風水理論研究》, 天津大學出版社, 1992)

이탈리아나 독일의 파시즘 건축에서는 '축선軸線'을 많이 사용했다. 직선이 권력의 상징이라도 되는 듯 무솔리니는 자신의 집무실이 있는 베네치아 궁전과 고대 로마의 상징 콜로세움을 잇는 직선 도로를 건설했다. 히틀러와 나치스 건축가 알베르트 슈페어는 베를린 도시 개조 계획에서 남북 축을 관통하는 폭 156미터의 직선 도로를 계획했다.

일본에서도 축선을 발상의 중심에 둔 건축가가 있었다. 이소자키 아라타의 증언에 따르면, 그의 스승 단게 겐조의 첫 디자인 시안에는 항상 직선이 한 줄 그어져 있을 뿐이었다고 한다. 이 직선이 축선인데 이소자키 아라타 자신도 이 축선의 굴레에서 벗어나는 데 시간이 걸렸다고 한다. 원자폭탄이 떨어진 자리에 세워진 히로시마 평화 기념 공원은 단게가 디자인한 것인데, 축선이 강조된 그 공원의 건물 배치에서 파시즘적 미학을 보는 사람도 많다. 평화의 상징성을 높이려고 하면 파시즘적 미학에 다가가고 만다는 아이러니한 예라고 할 수 있다.

물론 축선은 파시즘에만 관계된 것은 아니다. 18세기 중엽 나폴레옹 3세는 조르주 외젠 오스만 남작에게 민중의 폭동을 봉쇄할 수 있도록 미로가 없는 도시로 개조할 것을 명했다. 파리는 프랑스 혁명 이래 폭동이 빈번하게 일어나는 도시였기 때문이다. 오스만 남작은 원래 그 주변에 살고 있던 사람들을 몽마르트로 쫓아내고 바리게이트를 칠 수 없을 정도로, 또 군대를 금방 파견할 수 있을 정도로 넓은 길, 즉 전망이 좋은 직선 도로를 만들었다. 그리하여 개선문을 중심으로 방사선상으로 펼쳐진, 우리에게 친숙한 오늘날의 파리가 만들어졌다.

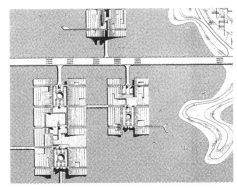

축선이 강조된 단게 겐조의 〈도쿄 1960〉 시안, 1959년 ~1960년.(飯島洋一,《王の身體都市 昭和天皇の時代と建築》, 靑土社, 1996)

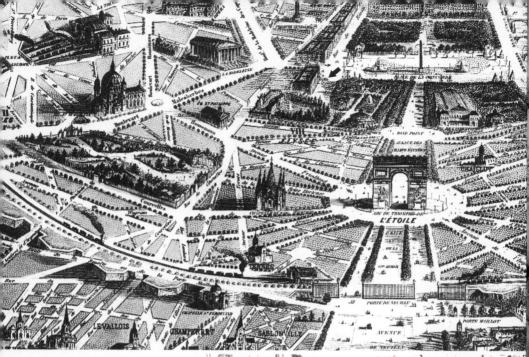

오스만 남작의 파리 개조 계획은 고압적이고 군사적 목적에 따른 것이었지만, 교통망이 정비되어 상업적 유통이 용이해져 부르주아에게 이익을 가져다주었다. 그리고 하수도 부설도 쉬워져 위생 상태가 좋아졌다.

위 새롭게 태어난 파리의 지도, 1864년. 오른쪽 한가운데에 있는 것이 개선문. 그 위가 콩코드 광장. 화살표는 다음 페이지에 나오는 나치스 사령부가 있었던 자리.(R. ピット, 《パリ歴史地圖》, 東京書籍, 2000)

왼쪽 파리 개조에 대한 오노레 도미에의 풍자화 두 점. 위는 공사로 정체된 리볼리 거리, 1852년. 아래는 이제 막 여행에서 돌아온 남자의 집이 부서져 있고 아내도 없다.(喜安朗 編, 《ドーミエ諷刺畵の世界》, 岩波文庫, 2002)

오른쪽 오스만 남작의 파리 개조 계획 도면.(W. シヴェルブシュ, 《鐵道旅行の歷史 19世紀における空間と時間の工業化》, 法政大學出版局, 1982)

개선문에서 콩코드 광장, 루브르 박물관으로 통하는 샹제리제 거리의 축선은 전망을 좋게 한다는 당초의 의도를 넘어 파리의 상징이 되었다.

1854년 프랑스 최초로 이 도로가 아스팔트로 포장되었다. 이제 바리게이트는 물론이고 투석도 뜻대로 할 수 없게 되었다. 에펠탑조차 당초에는 파리 구석구석을 비추는 조명탑으로 기획되었을 정도로 폭동에 대한 걱정이 많았던 모양이다. 1968년의 파리 5월 혁명 때는 이 아스팔트도 결국 파괴되어 투석용 자갈이 되었다.

1940년 6월 14일, 나치스가 파리를 점령했을 때 600개가 넘는 크고 작은 호텔이 대부분 접수되었다. 콩코드 광장과 루브르 박물관 사이에 있는 튈르리 공원 건너편에 있는, 개업한 지 120년이 넘은 유서 깊은 호텔 무리스에 총사령부가 설치되었다. 이곳은 상징적으로 파리를 조망할 수 있는 장소이기 때문에 축선에 집착하고 있던 나치스다운 선택이었다. 독일군 사령관 코르티츠는 파리를 철저하게 파괴하라는 명령을 교묘하게 피해 파리를 구한 것으로 알려져 있는데, 이 축선상에 있었기 때문에 오히려 파리의 아름다움이 두드러지게 눈에 띄었는지도 모른다.

튈르리 공원 옆 리볼리 거리에 있는 호텔 무리스에 독일 점령군의 사령부가 설치되었고, 호텔 정면에 나치스 깃발 두 개가 걸렸다. 깃발 건너편에 보이는 것이 루브르 박물관이다. 앞 페이지에 있는 새롭게 태어난 파리의 지도에서 보자면 화살표 근처다.(R. ピット,《パリ歴史地圖》, 東京書籍, 2000)

　1989년에는 프랑스 혁명 200주년 기념으로 이 파리의 축선을 더욱 명확히 하는 신개선문 그랑드 아르슈가 루브르와 개선문을 잇는 축선 앞 8킬로미터 지점에 건설되었다. 외형은 완전한 정육면체이고, 그 한 변이 루브르의 안뜰과 같은 치수다. 아치형의 안쪽 폭을 샹제리제 거리의 폭에 맞추는 등 축선의 연장선상에 있다는 것을 상징적으로 보여 준다. 이렇게까지 집착한다면 어떻게든 개선문의 치수(높이 약 50미터, 폭 약 45미터)도 어딘가에 넣었으면 좋았을 거라고 생각하는 것은 일본인적인 발상일까?

　그리고 문arche이라고는 하지만 밑은 도로가 아니라 무대처럼 높게 만들어져 있는, 일종의 프레임이다. 이곳은 1871년 프로이센군에 대한 방어선이 설치되었을 때 그대로의 이름을 가진 라데팡스(방어) 지구다. 그곳에 세워진 거대하고 표면에 장식이 없는 정육면체는 가운데가 뚫려 있지 않았다면 그대로 요새다. 그러나 파리를 잘라 내는 이 프레임은 요새의 창을 통해 보고 있는 것 같기도 하다. 또한 측면이 5 × 5의 격자무늬로 된 유리면이어서 주위의 빌딩숲이 비치기 때문에, 보기에 따라서는 투명 건축이라고도 할 수 있다. 투명이란 일종의 위장이라서 역시 요새로서 기능하기에는 충분하다.

위 그랑드 아르슈의 전경.
(www.burger.si/France/Paris/360_Paris_06.htm)
오른쪽 그랑드 아르슈에서 내려다본 개선문 방향.
(www.ladefense.fr/goodies_visite.php)

유럽에는 콘크리트가 너무 두꺼워서 부술 수 없는 나치스의 요새가 지금도 몇 군데 남아 있는 모양이다. 그랑드 아르슈도 파리의 축선이 끝나는 지점에 있다. 마치 히틀러가 베를린에서 계획하고 있던 상징적인 요새 도시를 프랑스가 실현하기라도 한 것처럼 말이다.

섞는다는 행위

미술사에서 20세기 최대의 발명이라고 하는 것 중에 '섞는다'는 행위가 있다. '섞는다'는 것은 이종격투기 같은 것으로, 유화에 인쇄물이나 사진, 나뭇조각, 금속조각, 천조각 등을 붙이는 데서 시작되었다. 이것은 영상이나 문학, 소리에까지 파급되어 20세기는 완전히 '섞는' 문화가 꽃핀 세기였다고도 할 수 있다.

…… 혼합 혐오

중세 이래 유럽에서 '섞는다'는 것은 혐오의 대상이었다. 중세 문장학 전문가인 미셸 파스투로가 말하는 '혼합 혐오'인 것이다. 이 경우 '섞는다'는 것은 구체적으로 물감이나 염료를 말하는데 이것이 사회 통념까지 되었다고 한다. 즉 그리스도교 윤리가 사회 구석구석까지 침투하여 섞거나 이것저것 그러모으는 것은 신이 그린, 신이 만든 세계의 순수함을 깨는 악마적인 소행이라고 교회 측은 주장했다. 교회는 중세 최대의 권력 기관이다. 통념을 깨면 당연히 무서운 일이 기다리고 있었다.

종교개혁으로 프로테스탄트가 등장하여 이 혼합 혐오는 더욱 심해졌고 색채를 적대시하는 데까지 나아갔다. 색을 거부한 것이다. 물감을 섞다니 당치도 않다, 어쨌든 색을 사용하지 말라고 주장했다. 프로테스탄트 교회는 이를 복식 조례로 강조하고 단색 톤을 권장했다. 구체적으로는 검은색, 회색, 흰색, 청색을 권장했다. 그때까지 청색은 단색으로 인식되지 않았지만 중세 때 갑자기 떠오른 색이다.

왼쪽 카라바조의 〈성 바울의 회심〉 (1600년경). 카라바조는 렘브란트에게 큰 영향을 준 명암법의 창시자다.
오른쪽 조르주 드 라 투르의 〈목수 성 요셉〉(1645년경). 오른쪽에서 촛불을 들고 있는 소년이 그리스도. 극단적인 명암법은 그 시대의 유행이었다.

색채 거부는 렘브란트 등의 화가에게도 영향
을 주어 어두운 화면에 빛을 비추는 표현이 정
착했다. 바꿔 말하면 색을 사용할 수 없었던,
사용하고 싶지 않아서 필연적으로 명암을 강조
한 화면이 되었다는 점이 렘브란트 등 '빛의 마
술사'들의 한 가지 배경일 것이다.

포드사의 T형
포드 자동차

이러한 윤리관은 길게 꼬리를 끌었고, 산업자본주의가 발흥하여 대량생산된 대
부분의 공업 제품도 이 프로테스탄트적 색채 윤리에 사로잡혀 검은색을 중심으로
한 단색 톤이었다. 실제로 헨리 포드의 포드사에서는 검은색 이외의 자동차를 오
랫동안 만들지 않았던 것으로 알려진다.

한편 1666년 뉴턴이 백색광의 색을 분해하여 스펙트럼을 발견했다. 즉 뉴턴이
색을 이것저것 그러모으면 빛이 된다는 것을 발견한 이래 그리스도교적 색의 질서
는 붕괴되기 시작했다.

렘브란트의 〈야경夜警〉(1642년). 당시 유행한 집합 회화에서는 등장인물에게 똑같이 빛을 비추는 것이 일반적이었지만 렘브
란트는 그렇게 하지 않아 불평을 샀다.

그런데 '섞는다'는 것은 훨씬 오래전부터 문자와 언어의 세계에서 아무렇지 않게 행해지고 있었다. 그 대표적인 것이 한자다. 한자는 각각 의미가 있는 부분이 조합되어 하나의 문자를 형성한다.

일본 디자인의 거장 아와즈 기요시는 상형과 상형의 조합을 몽타주라고 아주 적절하게 표현했다. 예컨대 '聖(성)'이라는 한자는 '耳(이)'와 '口(구)'와 '壬(임, 사람을 말함)'으로 구성되어 있다. 여기에서 "聖이란 신의 소리를 들을 수 있는 사람"이라는 의미가 도출된다. '口'는 '器(기)'이고 신의 메시지를 받아들이는 기관을 의미하기 때문이다.

이시카와 규요에 따르면, 일본어도 한자, 그리고 한자를 뿌리로 가지고 있으면서도 한자가 갖는 의미를 완전히 빼 버린 표음문자 가나假名와의 혼합 언어, 즉 이중 언어라고 한다. 지금은 거기에 외래어를 일본적으로 해석한 단어도 더해져, 영화 〈블레이드 러너〉(1982년)에서 그려지는 신기한 언어 공간을 형성하고 있다.

또한 게르만 민족의 한 지방어였던 영어는 일본어가 다른 언어를 흡수해서 생겨난 방식과는 반대로 5세기 이래 침략 등으로 그 나라들의 다양한 언어를 흡수했다. 그리고 그것들을 자신의 언어라고 주장하는 걸 마다하지 않았다. 라틴어, 프랑스어, 그리스어, 게르만어, 에스파냐어, 포르투갈어, 네덜란드어, 이탈리아어, 터키어, 멕시코어, 그리고 산스크리트어까지 흡수했다. 여기에 지금은 일본어에서 유래한 '사무라이(무사)', '망가(만화)', '가와이(귀엽다, 예쁘다)', '못타이나이(아깝다)' 등도 더해져 원형을 추구하는 것의 허망함도 가르쳐 준다.

아래 한자 聖의 상형 문자.

theyr hors whiche redounded in to the ayer and reinyng
as they that helde not of heuen ne of erthe vpon theyr
enemyes began to fighte/certes whan the troians sawe
the centaures mountyd on horsback rennyng as the
wynde they were so aferd and affrayed that they had
wend neuer to haue seen light day / how wel they
toke corage and abode them / and the centaures fought
so myghtily among hem that eche oon of them bare to
the erthe a troian wyth the poynt of his spere and
among other gammedes was born doun to the erthe
among them / and som were hurte a parte and some

15세기에 구텐베르크가 인쇄술을 발명했다. 여기서도 '섞는' 일이 이루어졌다. 즉 글자를 한 글자 한 글자 따로따로 금속활자로 만들고, 그것을 재구성하여 문장을 만들어 인쇄했다. 구텐베르크 이전에는 단어를 분해하여 알파벳 한 글자 한 글자를 따로 만드는 것을 생각한 사람은 아무도 없었다. 그리고 인쇄press란 글자 그대로 누른다는 것이었는데, 그 상세한 사항은 다른 항목으로 넘기기로 한다. 16세기 말에는 인쇄소가 유럽 각지에서 문을 열었고 종이의 공급도 충분해 인쇄업은 융성했다.

왼쪽 영어로 만들어진 최초의 인쇄물 《트로이 전쟁사》 (1474년). 영국인 윌리엄 캑스턴이 벨기에의 브루주에서 자신이 직접 영어로 번역하여 인쇄한 것이다. 캑스턴은 당시의 영어가 아직 통일되지 않아 다른 언어보다 열등하다고 느꼈기 때문에 영어의 언어적 수준을 높이려고 했다. 그러나 당시의 영국은 프랑스와의 전쟁이나 권력 투쟁 그리고 흑사병 유행 등으로 인해 인쇄술을 보급하는 것은 아직 꿈 같은 일이었다. 따라서 이 책의 인쇄도 캑스턴이 일찍이 부임해 있던 벨기에에서 이루어진 것이다.(組版工學研究會 編, 《歐文書體百花事典》, 朗文堂, 2003)

위 17세기의 인쇄소 풍경.
아래 1580년경의 인쇄소 풍경. 왼쪽에 두 명의 신입 식자공과 그들을 지도하고 있는 남자가 있고, 그 뒤에도 식자공 한 사람과 교정자가 있다. 그들이 앉아 있는 벤치는 상급자의 것인 경우에 쿠션이 붙어 있다. 또한 활자 케이스가 아직 대문자용과 소문자용으로 상하 2단으로 나누어 있지 않고 격자무늬 형식으로 되어 있다. 오른쪽의 인쇄기는 스크루 프레스라 불리는데, 인쇄란 바로 누르는 것을 의미했다.(이상 高宮利行＋原田範行, 《圖說 本と人の歷史事典》, 柏書房, 1997)

프로테스탄트는 메시지를 전하는 데 편리하다고 생각해 인쇄에 주목했고, 가톨릭을 비방하고 중상하는 문서를 대량으로 인쇄하여 배포했다. 이에 위기감을 느낀 가톨릭도 인쇄라는 수단에 호소하기 시작했다. 그리하여 가톨릭과 프로테스탄트의 대립은 인쇄물에 의한 야비한 비방전이 되었다.

이러한 지나친 야비함으로 인해 사람들은 엄격한 그리스도교 사회의 통제에 의문을 갖기 시작했다. 하늘을 향하고 있던 민중의 시선이 신에 환멸을 느껴 점차 주위를 둘러보는 수평의 시선이 되었다. 그리고 주위의 재미있는 것들을 알게 되었다. 근대 과학에 의한 발견은 모두 사람들이 '관찰'을 시작했기 때문이었다.

17세기 말 런던에 커피하우스가 생기고 사람들은 그곳에서 정보지를 읽고 정보를 교환했다. 정보를 찾는 시민의 욕구에 부응한 것이 신문이고 저널리즘이었다. 이것은 독일에서 시작되었다.

그리스도교 자체가 원래 식인을 생각하게 하는 의식을 도입했다. 그리스도의 피(포도주)를 마시고 육체(빵)를 먹기 때문이다. 그래도 몇 번이고 부활할 수 있는 그리스도라면 또 모르겠지만, 16세기에 그려진 이 그림은 비방전의 하나로 가톨릭교도가 적(프로테스탄트)을 먹는다고 노골적으로 치사함을 드러낸 목판화다. 고대에서 적을 먹는 경우는 적의 힘을 뺏거나 적에게 경의를 표하는 것인데, 이 경우는 미워서 잡아먹는다는 것 외에 뜻이 없는 것 같다.

위 왼쪽 영국 커피하우스에서 신문을 읽는 사람들, 1780년경. 세계로 진출함으로써 영국에는 세계의 문화가 급속하게 유입되어 정보를 전하는 여러 종류의 신문과 잡지가 창간되었다. 그런데 정보 수집 능력은 아직 부족해서 대부분의 해외 뉴스는 네덜란드 신문을 번역한 것이었다. 런던 길드홀 도서관 소장. ⓒThe Bridgeman Art Library

위 오른쪽 프랑스 최초의 정기 간행물 《가제트》를 읽고 있는 남자. 1631년 간행된 《가제트》는 프랑스 궁정의 홍보지 같은 역할을 했다. 가제트란 베네치아의 화폐 단위이며, 이들 신문의 가격이 1가제트였기 때문에 붙은 이름이다.

아래 왼쪽 18세기 런던의 신문팔이.

아래 오른쪽 벨기에의 아브라함 베르회펜이 창간한 격월간지 《니웨 테이딩헨》, 1620년.

17세기 초, 독일에서 주간신문이 발간되었다. 1660년에는 세계 최초의 일간신문도 발간되었다. 정부를 홍보하기 위한 것도 신문이라 불린다면 카이사르 시대부터 있기는 했지만, 다양한 정보가 뒤범벅되어 난립하는 현재와 같은 형식의 발단은 일간신문《라이프치거 차이퉁》이었다.

19세기에 구미 각국의 검열 제도가 폐지되고 자유로운 언론이 보장되어 신문업계는 융성을 맞이했다. 신문이야말로 의식적으로 '섞는' 것을 행한 최초의 미디어였다. 우열이 매겨진 정보(=뉴스)의 잡탕인 것이다.

그리고 18세기 말부터 '섞는' 문화에 커다란 영향을 미친 또 하나의 미디어, 포스터가 탄생했다. 포스터는 처음에는 책의 출판을 알리는 광고로 등장했다. 19세기 후반 프랑스의 쥘 셰레는 눈에 띄게 하기 위해 여성을 그린 일러스트레이션을 포스터에 이용했다. 그 후 이러한 일러스트레이션은 셰레의 영향으로 셰레트라고 불렸는데, 주로 일러스트레이션을 이용한 셰레의 방법론은 광고 포스터의 기본이 되었고, 포스터라는 미디어가 정착되었다. 텍스트와 일러스트레이션이 합해진 포스터라는 표현은 회화에 포스터를 넣는다는 조르주 브라크의 파피에콜레papiers collés(종이 붙이기 그림)로 이어졌다.

셰레가 작업한 석유 포스터. 셸은 당시까지 없었던 흑과 적·청·황의 세 가지 색을 사용한 컬러 석판화로 한 시대를 풍미했다.

…… 붙이다

한편 '붙이다' 라는 표현을 더듬어 가면 색지를 붙여 만드는 헤이안 시대의 그림으로 거슬러 올라갈 수 있다. 헤이안 시대의 귀족은 산이나 강, 구름에 비유한 색지를 붙여 사계절을 표현했고 그 위에 서른한 글자의 단카短歌를 적었다. 시가는 색지로 표현된 사계절 위에서 춤을 추었다. 오초쓰기가미王朝継ぎ紙(헤이안 시대에 만들어진 일본 종이 공예의 일종 — 옮긴이)인 것이다. 글자와 무늬가 융합된 표현으로 파피에콜레를 선취한 것이다.

또한 책을 만드는 것도 붙이는 것에 의해 성립되었다. 13세기, 페르시아에서 가죽 조각을 이어 붙여 책을 장정하는 기술이 시작되었다. 그 사이에 가죽은 종이가 되었고, 16세기 말 터키에서는 종이 오리기 축제 같은 것이 개최되어 가위를 잘 다루는 사람이 자르고 붙이는 솜씨를 다퉈 종이 세공으로 성이나 정원까지 만들었다고 한다. 터키의 이러한 종이를 붙이는 그림 기술은 17세기 초 서양으로 들어와 책의 제작이나 장정을 세련되게 만들 수 있게 되었다. 회화의 일부에 금박 등을 입히기도 했다. 서양에서는 바로 원근법적 세계가 무너지기 시작하고(17장 '데포르메' 참조) 솔선해서 회화에 이질적인 것을 가져오려고 하는 마니에리슴manirisme 회화의 시대를 맞이했다.

아울러 일본에서는 장정裝幀이라는 글자를 장정裝釘이나 장정裝丁으로 쓰기도 한다. 장정裝釘은 서양의 장정裝幀을 말하는데, 글자 그대로 장정할 때 쇠 장식을 달기 위해 못釘을 쓰기 때문이다. 서양에서 책이라고 할 때는 거의 성서를 말하기 때문에 오로지 호화로움을 다퉜다. 한편 동양에서는 장정裝丁이라고 해서 페이지를 합쳐 한 권의 책으로 만드는 것을 가리켰다. 책의 종류가 많고 특별히 호화롭게 만들 필요가 없었기 때문이다.

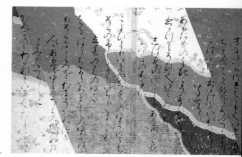

헤이안 시대의 용지 〈니시혼간지본 36인 가집〉 요시노부義宣集.

마니에리슴의 궁정 화가 아르침볼도는 종이 붙이기 그림이 아닌 이것 저것 그러모으는 방식의 회화를 시작했다. 1560년대 후반에 과일, 야채, 동식물, 책, 바다의 정물 등을 조합하여 초상화를 그렸다.

아르침볼도는 3대에 걸친 신성 로마 황제(페르디난트 1세, 막시밀리안 2세, 루돌프 2세)들을 모셨다. 궁정에는 국내외 진품을 모아 놓은 '경이의 방'이라 불리는 곳이 있었다. 이곳이야말로 아상블라주assemblage(폐품이나 일용품 등을 모아 구성하는 기법이나 그 미술품 — 옮긴이)의 방이고, 이곳을 장식한 것이 아르침볼도의 아상블라주, 그 틀림없는 진품 그림 등이다.

에도 시대 말기에도 아르침볼도풍의 '요세에寄せ繪(얼핏 한 인물의 얼굴로 보인 것이 관점을 달리 해서 보면 여러 사람의 인물상으로 보이도록 그린 그림 — 옮긴이)가 유행했다. 우타가와 구니요시 일파가 대표인데, 색다른 그림이어서 '가와리에異り繪'라고도 불렸다. 이러한 수법은 시대의 기호가 바뀔 때 나오는 것 같다.

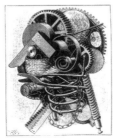

위에서부터 4점 아르침볼도의 '사계' 시리즈, 1573년. 위 오른쪽부터 〈봄〉, 〈여름〉, 〈가을〉, 〈겨울〉.
아래 왼쪽 루이스 포엣의 〈발명가의 머리〉(1890년).
아래 오른쪽 작자 불명의 〈농기구로 만든 사람〉(1567년).

일본의 요새에 세 점.

위 작자 불명의 에도 시대 말기 풍자화〈天加羅度利 ;泡喰鳥〉, 1866년~1868년.
에도 막부가 붕괴하자 질겁한 부자들이 재산을 가지고 도망가기 시작한 그림.

아래 왼쪽 작자 불명의〈북국의 요괴〉, 1854년~1860년. 유녀의 소지품. 요시
와라吉原는 에도성 북쪽에 있어서 북국으로 불렸다. 그곳의 유녀가 남자를 유혹
하는 것을 풍자하여 유녀의 도구나 유녀, 유객으로 구성되어 있다.

아래 오른쪽 우타가와 구니요시의〈겉모습은 무섭지만 뜻밖에도 좋은 사람이다〉,
1847년~1852년. 벌거벗은 남자들을 모아 놓은 얼굴. 머리카락에는 곤봉을 든
흑인도 있다.(이상 稻垣進一 編著,《江戶の遊び繪》, 東京書籍, 1988)

아방가르드 탄생 전야까지 이런 '섞는' 표현의 종착점은 19세기 후반의 조르주 쇠라일 것이다. 중세 때는 금지되었던 물감을 섞는 것의 최대 반론으로 등장한 것이 쇠라의 점묘 기법이다.

인상파는 원래 팔레트에서 그다지 색을 섞지 않고 물감 그대로의 색을 사용해 밝은 빛을 재현하려고 했지만 색을 점으로 표현한다는 생각은 각각의 점이 전체의 명도를 높여 그때까지 본

적이 없는 환한 화면을 탄생시켰다. 고흐를 포함한 수많은 후기 인상파 화가들은 이에 충격을 받았다고 한다. 그러나 중세 유럽인이 보았다면 얼마나 패덕한 행위로 보였을까?

이리하여 '섞는다'는 것이 아방가르드한 수법으로 떠오르기 위한 무대가 마련되었다. 일단 불이 붙으면 요원의 불길처럼 퍼져 간다는 것은 세상의 이치다. 20세기 전반부터 중반에 걸쳐 '섞는' 문화는 단숨에 꽃을 피웠다.

쇠라의 〈분을 바르는 젊은 여자〉(1889년~1890년). 쇠라가 자신의 아내 마들렌 크노블로흐를 테마로 그렸다. 쇠라는 원래 왼쪽 위의 꽃병이 있는 곳에 자신의 얼굴을 넣었었다. 그림에 자신을 넣은 것은 모델과의 관계가 친밀했다는 것을 드러내는 것인데, 이들 두 사람의 관계를 알지 못한 눈치 없는 친구가 얼굴을 넣는 것이 이상하다고 지적하여 꽃병으로 바꾸었다는 일화가 남아 있다. 쇠라는 상당히 수줍음이 많은 사람으로, 서른한 살로 생을 마감하고 나서야 비로소 아내와 아들의 존재가 밝혀졌다고 한다.

…… 파피에콜레와 콜라주

발단은 1910년경, 조르주 브라크와 파블로 피카소가 그림에 글자를 그려 넣기 시작했을 때다. 글자와 그림이 융합된 표현이 탄생한 것이다. 브라크와 피카소는 이윽고 그림에 인쇄물을 붙여 넣게 되었다. 이것이 '파피에 콜레'의 시작이다.

피카소는 브라크와 다른 것을 강조하기 위해 주로 '풀칠하는 행위'를 내세워 이를 '콜라주(풀로 붙임)'라고 불렀으며 미래파에게도 영향을 주었다. 그들은 카를로 카라나 사진역학 photodynamism이라는 실험을 시작한 안톤 브라갈리아다.

위 브라크의 〈바이올린과 파이프: 일간신문〉(1913년~1914년). ⓒ ADGP, Paris & SPDA, Tokyo, 2007
아래 왼쪽 피카소의 〈라체르바〉(1914년). ⓒ2007-Succession Pablo Picasso-SPDA(JAPAN)
아래 오른쪽 피카소의 정기 간행물 《Minotaure》의 표지, 1933년 . ⓒ 2007-Succession Pablo Picasso-SPDA(JAPAN)

그러나 콜라주의 진정한 발명자는 역시 초현실주의자 막스 에른스트일 것이다. 제1차 세계대전 후인 1919년 에른스트는 에칭 인쇄의 카탈로그를 오려서 맞춰 붙이는 표현을 시작했다. 초현실주의자들은 맨 먼저 이 콜라주에 뛰어들었다. 다다이스트인 쿠르트 슈비터스도 그 대표자다.

슈비터스는 자신이 명명한 '메르츠Merz'라는 개념으로 작품을 만들었다. 이것은 의미가 명확하지 않지만 슈비터스에 따르면 '배제한다'는 의미로 쓰고 싶었던 것 같은데, '모으다'와는 반대의 방법으로 작품을 접했던 것이다. 의식적인 면에서는 콜라주를 뛰어넘은 것이라고 할 수 있을 것이다.

위 카라의 〈중개자의 데모〉(1914년).(P. Hulten, 《Futurism & Futurisms》, Abbeville Press, 1986)
아래 브라갈리아의 〈Double Print〉(1911년).(P. Hulten, 《Futurism & Futurisms》, Abbeville Press, 1986)
옆 위 왼쪽 슈비터스의 〈NB〉(1947년).(D. Waldman, 《Collage, Assemblage, and the Found Object》, Phaidon, 1992)
옆 위 오른쪽 에른스트의 〈우편 배달부 슈발〉(1932년). ⓒ ADAGP, Paris & SPDA, Tokyo, 2007.
옆 가운데 오른쪽 에른스트의 〈백두녀〉(1929년) 삽화.(R.Passeron, 《Max Ernst》, Filipacchi, 1980)
옆 아래 만 레이의 〈Transmutation(Thertre)〉(1916년). ⓒ MAN REY TRUST / ADAGP, Paris & SPDA, Tokyo, 2007

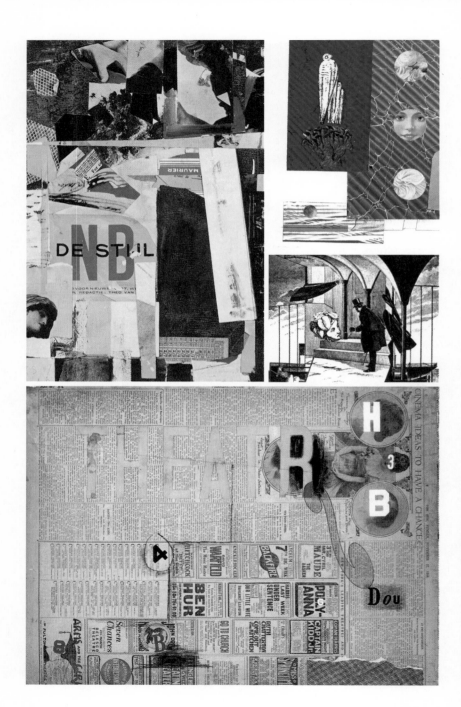

러시아 아방가르디스트 엘 리시츠키도 역시 콜라주에 새로운 해석을 가한 사람이다. 리시츠키는 활자 케이스 안에서 크기와 서체가 다른 다양한 활자를 모아서 그 전시쇄(교정을 끝낸 활판에서 종이에 원고를 인쇄하는 일 또는 그 인쇄물 — 옮긴이)로 디자인한 책을 만들었다.

이것이 마야콥스키의 시집 《목소리를 위하여》(1923년)인데, 이 책은 수많은 다다이스트들의 실험을 집대성한 작품이 되었다. 나중에 문화인류학자 레비스트로스는 《야생의 사고》(1962년)에서 직인이 주변에 있는 재료를 가지고 물건을 만드는 것을 '브리콜라주(손재주)' 라고 불렀는데, 리시츠키의 작업도 바로 브리콜라주였다.

…… 몽타주

한편 파피에콜레가 등장한 비슷한 무렵, 미국의 영화감독 그리피스는 〈인톨러런스〉(1916년)에서 클로즈업, 컷백(연속된 장면 가운데 갑자기 다른 장면을 넣었다가 다시 원래의 장면으로 돌아가게 하는 기법 — 옮긴이), 팬(촬영기를 고정하고 렌즈를 좌우 수평으로 이동하면서 촬영하는 기법 — 옮긴이) 등 새로운 기법을 도입했다.

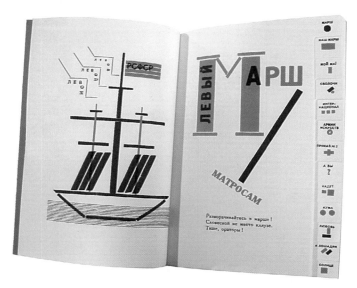

마야콥스키의 시집 《목소리를 위하여》. 내용은 마야콥스키가 혁명 의식을 고취하기 위해 직접적으로 표현한 시이기 때문에 제대로 읽으면 질리게 되지만 리시츠키의 디자인이 참신해서 상당히 도움을 받는다. 오른쪽에 늘어서 있는 인덱스가 예쁘다.

　이때 영화에서 몽타주 수법이 시작되었다. 러시아의 영화감독 에이젠슈테인의 《전함 포툠킨》(1925년)은 몽타주 수법을 대담하게 사용한 영화로 역사에 이름을 남기고 있다.

　'몽타주'란 프랑스어로 기계 조립이라든가 그대로 둔다는 것을 의미하는 말이었지만, 그리피스나 아벨 강스, 에이젠슈테인 등에 의해 영화 필름의 조각을 조합하는 편집 기술 용어로 사용되었다.

　이 몽타주를 사진에 응용한 사람은 베를린의 다다이스트 라울 하우스만이나 존 하트필드다. 그들은 몇 장의 사진을 잘라 조합하여 한 장의 사진으로 만드는 활동을 시작했다. 이 수법을 '포토몽타주'라 불렀다. 이것은 나중에 몽타주와 컷업(여러 텍스트에서 멋대로 잘라 붙이는 방법 — 옮긴이)을 연결한 방법으로서 영화에 커다란 영향을 주었다.

위 왼쪽 그리피스 감독의 영화 〈인톨러런스〉의 한 장면.
위 오른쪽 에이젠슈테인 감독의 영화 〈전함 포툠킨〉의 한 장면.
오른쪽 라울 하우스만의 〈The Art Critic〉(1919년). © ADAGP, Paris & SPDA, Tokyo, 2007.

미국에서는 유럽 미술의 동향을 판단의 근거로 삼았다. 콜라주 작품만을 모은 '어셈블리지 전展'이 열렸고, 여기서부터 콜라주를 프랑스어로 '아상블라주'라고도 부르게 되었다. 다시 말해 폐품 예술인 것이다. 1961년의 일이다. 이때 '아상블라주'란 먼저 '모으는' 것에 초점이 맞춰졌다. 여기에서 '모아섞는 행위'를 '콤바인', '컷업', '샘플링', '리믹스' 등으로 다양하게 부르게 된다.

뒤늦게 나온 미국의 다다이스트 라우센버그는 아상블라주를 발전시켜, 회화의 틀에 갇히지 않고 뭐든지 모아서 뒤죽박죽 마구 칠하고는 그것을 '콤바인(결합)'이라고 불렀다. 이것은 앞에서 나온 슈비터스가 뭐든지 주워 방에 붙인 것을 약간 수정한 것이기도 하다.

라우센버그의 콤바인 페인팅 〈암시장〉(1961년). 관객 참가형 작품으로, 오른쪽 아래 상자 안에 여러 가지가 들어 있어 관객은 그것과 자신이 가지고 있는 것을 바꾸고 그것에 스탬프를 찍어 클립으로 고정해 놓은 백지에 스케치하는 것이다. 실제로는 물건이나 스케치를 가져 가는 사람이 있었기 때문에 이 시도는 성공이라고 할 수 없었던 듯하다.

위 왼쪽 잭슨 폴록의 〈다섯 자 깊이〉(1947년). 프랭크 스텔라가 말한 것처럼 "미국 회화는 드럼통에서 시작되었다". 그 드럼통의 왕자야말로 폴록이다. 폴록의 폴링(드리핑) 기법이야말로 화면 전체를 빈틈없이 칠함으로써 그때까지 중심에서 그려 왔던 회화는 네 방향에서 그려지기 시작했다. 즉 어디에서 그려도 결국 같다는 것이다.

위 오른쪽 리처드 해밀턴의 〈오늘날 우리 가정을 이토록 색다르고 매력적으로 만드는 것은 무엇인가?〉(1956년). 비틀즈의 앨범 〈더 비틀즈〉(통칭 〈화이트 앨범〉, 1968년)의 아무것도 없는 순백의 디자인도 해밀턴의 작품이다. © Richard Hamilton. All Rights Reserved, DACS & APG-Japan / JAA 2007

아래 피터 비어드 일기의 폭력적이라고 말할 수 있는 콜라주. 비어드는 초등학교 시절부터 이상블라주를 시작한 것 같고, 20세에는 일기의 형식이 정해진 듯하다. 바로 이미지의 산란이다. 오타케 신로도 비어드에 뒤지지 않는 격렬한 이상블라주 일기파다.(P. ビアード, Diary Peter Beard, リブロポート, 1993)

⋯⋯ 컷업과 샘플링

미국의 소설가 윌리엄 버로스는 콜라주 같은 것은 손쉽다며, 좀 더 맹렬하게 자르고 거기서 생기는 무의미함을 추구하는 '컷업'을 제창했다. 영화에서 처음으로 컷업 수법을 쓴 사람은 장 뤽 고다르다.

장 뤽 고다르는 〈비브르 사 비〉(1962년)에서 컷업을 사용하기 시작해 〈미치광이 피에로〉(1965년)에서 컷업 양식을 완성시켰다. 고다르는 영상에 문학을 끌어들여 더욱 뒤섞인 세계로 나아갔다. 영상에 문자가 혼합되는 방식이 무성 영화를 방불케 하지만, 정보가 넘치는 고다르와 정보가 적은 무성 영화는 대극을 이루기 때문에 동전의 양면 같기도 하다.

이 컷업으로부터 인용을 포함해 다양한 음曲을 모아 구성하는 '샘플링'과 이미 있는 음을 재구성하는 '리믹스'가 생겨난다. '샘플링'은 음이라면 자신이 만든 게 아니라도 뭔지 소재로 활용하기 때문에 같은 뮤지션의 음을 재구축하는 '리믹스'와 달리 활용 범위는 거의 무한에 가깝다.

세계 최초로 샘플링된 곡은 비틀즈의 〈투모로 네버 노우즈〉(1966년)다. 멤버 전원이 각자 만든 테이프를 가져와 적당히 연결해 루프로 만들어 역회전시킨 것으로 황홀한 분위기를 자아낸다. 물론 비틀즈가 하지 않았더라도 늦든 이르든 누군가는 했을 것이다. 시대의 요청이었기 때문이다.

배경에 있는 포스터 등의 문자들도 고다르에게는 중요한 아이템이다.
왼쪽 장 뤽 고다르의 영화 〈비브르 사 비〉.
오른쪽 장 뤽 고다르의 영화 〈미치광이 피에로〉. 〈미치광이 피에로〉의 마지막을 장식한, 랭보의 《인내의 축제》에 수록된 〈영원〉이라는 시에 루이 오귀스트 블랑키가 옥중에서 쓴 《천체에 통한 영원》(1872년)이 에피그라피로 사용되었다. 블랑키는 19세기 파리의 혁명가로 76년의 생애 중 약 3분의 2를 감옥에 구금된 채 보냈다. 다만 갇혀 있던 블랑키와 우연의 일치였는지 어떤지는 분명하지 않다. 블랑키에 대해서는 15장 '가둔다는 것' 참조.(영화 〈미치광이 피에로〉의 팸플릿, 프랑스영화사, 1983)

...... 혼합 거부

서양에는 '섞는' 것을 철저하게 혐오한 역사가 있다. 섞고 싶지 않은 것으로는 두 가지가 있다. 이교도와 인종이다. 구미의 그리스도교도가 혐오한 것은 이슬람교도 와 유대인, 그리고 흑인이다. 그러나 역사는 아이러니한 것이다. 섞고 싶지 않은데 도 섞여 버린 예가 이따금 발견된다.

에스파냐는 이슬람 세력의 침략으로 약 800년간 지배당한 적이 있다(711년에 시 작되어 1000년이 지난 무렵부터 그리스도교도계와 일진일퇴를 거듭하다 완전히 물러난 것은 1492년이다). 이베리아 반도에서는 이슬람교도를 중심으로 그리스도교도, 유대교 도가 혼재하며 맹렬히 싸우고 있었다. '섞는' 것을 철저하게 두려워했던 그리스도 교도는 레콘키스타Reconquista(8세기부터 15세기에 걸쳐 이슬람교도에게 점령당한 이베리아 반도 지역을 탈환하기 위하여 일어난 그리스도교도의 국토 회복 운동. 1143년 포르투갈 왕국, 1469년 에스파냐 왕국을 건설하고 1492년 이슬람교도들의 마지막 보루였던 그라나다 왕국을 함 락함으로써 종식되었다 — 옮긴이)를 시작했다.

15세기 말, 드디어 이슬람교도와 유대교도를 쫓아낼 수 있었지만 오랫동안 이 슬람의 지배를 받았기 때문에 그곳의 그리스도교 문화에는 이라크나 시리아의 공 예 등 이슬람 문화의 기하학적 감각이 더해지고 말았다.

16세기에 만들어진 에스파냐의 책 중에는 표지 한가운데에 바로크풍의 무늬가 그려져 있고, 그 둘레는 식물무늬로 둘러쳐졌으며, 그 주위 전체를 물결무늬가 감 싸고 있는 장정이 있다. 이슬람을 제외하면 물결무늬는 일본이나 중국에만 있는 무늬다. 따라서 이것은 이슬람적인 것인데, 의도하지 않았지만 문화가 섞여 버렸 기 때문이다.(17장 '데포르메' 참조)

이슬람적인 물결무늬가 새겨진 16세기 에스파냐의 장정.(壽岳文章,《圖說 本の歷 史》, 日本エディタースクール出版部, 1982)

흑인과는 섞이고 싶지 않다는 백인의 생각은 좀 더 굴절되어 있다.

이지마 요이치는 나치스가 안고 있던 유대인 문제와 미국이 안고 있는 흑인 문제를 동일선상에 두고 논한다. 남북전쟁이란 남부가 노예제도를 북부에까지 확대하기 위해 연방 제도를 탈퇴한 후 '미연합국(남부연합)'을 만들어 연방 제도를 지키려는 북부와 내란으로 치달은 것이 '표면상의 시각'이라고 한다.

노예 해방을 주창한 북부도 기본적으로는 노예인 흑인을 좋아한 게 아니었다. 오히려 남부 이상으로 인종차별 의식을 갖고 있었다. 그런데 노예주가 늘었다거나 남부의 노예에 대한 지배가 지금 이상으로 심해지자 노예가 북부로 도망쳐 오지 않을까 하는 것이 두려워졌다.

흑인이 북부에 오면 백인과의 사이에서 혼혈이 생겨난다. 이것이 북부의 백인들이 가장 두려워했던 일이다. 그러므로 노예를 해방하고 흑인들을 아프리카나 남아메리카 등 다른 지역으로 이주시키는, 즉 흑인들을 쫓아내고 백인만의 제국을 만들고 싶었던 것이 본심이었을 것이다.

링컨에게도 혼혈은 생각할 수 없는 일이었다. 유명한 게티스버그 연설 "국민의, 국민에 의한, 국민의 정부"에서 '국민'이란 백인을 가리키고, 링컨은 혼혈을 혐오하는 연설도 했다. 북부의 본심을 대표하는 사람이 바로 링컨이었다. 링컨은 노예 해방 선언(1863년 1월 1일) 직전까지 흑인을 이주시킬 장소를 계약하느라 분주했다고 하니 놀라울 뿐이다. 계약은 성사되지 않았지만……

1860년 미국 대통령 선거에서 링컨 지지파의 포스터. 노예제 선거라고도 불린 이 대통령 선거에서는 공화당의 링컨이 민주당의 더글러스를 누르고 승리했다. 이것을 계기로 남부의 여러 주는 연방에서 이탈할 것을 결의하고 남북전쟁에 돌입했다.(R. H. フェレル, 《圖說 アメリカ歷史地圖》, 原書房, 1994)

남북전쟁의 결과는 링컨의 북부가 이겨 노예제도가 서서히 해체되고 백인 사회에 흑인이 섞여 링컨이 애초에 생각한 데서 멀리 가 버리고 말았다. 링컨이야말로 '(왜곡된) 노예 해방의 아버지'다.

흑인과 관련된 일에서 실패한 백인은 아메리칸 인디언에게도 비슷한 만행을 저질러서 백인이 바라 마지않던 거류지를 만드는 데 대체로 성공하지만, 그것도 시간이 흐르자 이윽고 세계에서 제일 인종이 뒤섞인 이민 국가가 되어 버렸다. 이것이야말로 역사의 아이러니인데, 마치 섞이는 것을 싫어한 것에 대한 복수를 당하기라도 한 것 같다.

프랑스의 《르몽드》에 게재된 링컨의 노예 해방 선언 발포에 기뻐하는 흑인들을 그린 그림, 1963년.

워싱턴의 펜실베이니아 가에서 펼쳐진 KKK 4만 명의 퍼레이드, 1925년. KKK는 공화당 정부가 흑인 우대 조치를 강구한 것에 반발해 남북전쟁이 종결된 후인 1865년에 결성된 백인 비밀 결사다. 공식적으로는 1869년에 해산했으나 1916년에 부활했고, 1920년대에는 융성했지만 폭력이 심해진 것과 반비례하며 퇴조해 갔다. 그 후 부활과 퇴조를 거듭하면서 백인지상주의는 계속해서 살아남았다.(Time-Life Books 編, 《The Fabulous Century Ⅲ: 1920-1930》, Time-Life Books, 1969)

그러나 우리는 나중에 링컨과 같이 '섞는' 것에 대한 백인의 혐오와 똑같은 광경을 접하게 된다. 먼저 러시아 혁명으로 공산주의 정권이 탄생한 것이다. 러시아의 공산주의자들은 순수한 프롤레타리아만의 국가를 꿈꾸었고, 자본가 계급을 뿌리째 뽑으려고 내전을 일으켰다. 중국의 국공내전도 같은 것이다.

그리고 히틀러가 꿈꾼 유대인 전멸도 있었다. 미국의 매카시즘, 이스라엘과 팔레스타인, 유고 분쟁, 러시아와 체첸, 우간다의 츠치족과 후츠족, 시아파와 수니파, 하마스와 파타하 등 한이 없다. 20세기 초부터 모더니즘에 의해 '섞는' 것의 훌륭함을 추구한 역사는 여기서 완전히 부정된다. 자신들의 독단적인 가치관에 기초한, '더러움'을 철저하게 배제하려는 '결벽성'이 자신들의 목을 조르고 있는 것이다.

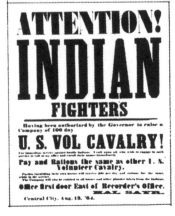

"인디언 전사를 주의하자!"라는 포스터. 그러나 백인과 아메리칸 인디언의 3세기에 걸친 싸움에도 드디어 끝이 찾아왔다. 1890년 운디드니에서 기병대에 의한 수족의 학살이 벌어져 백인은 아메리칸 인디언을 거류지로 내모는 데 성공했다. 콜럼버스가 미국 대륙을 발견했을 때는 100만 명 이상이었던 아메리칸 인디언도 이 시점에서는 25만 명으로 줄어 있었다.

감각의 치환

인간에게는 시각, 청각, 촉각, 후각, 미각이라는 다섯 가지 감각 이외에 통각이나 온냉각, 내장 감각 등의 체성 감각, 평형감각이 있다. 또한 공감각이라는 것도 있는데, 칸딘스키나 마일즈 데이비스 등이 그 보유자라는 말을 듣고 있다. 공감각이란 오감이 미분화된 유아기에 어떤 계기로 감각이 교차하는 것을 말한다. 예컨대 숫자나 음에서 색을 느끼거나 하는 것이다. 음에서 색을 느끼는 사람은 색청色聽이라고도 한다.

그들은 감각 사이를 왔다 갔다 하기 때문에 듣는 것에서 보는 감각을 일으키는 것은 누워서 떡먹기인 모양이다. 오히려 무의식적으로 감각이 교체되기 때문에 뇌 생리학적으로 문제가 되기도 한다. 여기서는 이러한 공감각 보유자의 이야기가 아니라, 하나의 감각을 다른 감각으로 치환하는 시스템에 대해 이야기하고자 한다.

사실 마셜 맥루언이 지적한 대로 하나의 감각으로 모든 것을 이야기할 수는 없다. 예컨대 영화는 시각 중심이긴 하지만 음성으로서의 청각, 돌비 시스템 등 진동으로서의 촉각, 최근에는 향기를 뿜어 후각을 자극하는 작품도 생겼다(신주쿠 다카시마야 백화점 건물에 있는 영화관 테아토르 타임즈 스퀘어에서 상영한 〈찰리와 초콜릿 공장〉의 세일즈포인트는 극장에 초콜릿 냄새가 나게 한 것이었다). 오랜 시간 동안 보고 있어서 몸 여기저기가 아파오거나 냉방이 강해서 극장 측을 원망할 때도 있다. 얼마 전에는 영화를 보는 중에 배가 아파서 화장실에 가고 싶었지만 자리가 한가운데고 혼잡하기도 해서 결국 단념한 적이 있었다. 물론 영화가 눈에 들어올 리 없었다.

이야기가 옆길로 샜지만, 이러한 운동 감각이나 근육 감각도 촉각의 일부로 생각되어 왔다. 음악도 청각 중심이었지만 몸 전체로 느끼는 것이야말로 음악이라는 체험에 우리는 푹 빠져 있다.

…… 원근법적 감각의 서열
유럽에서 감각의 해방을 구가한 것은 르네상스 무렵이다. 그때는 답답한 중세에서 벗어나는 것의 상징으로 흔히 감각의 해방이 거론되었다. 당시까지 필두에 있었던 청각을 대신해 시각이 전면으로 뛰어올랐기 때문이다. 그러나 이것은 1위 다툼이 아니라 오감의 서열이 바뀐 것일 뿐이다.

철학자 나카무라 유지로에 따르면, 감각에도 원근법적 사고가 침투해 서열상 시각, 청각, 후각, 미각, 촉각 순이라고 한다. 먼 곳을 볼 수 있는 시각이 상위이고, 가까운 곳에 있는 것을 맛보거나 만질 수 있는 미각과 촉각이 하위다. 먼 것 순이라는 데에 신밖에 보지 않았던 중세의 여운이 다소 남아 있지만, 시점이 위에서 수평으로 내려온 것의 의미가 크다.

어쨌든 이 항목에서는 구체적으로 청각을 시각화하는 악보·속기, 시각을 촉각화하는 점자의 성립에 대해 이야기하겠다. 르네상스 시대에 청각에서 시각 우위로 옮겨간 것은 악보의 시각화를 촉진한 것과 무관하지 않다.

알브레히트 뒤러의 《자와 컴퍼스에 의한 선, 평면, 입체의 계측법 교본》(1525년)에서의 제도법 도해. 뒤러는 1506년 이탈리아 볼로냐에서 투시도법을 습득한 후 뒤처져 있던 독일에서 이 책으로 엄밀한 투시도법을 가르치려고 했다. 그러나 이 그림에서 중요한 것은 나체 여성의 포즈가 조르조네의 〈잠자는 비너스〉(왼쪽 그림)의 오마주라는 점이고, 또 그 여성을 격자창 너머로 보면서 투시도를 그리고 있는 뒤러가 아닌, 배후의 창이 완전히 열려 있어 한 면의 풍경이 그려져 있다는 점이다. 거기에 항아리나 화분이 놓여 있는 것도 감동을 유발한다. 왜냐하면 창으로 풍경을 그리기는커녕 창으로 밖을 보는 일 자체가 르네상스 전까지 한 번도 없었기 때문이다. 하늘만 보고 있던 시선이 드디어 수평이 되고 원근법에 관심을 가졌다는 것을 보여 주고 있다.（荻野昌利,《視線の歷史〈窓〉と西洋文明》, 世界思想社, 2004)

‥‥‥ 문자의 역할

오감 가운데 하나를 다른 감각에 대신 떠맡기는 것은 쉽지 않은 일이다. 예컨대 미각·후각을 청각으로 표현하는 시도 등은 완전히 성공했다고는 말하기 힘들다. 아무리 맛있다거나 구리다는 말을 늘어놔 봤자 공복일 때는 어쨌든 먹고 싶거나 코를 쥐는 감각이 우선이다. 단, 시각 정보만은 기억과 연동되어 있기 때문에 음식물이나 오물 사진을 보여 주기만 하면 족하다.

한편 시각적 요소가 굉장히 강하지만 촉각·청각으로도 충분히 전해진다는 것은 모두들 음담패설을 좋아하는 것만 봐도 명백하다. 폰섹스도 경험자에게는 더할 나위 없이 좋은 모양이다. 이것들은 촉각·시각의 기억에 의한 기술일 것이다.

그렇다면 청각을 눈에 보이는 것으로 만들기 위한 최대의 발명은 '문자'라고 말하고 싶지만 사정은 좀 다르다.

문자는 기원전 3500년경 메소포타미아의 수메르인들 사이에서 그림 이상으로 뭔가를 이야기해 주는 기호로서 생겨났다. 이집트의 상형문자, 인더스 문자가 뒤를 이었다. 기원전 1400년경에는 한자의 기초가 된 갑골문자가 나타났다. 문자는 대개 조금씩 단계적으로 발전해 가지만 한자의 경우는 기원전 8세기, 9세기에 이미 현재와 거의 같은 형태가 되었다.

오늘날에도 별반 다르지 않다고 생각하는데, 문자의 최대 역할은 기억을 보존하는 기록에 있다. 돌이나 뼈에 칼집을 내는 기억법은 대략 10만 년 전부터 행해지고 있었다.

아프리카 자이르에서 출토된 가장 오래된 필기도구(이샹고 뼈Ishango Bone), 기원전 9000년경. 뼈에 숫자나 태음력을 기록한 것이라고 하는데, 새김눈이 기억법으로 사용된 것은 약 10만 년 전인 듯하다.

새겨진 것은 숫자거나 기억을 불러내기 위한 표지 같은 것이었다. 이것이 그림 문자로 발전했는데, 어쨌든 문자다운 것의 초기 형태는 물물교환이 시작되고 상품의 수를 적어 넣을 필요가 생겼을 때 나타났다. 이를테면 계산서이고 저장 목록이었던 것이다.

월터 옹은 문자의 기원을 토큰(대용 화폐)이라고 생각했다. 점토로 만든 토큰은 '부라'라 불리는 용기에 넣어졌다. 그리고 용기 바깥쪽에 토큰의 개수가 새겨졌으며, 그 토큰의 내용이라고 생각되는 양이나 소의 그림이 새겨졌다. 기원전 4000년 쯤부터의 일인데, 이 무렵이 되자 도시라 불릴 만한 커다란 취락이 형성되었다. 그리고 경제 활동도 활발해졌고 물물교환을 기록할 필요성이 생겨났다. 주로 물물교환에 종사한 사람들, 이른바 상인들은 쓰는 것을 도맡아 한 특권적인 서기 계급으로부터 벗어나기 위해 자신들이 간단히 부기를 할 수 있도록 토큰에 새기는 그림이나 개수 표시를 더욱 단순화할 필요가 있었다. 문자를 완성하기까지는 이제 한 발짝밖에 남지 않았다.

한편 아시아에서는 중국이 광대한 토지를 가지고 주변국을 무력으로 제압했기 때문에 패한 국가의 문화가 중국으로 들어오는 것은 적었고, 좋든 싫든 간에 독선적인 문화가 발생하기 쉬웠다. 한자는 이런 환경에서 생겨났다. 그들의 행동을 결정하는 것은 신이고 신의 말이었다. 그래서 신의 생각을 알기 위해 소의 견갑골이나 거북의 등을 구워 그것이 갈라지는 모양을 보고 신의 말을 예측했다. 그 기록이 갑골문자다. 즉 신의 말을 나타내기 위해 시작된 문자가 갑골문자였다고 할 수 있다.

신석기 시대에 점토로 만들어진 계산 도구 토큰으로, 메소포타미아에서 출토되었다. 점토는 서아시아에서 구하기 쉽고, 그림의 형태를 간단히 새기거나 지울 수 있어서 편리했다. 새겨진 것은 숫자와 전前문자다.

들리지 않는(또는 들린 것으로 느낀) 말을 시각화하는 것이지 들린 말의 시각화가 아니다. 자연히 주술적 측면이 강해졌다.

예컨대 시라카와 시즈카의 한자학에 따르면 '言(언)'이나 '告(고)', '歌(가)', '名(명)'의 '口' 부분은 '재載'라고 읽고 신의 말이 내려오는 받침 접시로서의 그릇器, 즉 상자를 나타냈다고 한다. 신의 말을 '받드는' 것이다. '言'이 붙는 글자에는 약속을 깨면 바늘로 찌른다는 신과의 서약이 들어 있다. '音(음)'의 '日' 부분은 '口'라는 상자 안에 신으로부터의 응답이 있었다는 것을 알려 주는 표시인 가로막대가 덧붙여진 형태, 즉 상자 안이 뭔가로 채워져 있다는 것을 나타낸다.

…… 문자와 문신

여기서 문자의 기원에 대한 미우라 마사시의 자극적인 주장이 있어 소개한다.

인류에게 최초의 미디어는 신체이고, 그 표현 수단은 장신구나 문신이었다. 이것의 기원은 떨거나 땀이 나거나 열이 나거나 차가워지거나 베이면 피가 나는 등 자신의 신체를 이해할 수 없게 된 데 있다.

자신이 어떤 존재인지 알고 싶다. 그 때문에 먼저 영문을 알 수 없는 신체를 제어하기 위해 장식품이나 문신을 한다. 장식품은 악령의 침입을 막기 위해서 착용한 것인데, 신체의 모든 구멍을 장식했다. 귀고리, 코걸이, 입 주위의 문신, 음부를 가리는 앞치마 같은 것이다. 머리띠나 팔찌, 발찌처럼 신체를 묶는 것은 역으로 신체로부터 영혼이 빠져나가지 못하도록 하는 기도 같은 것이다.

言　　告　　歌　　名　　音

그리고 고통이야말로 자신이라는 존재를 확인하는 손쉬운 방법이다. 꿈인가 생시인가 하고 뺨을 꼬집어 본다. 고통을 수반하며 신체에 메시지를 쓴다. 이렇게 해서 문신은 최초로 표현 수단의 하나가 되었고, 신체는 읽혀야 할 존재로 다시 태어났다. 즉 '읽는다' 는 행위가 존재하는 것을 인식했던 것이다. 여기서부터 문자의 성립은 조금밖에 남지 않았다. "문신은 고통의 흔적이지만 문자 역시 고통의 기억을 아직도 갖고 있다." 이렇게 문자에서의 '고통' 의 기억설도 고통을 형태로 한 한자의 주술성을 생각하면 설득력이 있다.

온 얼굴이 문신으로 뒤덮인 코루루. 뉴질랜드 폴리네시아 마오리족의 집회장(파레누이)은 인간에 비유되어 집 앞에는 코루루라 불리는 나무로 만든 조각이 달렸다.(A. ブルトン,《魔術的藝術》, 河出書房新社, 1997)

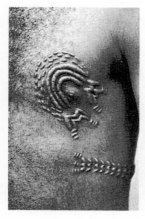

5만 년 전부터 사람이 살기 시작한 파푸아뉴기니의 원주민. 유두 주변에 문신을 했다. 미미나시호이치(괴담의 주인공. 원령을 쫓기 위해 온몸에 문신을 했으나 귀만 하지 않아 원령이 귀만 베가서 '귀 없는 호이치' 라 불렸다 — 옮긴이)처럼 문신을 한 곳에는 악령이 붙지 않는다고 믿었다.(中原佑介編著,《ヒトはなぜ繪を描くのか》, フィルムアート社, 2001)

이렇게 보면 동서 모두 청각을 시각화한 것이 문자라고 말하기에는 다소 힘든 측면이 있다. 역시 음을 누구나 알 수 있는 것으로 만들고 싶다는 생각이 담긴 악보야말로 청각을 시각화한 것의 대표일 것이다.

기원전 6세기경, 피타고라스는 아름다운 음계를 찾아내려고 했다. 피타고라스가 평생 테마로 삼은 것이 '우주의 조화'였기 때문이다. 지금 이 음계는 피타고라스 음계로 알려져 있는데, 음의 높이를 바꾼 일현금monochord 두 개를 놓고 아름다운 음계를 찾았다고 한다. 이때 현의 길이가 음의 고저를 나타냈다. 현이 길면 음이 낮고 현이 짧으면 음이 높다. 최초로 음을 시각화한 것이긴 했으나 나중에 악보가 성립하는 데는 공헌하지 못했다.

기원전 2세기 그리스에서는 음의 고저를 알파벳으로 치환한 문자 악보가 있었다. 리듬이나 악센트 기호도 쓰였는데, 가사 위에 코드가 쓰인 가사 카드 같은 것이었다. 9세기에는 가사를 음의 높이에 따라 높이를 달리해서 표현한 보법譜法도 나타났다. 이것은 곡 전체의 구조를 조망할 수 있게 한 최초의 시도였다.

그중에서도 중요한 발명이 9세기에 이루어졌다. 음을 점이나 선으로 표현하는 '네우마neuma'의 등장이다. 네우마는 음의 높고 낮음을 가사가 아니라 한 음씩의 단위로 해서 편집한 점이 획기적이었다. 타원이었던 네우마의 형태는 13세기 이후 사각형으로 통일되었다.

피타고라스와 오른손에 일현금을 들고 있는 여성. 일현금은 직사각형의 상자 위에 한 줄의 현만 달려 있는 것이다. 피타고라스는 옥타브를 12음으로 하는 피타고라스 음계 등을 만들었다. 그러나 유럽에서는 아라비아에서 이베리아 반도를 경유해 상당히 우회적인 전달 경로를 거쳐 중세시대에 전해지는 바람에 공백 기간이 길고 불투명한 점이 많다.(郡司すみ,《世界樂器入門 好な音嫌いな音》, 朝日選書, 1989)

또 하나는 보표(악보의 선)가 등장한 것이다. 보표는 음의 높이를 명확히 할 수 있는 훌륭한 것이었다. 10세기에 이탈리아와 영국에서 시작되었고, 단선율의 곡은 네 줄, 다성곡은 다섯 줄, 건반곡은 여섯 줄 등으로 복잡했으나 17세기 무렵부터는 다섯 줄로 수렴되어 갔다. 동시에 네우마의 형태를 바꿔 음의 길이를 표시하려는 경향도 나타났다. 네우마는 사각형에서 다시 타원형으로 변해 갔다.

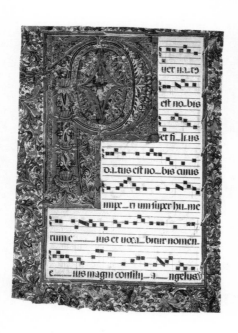

위 11세기경 보표가 없는 네우마 악보. 음의 장단 정도는 알 수 있지만 음정은 불분명하다.(皆川達夫, 《樂譜의 歷史》, 音樂之友社, 1985)

왼쪽 13세기, 여러 가지 형태가 있었던 네우마는 사각형이 기본이었고 네 줄의 보표가 표준이 되었다. 그러나 이것은 보표가 다섯 줄인 예외적인 것이다. 크리스마스의 미사 성가.(皆川達夫, 《樂譜의 歷史》, 音樂之友社, 1985)

또한 17세기에 소절선小節線이 더해져 확실한 리듬으로 연주할 수 있게 되었는데, 근대 기보법記譜法에서 보면 커다란 발전이었다. 메트로놈metronome이 발명된 것이 1800년 전반이다. 바흐가 죽은 것이 1750년, 베토벤이 교향곡을 작곡하기 시작한 것이 1800년 전후다. 메트로놈은 바흐가 죽고 나서 생긴 기계다. 베토벤이 말년에 메트로놈을 사용했다는 것도 충분히 생각할 수 있는데, 이 경우 바흐와 베토벤의 속도감은 달랐을 것이다. 비교해서 들어 보는 것도 재미있을 것이다.

이렇게 해서 19세기가 돼서야 음악을 재현하는 공통 인식으로서 근대적 악보가 탄생했다.

······ 그래픽스코어와 무용보
한편 20세기에 접어들어 이미지를 전하는 데 주안점을 둔 그래픽스코어가 등장했다. 그래픽스코어는 곡의 엄밀한 재현이 아니라 연주자의 주관에 맡겨졌는데, 악보의 표현은 압도적으로 그래픽적이고 모던했지만 악보로서는 격세유전의 표현법이었다. 고대 음악의 전달 방법은 몸짓이나 손짓이었고, 그래픽스코어는 그것을 기호 같은 것으로 표시한 일종의 무용보舞踊譜처럼 느껴진다.

왼쪽 독일 초기 바로크의 궁정 오르간 연주자이자 작곡가인 샤이트의 오르간 곡집 《타불라투라 노바Tabulatura nova》(1624년). 주법보tabulature란 악기의 연주법을 구체적으로 지시하는 기보법이다. 주법보가 발달함으로써 소절선이 들어가게 되었고 리듬이 안정되었다.(皆川達夫, 《樂譜の歷史》, 音樂之友社, 1985)
오른쪽 그래픽스코어와 같은 칸딘스키의 〈모데라토〉.(J. Hahl-Koch, 《Kandinsky》, Thames and Hudson, 1993)

칸딘스키의 1920년대 이후의 작품에는 소리가 들려올 것 같은 가볍고 부유하는 듯한 것이 많은데, 바로 그래픽스코어다. 실제로 〈모데라토〉(1931년)라는 제목의 작품도 있다. 칸딘스키 자신이 음악의 시각화를 상당히 의식한 듯하다. 스위스의 화가 파울 클레도 그래픽스코어 같은 스케치를 많이 남겼다.

이러한 것은 악보의 서식이 완성됨으로써 그 시각적인 매력이 드러났기 때문일 것이다. 러시아 혁명 직후는 프랑스 혁명 때처럼 모든 문화에 대한 검증이 이루어졌다. 그 하나로 시청각을 융합하는 실험이 이루어져 곡을 이미지로 만든 일러스트레이션과 음표나 악보가 조합된 그림책이 출판되었다.

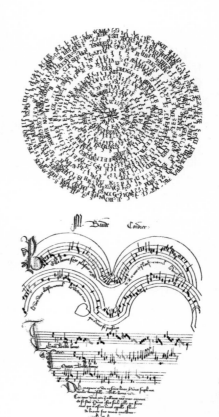

위 독일의 작곡가 페르디난트 크리베트의 〈Schtexte. No. Ⅹ Ⅵ〉(1964년). 크리베트는 구체시의 시인으로 꼽히기도 한다.(E. Karkoschka, 《Das Schriftbild der Neuen Musik》, Herman Moeck Verlag Celle, 1966)
아래 그래픽스코어의 선구자인 프랑스의 보드 코르디에는 〈샹티 사본寫本〉에서 론도 형식의 〈아름답고 마음씨 곱고 현명한 여자여〉(15세기 초)를 작곡했다. 사랑의 샹송에 어울리는 하트형의 악보. 이 책에는 그 밖에도 원형의 악보에 기보된 캐논 형식의 론도 〈컴퍼스를 사용해 완전하게 그려진Tout par compas〉도 있다. 코르디에는 악보의 그래픽적인 성격을 일찍부터 깨닫고 있었다.(皆川達夫, 《樂譜の歷史》, 音樂之友社, 1985)

아르투르 루리에와 표트르 미투리치의 《아이 방의 피아노》, 구소비에트 연방 국립음악출판소 발행, 1920년의 표지.(中川素子＋坂本滿編, 《ブック·アートの世界 繪本からインスタレーションまで》, 水聲社, 2006)

작곡가 아르투르 루리에가 화가 표트르 미투리치와 엮은 《아이 방의 피아노》(1920년)나 큐비즘 시대의 피카소에게 바친 피아노 곡집 〈공기 중의 형식〉(1915년) 등은 "음의 색채적 요소를 배제하고 그래픽적인 요소를 강조한 피아노 연주"를 추구했다고 한다.

루리에의 음악은 "곡의 느낌이나 성격을 특징지어야 할 중심 음을 결여한 무조 음악으로, 종잡을 수 없는 선율은 불안정한 인상을 주지만 동시에 싱싱한 투명감과 신선한 인상으로 가득 차 있다. 피아노가 타악기처럼 사용되고 있고, 타악기 부분과 멜로디 라인의 음계가 떨어져 있어서 선율이 확실히 떠오르고, 의외의 장소에 삽입된 휴지부는 공백을 효과적으로 사용한 회화를 방불케 한다. 또한 반복되는 같은 음형이 어린이와 어른이 나누는 종잡을 수 없는 대화를 떠올리게 해 유머러스"하다. 현재 현대 음악의 악보는 다시 다섯 줄로 돌아오기 시작한 듯하다. 아마 20세기에는 여러 가지로 까다로운 규칙이 너무 많았는지도 모른다.

구이도가 도레미를 발견하는 계기가 되었다고 하는 그레고리오 성가 〈성 요한 찬가〉. 빨간 글씨 부분이 도레미의 기본이 된 부분. 모음(u, e, i, a, o, a)이 들어 있는 곳에도 도레미를 부르기 쉬운 비밀의 한 부분이 있는지도 모른다.(竹井成美, 《音樂を見る! 敎育的視點による平均律·五線譜·ドレミ誕生の歷史》, 音樂之友社, 1997)

...... 도레미의 시작

이탈리아의 구이도 다레초는 1035년에 작곡한 그레고리오 성가집 《요한송가》에서 6음이 차례로 올라가는 부분을 만들었다. 거기에 라틴어 가사의 두운을 두면 노래하기 쉽다는 것을 깨달았다. 이것이 "우트ut, 레, 미, 파, 솔, 라"다. 이 시대는 6음 음계가 기본이었다. 그러나 17세기부터 7음 음계가 시작되어 1600년 '우트'가 노래하기 쉬운 '도'로 바뀌고, '시'가 더해져 도레미파솔라시도가 완성되었다. '시'라는 호칭은, 가사의 마지막 구절에 있는 '성 요한Sancte Joannes'의 머리글자 'SJ'를 'Si'로 발음해서 생긴 것이다. J가 I에서 파생된 문자이므로 J를 i로 발음하는 경우가 많았다.

그리고 더욱 알기 쉽게 하려고 만든 '구이도의 손'이 그때까지 네 줄에서 다섯 줄까지 가지각색이었던 보표를 다섯 줄로 통일하는 계기가 되었다. 이렇게 해서 악보에도 다섯 개의 손가락이라는 인체의 유비가 더해졌다.

위 구이도의 손 음계의 흐름.(J. S. V. ワ-スベル
ヘ, 《音樂教育》, 音樂之友社, 1986)
오른쪽 1670년경, '시'가 더해져 7음 음계가 되기
전까지 6음 음계로 작곡되었는데, '시'가 없기 때문
에 아무리 해도 비어져 나오는 음이 있었다. 그것을
보상하기 위해, 예컨대 '라'를 '레'처럼 고쳐 읽는
일이 시작되었다. 그리고 이 고쳐 읽기의 관계를 알
기 쉽게 한 것이 도레미의 발안자 구이도가 만들었
다고 하는 '구이도의 손'이다. 이 그림을 만듦으로
써 보표는 다섯 개로 정착되었다. 7음 음계가 실제
로 정착한 것도 18세기가 되어서다.(皆川達夫, 《樂
譜の歷史》, 音樂之友社, 1985)

이렇게 해서 가사의 머리글자를 연결했을 뿐인 "도, 레, 미, 파, 솔, 라, 시, 도"가, 보이지 않는 음을 보이는 것으로 만든 뛰어난 표기라는 것이 점차 알려짐으로써 상용화되었다. 그것은 "도레미……" 대신 뭔가 다른 말(예컨대 "가나다라……"라든가 "ABCD……")로 바꿔 보면 된다. "도레미……" 이외에는 안정감이 떨어진다는 것을 알 수 있다.

…… 청각의 시각화, 속기

속기는 고대 로마, 기원전 63년 키케로가 행한 카타리나 탄핵 연설(로마의 집정관 선거에서 대립 후보인 루키아스 세르비우스 카타리나에 대해 "우리는 언제까지 참아야 하는가"라고 말하며 선거에서 승리한다)을 기록한 것이 사상 처음이다. 이것은 키케로의 비서 티로가 개발한 것으로 약어 하나하나에 부호를 붙였기 때문에 외워야 하는 기호가 방대하고 숙련하는 데 시간이 걸렸지만, 신의 말을 중시한 초기 그리스도교가 포교하는 데 이를 사용했다.

16세기에 접어들어 10세기 동안 잊혔던 속기가 부활했다. 1588년 영국인 티모시 브라이트가 《기호의 사용: 기호를 사용하여 짧고 빠르게 쓰는 기술》에서 티로식 속기법을 응용했다. 이것을 개량한 것이 1602년 존 월리스의 《스테노그래피》다. 이것이 속기·속기술, 즉 스테노그래피의 어원이 되었다.

뉴턴도 당시의 토머스 셸턴(1626년)식 속기술을 완벽하게 익혔다고 하는데, 암호에도 사용할 수 있는 등 속기술이 지적·학문적 매력으로 가득 찬 시대였다.

1893년에 만들어진 속기용 타자기. 가지고 다니기 편리하도록 가볍게 만들었고 인쇄 속도를 높이기 위해 사용 빈도가 높은 문자 키를 두 개 만들었다. 일단 오른손잡이 이용이지만 오른손과 왼손을 동시에 사용하여 긴 단어 등을 처리할 수 있고, 단어 단위로 종이가 자동으로 움직이기 때문에 스페이스 키가 필요하지 않다.(L. デ·フェリス, 《圖說 創造の魔術師たち 〈19世紀〉發明家列傳》, 工學圖書, 2002)

이후 1837년 아이작 피트먼의 피트먼식 속기법이 만들어져 영국에 정착되었다. 미국에서는 존 로버트 그레그의 그레그식, 프랑스에서는 코사르식과 듀프루아식, 독일에서는 몇 개의 방식을 종합한 통일식이 있었다.

일본에서는 1882년 이래 여러 방식을 채택했지만, 2004년 중의원과 참의원용의 속기술 양성을 그만두기로 결정하여 1918년부터 이어져 온 속기술 양성소의 역사는 막을 내렸다. 2006년 마지막 졸업생이 배출되었지만 그것도 2년 동안 활약하는 데 그쳤다. 2008년부터는 국회의 중계 화면을 보면서 컴퓨터 자판을 두드린다고 한다. 다시 하나의 문화가 과거의 것으로 사라졌다.

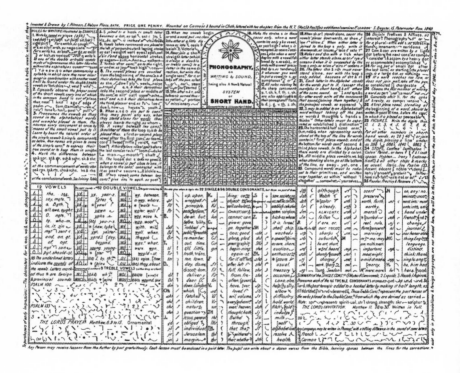

아이작 피트먼의 '페니 플레이트Penney Plate'라 불린 값싼 속기술 기초 학습 노트, 1839~1840년.(J. Drucker, 《The Alphabetic Labyrinth: The Letters in History and Imagination》, Thames and Hudson, 1995)

…… 시각의 촉각화, 점자

1829년 프랑스의 맹인 루이 브라유가 64종(2의 6제곱)의 문자를 사용할 수 있는 6점식 점자를 고안했다. 이것이 거의 결정판이 되어 19세기 말에는 세계 각국에서 채택되었다.

일본의 점자는 1890년 도쿄 맹아학교의 이시카와 구라지가 브라유식을 오십음으로 치환하여 만든 것이 기본이 되었다.

가독성에 대한 추구

나는 평소 본문 포맷을 디자인할 때 모형 문장을 사용한다. 그 문장은 바이올린 연주자 기돈 크레머의 자서전 《작은 바이올린》의 첫머리 "늘 노래가 들려온다"로 시작되는 문장에서 전혀 줄을 바꾸지 않는 것을 차용하고 있다. 모형이기 때문에 내용 같은 것은 차치하고, 시적인 문장에 구두점도 남아 있어서 무의식중에 읽게 된다고 말하는 편집자가 많다.

영문인 데다 단어 사이의 공간이나 구두점, 그리고 행을 바꾸지 않으면 우선 쉽게 읽을 수는 없을 것이다. 루이스 캐럴의 《이상한 나라의 앨리스》(1865년)나 제임스 조이스의 《피네건의 경야》(1939년)에도 일부 단어별로 떠어 쓰지 않은 곳이 있지만 원래 의미가 분명하지 않은 것이기 때문에 별 문제는 없다.

······ 음독과 두루마리

20대 전반에 시인이라는 직함을 가졌던 시기가 있었다. 행갈이를 하지 않고 구두점도 없으며 자간과 행간이 전혀 없는 가로 28자로 42행, 총 1176자로 엽서 한 장을 가득 채운 시를 쓴 적이 있다. 카이사르의 《갈리아 전기》(기원전 50년경)가 이처럼 행도 바꾸지 않고 단어 사이의 여백도 없이 빽빽이 쓰였다고 가르쳐 준 친구가 있었다. 그때는 그 진의를 몰랐는데, 나중에 《갈리아 전기》가 행갈이를 하지 않고 구두점도 없이 쓰인 것은 고대 그리스로마 시대에는 특별한 것이 아니었다는 사실을 알게 되었다.

Polthergeistkotzdondherhoploits!
騒靈なげろへど稲妻光である。
certelleneteutoslavzendlatinsoundscript
ケルトギリシアチュートンスラヴゼンドラテン音声台本
The lewdningbluebolteredallucktruckalltraumconductor!
淫光藍逃大筈射干玉電車掌!

위 조이스의 《피네건의 경야》에서 단어를 붙여 길게 만든 문장의 예. 일본의 조이스 권위자인 야나세 나오키의 번역조차 의미가 불분명해서 완전히 새롭게 의역하고 싶은 유혹에 사로잡히게 된다.(원저는 James Joyce, 《Finnegans Wake》, Penguin Classics, 1992/ 일본어 번역본은, ジェイムズ・ジョイス, 柳瀬尚紀譯,《フィネガンズ・ウエイクⅠ・Ⅱ, 河出文庫, 2004)
왼쪽 20대 전반에 엽서 가득 인쇄한 필자의 시. 자간이나 행간 없이 빽빽해서 읽을 기분이 들지 않는다. 1972년.

고대 그리스 로마 시대에는 '책을 읽는다'는 것은 곧 음독을 의미했다. 즉 모두에게 읽어 주는 낭독을 의미했던 것이다. 청중 앞에서 큰 소리로 낭독할 수 있게 되면 어엿한 어른으로 인정받았다. 책을 낭독하는 것은 성인이 되기 위한 통과의례이기도 했던 것이다. 또한 청중 앞에서 낭독한다는 것은 수많은 민중에게 널리 알린다는 의미에서 일종의 출판이기도 했다.

물론 묵독이 전혀 없었던 것은 아니지만 그것은 여행 중이라거나 자신의 방 등 사적인 공간에 한정되어 있었다. 그러나 독서란 음독이었으며 오늘날 우리가 생각하는 것만큼 사적인 일이 아니었다.

이 음독 중심의 세계에서 문장 표기는 단어 사이의 여백이나 구두점 같은 것 없이 계속해서 쓰는 '연속 표기법'이었다. 로마에서는 1세기경까지 단어 사이에 삼각형의 구별 점이나 숫자 위에 그 밖의 문자와 구별하기 위해 윗선을 넣었는데, 그리스가 유럽 문화의 중심이 되자 그것도 사라졌다.

…… 발음에 따른 표기

그리고 올바른 철자가 아니라 발음하기 쉽도록 발음에 따라 표기했다. 암호와 같은 문자의 나열은 그것을 읽음으로써 비로소 의미가 확실해지게 된다. 예컨대 'que'를 'Q', 'ks'를 'X'로 표기하는 것과 같다. 오늘날 이처럼 발음대로 표기하는 것은 래퍼나 흑인 뮤지션들이 즐겨 쓰는 방법이기도 하다.

노사카 아키유키의 《반딧불이의 묘》에서 단락이 나눠지지 않은 가장 긴 단락의 예. 이 단락의 분량은 원고지 여덟 장이 넘는다. 여러 개의 문장이 콤마로 이어져 있는데 이러한 어조는 마치다고에게 계승되었다. (野坂昭如, 《火垂るの墓》, 新潮文庫, 1972)

예컨대 영화의 FX(effect)도 그렇고, U2(you too, 또는 미국의 스파이 정찰기 이름)가 시작이라면 가수 프린스의 가사는 약호의 퍼레이드다. 4u(for you), ic(I see), b4(before), 2nite(tonight), ur(your), r(are) 등. "Where are you going?"은 "Where r u goin' ?"이 된다. 대상이 영어라서 안타깝지만 고대 그리스의 표기(그리스어가 아니라)로 하면 "¿WHERERUGOING?"이 된다. 그리스어의 의문문은 이처럼 문장을 '¿'로 감싼다. 또한 프린스는 'i'에 눈瞳 마크도 사용하기 때문에 읽는 데 주저할 때가 있다. 읽히는 것을 거부하고 있다는 듯한 인상이다.

마르셀 뒤샹은 모나리자 그림엽서에 수염을 그려 넣었을 뿐인 작품에 〈L. H. O. O. Q.〉(1919년)라는 제목을 달았는데, 이것도 원문의 발음 '엘·이슈·오·오·큐'를 그대로 표현한 것이다. 원문은 '엘라·쇼·오·큐(Elle a chaud au cul=그녀의 엉덩이는 뜨겁다)'다. 이러한 표기 방법도 쓰이는 매체의 변화에 따라 어쩔 수 없이 변경되어 간다.

4세기 이전, 구두점도 없고 행갈이도 없이 라틴어로 쓴 로마 시인 베르길리우스의 《전원시와 농경시》의 일부. 글머리의 한 행 "ATQ·ALIVSLATVMFVNDAIAMVERBERATAMNE-"를 현재의 표기로 고치면 "atque alius latum funda iam verberatamnem"이 된다. 'Q·'는 'que', 'E-'는 'em'의 약자이다. 아직 'u'는 없었지만 대신 'V'를 사용했다.(R. シャルティエ+G. カヴァッロ編, 《讀むことの歴史 ヨーロッパ讀書史》, 大修館書店, 2000)

고대의 책이라면 권자본巻子本(라틴어로 volumen, volume의 어원이다), 즉 두루마리다. 파피루스(식물 줄기의 껍질을 필기용으로 가공한 것. 섬유가 뒤얽힌 종이와는 다른 것)를 가로로 한 장씩 붙여서 감은 것이다. 한 장에는 문장 한 단락이 쓰여 있어 왼손으로 감아 가며 읽고, 다 읽으면 다시 되감아 놓는 방식이다. 이것이 본문 단락 구성의 기원이 되었다. 컴퓨터 화면을 끌어내릴 때의 '스크롤'이라는 말은 두루마리scroll에서 왔다. 감아져 있기 때문에 검색하기는 힘들지만 원래 '기억하는' 것이 대전제였기 때문에 검색할 필요는 없었다고 할 수 있다.

그리고 단어 사이의 여백을 두지 않았던 것은 이 권자본에 사용되는 파피루스를 입수하는 것이 힘들어 경제적인 면을 생각해서 단어 사이를 다 채웠다는 설도 있다. 13세기에 종이가 부족해서 글자 폭을 줄인 사정과 같은 것이다.(13장 '변화와 리듬을 주다' 참조)

왼쪽 뒤샹의 〈L. H. O. O. Q.〉. 모나리자 그림엽서에 장난처럼 수염을 그려 넣은 것인데 일반적으로 '수정된 레디메이드'로 불린다.

오른쪽 이번에는 모나리자 그림엽서에 아무런 손도 대지 않고 〈면도를 한 L. H. O. O. Q.〉(1965년)라는 제목을 붙여 발표했다. 〈L. H. O. O. Q.〉가 없으면 성립되지 않는 작품이다. 이것은 손을 대지 않았으므로 '레디메이드'라고 불렸다.

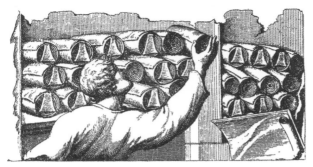

왼쪽 로마의 서점에서 두루마리 파피루스 책을 사는 로마인. 오른쪽 아래에 있는 것이 독서대이다.

가운데 위 고대 로마 시대의 권자본을 넣는 '카스바'라 불리는 둥근 나무 상자, 즉 책을 담는 통이다.

가운데 아래 유대교가 확립되고 그리스도교가 나타났을 무렵에 만들어진 세계 최고最古의 《사해사본》 복각판. 기원전 2세기에서 기원후 2세기에 걸쳐 사해에서 약 1킬로미터 떨어진 쿠무란에서 생활하고 있던 교단이 남긴 것이다.(キリスト降誕2000年 東京大聖書展 實行委員會, 《死海寫本と聖書の世界》公式カタログ, 2000)

아래 고대 로마 시대의 권자본. 권자본을 왼손으로 감아가면서 읽는다.

폼페이 벽화에 그려진 여류 시인의 초상화. 그녀는 왼손에 밀랍 판을 들고 오른손에 끝이 뾰족한 철필을 들고 생각에 잠겨 있다. 이 밀랍 판은 파피루스에 쓸 때 밑에 까는 것으로, 나무틀이 붙은 목판에 밀랍을 떨어뜨려 평평하게 굳은 곳에 철필로 쓰는 것이다. 글자를 고칠 때는 밀랍의 겉 표면을 얇게 벗겨내고 다시 쓴다. 목판 부분까지 벗겨진 경우는 다시 밀랍을 떨어뜨려 굳히는 식으로 몇 번이고 사용할 수 있었다. 목판에는 밀랍이 잘 붙게 하기 위해 미세한 상처를 내놓았다. 밀랍 판은 양면을 사용할 수 있고 병풍처럼 다발로 묶을 수도 있었다(초상화 아래에 있는 그림을 참조할 것). '철' 하는 것이므로 책자본 형태의 선구이기도 하다. 이것은 고대뿐만 아니라 중세에서 근세에까지 사용되었다고 한다.(高宮利行＋原田範行,《圖說 本と人の歷史事典》, 柏書房, 1997)

······ 묵독과 책자본

5세기가 되자 책의 형태도 권자본보다는 책자본冊子本이 증가하기 시작했다. 현재
와 같은 책의 형태인 책자본은 2세기경부터 시작되었는데 한 페이지씩 넘기는 방
식이다. 책자본은 코덱스codex(라틴어로 '나무의 줄기')라 불렸는데, 여기에서 규칙
code이라는 말이 생겨났다. 그리스도교도는 권자본에 비해 읽기 쉬운 책자본을 좋
아했으므로 책자본의 보급에 박차를 가했다.

책을 그리스어로 비블리온biblion이라고 하는데, 이것은 책의 소재인 파피루스(이
집트의 나일 강 연안에 무성한 식물)의 내피를 비블러스Byblus라 한 데서 온 것이다. 여
기에서 바이블bible이 되고 'Book'이 생겨났다(*). 'The Book'이라고 하면 성서
를 말한다. 아울러 이 무렵의 책에는 원래 제목이 붙어 있지 않았기 때문에 본문의
첫머리가 그대로 제목이 되었다.

그리스에서 문자를 시각화하는 알파벳이 생긴 것은 결국 음독 중심에서 묵독 중심
으로 옮겨 가는 추세를 보여 준 것이다. 더욱이 책자본은 확실히 묵독에 적합했다.
사본寫本은 묵독하는 과정에서 일어나기 때문에 자연스럽게 묵독하게 된다. 그래서 7
세기경에는 묵독하기 쉬운 방법이 요구되었고, 단어 사이에 여백을 두게 되었다.

또한 책자본이 되면서 다루기 쉬워졌고 다른 그리스도교 문헌을 참조하거나 인
용하는 경우도 늘었기 때문에 페이지에 번호를 붙이게 되었다.

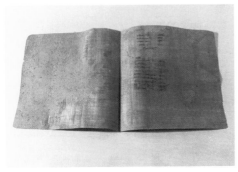

파피루스로 만들어진 책자본. 오스트리아 국립도서관 소장.

(*) 'Book'의 또 한 가지 어원은 게르만족이 식물의
껍질, 주로 너도밤나무에 룬 문자Runic alphabet(초
기 게르만족이 1세기경부터 쓰던 특수한 문자 — 옮긴
이)를 썼던 데서 왔다는 것이다. 종이의 재료가 식물의
껍질이었기 때문에 프랑스어 'livre', 이탈리아어와 에
스파냐어 'libro'도 라틴어로 수목의 껍질을 의미하는
'liber'에서 나왔다고 한다. 아울러 파피루스는 영어
'paper', 독일어 'papier', 프랑스어 'papier', 러시
아어 'papka'의 어원인데, 파피루스는 종이의 특질
인 '뜨다'라는 공정을 거치지 않고 물에 담갔다가 누
르기만 한 것이기 때문에 엄밀하게 말하면 종이의 조
상은 아니다.(《壽岳文章書物論集成》, 沖積舍)

콜론이나 콤마 같은 구분 기호도 관례가 되었다. 첫머리의 글자를 크게 하거나 첫머리에 요약을 붙이고, 내어쓰기나 들여쓰기를 하고 난欄 외에 색을 바꾼 글자나 숫자를 넣어 검색하기 쉽게 하는 아이디어도 등장했다.

…… '가독성'을 가속화하다

8세기 후반, 유럽을 통일한 프랑크 왕국 카롤링거 왕조의 샤를마뉴 왕은 그리스도교의 지반을 다지기 위해 민중에 대한 교육 정책을 내세웠다. 즉 올바른 성서를 만들기 위해 과거의 유산 발굴과 보호, 그리고 성서를 읽기 쉽게 하면 그만큼 보급하기 쉬워진다고 하여 표기의 통일 등 표준화를 주창했다. 묵독하는 기술에 대혁명을 일으킨 소문자만의 '카롤링거 서체'도 이때 탄생했다. 이것은 앵글로 색슨족의 사자생寫字生(글을 베껴 쓰는 일을 직업으로 하는 사람 — 옮긴이)이 만든 소문자 서체를 발전시킨 것이고, 대문자는 로마 시대의 서체를 그대로 사용했다. 구두점은 9세기부터 도입되었다.

12세기가 되자 지반이 다져진 그리스도교를 더욱 보급시키기 위해 교육 시스템을 정비하려는 움직임이 일어났다. 대학이 탄생한 것이다. 이 대학의 교수를 스콜라 학자라고 부르는데, 그들은 '편집술'을 구명하려고 했다. 글자로 채워진 성서를 장으로 나누고 단락으로 나누며(아울러 프랑스어로 단락paragraph이라는 말이 채택된 것은 1644년이다), 표제어도 붙이고 목차나 용어 색인도 만들었다.

로마의 트라야누스 황제의 전승 기념 비문(113년). 르네상스 때 이 비문의 문자가 로마자 대문자의 기본이 되었고 17세기에 레오파르도 안토노치가 이 비문에서 정확하게 문자화한 서체를 만들었다.(S. ナイト, 《西洋書體の歷史 古典時代からルネサンスへ》, 慶應義塾大學出版會, 2001)

SENATVS POPVL
IMP·CAESARI·DIV
TRAIANO·AVG·GI
MAXIMO·TRIB·POT
AD·DECLARANDVM·
MONSET·LOCVS·TAN

중세의 대학. 중세 초기에 사람들은 수도원 안에서 성서를 꼼꼼하게 독해하는 것이 독서라고 생각했다. 그러나 스콜라 시대에는 그렇게 책을 대면하는 일이 없어졌고, 얻고 싶은 정보를 간단히 얻을 수 있는 '읽기' 기술이 중시되어 장, 단락 나누기, 표제어, 알파벳 순서의 색인, 목차 등의 아이디어가 나왔다.(高宮利行＋原田範行,《圖說 本と人の歷史事典》, 柏書房, 1997)

'&' 등의 생략 기호나 하이픈도 도입되었다. 각주도 달고 첫머리도 대문자로 장식하게 되고 문장은 점차 강약을 주는 방향으로 나아갔다.

그때까지 책의 필사법은 구술에 한정되어 있었지만 13세기부터 14세기에 걸쳐 보고 베껴 쓰는 방향으로, 즉 청각 중시에서 시각 중시로 바뀌었다. 사자생만이 아니라 읽는 사람도 여러 가지 요소가 본문에 들어가게 되자 시각을 구사하지 않으면 안 되었다. 읽기 쉽게 하려다 오히려 읽기 어렵게 된 아이러니한 모습이다.

15세기 무렵 양피지에 글자를 쓰는 프랑스의 사자생 장 미에로. 미에로는 2대에 걸쳐 부르고뉴 공국의 왕을 모신 비서이자 번역가다. 영국에 인쇄술을 가져온 윌리엄 캑스턴도 미에로의 책을 출판했다. 여기에서는 글자를 쓰기 쉽도록 괘선이 그어져 있는 것을 알 수 있다.(高宮利行＋原田範行,《圖說 本と人の歷史事典》, 柏書房, 1997)

…… 필사하기 쉬운 서체

한편 필사할 때의 고생을 덜기 위해 쓰기 쉬운 서체를 모색했고, 13세기에 고딕 초 서체가 만들어졌다. 이것이 나중에 구텐베르크가 최초로 만든 금속활자 서체인 '블랙 레터체'가 된다. 덧붙여서 말하자면 지금 일본어 서체의 고딕체는 획의 삐침이 없는 모던 서체를 미국에서 고딕이라고 부르는 데서 연유하며, 이 블랙 레터체와는 다른 것이다. 현재는 획의 삐침이 없는 모던 서체를 산세리프Sans-serif라고 부른다.

그 후 수많은 타이포그래퍼들이 이처럼 읽기 쉬운 서체를 개발한다. 이와 관련하여 나는 특별히 판별성과 가독성을 요구한 타이포그래퍼 에이드리언 프루티거를 좋아한다. 평소에는 프랑스의 드골 공항의 기호 서체이기도 한 프루티거체를 구문 歐文의 기본 서체로 사용하고 있다. 프루티거는 서체의 굵기를 여러 가지로 변형시킨 '패밀리'라는 개념을 발전시킨 인물로도 알려져 있는데, 그 최초의 서체가 '유니버스'다. 서체에 대한 프루티거의 신념이 느껴지는 이름이다.

읽기 쉬운 것을 추구한 또 하나의 움직임은 이탤릭체의 탄생이다. 1501년 이탈리아의 알두스 마누티우스와 프란체스코 그리포는 초서체 같은 서체를 활자화했다. 이것이 '이탤릭체'다. 원래 독자적인 한 서체인데도 문장에 기복을 주기 위해 사용되어 일반화되었다. 애스터리스크asterisk(문장에서 참조, 생략, 비문법성 따위를 나타낼 때 쓰는 부호[*] ─ 옮긴이)도 알두스가 발명한 것이다.

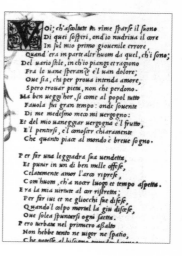

이탤릭체의 기원이 된 것은 르네상스의 필기체 '챈서리 커시브'다. 이것은 15세기에 50년간 교황청의 중심 인물이었던 포지오 브라치올리니가 권장한 로마체 '휴머니스트 미너스큘'을 빨리 쓰기 위해 발달한 서체다. 이후 '챈서리·커서브'가 다른 서법으로 나뉘었기 때문에 1517년 루도비코 데글리 아리기가 완전한 필기체 '챈서리 바스타르다'를 개발했다. 알두스 공방은 이 서체를 처음으로 금속활자로 주조했다. 옆의 사진은 알두스 공방이 '챈서리 바스타르다'를 본격적으로 사용한 프란체스코 페트라르카의 《속어(이탈리아어) 작품집》(1501년)이다.(組版工學研究會編, 《歐文書體百花事典》, 朗文堂, 2003)

······ 윌리엄 모리스의 서식 규칙

인쇄되는 면이나 자간, 행간 등 레이아웃 방법을 처음으로 추구한 인물은 윌리엄 모리스다. 세계 최초의 편집 디자이너인 모리스는 중세 채색 사본을 모델로 "책이란 읽기 전에 우선 보는 것이다"라며 시각적으로 아름다운 레이아웃을 지향했다. 청각에서 시각으로 이동한 독서의 필연적인 추세일 것이다.

그래서 모리스는 책은 마주보는 두 면이 하나의 단위라고 선언하고, 책을 철하는 부분의 여백은 최대한 좁게 해서 배 부분의 여백을 넓게 해 책을 펼쳤을 때 두 면이 연결된 것으로 보여야 한다고 생각했다.

글자는 굵고 글자와 글자 사이의 여백은 좁으며 이상한 여백이 나오지 않도록 행간은 빈틈 없게 했다. 빈틈이 너무 많아 멀리서 봤을 때 회색으로 보이는 것을 싫어했기 때문이다. 행갈이도 싫어해서 문장의 첫머리에 표시를 함으로써 행을 바꾸지 않아도 되게끔 했다. 바로 새까만 지면을 바랐던 것이다.

모리스가 목표로 한 궁극적인 레이아웃은 순백의 틀로 둘러싸인 사각의 검은 면이었다. 가장자리, 장식선, 첫머리 글자의 장식 등도 좋아했기 때문에 겉모습은 미

술 공예품처럼 아름다웠지만 읽기가 힘들었다. 결과적으로 잘 알려진 내용의 책, 즉 읽지 않아도 대충 내용을 알 수 있는 제프리 초서 등의 책이 출판의 중심이 되었다.

켈름스콧 출판사의 서적들. 오른쪽에서부터 대형판, 툴루즈의 대주교 기욤의 《고드프루아 드 부용과 예루살렘 정복 이야기》(1893년)/ 모리스의 《선더링 플러드》(1897년), 《셸리 시집 1·2·3》(1895년)/ 소형판, 모리스가 옮긴 《쿠스탄스 왕과 이국 이야기》(1894년), 《콜리지 시선》(1896년), 대형판, 모리스의 《제이슨의 삶과 죽음》(1895년), 모리스의 《지상의 낙원》(1896년) 전8권 중의 1·2권, 모리스의 《빛나는 평원 이야기》(1891년), 나머지 세 권은 알 수 없다.(W. S. ピータースン, 《ケルムスコット·プレス ウイリアム·モリスの印刷工房》, 平凡社, 1994).

덧붙여 말하자면 모리스의 서식 규칙 중에서 가로짜기인 알파벳 문장의 경우 '철하는 부분'의 여백을 좁게 하는 것은, 첫머리나 말미의 한두 글자가 손상되도 기본적으로 예측해서 읽을 수 있기 때문에 큰 지장은 없었다. 그러나 일본어처럼 세로짜기에서는 문제가 생긴다. 세로짜기에서는 한 행 전체가 보이지 않는 경우가 생기기 때문에 읽는 사람은 스트레스를 받는다. 모리스의 일본어 번역본은 세로짜기인데도 모리스의 서식 규칙을 답습하는 예가 많다. 이런 점은 사려 깊지 못한 것 같다.

위 마인홀트의 《여마법사 시도니아》(1893년)에서 마주보는 본문의 두 페이지. 왼쪽 페이지에서 알 수 있듯이 횡단면보다도 철하는 부분의 여백이 더 좁고 전체적으로 사각형 지향이 강하다.(ケルムスコット・プレス ウイリアム・モリスの印刷工房)》, 平凡社, 1994)
오른쪽 《초서 저작집》(1896년) 표제지의 마주보는 두 페이지. 삽화는 에드워드 번즈.(ウイリアム・モリス展カタログ》, 朝日新聞社, 1989)

원하는 정보를 금방 찾고 싶다는 욕망도 싹트기 시작했다. 그때까지의 편집 방법은 그리스도교적 세계관이 반영된 것으로, 신·천사·해·달·대지·남·여·신체·전문가·상인·직인 순이었지만, 11세기 비잔티움의 백과사전《스이다스Suidas》에서 처음으로 알파벳순이 채택되었다. 그리고 17세기에는 알파벳순이 주요 검색법이 되었다.

프랑스 혁명 후인 1795년 파리의 재판정에서는 재판에 걸린 개인의 이름을 알파벳순으로 등록하기로 결정했다. 그때까지는 형이 확정된 범죄자의 신체에 직접 범죄 내력을 인두로 표시했다. 잡히지 않으면 재범인지 아닌지 몰랐지만 등록제나 다름없었으므로 누범이 어려워졌다. 과학적 조사법이 싹튼 것이다.

일본에서 처음으로 오십음도(일본어의 가나 문자를 모음은 세로로 다섯 자, 자음은 가로로 열 자씩 나란히 세워 그린 표 — 옮긴이) 순서를 도입한 사람은 모즈메 다카미다. 천·지·인이나 이로하순(47자의 각각 다른 문자로 가사를 만든 노래가 이로하 노래이며, 지금의 오십음도가 쓰이기 전까지는 이 노래의 가사가 순서로 사용되었다 — 옮긴이)이라는 그때까지의 편집 방침에 대항하여 모즈메는 문헌백과《고분코廣文庫》전12권,《군쇼사쿠인郡書索引》전3권을 오십음도순으로 편찬했다. 모즈메가 사재를 털어 만든 이 문헌백과는 결국 메이지 시대에서 다이쇼 시대에 걸쳐 35년이나 걸려 완성되었고, 1918년에야 간행되었다. 오늘날 같으면 35년이나 걸리는 작업은 그 사이에 내용이 낡아져서 출판에 이르지 못했을 것이다.

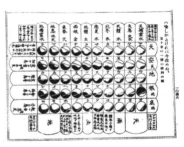

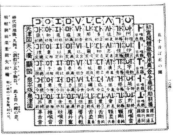

모즈메 다카미가 편집한《고분코》의 '오십음도' 항목에 게재되어 있는 예로, 오십음에 다른 기호를 할당하고 있다. 위는 회전하는 온묘교쿠陰陽玉, 아래는 진다이神代 문자(한자가 전래되기 이전부터 일본에 있었다는 일종의 음절문자인데, 후세의 위작이라고 한다 — 옮긴이)의 예다.(紀田順一郎,《日本博覧人物史データベースの黎明》, ジャストシステム, 1995)

참고 도서에 의한 검색법은 18세기에 발명되었다. 주로 프로테스탄트가 출판한 책에 대해 가톨릭이 금서 목록을 만들었는데, 아이러니하게도 이것이 참고 도서와 같은 역할을 한 데서 이 검색법이 시작되었다. 읽어서는 안 된다고 하면 분명히 재미있을 것이라고 생각하는 것이 사람의 심리다. 검색하기 쉽다는 것은 금방 원점으로 돌아갈 수 있다는 것을 의미한다. 금방 원점에 도달할 수 있다는 이 풍조는 각주나 본문 옆에 다는 주석을 낳았다. 괄호에 넣는 방식은 14세기 말부터 이미 사용되고 있었다.

아울러 도서관의 분류 시스템을 생각해 낸 사람은 미국의 도서관 사서 멜빌 듀이였다. 1876년의 일이다. 그때까지는 도서관 등의 독서대 끝에 그 독서대에 꽂혀 있는 책의 내용 일람표가 붙어 있었다. 이것이 듀이가 분류 시스템을 생각해 낸 바탕이 되었을 것이다.

지금처럼 책의 등이 보이게 책을 꽂는 것은 16세기 후반에서 17세기경부터였다. 그리고 너무 당연해서 오히려 놀랍지만, 책등에 내용을 알 수 있도록 저자명, 제목, 출판 연도가 인쇄된 것도 이때부터였다.

위 독서대 사이에 읽고 있지 않은 책을 놓아 두는 책장이 만들어진 것은 16세기 후반이다. 그 후 곧 책을 책장에 꽂아 놓게 되었다.(H. ペトロスキー, 《本棚の歴史》, 白水社, 2004)
오른쪽 700년 무렵 구약성서의 예언자 에즈라의 모습으로 고대 라틴어로 쓰인 성서를 정서하고 있는 로마의 카시오도루스. 카시오도루스의 뒤쪽에 있는 문이 열려 있는데 그것이 책장이다. 이 무렵에는 책을 옆으로 뉘어 수납했다는 것을 알 수 있다.

이렇게 해서 독서는 완전히 묵독으로 대체되어 시각 우위의 시대가 시작되었다. 아직도 시각은 오감 중 정점에 있다. 그러나 시각도 안심할 수만은 없는 세상이 찾아온 것 같다.

첫째는 휴대전화의 보급으로 사람들 앞에서 아무렇지 않게 사적인 이야기를 할 수 있는 사람이 늘어난 점이다.

둘째는 음독의 복권이다. 컴퓨터의 문자 입력 방식은 키보드가 주이고 필기 입력은 아직 일반적이지 않다. 그러나 언젠가는 음성 입력, 음성 응답 시스템이 도마 위에 오르게 될 것이다. 즉 구술 필기를 하는 날이 올 것이다. 컴퓨터 앞에서 큰소리로 문장을 입력하는 모습이 일반적이 될지도 모른다. 그것이 바로 음독인데, 휴대전화와 함께 세상이 더욱 소란스러워지게 될 것이라는 것은 분명한 일이다.

변화와 리듬을 주다

퉁소가 높은 음을 미묘하게 높이거나 낮은 음을 미묘하게 조금 낮추어 음의 강약을 더하고 억양을 강조하여 전체적으로 감정을 고양시키는 것을 '헤리카리減り上り'라고 했는데, 이것이 변해서 생긴 말이 '메리하리減り張り'다. 가타카나로 'メリハリ'라고 써서 문장이나 디자인, 사진 등의 표현에 자주 사용한다. 예컨대 "메리하리가 있는 문장"이라거나 "메리하리가 있는 디자인", 인쇄 색 교정을 할 때도 "사진에 메리하리를 넣어 주세요"라는 식으로 말한다. '메리하리'란 강약을 넣음으로써 전체에 리듬을 살리는 것이기도 하다. (이후에는 '메리하리'를 '강약' 또는 '강약을 주다'로 번역한다 — 옮긴이)

…… 리듬과 강약

고대부터 인류는 동물의 부르짖음, 새의 규칙적인 울음소리, 바람에 스치는 나뭇잎 소리, 항아리나 식기가 부딪치는 소리, 잠 자는 사람의 숨소리 등 다양한 소리가 규칙적으로 들려오는 데서 상쾌한 기분을 느꼈다. 맘모스의 뼈를 가지고 있다가 우연히 나무나 바위에 그 뼈가 부딪쳤을 때 나는 소리는 신선했을 것이다. 이러한 음에 의해 생활에 기복이 생기고 거기에서 리듬을 발견하게 되었을 것이다.

또한 움직이는 동물을 그린 동굴벽화는 많다. 만화나 미래파 그림에서 익숙한, 달리고 있는 모습을 표현하기 위해 다리를 여러 개로 그리는 수법이 이미 이 무렵부터 쓰이고 있었다는 사실은 무척 놀랍다.(2장 '속도에 대한 동경' 참조) 반복되는 다리에서 리듬을 느껴 '반복'의 아름다움을 알게 되었고, 빨리 달리기 위해서는 리듬이 필요하다고 느꼈는지도 모른다. 리듬은 강약을 낳는다.

남프랑스의 쇼베 동굴의 벽화. 쇼베라는 이름은 발견자의 이름 장 마리 쇼베에서 딴 것이다. 동물의 목 윗부분만을 그렸을 뿐인데도 달리고 있는 모습을 방불케 한다. 3만 년도 더 된 그림이라고 한다. 그러나 약동감이 넘치는 이러한 동물 그림도 구석기 시대 후기인 마들렌기(18000~10000년 전) 이후에는 그려지지 않았다. 서양에서의 운동 표현은 레오나르도 다빈치가 등장할 때까지 기다려야 했다는 것을 생각하면 동굴벽화의 표현은 마치 단숨에 표현의 정점에 도달해 버린 듯한 무서운 느낌이 있다.(中原佑介編著, 《ヒトはなぜ繪を描くのか》, フィルムアート社, 2001)

타악기의 역사도 태고로 거슬러 올라간다. 아프리카를 발상지로 하는 토킹 드럼 Talking Drums(말의 리듬, 그 상승이나 하강을 모방해 만든 다양한 유형의 북으로 부족의 소식을 빨리 전하는 데 사용한다 — 옮긴이)은 멀리 떨어진 부족과의 의사소통 수단으로 알려져 있다. 프랑스 혁명 후인 1793년에 가로대를 개폐하여 문자를 보내는 샤프식 신호기가 생길 때까지, 토킹 드럼은 전할 수 있는 정보의 양을 포함하여 세계에서 유일한 장거리 커뮤니케이션 방법이었다.

18세기 영국의 식민지였던 아이티에서는 흑인 노예에게 드럼 사용을 금지시켰다. 흑인이 토킹 드럼으로 커뮤니케이션을 하여 반체제 운동을 할까 봐 두려웠기 때문이다. 이 토킹 드럼의 언어는 '강약을 주는 것'과 '사이^間' 다. 이 '강약'과 '사이'는 '메리하리를 주는' 것이기도 했다.

…… 구두점과 강약
역사 등의 '상황'에 리듬을 주고 강약을 준다거나 매듭을 짓는 것을 '구두점을 찍는다'고 말한다. 예컨대 다음과 같은 경우에도 '구두점을 찍는다'고 말한다.
인간 게놈에 대해 말하는 부분에서 "게놈 데이터베이스는 번잡한 정보 덩어리다. 현재는 이 긴 문자열에서 구두점을 찾아내고 동시에 암호 부분과 진짜 폐물을 선별해 내는, 정신이 아찔해지는 작업이 진행되고 있다"는 식이다.

고대 그리스 로마에서 텍스트는 원래 음독, 즉 낭독하기 위한 메모나 비망록 같은 것이었다.(12장 '가독성에 대한 추구' 참조) 따라서 강연을 할 때 때때로 들여다보는 메모와 마찬가지로 텍스트는 이야기하기 위한 힌트로 충분했다. 굳이 제삼자도 알 수 있는 문장일 필요는 없었던 것이다. 그러다가 그리스도교가 발흥하여 성서에 대한 정확한 공통의 이해가 필요하게 되었다. 말로 전하는 것은 물론이고, 텍스트를 읽고 깊이 이해하는 것이 중요해져 누구나 읽을 수 있는 문장이 필요해졌다. 그래서 '읽기 쉽'게 하기 위해 구두점이나 단어를 띄어 쓰는 것이 텍스트에 도입되었다. 이것이 텍스트에 강약을 주는 기술의 시작이었다.

물론 음독에서 묵독으로 이행했다고 하더라도 음독이 없어진 것은 아니었다. 그렇기는커녕 18세기까지 문학 작품 등은 저자가 낭독하는 것이 당연한 일이었다. 그렇다고 해서 이전과 같이 띄어쓰기도 하지 않고 구두점도 없는 문장의 시대로는 돌아갈 수 없었다. 텍스트는 리드미컬한 것이 바람직했다.

...... 알파벳과 강약

로마 알파벳의 역사를 개관한 스티븐 로저 피셔의 《문자의 역사》에 따르면, 그리스 알파벳과 로마 알파벳의 매개 역할을 한 것은 에트루리아 문자라고 한다. 그리스 알파벳을 차용하여 에트루리아 문자가 생겼고, 에트루리아 문자에서 로마 알파벳이 생겼다는 것이다.

그리고 그리스어에는 있어도 에트루리아어에 없는 음은 삭제되거나 변화되어 현재 영어 알파벳의 에이, 비, 시 등의 발음이 생겨났고, 단어 사이에 여백을 두지 않고 이어서 썼던 문장도 기원전 6세기 에트루리아에서 단어 사이에 점을 하나나 둘 넣게 되자 다소 리드미컬해졌다. 어떤 것이든 시작이 있다는 것을 강하게 느낀다. 안이한 발상으로 생긴 것이라도 일단 정착하고 나면 없어서는 안 될 중요한 것이 된다.

그리스 문자 기원전 700년	에트루리아 문자 기원전 600년	초기 라틴 문자 기원전 500년	라틴 문자 기원전 100년
A	A	A	A
B	(B)	B	B
𐌂	)	)	C
D	(D)	D	D
E	E	E	E
F (<Y)	F	F	F
			G (<C)
I	‡	‡	Z (↓)
日	日	H	H
⊗ thêta	⊙ th	[none]	[none]
I	I	I	I
K	K	K	K
L	L	L	L
M	M	M	M
N	N	N	N
田 xi	⋈	[none]	[none]
O	(O)	O	O
P	P	P	P
M	M sh	[none]	[none]
Q	Q	Q	Q
R	R	R	R
S	S	S	T
T	T	T	U, V
X	X	X	X
			Y (<Y)
Φ	Φ ph	[none]	[none]
↓	↓ (>x)	[none]	[none]
	8 f	[none]	[none]
			Z

그리스 문자에서 에트루리아 문자를 거쳐 라틴 문자에 이르는 알파벳을 비교한 그림. 현행의 라틴 문자 이외에 알파벳의 좌우가 반대인 거울 문자풍이 된 것은 거울 문자가 아니라 원래 오른쪽에서 왼쪽으로 썼기 때문이다. 그리고 오른쪽에서 왼쪽으로 쓰고 행을 바꿔 왼쪽에서 오른쪽으로 쓰는 우경식도 가끔 사용되었기 때문에 그 체험을 통해 점차 왼쪽에서 오른쪽으로 쓰는 것이 쓰기 쉽다는 것을 깨닫고 기원전 500년경을 기점으로 왼쪽에서 오른쪽으로 쓰는 방식이 정착했다.(S. R. フィッシャ,《文字の歴史 ヒエログリフから未来の〈世界文字〉まで》, 研究社, 2005)

기원전 3세기 로마의 첫 사립학교 교장 스프리우스 카르빌리우스는 알파벳에 유성음이 필요하다고 생각해 에트루리아 문자 'C'의 오른쪽 아랫부분을 고쳐 'G'를 만들었다. 그리고 에트루리아에서 이어받은 알파벳 일곱 번째에 있던 'Z'를 사용하지 않는데도 그 위치에 두는 것은 이상하다면서 멋대로 알파벳 마지막 자리로 옮겨 버렸다. 그리고 일곱 번째에는 그때 만든 'G'를 넣었다. 권위 있는 사람의 사소한 아이디어가 역사를 만들어 가는 모습을 보여 주는 장면이다.

로마가 그리스를 정복하여 그리스 알파벳이 차츰 들어오자 로마 알파벳에 없었던 'Y'를 차용했고, 소외되었던 'Z'도 그리스어의 발음이 '제타'여서 '제트'로 부르게 되었다.

문자는 '초서체(커시브)'라 불리는, 빠르게 쓰면서 붓을 떼지 않고 쓰는 서체로 점점 간소해져 갔다. 그래도 한 글자 한 글자는 떨어진 채 쓰였기 때문에 이 초서체가 5세기경 이탈리아, 프랑스에서 소문자로 발전해 갔다.

그중에는 너무 흘려 써서 글씨를 쓴 본인밖에 알아볼 수 없는 것까지 나타나게 되었기 때문에 8세기 후반 프랑크 왕국(서유럽=프랑스·이탈리아 북부·독일 서부·네덜란드·벨기에)의 샤를마뉴 대제는 알퀸에게 그것들을 정비하라는 명령을 내려 카롤링거 서체라 불리는 소문자를 만들게 했다. 비슷한 무렵 프랑스어권에서 'u', 그리고 'i'에서 'j'가 생겨났고, 독일어권에서 'v'가 두 개 겹친 'vv'에서 'w'가 생겨났다.

길어지기만 하는 로마 숫자. 숫자를 쓰는 이 방법은 알파벳보다도 오래된, 막대기 개수를 겹쳐서 쓰는 방법에서 유래했다. 거의 인류가 탄생했을 때부터 있었다고 해도 좋을 정도다. 그리고 숫자 뭉치를 다른 부호로 그저 치환해 가는 방법이다. 1=I, 5=V, 10=X, 50=L, 100=C, 500=D, 1000=M(혹은 ∞). 이 이상도 있기는 하지만 알파벳이 아니라 기호화해 간다. 수를 다룬다는 용도에서 보면 당시에는 그 이상의 큰 숫자가 필요하지 않았다.(M. P. Hall, 《The Secret Teachings of All Ages: An Encyclopedic Outline of Masonic, Hermetic, Qabbalistic, and Rosicrucian Symbolical Philosophy : Being an Interpretation of the Secret Teachings》, Philosophical Research Societ, 1978)

13세기에는 성서의 수요가 늘어났는데도 종이 공급이 제한되어 있었기 때문에 문자의 크기를 작게 하고 글자 폭도 줄여 빽빽이 씀으로써 종이를 절약하려고 했다. 십자군 원정에서 아리비아 숫자도 가지고 돌아와 문장의 압축은 가속화되었다. 이 압축의 궁극적인 서체가 블랙 레터체라 불린 고딕체다. 구텐베르크가 인쇄한 《42행 성서》에도 블랙 레터체가 사용되었다. 그러나 이 블랙 레터체는 '강약' 과는 다른 방향성에서 발생했으므로, 단어의 띄어쓰기에서부터 텍스트에 강약을 주는 역사를 다시 한 번 더듬어 가보자.

우선 앞에서 말한 것처럼 에트루리아어에서는 단어 사이에 점을 넣었는데 단어 사이를 띄는 것, 그래서 '단어'라는 감각이 생긴 것은 묵독이 늘어난 9세기부터다. 문장 첫 글자를 대문자로 쓴 것은 5세기부터다. 단락이 바뀔 때 들여쓰기를 한 것은 17세기부터로, 의외로 최근의 일이다.

위 샤를마뉴와 알퀸이 행한 사업은 카롤링거 르네상스라 불렸는데, 그때 만들어진 서체가 카롤링거 서체다. 이것은 갈겨쓰기에 가까운 방법을 기초로 펜을 수직으로 쥐고 사각과 둥근 모양을 갖게 쓴 서체다. 사진은 문자 폭이 좁혀져 블랙 레터체처럼 되었을 무렵의 카롤링거 서체, 1139~1140년.(組版工學硏究會編, 《歐文書體百花事典》, 朗文堂, 2003)
오른쪽 구텐베르크 성서의 1페이지, 1455년. 1단이 42행으로 레이아웃되었기 때문에 《42행 성서》라고 불린다.(富田修二, 《さまよえるグーテンベルク聖書》, 慶應義塾大學出版會, 2002)

콜론(:)은 현재의 용법과는 다르지만 기원전 4세기에 플라톤이 문장 뭉치 끝에 넣었고, 2세기에 알렉산드리아 도서관의 관장 아리스토파네스(우리가 알고 있는 문헌 학자이자 비희극 작가와는 다른 사람)가 점을 사용하는 용법을 고안해 냈다. 점을 사용하는 용법이란 윗점이 종지부(마침표 같은 것), 중간점(이른바 가운뎃점, 중세 초기에 사라진다)이 쉼표, 아래점이 세미콜론용이다. 또한 장음 기호(ˉ), 단음 기호(˘), 하이픈(-), 아포스트로피(')도 아리스토파네스의 성과다.

콤마(,)는 650년경 그리스어와 라틴어에 도입되어 문장 위쪽에 붙여졌는데 카롤링거 소문자체가 생긴 것과 동시에 밑줄 쪽으로 옮겨졌다. 마침표는 알퀸이 9세기 초에 처음으로 사용했다.

마침표의 등장과 함께 의문 부호(?)와 감탄 부호(!)도 등장했다.

물음표는 라틴어 'quaestio(질문)'을 'Qo'로 줄여 의문문 끝에 덧붙인 데서 'Q'로 단순화되었고, 'o'가 마침표와 같은 의미를 포함한 점이 되어 '?'가 되었다. 느낌표도 라틴어 'victor(승리)'를 생략한 'io'가 세로로 늘어섰고, 'o'는 의문부호에서와 마찬가지로 마침표와 같은 의미를 나타내는 점이 되었다. 영어로 된 책에 이러한 기호가 처음으로 사용된 것은 물음표가 1587년, 느낌표가 1553년이었다. '&'은 라틴어 'Et'를 필기체로 쓴 것의 변형이고, 영어 책에서는 16세기에 처음 등장한다.

로마의 바르톨로메오 산 비토가 필사한 《시도서》(1485년). 아래에서 부터 네 번째 행에 '&'이 보인다.(S. ナイト, 《西洋書體の歷史 古典時代からルネサンスへ》, 慶應義塾大學出版會, 2001)

······ 일본어의 구두점

한편 알파벳 문장에서도 가끔 있지만 일본어의 경우 구두점을 찍는 방법에 따라 문장의 뜻이 달라지는 경우가 있기 때문에 구두점의 중요성은 클 수밖에 없었다.

예컨대 지카마쓰 몬자에몬이 "두 겹으로 감아 (손)목에(まきてくびに) 거는 염주"를 주문했다는 일화가 있다. 이런 주문을 받은 사람은 "이중으로 감아서 목에(まきて,くびに) 거는 염주"인지 "이중으로 감아서 손목에(まき,てくびに) 거는 염주"인지 몰라 곤혹스러웠을 것이다.(한국어로 번역하면 이중으로 읽히지 않지만, 흔히 예로 드는 "아버지가방에들어가신다"를 '아버지가 방에'로도 '아버지 가방에'로도 읽을 수 있는 것과 같은 것이라고 생각하면 된다 — 옮긴이)

일본어 구두점의 역사를 개관해 보면, 마침표(。)는 6세기 중국 남조의 양 시대의 비서성교서식秘書省校書式에서 사용된 것이 알려져 있다. 쉼표(、)는 17세기 초《니혼쇼키日本書紀》를 필사한 책에서 처음으로 사용되었다. 그러나 어쨌든 서식이 정비된 것은 메이지 시대에 들어서고 나서다.

메이지의 서구화 정책은 일본어를 재검토하자는 안까지 나왔을 정도로 잔뜩 유럽 물이 든 것이었다. 그래서 일본의 문장도 유럽의 문장을 모방하는 것이 세계로 나아가기 위한 지름길이라며 구두점의 사용 방법을 정비하게 되었다. 메이지 39년(1906년) 문부대신 관방도서과가 '구두법안'을 제출하고 점을 찍는 방법 등을 정했다. 상당한 시간이 지났지만 이것을 기초로 GHQ(연합군 사령부)가 일본을 개조하기 시작한 쇼와 21년(1946년)에 문부성 국어 조사실에서 '구두법안'을 작성했다. 이때는 아직 '안이 빈 동그라미'였던 쉼표에 가장자리를 두른 점도 존재했다. 이것은 절반은 종지부호 같은 것인데, 문장이 마침표처럼 완전히 끝나는 것이 아니라 다음으로 계속 이어질 때 사용하는 등 사용법을 정식화할 수 없는 모호한 것이었다.

물음표와 느낌표는 16세기 말 그리스도교의 견구소년사절遣歐少年使節이 유럽에서 활자 인쇄기와 함께 가지고 돌아온 그리스도교의 책에서 처음으로 보게 되었다. 일본어 책에서는《살바토르 문디》나《낭영잡필朗詠雜筆》등 그리스도교 관련 책에서 일찍부터 사용되었지만 그리스도교의 탄압과 함께 완전히 사라졌다가 개국하기 30년 전인 에도 후기에 단속이 느슨해지자 부활했다. 그 모양을 보고 물음표를 '귀고름', 느낌표를 '낙숫물' 이라고 부른 것은 메이지 시대에 접어들고 나서다.

…… 4박자와 3박자

《니혼쇼키》와《고지키》에 나오는 내용이 희미한 단카 "이즈모 땅에 신부를 맞이할 궁을 짓는다면 구름이 몇 겹으로 솟아올라 여덟 겹의 담을 쌓는 것 같이, 멋진 여덟 겹의 담을"이 와카和歌의 시작이라고 한다. 실제로는 단어의 공백이 없기 때문에 이어서 읽지만 여기에서는 보이지 않는 쉼표가 사용되었다. 즉 5·7·5·7·7의 리듬에서 생긴 강약이다. 이 7·5조가 일본의 가요를 결정했다. 예컨대 "건널목이 다 울려라 마음의 경보기", "뛰어들지 마라 자동차는 급히 멈출 수 없다"와 같은 것이다.

　7·5조가 어떻게 해서 정착했는지는 분명하지 않지만《니혼쇼키》와《고지키》가 쓰인 무렵까지 수많은 시행착오를 거친 다음 7·5조가 상쾌하다는 걸 깨달았던 것 같다.

유럽에서 활자 인쇄기를 가지고 돌아온 덴쇼견구소년사절天正遣歐少年使節(덴쇼 10년, 1582년)인 네 명의 그리스도교도 소년. 중앙에는 이 프로젝트를 기획하고 동행한 예수회 순찰사 알렉산드로 발리냐노 신부가 있다. 1586년 아우구스부르크에서 발행된 목판화. 교토 대학 부속 도서관 소장.

수학자 사쿠라이 스스무는 일본인이 소수를 좋아한다는 점에서 7·5조를 분석했다. 단카의 5·7·5·7·7도, 그것을 합친 31도 소수다. 한 자리 숫자 홀수 중에서는 9 외에는 모두 소수다. 소수란 그 밖의 수로 나눌 수 없는 자립해 있는 수이며, 수의 기본이기도 하다. 일본인은 특별히 이 '자립'한 수를 좋아한다. 바꿔 말하면 근원이 되는 수인 것이다. 7·5·3(시치고산七五三이라고 하며 7세, 5세, 3세 어린이의 성장을 축하하는 연중행사 — 옮긴이) 등 자립이나 새로운 성장의 출발점이 되는 마디의 의식이다.

서양을 지배해 온 규칙은 1에서 10까지의 정수에 의미를 부여한 피타고라스나 4대 원소(물, 흙, 공기, 불), 황금률(예컨대 피보나치 수열의 5 대 8) 등인데, 거기에는 홀수·소수와는 다른 가치관이 작동하고 있다. 사쿠라이에 의하면 서양인에 비해 일본인은 소수가 갖는 자립성을 충분히 인식하고 있었다.

물론 옛날의 일본인이 소수를 알고 있어서 그 숫자들을 좋아한 것은 아닐 것이다. 좋아하는 숫자가 우연히 소수였을 뿐이다. 중국 전래의 음양도에서는 홀수를 양의 수, 짝수를 음의 수라고 했으며, 홀수 중에서도 한 자리 정수를 중시했다. 즉 소수라기보다 홀수를 좋아했던 것은 확실한 것 같다.

벳쿠 사다노리는 《일본어의 리듬》에서 이러한 7·5조가 사실 4박자로 되어 있기 때문에 상쾌하다고 설명하고 있다. 5 다음에 휴지 부호로서 팔분음표가 세 개, 7 뒤에 하나라는 식이다. 다시 말해 각각 쉬는 시간의 길이가 다른 쉼표가 들어 있어 4박자를 유지하게 되어 있고, 거기에는 일본어가 갖는 등시성이라는 특성이 있다는 것이다.

일본어를 발음할 때 한 음의 시간 길이는 같다. 따라서 시험 삼아 "이즈모 땅에 신부를 맞이할 궁을 짓는다면……"을 발음해 보면 이해할 수 있겠지만 5음 다음의 휴지와 7음 다음의 휴지는 확실히 길이가 다르다.

영어나 프랑스어 등은 기본적으로 3박자다. "Happiness / is a / warm gun", "God / save the / Queen", "To be / or not / to be", "Pierrot / le / fou", "Rose / c'est la / vie"다. 따라서 그들은 일본어도 그냥 3박자로 발음해 버린다. 예컨대 일본인은 '메리하리(강약)'를 "메·리·하·리"나 "메리·하리" 식으로 4음절이나 2음절로 나누어 발음하지만, 외국인은 3음절의 "메리·하·리"로 발음할 것이다.

언어가 3박자인 것과 관련이 있는지 없는지 분명하지 않지만 서양 음악에서 정량기보법^{定量記譜法}, 즉 모든 음을 2분음표, 4분음표, 8분음표라는 식으로 한 음 한 음에 장단을 나타내게 된 13세기 후반 무렵에는 3박자를 완전(완벽)한 박자로 간주하게 되었다. 이것은 그리스도교 삼위일체설의 3에서 왔으며, 3을 완전한 수로 간주했다. 이것은 왈츠가 유행한 원인이기도 하다.

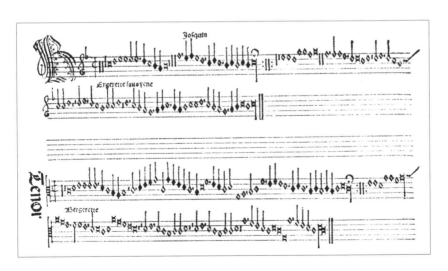

세계 최초로 활판으로 인쇄한 악보. 이탈리아의 페트루치가 출판한 세속 가곡집 《오데카톤》(1501년). 2박자 기호가 있다.(皆川達夫, 《樂譜の歷史》, 音樂之友社, 1985)

르네상스 시대에서 바로크 시대 무렵까지 이 3박자를 나타내는 기호로 완전함을 뜻하는 'O'이 사용되었는데(너무나도 직접적이어서 진지하게 생각하면 슬퍼지지만), 4박자는 불완전하다고 해서 원의 반인 'C'가, 2박자는 그 반이어서 '¢'가 사용되었다. 오늘날에는 완전한 'O'은 사라졌고, 불완전한 'C'와 '¢'는 그 유래를 상실한 채 지금도 사용하고 있다.

이러한 3박자 세계인 서양에 4박자 음악인 록이 나왔을 무렵, 불량한 사람들이 듣는 음악이라는 세평이 있었던 것도 어쩌면 당연한 일이었다. 록은 3박자의 그리스도교적 전통에서 일탈한 것이기 때문이다. 중세였다면 악마 취급을 받았을지도 모른다.

…… 일본어 록

옛날에는 자주 들어서 무심코 흥얼거리는 일도 있었던 야자와 에이키치의 곡은 언제 들어도 미묘하게 록이 아닌 듯한 느낌이 든다. 그러나 이 4박자설을 알고는 납득할 수 있었다.

원래 야자와 에이키치는 작곡은 하지만 작사는 하지 않는다고 한다. 먼저 곡을 만들고 전속 작사가가 음표에 맞춰 가사를 쓰게 하는 식이다. 거칠게 말하자면 작사가는 음표의 한 음에 "아이시테루ぁぃしてる(사랑한다)"의 'ぁ'라든가 일본어의 한 음을 할당하는 것이다. 이것이야말로 앞에서 말한 일본어의 등시성이고,《니혼쇼키》,《고지키》,《만요슈萬葉集》의 와카로도 이어지는 일본 시가의 전통이다.

베토벤의 교향곡 제9번인 〈합창〉도 일본어로 번역한 가사로 부르면 일본 가요가 되어 버린다. 독일어라면 장엄한 곡으로 들릴 것이다. 일본어로 번역된 가사는 음표의 한 음을 한 음의 가나假名로 노래하기 때문이다.

미국에서 발생한 록은 3박자를 4박자로 하는 것이 기본이었다. 즉 아무래도 수습되기 어려운, 음수가 너무 많은 가사다. 그런데 이렇게 음수가 너무 많은 것이야말로 록을 록이게 하는 중대한 요소였다. 구와타 게이스케(일본의 록그룹 'Southern All Stars'의 리드보컬 — 옮긴이)의 노래는 일본어지만 영어 가사처럼 들린다. 매우 많은 음수를 잘 사용했고, 음수가 너무 많아서 가사에 강약이 더해졌기 때문일 것이다. 최근에는 ZAZEN BOYS나 무카이 슈토쿠의 멜로디를 무시한 가사의 난타에서 일본 록의 도달점을 보는(듣는?) 느낌이다.

메가데스의 멤버였던 마티 프리드먼이 심야 텔레비전 프로그램에 나와 일본 엔카演歌의 록적 성격에 대해 열심히 설명한 적이 있다. 멜로디는 지긋지긋한 엔카지만 그가 연주하자 어딘지 모르게 록이 되어 버렸다. 이것은 편곡의 절묘함과 리듬 때문인데, 역시 엔카를 엔카답게 하는 것은 멜로디보다는 가사라는 것이 틀림없는 것 같다.

일본을 무척 좋아한 마티 프리드먼의 공식 사이트. 덧붙여 말하자면 폴 길버트도 일본을 아주 좋아했다. 그는 두 번 결혼했는데 두 번 다 신부가 일본인이었다. 마티도 예전에 일본 여성과 결혼한 듯하다(현재는 불분명).
마티의 인터넷 주소는 http://www.martyfriedman.com/

풍요로운 단순함

······ 창조론과 진화론

단순함이라고 하면 중세 유럽이야말로 단순함의 극치일 것이다. 'The Book'이
라고 하면 성서를 말하고(12장 '가독성에 대한 추구' 참조), 대문자 Create(창조하다),
Illuminate(빛을 비추다)라고 하면 신에게만 허락된 행위를 의미했다. 모든 것에 걸
쳐 신이 생활의 중심이었고 신이라면 어떻게 생각할지가 행동의 규범이었다. 색을
섞는 것도 금지되었고 화려한 색도 금지되었다. 단색이 사회를 뒤덮은 시대였다.
빛을 발하는 것은 신만으로 충분했다. 이슬람교와 유대교에서도 규모만 다를 뿐
이와 같았을 것이다.

다만 신이었다면 이렇게 생각할 것이라는 것은 추측이기 때문에 여기에서 다양
한 해석이 생겨나고 복잡한 양상을 띠게 되었다. 사람이 하는 일이니 어쩔 수 없
다. 왜냐하면 체내에는 세균과 기생충, 항상성에 기여하는 균 등이 자리 잡고 있어
인간은 일종의 공생 국가 같은, 단순함과는 무관한 존재이기 때문이다.
그러나 여기서 말하는 '단순함'이란 좋든 싫든 간에 신이 정점이 된 단순한 사회라
는 의미가 아니라, '단순함'이라는 사고가 언제 징조를 드러내기 시작했고 표현의
한 수단이 되었냐는 것이다.

미국에서 오늘날에도 계속되고 있는 창조론과 진화론의 갈등은, 신이 모든 것의
근원이라는 단순한 개념과 찰스 다윈이 개별적인 예에서 귀납적으로 도출한 '진
화'라는 단순한 개념이라는, 단순함 사이의 투쟁으로 치환할 수도 있다.

THE HORNET

A VENERABLE ORANG-OUTANG

다윈의 '진화' 개념은 단순함에서 두드러진다. 아리스토텔레스는 생물을 동물과 식물로 나누고, 동물을 육상·수상·공중으로, 그리고 식물을 줄기의 차이에서 처음으로 계통적으로 분류했다. 이것은 17세기 중반에 존 레이가 식물을 계·문·강·목·과·속·종으로 분류하기 전까지 오랫동안 지속되었고, 그 후 다윈이 비글호에서 장기간 관찰하는 복잡한 과정을 거쳐 '진화'에 이르렀다. 이에 비해 창조설은 사고의 정지 끝에 도출된 것으로, 단순함이라기보다는 안이하다는 게 더 나을 것이다.

······ 두 개의 단순한 이야기

'단순함'이라고 하면 반드시 언급되는 이야기가 둘 있다. 하나는 오스트리아의 건축가 아돌프 로스의《장식과 죄악》(1908년)이다. 이 책에서 "장식은 죄"라고 선언한 것과 로스의 디자인, 즉 창이 격자무늬에 따라 이어질 뿐인 건물이 모던 디자인의 기점이라고도 일컬어진다. 이 선언은 반아르누보로서의 발언으로, 거칠게 말하자면 이것저것 어수선한 모양에 질렸다는 뜻이다. 로스가 시카고 만국박람회(1893년)에서 장식이 거의 없는 일본관을 봤을 때 "앞으로는 장식이 아니"라는 생각을 하게 되었다는 이야기가 있다. 여기에서도 자포니즘Japonism의 영향이 있었던 것이다.

《호네트》지에 그려진 풍자화 〈다윈이여, 그대도 침팬지의 후손인가〉. 다윈의《종의 기원》이 출판된 것은 1859년이다. 미국에서는 원리주의자(성서 절대주의자)가 크게 반발하여 1925년에는 진화론 재판이 열렸을 정도였다. 스코프스 재판이란 고등학교에서 진화론을 가르친 생물 교사 존 스코프스가, 진화론이 성서의 창조론과 다르다는 이유로 기소되어 유죄 판결을 받고 벌금 100달러를 선고받은 사건이다. 재판 중 테네시 주에서는 이 파문에 편승해 고등학교에서 진화론을 가르쳐서는 안 된다는 버틀러 법을 제정하는 등 창조론파는 상당히 과격한 모습을 보였다. 결국 스코프스는 주의 최고 재판소에서 무죄를 선고받았고 1967년에는 버틀러 법도 폐지되었다. 그래도 버틀러 법은 42년이나 존속했다.

그리고 로스의 이 선언을 이어받아 독일의 건축가 루트비히 미스 반 데어 로에가 "less is more(작은 것일 수록 더욱 풍요로운 디자인을 낳는다)"라고 말해 모더니즘의 흡인력이 되었지만, 1966년 미국의 건축가 로버트 벤추리는 "less is bore(작은 것은 지루하다)"라고 야유했다. 이 발언이 포스트모던의 기점이 되었다.

로스가 "장식은 죄"라고 선언한 이후 빈에 장식이 없는 실험적 건물을 세웠는데, 빈 시민들로부터 '카페 니힐리즘'이라는 야유를 받았다. 그중에서도 빈의 중심인 미카엘 광장에 있는 〈로스하우스〉(1911년)는 하얀 벽에 창만 있는 건물인데, 빈 시민들이 "장식이 없는 이 건물은 경관을 해친다"며 큰 불만을 드러내 로스도 충격을 받아 신경성 위염으로 입원하고 만다. 그래서 로스의 스승 오토 바그너가 중재에 나서 창 아래에 선반을 달아 미니 화단을 만드는 것으로 겨우 매듭을 지었다. 그런데 현재의 사진을 보면 화단으로 만든 선반은 있지만 꽃은 심어져 있지 않은 것 같다. 그래서 참으로 이상한 선반이 되었다.

위 1940년 미스가 설계한 시카고의 일리노이 공과대학. 마치 상자를 놓아두기만 한 것 같다.(V. M. ラムプニューニ, 《現代建築の潮流》, 鹿島出版會, 1985)

왼쪽 아돌프 로스가 설계한 〈로스하우스〉. "빈의 치부를 보고 싶으면 미카엘 광장으로 가면 된다"라는 말까지 있었지만 정면 창 밑의 선반 이외에는 거의 원안 그대로 세워졌다. 그러나 사진에서도 알 수 있듯이 상층과 하층은 확실히 다른 설계 사상이다. 아래는 대리석 구조이고 더할 나위 없이 호화롭다고 한다. 게다가 원기둥이 상층의 격자무늬 라인과 어긋나 있다. 이것은 모더니즘에는 있을 수 없는 파격이어서, 모든 것을 모더니즘 정신이 뒤덮고 있었던 것은 아니라는 것을 알 수 있다.(伊藤哲夫, 《SD選書165 アドルフ・ロース》, 鹿島出版會, 1980)

그리고 1968년(로스의 선언 60주년) 훈데르트바서는 '로스로부터의 탈출'이라며 직선 사용을 악마로 취급했을 정도로, 로스를 격렬하게 부정했다. 〈Los von Loos〉(Loos=로스로부터, Los=인연을 끊다)라는 제목의 강연에서 '신의 결여(결여는 los)'라고 하는 등 말장난으로 마무리했다. 그것도 적나라하게, 단순함과는 거리가 먼 모습으로 연설했다. 웬만한 방법으로는 뜻대로 다룰 수 없었던 것이다.

훈데르트바서의 발언은 극단적인데, 뭐든지 '일변도'는 좋지 않다. 이렇게 말한 훈데르트바서(본명은 프리드리히 슈트바서. 이 슬라브어의 '슈트'를 독일어로 하면 '훈데르트=100'. '바서'는 독일어로 물)도 첫 전람회를 로스가 설계한 빈의 케른트나 바에서 하는 등 두 사람 사이에는 처음부터 인연이 있었다.

위 훈데르트바서가 빈에 설계한 시영 임대주택 훈데르트바서 하우스(1986년). 반기능적, 반합리적 건축이라고 할 정도로 직선은 적고 고불고불 고부라져 있다.(フンデルトヴァッサー,《フンデルトヴァッサー》, 新潮社, 1991)
아래 로스가 빈에 설계한 케른트나 바(1907년). 직선적인 성격이 강하지만 결코 장식을 기피한 것이 아닌 인테리어다.(伊藤哲夫,《SD選書165 アドルフ・ロース》, 鹿島出版會, 1980)

또 하나는 20세기 중엽의 과학 철학자 칼 포퍼의 "반증할 수 있는 것이 과학이고 반증할 수 없는 것은 가짜 과학"이라는 발언이다.

14세기 오컴의 윌리엄은 두 개의 설이 있을 때 더욱 간단한 쪽이 옳을 가능성이 있다는 '오컴의 면도날' 설(흔히 경제성의 원리라고도 한다 ― 옮긴이)을 주장했다. 일률적으로 간단한 쪽이 옳다고 말할 수는 없지만 대체적으로 그렇다는 것이다.

포퍼는 이 '오컴의 면도날'이라는 체를 더욱 세밀하게 만들었다. 즉 과학이란 현재 인정되고 있다고 해도 앞으로 실험의 정밀도가 높아져 반증될지도 모르는 위험성을 항상 안고 있는 것이라고 말한 것이다. 이 단순한 체로 거르면 사이비 과학은 거의 사라지겠지만 그 배경에는 양자역학이 점점 복잡한 양상을 띠게 된 것에 대한 경종도 포함되어 있었다.

19세기 과학은 요소 환원주의를 기치로 내걸었다. 아무리 복잡한 것이라도 그것을 구성하는 요소는 간단할 것이므로 가장 작은 것까지 분해할 수 있다는 사고다(나중에 말하겠지만 아마 18세기에 발생한 '단순함'이라는 사고와 관련이 있을 것이다). 이것이 분자, 원자, 소립자에 대한 연구로 결합되어 갔지만, 추구해 가면 갈수록 간단함과는 동떨어졌다.

나가사와 로세쓰의 〈흰 코끼리와 검은 소 그림 병풍〉. 오른쪽에서 세 번째 폭이 아무것도 그려져 있지 않은 문제의 코끼리 복부 부분이다.(東京國立博物館 ＋ 日本經濟新聞社編,《プライスコレクション 若冲と江戸繪畵》, 日本經濟新聞社, 2006)

······ 일본의 단순함

그러나 뭐니 뭐니 해도 '단순함'을 극도로 추구해 온 것은 일본이다. 그 발단은 가마쿠라 시대에 가모노 조메이가 쓴 《호조키》다. 그는 여기서 "난세 가운데 세상을 버리고 지위도 명예도 권력도 부도 다 버리고 사방 3.3미터의 이 방이 최고"라고 말했다.

이것을 이어받아 다도 등에서 '와비ゎび'와 '사비さび' (일본 미의식의 하나. 특히 하이카이俳諧나 다도에서 중요한 개념으로 간소한 생활 속에서 발견되는 맑고 한적한 정취를 말한다 — 옮긴이) 개념이 생겨난다. "간소한 것, 만족하는 경지"인데, 이것이 바로 '단순함'을 뜻한다.

그리고 노能에 의해 '사이間'라는 사고도 생겨난다. '사이'란 여백에서 미를 발견하는 감각이다. 아무것도 아닌 공간에서 뭔가 여운을 느끼는 감성이다. 이것을 독서에 비유하면 '여백'이란 '읽는다'는 행위에 공간을 더하는 것, 즉 '행간을 읽는' 것이 된다.

18세기 말 에도 시대에 암울하고 미래가 꽉 막힌 듯한 말레비치의 검은 사각형을 웃어넘기는 것 같이 환한, 흰색과 검은색의 단순한 그림이 탄생했다(이것에 대해서는 나중에 말하겠다). 마루야마 오쿄의 제자 나가사와 로세쓰는 강약이 들어간 극단적인 구도로 잘 알려진 화가다. 그의 병풍도 〈흰 코끼리와 검은 소 그림 병풍〉에는 두 쌍의 병풍 각각에 흰 코끼리와 검은 소가 화면 가득 그려져 있다.

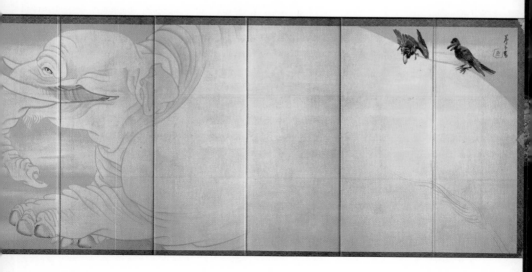

너무 거대해서 화면에 다 담기지 않는다는 듯 왼쪽 끝에 흰 코끼리의 머리와 앞발이 있고, 중앙 부근에서 뒤로는 뒷발도 없고 몸통만 있는 흰 코끼리 그림, 역시 체격이 우람한 검은 소의 물결 모양의 선이 화면의 3분의 2를 차지하고 있는 그림이다. 거대함과 대비된 채 각각 작고 검은 새와 흰 강아지가 배치되어 있다.

나가사와 로세쓰의 〈호랑이 그림 맹장지〉에서는 네 개 면의 맹장지 가운데 세 개 면에 호랑이의 전신이 가득 그려져 있고 한 개 면에는 호랑이의 수염만 살짝 있을 뿐 아무것도 없다. 아무것도 없는 이 맹장지 한 장이 있어 비로소 호랑이의 박력이 드러난다. 호랑이를 한층 기운차게 보이기 위한 여백인 것이다. 시대를 생각하면 서양화보다 훨씬 이른 시기에 나온 단순하고 대담한 레이아웃이다. 구상화에서 이렇게까지 대담한 트리밍은 아마 서양에서는 나오지 않았을 것이다. 어쨌든 일본의 단순함에서는 아무것도 없는 공간도 표정이 충만하다는 탁견을 보여 주었다.

…… 읽기 쉬움에서 어수선함으로
그럼 유럽에서 "여백은 단순한 공간이 아니다"라는 개념이 언제 생겼는지 탐색해 보기로 하자. 나는 '타이포그래피의 아름다움'을 알게 됨으로써 여백이 가지는 힘을 인식했을 것이라고 생각한다.

독서의 방법이 음독에서 묵독 중심으로, 즉 청각 중심에서 시각 중심이 됨에 따라 문장을 눈으로 쫓기 쉽도록 단어 사이를 띄었고, 소문자를 만들었으며, 쉼표 등의 문장 구분 기호도 발명했다.

나가사와 로세쓰의 〈호랑이 그림 맹장지〉. 왼쪽 한 면은 수염 이외에는 아무것도 그려져 있지 않다.

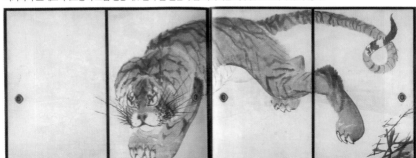

그리고 주석도 달고 표제어도 크게 했다. 표제어를 좀 더 눈에 잘 띄게 하기 위해 글자 자체도 크게 하고 장식을 붙이기 시작했다.(12장 '가독성에 대한 추구' 참조)

사본을 만드는 사자생은 날마다 착실하게 중요한 작업에 종사하면서 지루함을 달래려는 듯 본문 이외의 여백에 색칠을 하고 장식도 했다. 사자생은 글에 대한 비판이나 패러디, 찬사 등 자신의 감상을 넉살 좋게 여백에 써 넣기도 했다. 페이지에서 '읽기 쉬움'이라는 최초의 발상은 흔적도 없이 사라지고, 화려하기는 하지만 어수선한 것이 되었을 뿐이다.

위아래 모두 13세기의 사본〈시도서〉.

위 아서 왕 이야기의 패러디인데 기사가 엉덩이를 드러낸 남자를 활로 쏘려고 하고 남자가 가리키는 방향에는 여성에게 구애하고 있는 기사가 있다. 이 시대에 활은 저급한 무기로 간주되었기 때문에 기사답지 않게 저급한 무기를 사용한다는 행위에 주의를 촉구하고 있다. '엉덩이에 꽂힌 화살'은 이 시대의 대표적인 모티프가 되었다.

아래 문장 중의 '나를 해방시켜 주세요'를 받아들여 연인에게 똥을 선물하는 그림. 머리글자에서 사내가 얼굴을 내밀고 아래를 내려다보고 있다.

15세기 중엽 구텐베르크에 의해 인쇄술이 완성되었고, 색칠하고 꾸미는 사본의 관습은 지속되었다. 여백에 프레임 같은 무늬를 넣는 것은 당연한 것이었다.

그러한 움직임 속에서 금속활자에 의해 동일한 형식이 전체를 차지하는 것의 중요성을 깨닫게 된 사람들이 있었다. 물론 인쇄 관계자들이다. 여기에서 타이포그래피, 즉 본문 서체를 어떻게 할까 하는 발상이 싹텄다.

구텐베르크의 《42행 성서》에서는 블랙 레터체, 즉 고딕체로 불리는 글자 폭이 좁고 날카로우며 새까만 서체가 사용되었다. 성서에 위엄과 무게를 주기 위한 것이다. 서체에 의해 권위가 더해진다고 생각한 것은 분명하다. 구텐베르크는 텍스트의 권위를 높이기 위한 서체의 중요성을 일찍부터 깨닫고 있었던 것이다.

구텐베르크의 대발견은 단어를 할 글자 한 글자의 조합이라고 파악한 데 있었다. 그 때문에 한 글자를 하나의 금속활자로 만들고, 같은 알파벳을 많이 준비했다. 따라서 이 금속활자를 어떤 서체로 만드는가 하는 것은, 과장해서 말하자면 사상을 엿볼 수 있을 만큼 중대한 일이 되었다.

한편 르네상스 운동이 일어났던 이탈리아에서는 블랙 레터체를 거부했다. 거칠고 세련되지 못하다며 경멸하던 고트인의 문자, 즉 고딕(고트적) 서체라는 이유에서였다.

구텐베르크 성서에 사용된 활자의 복제. 구텐베르크 박물관 소장.

그리고 고대 로마의 비문 등에 새겨진 서체야말로 로마인에게 어울린다며 그것을 부활시키려고 했다. 이것은 원래 카롤링거 르네상스(8세기 말 샤를마뉴의 문화 장려에서 비롯된 프랑크 왕국의 고전문화 부흥 운동—옮긴이) 무렵에 만들어진 카롤링거 소문자와 맞추기 위해 사용되었던 문자용 서체이기도 했다. 여기에서 오늘날 '로마체'로 알려진 로마의 문자가 탄생한다. 1470년, 프랑스인 니콜라 젠손은 '로마체'를 더욱 읽기 쉽도록 세련되게 만들어 '베네치안 로마'라 불리는 서체를 개발했다.

위 젠손의 로마체와 지로라모 다 크레모나의 장식으로 인쇄된 플루타르코스의 《영웅전》(1478년). 장식된 머리글자 Q 안에 플루타르코스가 있다.
아래 젠손에 의한 로마체(1476년). (田中正明, 《ボド ニ物語 ボドニとモダン・ローマン體をめぐって》, 印刷學會出版部, 1998)

그리고 국가가 인정하는 타이포그래피가 등장한다. 인쇄의 초창기라는 이유도 있겠지만, 조프루아 토리라는 사람이 그리스어나 라틴어의 발음을 프랑스어로 표현할 수 있도록 강세나 아포스트로피, 시딜러 등의 부가 기호를 고안하고 양식화해 좋은 평가를 받았다. 그는 당시 프랑스의 왕 프랑수아 1세로부터 '왕의 인쇄공 imprimeur du roi' 이라는 칭호까지 얻었다. 1529년의 일이다.

토리 밑에서 연구하고 있던 클로드 가라몽은 토리의 조언을 듣고 이탤릭체를 만든 것으로 알려진 알두스 공방의 로마체를 개량하여 가라몽체를 만들었다. 그리고 거기에 이탤릭체를 더해 서체를 패밀리화했다.

브랜딩의 중요성을 알고 있던 프랑수아 1세는 1539년 국내의 언어를 프랑스어로 통일하고 동시에 공용어를 우아하고 기품 있는 가라몽체로 인쇄하도록 했다. 그리하여 가라몽은 "왕의 문자를 새기는 자"로 불렸다. 많은 개량을 거치기는 했지만 가라몽체는 지금도 프랑스의 올드 로마체의 대표적인 서체다.

조프루아 토리의 《화원》(1529년). 토리는 이 책에서 악상 등의 기술 방법, 표기법, 로마체의 역사, 장식 등 타이포그래피에 관한 자신의 수법을 밝히고 있어 기술의 원칙이 명문화되었다. 이 책이 그 후의 타이포그래피 발전에 큰 역할을 했다.(組版工學研究所編,《歐文書體百花事典》, 朗文堂, 2003)

5

PAVLI IOVII NOVOCOMEN-
fis in Vitas duodecim Vicecomitum Mediolani
Principum Præfatio.

ETVSTATEM nobi-
liffimæ Vicecomitum fami-
liæ qui ambitiofius à præalta
Romanorū Cæfarum origi-
ne, Longobardifq; regibus
deducto ftemmate, repete-
re contédunt, fabulofis pe-
nè initiis inuoluere viden-
tur. Nos autem recentiora
illuftrioráque, vti ab omnibus recepta, fequemur:cō-
tentique erimus infigni memoria Heriprandi & Gal-
uanii nepotis, qui eximia cum laude rei militaris, ci-
uilifque prudentiæ, Mediolani principem locum te-
nuerunt.Incidit Galuanius in id tempus quo Medio-
lanum à Federico AEnobarbo deletū eft, vir fumma
rerum geftarum gloria, & quod in fatis fuit, infigni
calamitate memorabilis. Captus enim, & ad trium-
phum in Germaniam ductus fuiffe traditur: fed non
multo pòft carceris catenas fregit, ingentíque animi
virtute non femel cæfis Barbaris,vltus iniurias,patriã
reftituit.Fuit hic(vt Annales ferunt)Othonis nepos,
eius qui ab infigni pietate magnitudinéque animi,ca
nente illo pernobili claffico excitus, ad facrū bellum
in Syriam contendit,communicatis fcilicet confiliis
atque opibus cū Guliermo Montifferrati regulo,qui
à proceritate corporis, Longa fpatha vocabatur. Vo-
luntariorum enim equitum ac peditum delectæ no-
                                              A.iii.

······ 서체 미학의 발생

이러한 올드 로마체 주류에서 새로운 발상이 나타났다. 장식을 사용하지 않고 활자의 크기, 자간, 행간, 레이아웃을 구사하면 아름다운 지면을 만들어 낼 수 있지 않을까 하는 사고였다. 로코코 양식이 한창인 시대였고, 글자만으로 된 지면 같은 것은 거들떠보지도 않던 무렵의 일이었다.

파올로 조비오의 《밀라노 군주 비스콘티가 열전》(1549년). 본문의 서체는 토리의 영향을 받은 가라몽체, 첫머리 장식 글자는 토리체다. 인쇄는 프랑스 왕실에 납품하는 인쇄업자 로베르 에스티엔이 했다. 에스티엔은 1543년 왕실에 왕을 위한 그리스어 활자 한 벌을 바쳤는데, 가라몽이 그 제작에 종사하였고 그 후 왕의 문자를 새기는 자라고 불리게 되었다.(組版工學研究所編, 《歐文書體百花事典》, 朗文堂, 2003)

P. VIRGILII MARONIS

B U C O L I C A

ECLOGA I. cui nomen *TITYRUS*.

MELIBOEUS, TITYRUS.

Tﬔﬔ, tu patulæ recubans fub tegmine fagi
Silveftrem tenui Mufam meditaris avena:
Nos patriæ fines, et dulcia linquimus arva;
Nos patriam fugimus: tu, Tityre, lentus in umbra
5 Formofam refonare doces Amaryllida filvas.
  T. O Melibœe, Deus nobis hæc otia fecit:
Namque erit ille mihi femper Deus: illius aram
Sæpe tener noftris ab ovilibus imbuet agnus.
Ille meas errare boves, ut cernis, et ipfum
10 Ludere, quæ vellem, calamo permifit agrefti.
    M. Non equidem invideo; miror magis: undique totis
Ufque adeo turbatur agris. en ipfe capellas
Protenus æger ago: hanc etiam vix, Tityre, duco:
Hic inter denfas corylos modo namque gemellos,
15 Spem gregis, ah! filice in nuda connixa reliquit.
Sæpe malum hoc nobis, fi mens non læva fuiffet,
De cœlo tactas memini prædicere quercus:
Sæpe finiftra cava prædixit ab ilice cornix.
Sed tamen, ifte Deus qui fit, da, Tityre, nobis.
20   *T.* Urbem, quam dicunt Romam, Melibœe, putavi
Stultus ego huic noftræ fimilem, quo fæpe folemus
Paftores ovium teneros depellere fœtus.
Sic canibus catulos fimiles, fic matribus hœdos
                    A   Noram;

그 계기가 된 사람은 영국의 존 바스커빌이었다. 그는 올드 로마와 모던 로마를 합친 서체를 고안하여, 1757년 로마의 시인 베르길리우스의 《전원시와 농경시》 본문에 처음으로 사용했다. 모던 로마란 수평선은 가늘고 수직선은 뚜렷하게 굵은 서체를 말한다. 아마 《전원시와 농경시》라는 책이 의식적으로 '단순함'을 지향한 최초의 책일 것이다.

베르길리우스의 《전원시와 농경시》. 바스커빌은 장식 활자나 장식선이 전성기였을 때 처음으로 문자 활자만으로 된 지면을 만들었는데, 문자만 있는 페이지에 익숙하지 않은 사람과 바스커빌의 명성을 질투하던 사람들로부터 반발을 샀다.

옆 위 보도니가 레이아웃하고 조판한 《호라티우스 작품집》, 1791년.

옆 아래 왼쪽 로마체 네 가지 모양의 특징. 위에서부터 오래된 순서로 되어 있는데 베네치안 로마, 올드 로마, 트래디셔널 로마, 모던 로마. 커다란 변화는 우선 'O, C, D, G'의 센터 라인(축)이 수직으로 된 것이다. 소문자 'e'의 가로막대가 비스듬한 것에서 서서히 수평으로 바뀌었다. 소문자의 표제어 부분이 비스듬한 것에서 서서히 수평으로, 그리고 스트로크의 굵기도 간결하고 분명해졌다. (組版工學研究會 編, 《歐文書體百花事典》, 朗文堂, 2003)

옆 아래 오른쪽 파르망 디도에 의한 《호라티우스 작품집》, 1799년. (田中正明, 《ボドニ物語 ボドニとモダン・ローマン體をめぐって》, 印刷學會出版部, 1998)

이 책은 영국 내에서는 평이 좋지 못했지만 유럽, 특히 프랑스와 이탈리아에서는 충격과 함께 환영을 받았다. 프랑스 파르망 디도의 디도 인쇄소와 이탈리아의 잠바티스타 보도니가 특히 그랬다. 그들은 독자적으로 모던 로마를 추구하여 18세기 후반에 완성했다. 보도니는 규칙적이고 정확하며, 세련되고 간결하며, 고상하고 매력적인 문자라고 했다. "규칙적이고 정확"하다는 것은 산업혁명에 의한 대량 생산을 응시한 발언이었다. 보도니는 그때까지의 수작업이라는 영역에서 벗어나 규격을 통일하고 대량으로 생산할 수 있는 활자의 표준을 만들었다. 공업 제품으로서의 '활자'가 탄생한 것이다.

Q.

HORATII

FLACCI

OPERA

PARMAE
IN AEDIBVS PALATINIS
MDCCXCIII
TYPIS BODONIANIS.

QUINTI

HORATII FLACCI

CARMINUM

LIBER PRIMUS.

ODE I.

AD MAECENATEM.

MAECENAS, atavis edite regibus,
O et præsidium et dulce decus meum!
Sunt quos curriculo pulverem Olympicum
Conlegisse iuvat; metaque fervidis
Evitata rotis, palmaque nobilis,
Terrarum dominos evehit ad Deos:
Hunc, si mobilium turba Quiritium
Certat tergeminis tollere honoribus;

TOadeghi

TOadeghi

TOadeghi

TOadeghi

...... 레이아웃의 충격

활자에 집착한, 문자만으로 된 단순한 표현에 대한 모색은 이렇게 해서 시작되었
지만 문자 레이아웃에서도 하나의 조류가 생겨났다.

　1499년 프란체스코 코론나의 《폴리피루스의 꿈》(1499년)이 베네치아에서 간행
되었다. 이것은 목판화 삽화가 들어간 책인데 내용 이상으로 레이아웃이 충격을
주었다. 디자인은 앞에서 말한 이탤릭체를 발명한 알두스 공방에서 했다. 표제지
나 마지막 페이지에 사용한 삼각형 활자 조판은 '하프 다이아몬드 인덴션'이라 불
리며 좋은 평판을 얻었다. 장식 같은 것도 사용하지 않고 문자 레이아웃만으로 임
팩트를 줄 수 있다는 것을 처음으로 보여 준 사건이었다.

　그리고 이 《폴리피루스의 꿈》에 오마주를 바친 책이 1830년에 간행되었다. 샤를
르 노디에의 《보헤미아 왕과 일곱 성 이야기》라는 소설이다. 바로 인쇄 기술의 발
전과 함께 책의 발행 부수가 늘어나고 지질도 떨어져서 조잡한 책을 많이 찍어 내
던, 구텐베르크 이래 제2의 인쇄 혁명이라고 한 무렵에 출판된 것이다.

프란체스코 코론나의 《폴리피루스의 꿈》의 하프 다이아
몬드 인덴션.(清水徹, 《書物について その形而下學と形
而上學》, 岩波書店, 2001)

애서가인 노디에는 이러한 사태를 걱정하며 모든 것이 책 안에서 돌며 흐르도록 하는 책을 생각했다. 자신이 아끼는 책에서 참조하고 인용하고 표절하고 놀려대는 것으로 가득 채우는 것인데, 제목 밑에 모작이라고 써 넣을 정도로 공들인 책이었다. 표절, 놀림 등은 일찍이 사자생의 장기이기도 했다.

모작이라고 한 것은, 로렌스 스턴의 소설《신사 트리스트럼 샌디의 생애와 의견》(1759년~1767년) 제8권 19장이 어중간하게 끝났는데 양해도 구하지 않고 그것을 이어받아 제멋대로 거기에서 이야기를 시작했기 때문이다.

원래 소재인《트리스트럼 샌디》도 상당히 과격해서 아무것도 인쇄되지 않은 빈 페이지까지 있다고 한다. 자신은 그다지 쓰고 싶지 않으니까 독자로 하여금 적당히 메워 달라는 것이다.

삽화가 들어간 라퐁텐이나 발자크의 책은 이 노디에의 책이 실마리가 되어 유행했는데, 이 책의 훌륭한 점은 문자 레이아웃에 있었다. 예컨대 계단을 내려가면서 대화하는 장면에서는 단어를 하나씩 계단 모양으로 내려가게 배열하는 등 내용에 따라 문자를 짰던 것이다.

그리고 또 한 가지 뛰어난 점은 활자의 종류, 크기, 삽화를 넣는 방식 등 레이아웃에 공을 들였기 때문에 다른 출판사에서 다시 출판될 때도 노디에는 그 판형과 형태를 양도하지 않았다고 한다.

둘 다 노디에의 《보헤미아 왕과 일곱 성 이야기》. 왼쪽이 '계단' 과 '엿보는 작은 창' 페이지. 오른쪽이 '항의'. (淸水徹, 《書物について その形而下學と形而上學》, 岩波書店, 2001)

1899년 노디에의 정신을 이어받은 것으로 보이는 시집이 간행되었다. 말라르메의 《던져진 주사위》다. 여기서 활자는 시의 내용에 따라 크기가 달라지고 레이아웃도 그래픽스코어처럼 흩어졌다. 시의 낭독에 맞춰 큰 목소리를 내야 할 곳은 활자를 크게 하고, 억양은 페이지의 상하로 표시하고, 소리의 울림은 서체를 바꿔 표시했다. 시는 페이지의 3분의 1정도로 하여 여백을 충분히 살렸다. 이렇게 해서 눈을 찌르는 듯한 여백이 이런 종류의 책의 기본 형태가 되었다. 1897년 《던져진 주사위》를 잡지에 발표할 때 말라르메는 그 서문에서 "읽는다는 행위에 공간을 도입하는 새로움"이라고 말했다고 《책에 대하여》의 저자 시미즈 도루는 말하고 있다.

그러나 안타깝게도 말라르메는 디도 활자, 즉 보도니계의 서체로 시를 조판하고 싶어 했고 교정쇄까지 나왔으나 완성되기 전에 생을 마감했다. 말라르메가 서체에 집착했다는 것을 모르는 유족은 초판을 이탤릭체로 인쇄해 버렸고 지금도 서체는 이탤릭체 그대로다.

그러나 문자가 어떻게 보이는가에 집착한 말라르메의 수법은 아폴리네르의 《칼리그람》(1918년)에 착실히 계승되었다. 《칼리그람》도 아폴리네르의 유작이 되었다.

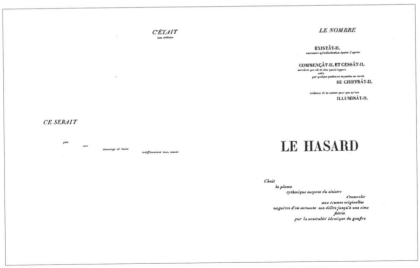

말라르메의 《던져진 주사위》.(清水徹, 《書物について その形而下學と形而上學》, 岩波書店, 2001)

······ 단순함과 타이포그래피

이러한 타이포그래피에 의해 지면을 구성하는 방법론은 미래파, 다다이즘, 초현실주의 등 시대의 다양한 모더니즘 운동의 주요한 방식이 되었다. 특히 러시아 아방가르디스트 엘 리시츠키는 마야코프스키 시집《목소리를 위하여》등의 걸작을 낳았고, 1950년대부터 시작된 구체시 운동으로 이어졌다.

그리고 단순함과 시의 특질이 서로 잘 맞물려 계속되어 온 구체시 운동에서도 특별히 언급할 만한 책이 1964년에 간행되었다. 10장 '섞는다는 행위'에서 콜라주의 입안자로 거론되었던 막스 에른스트와 출판사 '41도'가 주재한 일리야 즈다네비치의《막시밀리아나 혹은 천문학의 비합법적 행사》다.

미래파의 창시자 마리네티의《장툼툼》의 표지, 1914년.(P. Hulten編, 《Futurism & Futurisms》, Abbeville Press, 1986)

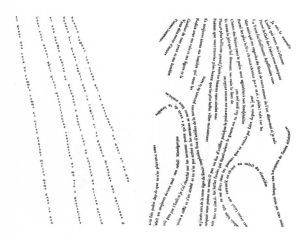

왼쪽〈비가 내리네〉.
오른쪽〈선물〉.(Guillaume Apollin aire,《Calligrammes》, Edition Gallimard, 1966)

이것은 천문학자 빌헬름 템펠에게 오마주를 바친 책으로, 일리야 즈다네비치에 의한 구성과 디자인, 에른스트의 복잡한 석판 인쇄와 콜라주, 의미가 불분명한 언어 기호군에 구체시풍의 성운이 펼쳐진 듯한 단어의 배열이 뒤얽혀 절묘한 지면을 전개한 것이었다.

19세기 독학으로 천문학자가 된 템펠은 학위가 없어 재능이 있어도 인정받지 못한 불우함을 한탄했다. '막시밀리아나'는 템펠이 1861년에 발견한 소행성에 붙인 이름이다. 그러나 학회에서 인정받지 못한 채 이 행성에는 키벨레라는 이름이 붙여진다. 독학으로 예술가가 된 에른스트는 학회에서 거절당한 템펠에게 공감을 느꼈다고 한다.

이리하여 멋진 서체에서 시작되어 '단순함'을 발견하고 추구한 역사는 마치 한 바퀴 회전하듯이 서체나 읽을 수 있는 문자, 읽기 쉬운 문자를 넘어선, 또는 원초의 상형문자 같은 해독 불가능한 기호군에 의해 전체가 견인되어 간단함과 복잡함의 융합을 꾀하게 되었다.

막스 에른스트와 일리야 즈다네비치, 《막시밀리아나 혹은 천문학의 비합법적 행사》의 부분 (위)과 마주보는 두 면(아래).
(위 Filipacchi, 《Max Ernst》, 1971. 아래 中川素子＋坂本満, 《ブックアートの世界 繪本からインスタレーションまで》, 水聲社, 2006)

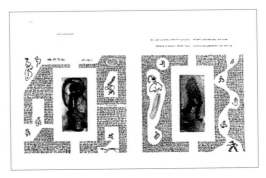

264

…… 단순함과 복잡함의 융합

윌리엄 모리스는 "책이란 읽기 전에 우선 보는 것이다"라고 하여 철저하게 '보는' 책 만들기를 지향했다고 앞에서 말했다. 구체적으로 행간도 좁고 자간도 좁은, 오직 새까만 지면을 바랐던 것이다. 그는 멀리서 봤을 때 지면이 회색(행간이 채도를 떨어뜨린다)으로 보이는 것을 극단적으로 싫어했다. 그리고 장식 무늬를 충분히 넣어 '단순함'이나 '읽기 쉬움'과는 완벽하게 대조적인 지면을 바랐다. 모리스가 생각한 이상적인 책의 지면은 순백의 틀로 둘러싸인 검은 사각형이었다.

검은색 일색의 이 사각의 그림(이랄까 디자인)은 나중에 러시아의 아방가르디스트 말레비치가 〈검은 사각형〉(1915년)으로 발표한다.(7장 '추상 표현의 시작' 참조)

그것은 아이러니하게도 모리스가 빽빽이 그려 넣은 무늬를 점점 메워 나가 온통 검은색으로 칠해 버린 것 같다. 어수선하고 조밀한 공간이 검은색 일색의 단순한 공간으로 전환한 순간이라고도 말할 수 있다.

구텐베르크의 인쇄술을 영국으로 가져온 영국 인쇄사의 개척자 윌리엄 캑스턴이 만든 판에 반 존스가 그림을 그린 켈름스콧 판의 그림책 《기사도 이야기》(1893년). 여백 공포증적 지면이 밉지 않다.(財團法人リバーフロント,《Front 2003. 12 特集: ウイリアム・モリス》)

여기에도 단순함과 복잡함의 융
합이 있다. 궁극의 단순함이란 궁
극의 빽빽함이다.

그러나 그리는 것을 포기해 버린
듯한 '검은 사각형'을 발표한 말레
비치는 궁극의 표현을 해 버렸기
때문에 그 후 갈 곳을 잃은 채 원래
의 구상적인 회화로 돌아갔다. '단
순함'에 숨어 있는 '악마'인지도
모른다.

말레비치에게서 영감을 받았다고도, 구체시의 기본인 정사각형에 기초한 것이라고도 말할 수 있는, 오스트리아의 하인츠 가
프마이르의 구체시 작품. 사각형의 상변과 좌우 끝부분에 단어가 숨어 있는데 해독은 불가능하다.(Heinz Gappmayr,
《Konzepte》, Ottenhausen, 1991)

가둔다는 것

인류는 태곳적부터 다양한 것을 가두고 지식을 응집시키는 전략으로 문화를 형성해 왔다. 예컨대 달력에 시간을, 동굴벽화나 종이에 기억을, 토기에 목숨을, 부적에 원령怨靈을, 지도에 방위를, 악보나 책에 청각을, 사진이나 영화·텔레비전에 시각을, 종교나 철학에 정신을 가두어 왔다.

특히 20세기는 '가두는' 일에 매진한 세기였다고 할 수 있다. 무엇보다 큰 것은 자본주의 진영과 공산주의 진영에 의한 가두기 싸움일 것이다. 이것은 20세기 종반에 결말을 보았다. 자본주의가 지구를 완전히 뒤덮게 되고 압도적인 인구를 가진 중국이라는 나라가 자본주의의 한 요소, 즉 배금주의에 눈을 뜰 때 세계에는 어처구니없는 일이 벌어질지도 모른다. 어쨌든 마음을 다잡고 '가두는' 역사를 개관해 보기로 하자.

······ 목숨을 가둔 토기

인류는 동굴에 일기처럼 메시지를 기록하는 방법을 익혔다. 즉 기억을 보존한 것이다. 그리고 약 50만 년 전에 불 피우는 방법을 발견했다. 불은 힘을 가두는 발상의 실마리가 되었다. 화약의 단계까지만 해도 아직 귀여운 구석이 있었지만, 핵무기로까지 발전하자 힘만이 아니라 권력자도 트라우마에 휩싸여 시의심에 갇히게 되었고, 지구 자체도 핵우산으로 둘러싸이게 되었다. 혜성이나 소행성 충돌, 외계인의 침략이 주제인 영화에서는 적을 물리치기 위해 핵무기를 사용한다는 설정이 당연시되어 버렸다.

최근에는 비핵 3원칙을 표방하고 있는 일본에서도 영화 〈일본침몰〉에서 핵 (같은) 폭탄을 사용했다. 분명히 핵폭탄이라고 말하지 않고 "핵과 같은 정도의 파괴력을 가진 폭탄"이라는 애매모호한 표현으로 도망갔지만 말이다.

1만 5000년 전 지구에는 온난화가 찾아왔다. 격심한 기후 변동 속에서 살아남기 위한 인류의 싸움이 시작되었다. 환경 고고학자인 야스다 요시노리는 지구 온난화의 영향을 가장 크게 받았던 아시아 몬순 기후 지역에서 그것을 극복하기 위한 위대한 발명이 이루어졌다고 했다. 농경(=정착 생활)과 토기의 발명이 그것이다.

인류가 정착 생활을 시작한 데는 삼림의 탄생이 큰 영향을 미쳤다. 삼림이 확대됨으로써 강이 생기고 물고기를 잡을 수 있게 되었다. 저장이 가능한 나무 열매도 늘고 사람들은 동물을 찾아 헤매지 않아도 되었다. 이것이 삼림의 효능이다.

아시아에는 유럽에 비해 2000년이나 빨리 삼림 지대가 생겼다. 농경도 유럽에 앞선 약 1만 년 전에 양쯔 강 중류 지역에서 시작되었다. 그리고 보존할 수 있는 곡물을 생산할 수 있게 되어 정착 생활을 할 수 있는 길이 열렸다. 동시에 물을 담아 옮기고 취사할 수 있는 토기도 발명했다(조몬 토기, 즉 줄무늬 토기는 약 1만 2000년 전부터 있었다고 한다).

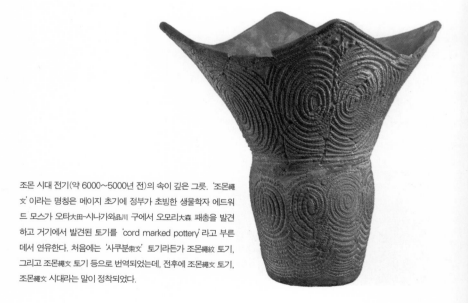

조몬 시대 전기(약 6000~5000년 전)의 속이 깊은 그릇. '조몬繩文'이라는 명칭은 메이지 초기에 정부가 초빙한 생물학자 에드워드 모스가 오타大田~시나가와品川 구에서 오모리大森 패총을 발견하고 거기에서 발견된 토기를 'cord marked pottery'라고 부른 데서 연유한다. 처음에는 '사쿠분索文' 토기라든가 조몬繩紋 토기, 그리고 조몬繩文 토기 등으로 번역되었는데, 전후에 조몬繩文 토기, 조몬繩文 시대라는 말이 정착되었다.

토기의 형태는 시행착오를 거쳐 둥글게 되었다. 둥근 것이 운반하기 쉽고 '운반하기 쉽다'는 것은 그만큼 살아남을 수 있는 기회가 늘어난다는 것이다.

그리고 그때까지 날것 혹은 굽거나 발효시키는 것밖에 없었던 요리법에 토기로 끓이는 것이 더해져 식생활이 변했고, 생존율도 현격하게 높아졌다. 요컨대 '토기'는 생명을 가두었다고 할 수 있을지도 모른다.

또 한 가지 중요한 것은 토기로 끓이는 요리에 의해 주기성이 생겨났다는 점이다. 금방 준비해 먹을 수 있는 요리에 비해 끓이는 것은 내용물을 써는 등의 준비도 해야 하니 상당한 시간이 걸린다. 공복에 걸맞지 않은 요리법이다. 이것이 보급됨으로써 어느 정도 식사 시간을 정해 놓아야 했다. 여기에서 시간 관념, 주기적인 습관 관념이 생겨났다고 야스다는 말한다.

더욱 중요한 것은, 토기는 재분배를 가능하게 했다는 점이다. 분배가 가능해졌다는 것은 생활에 여유가 생겨 주위를 둘러볼 수 있는 짬이 생겼다는 것을 의미한다. 미우라 마사시는 '교환'이야말로 문명의 구동 바퀴였다고 했다. "교환이 욕망을 낳고 필요를 낳았다"는 것이다. "교환하기 위한 물건을 생산하기 위해 농업이 시작되었고 어업이 시작되었으며, (중략) 농촌이 발전하여 도시가 된 것이 아니라 역으로 도시가 농촌을 낳았던 것이다." 이 '교환'에서는 이런 것을 원할 것이라고 생각하는 타자의 눈이 발생했다는 것도 알 수 있다. 여기에 네안데르탈인으로부터 비약한 크로마뇽인의 본질이 있다는 것이다.

그리고 보면 토기의 발명과 정착 생활 중 어느 것이 먼저 일어났는가는 미묘해진다. 토기가 발명됨으로써 정착 생활을 해도 어떻게든 살아갈 수 있는 조건이 갖추어졌다고도 생각할 수 있다.

기원전 3900년경 이라크에서 출토된 증류기. 이 증류기에는 뚜껑이 있어서 토기를 가열하면 내용물이 증발해서 차가운 뚜껑에 부딪쳐 둘레의 이중 테두리로 흘러넘치는 구조다.(平田寬,《圖說 化學·技術の歷史 ピラミッドから進化論まで》, 朝倉書店, 1985)

오리엔트 고고 미술사가인 스기야마 지로에 따르면, 조몬 시대에 남성은 사냥(이동)을 나가 가족에게 동물성 단백질을 제공하고, 여성은 정주하여 농업에 종사했다고 한다. 남성은 매일 사냥을 나감으로써 생활에 강약을 주었고 생활의 기반은 여성이 지탱해 나갔다. 오늘날에도 이 구도는 그다지 변하지 않았다. 이런 점에서 '정착 생활'이야말로 생명을 가두기 위한 최대의 조건이라는 생각이 든다. 스기야마에 따르면 "자리를 잡는다"는 것이다.

…… 시간을 가둔 달력

기상 정보를 얻기 위해 시간을 가둔 것이 '달력'이다. 기원전 3000년부터 1500년 정도에 걸쳐 만들어진 영국의 스톤헨지는 천체 관측을 하는 등 일종의 천문대로도 생각되었다. 거대한 인류 최초의 달력이었다는 설도 있다.

위 스톤헨지는 태양 신앙에 기초하고 있기 때문에 전체가 원으로 둘러싸여 있고 기둥 모양의 열석도 원래는 원형이었던 듯하다.(《圖說百科 日本の曆大圖鑑》, 新人物往來社, 1978)
아래 19세기, 스톤헨지를 소재로 루베르가 작업한 동판화.(A. ブルトン, 《魔術的藝術》, 河出書房新社, 1997)

기원전 2000년에 고대 이집트에서 태양력이 만들어졌다. 그것이 태음태양력이 되었고, 기원전 45년에 카이사르가 율리우스력을 제정하여 1년 365일, 4년에 한 번 윤년을 넣는 등 현재 달력의 기초를 만들었다.

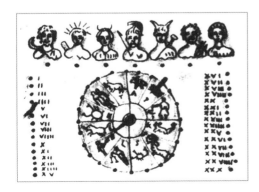

위 왼쪽 15세기 초, 《베리 공작의 시도서》 사본에서 윗부분이 프랑스의 달력, 아랫부분이 귀족이나 농민의 사계다.(W. ケントン, 《イメージの博物誌1 占星術天と地のドラマ》, 平凡社, 1977)

위 오른쪽 고대 로마의 달력. 로마에서 가장 오래된 달력은 로물루스 왕이 제정한 로물루스력이다. 1년은 10개월 304일밖에 안 되고 나머지는 동면이라고 해서 수에 넣지 않았다.(《圖說百科 日本の曆大圖鑑》, 新人物往來社, 1978)

아래 아라비아의 천문서. 마호메트력은 태음력. 1년에는 354일과 355일이 있고, 태양력과의 차는 32년에 딱 1년이다. (《圖說百科 日本の曆大圖鑑》, 新人物往來社, 1978)

달력에 기술하기 위한 문자는 상형문자, 즉 자연계의 사물을 기호 그림으로 치환하는 데서 시작되었다. '형태'를 가두기 위해 히에로글리프(고대 이집트의 상형 문자 ─ 옮긴이)나 한자를 만들었다고 할 수 있다.

시라카와 시즈카의 한자학에 따르면 한자의 성립에는 처참한 이야기가 많다고 한다. 적의 머리를 가지고 악령을 쫓기 위해 행진하는 '導(도)'. 악령을 쫓은 뒤의 길인 '道(도)'. 그리고 건물에도 적의 머리가 벽 안에 들어 있는 '京(경)'.

또한 바늘로 눈을 찔러 신의 노예로 삼는 '民(민)'. 여기에는 자신의 눈으로 봐서는 안 되고 보는 것은 신의 역할이라는 뉘앙스가 담겨 있다. 전장에서 전과를 보여 주기 위해 적의 왼쪽 귀를 잘라내는 '取(취)'. 갓난아기를 키울지 말지를 강물에 던져 떠오르고 가라앉는 모습으로 점치는 '流(유)'. 갓난아기의 머리는 깍듯하게 아래를 향하고 있다. 그리고 키우기로 결정하고 건져내는 '浮(부)'. 이때 머리는 위를 향한다.

'夢(몽)'도 결코 좋은 꿈이 아니다. 자는 동안 사팔뜨기 주술사가 불러오는 악몽을 가리켰다. 중세 그리스도교 사회에서도 꿈속에 나타나는 악귀, 악마가 있었다. 남자의 꿈에 나타나는 것은 인큐버스, 여성의 꿈에 나타나는 것은 서큐버스다.

導

道

京

民

取

浮

夢

본문에 나오는 한자의 상형문자.

流

····· 문자를 가둔 종이와 인쇄

한자의 성립에서 느끼는 것은 인간에 대한 두려움이다. 아무리 무섭다고 해도 인간만큼 무서운 것은 없다. 살아 있는 동안은 물론이고 죽어서도 원령이 되어 저주를 내린다.

그래서 원령을 좀 더 간단히 배제할 수 있도록 만들어진 것이 부적이다. 부적에는 신의 힘이 가두어져 있다. 이 부적에 사용되는 문자를 가두기 위해 종이나 인쇄술이 필요해졌다.

105년, 후한의 환관 채륜이 글자를 쓸 수 있는 종이의 제조법을 알아내 인쇄술은 구텐베르크보다 훨씬 이전에 중국에서 시작되었다. 한편 서양의 인쇄술은 악마 퇴치를 위해 시작되었다고 할 수 있다. 유럽 중세의 이단(악마) 증오는 여간 아니었다. 이 병이 심해져 부적의 일종인 성서를 좀 더 폭넓게 보급할 필요가 있었던 것이다.

····· 물건을 가둔 자동판매기

자동판매기의 발상은 오래되었다. 기원전 215년경 고대 이집트의 신전에 놓여 있었다는 성수 자동판매기가 기록상으로는 최초라고 한다. 이것은 알렉산드리아의 수학자이자(이상한 표현이지만) 기계학자인 헤론이 저술한 책에 의해 알려졌다.

왼쪽 도교 부적 〈효망살라지부孝芒薩羅之符〉. 귀鬼라는 글자가 있는 것으로 보아 인체 내의 귀신을 진정시키는 부적이다. 그 기본에 있는 것은 호흡법이다. 즉 자기 주위의 기운을 받아들인다는 의미에서 인체는 자연과 일체인 것이다.(Laszlo Legeza, 《Tao Magic: The Secret Language of Diagrams and Calligraphy》, Thames & Hudson, 1975)
오른쪽 헤론의 《기체장치》에서 성수 자동판매기의 도해가 있는 페이지. 동전을 넣으면 성수가 나온다. 생몰 연대가 알려져 있지 않지만 헤론은 기원전 2세기에서 1세기경의 사람으로, 이 성수 자동판매기를 발명했는지 그저 기술만 했을 뿐인지 전혀 알 수 없다. 이탈리아 국립도서관 소장.

그다음은 영국의 코담배 자동판매기 '정직 상자'(1615년)다. 자신이 동전을 넣고 담배를 꺼내고 다시 자신이 뚜껑을 닫는 시스템이었다. 그래서 마음만 먹으면 얼마든지 속일 수 있었기 때문에 '정직 상자'라는 이름이 붙었다. 본격적으로 자동판매기가 유행하기 시작한 것은 1822년 서적 자동판매기가 등장하면서부터이다. 이것은 발행이 금지된 책을 팔면 투옥되기 때문에 자동판매기라면 판매자가 누구인지 모를 테니 "판매가 금지된 서적을 독자에게 제공하는 장치로서" 생각했다고 제작자 토머스 페인이 고백한 모양이다.

그리하여 영국에서 시작된 자동판매기는 유럽으로도 확대되었는데, 19세기 말에는 세계 제일의 공업국이 된 미국에서 토머스 애덤스가 미국 최초의 추잉검 자동판매기를 만들었다. 이어서 윌리엄 리글리가 할인권이 달린 추잉검 자동판매기를 만들어 유럽에 수출할 정도로 성공을 거두었다.

일본에서 최초의 자동판매기는 오노 슈조와 다와라야 다키시치가 1888년 9개월 차이로 특허를 출원하여 2년 후에 인정받았지만 둘 다 실용화되지 않았다. 1888년이라고 하면 미국에서 껌 자동판매기가 생긴 것과 같은 해로 이렇게 빨랐던 것은 특기할 만한 일이다. 그리고 1904년 다와라야 다키시치가 '자동 우편엽서 판매기'를 제작했으나 보급되지는 못했다.

1924년 나카야마 쇼이치로가 제작한 과자 자동판매기는 실용화되어 전국의 과자 가게 앞에 늘어서게 되었다.

왼쪽 영국에서 만들어진 코담배 자동판매기 '정직 상자'. 길흉을 점치는 일본의 제비 상자 같은 모양으로, 구매자가 돈을 넣고 직접 물품을 꺼내는 구조다. 자동판매기의 선구적인 형태다.
오른쪽 미국의 본격적인 자동판매기 '터티 프루티 껌볼', 1888년.(이상 Michael Colmer, 《The Great Vending Machine Book》, Contemporary Books, 1977)

위 다와라야 다키시치가 만든, 현존하는 일본 최고最古의 자동판매기 '자동 우편엽서 판매기'. 높이 72센티미터, 폭 40센티미터로 그다지 크지 않다. 이것은 실제로는 사용되지 않았지만 다와라야는 그때까지 검은색이었던(목제) 우편함 대신 영국의 우편함을 모방해 빨간 철제함을 시험 삼아 만들었다. 이후 우편함은 빨간색이 되었다.

아래 나카야마 쇼이치로가 만든 봉지 과자 자동판매기 '한가한 아빠ノンキナトウサン', 1924년. 당시 《호치신문》에 연재되었던 네 칸짜리 만화의 선구인, 아소 유타카의 '한가한 아빠' 캐릭터를 모방한 자동판매기로 베스트셀러가 되었다.

······ 지구를 가둔 지도

우선 지구는 둥글다, 즉 구형이라고 생각한 피타고라스로부터 지도가 시작되었다고 해도 좋을 것이다. 호메로스나 탈레스는 대지를 평평한 원이라고 생각했고, 아낙시만드로스는 원통형, 아낙시메네스는 직사각형이라고 생각했기 때문이다.

지구의 형태가 확실해지면 방위가 필요해지고 거기에 격자무늬를 넣으면 알기 쉬워질 것이라고 생각해 경선과 위선이 더해졌다.

지도의 위쪽이 북쪽이라는 것이 정착된 것은 의외로 늦은 15세기가 되고 나서다. 자기 나침반이 발명되었기 때문이다. 그때까지 지도는 중요한 방향을 위에 표시했다. 예컨대 아랍에서는 남쪽, 로마나 중세에서는 동쪽, 미국에서는 미개척지인 서쪽이었다.

이슬람권의 지도학은 처음에 프톨레마이오스의 《지리학》을 따랐지만 아시아·아프리카와의 교역이 진행됨에 따라 프톨레마이오스 지리학이 실제와 맞지 않은 경우가 나와 10세기경부터 독자적인 지리학을 세우는 방향으로 나아갔다. 이것은 시칠리아에서 활약한 알 이드리시의 〈세계분역도世界分域圖〉(1154년)로 그러한 움직임의 완성기에 만들어졌다. 이때까지는 아직 북쪽이 아래쪽이다.(海野一隆, 《地圖の文化史 世界と日本》, 八坂書房, 1996)

지도가 발달한 것은 이 자기 나침반과 인쇄술, 제판술이 발명되어 간단히 복제할 수 있게 되었기 때문이다. 그리고 유포하기 위해 더욱 정확한 기술이 요구되었다.

…… 소리를 가둔 풍경과 악보

풍경風鬤은 중국 은·주나라 때부터 있었는데 원래 신의 메시지를 듣기 위한 음성 재생 장치이고, 풍경 안에 혀는 들어 있지 않았다. 울리는 것은 신이다. 그러나 시간이 지나고 신의 메시지를 구체적으로 들을 수 있는 능력이 쇠퇴했기 때문에 풍경을 울리는 역할을 혀가 대신했던 것이다. 음악이란 아마 이런 식으로 신의 목소리를 어떻게 들을까 하는 데서 시작되지 않았나 싶다. 앞에서 성서나 코란도 부적이라고 했지만 신의 목소리가 기록된 악보라고도 말할 수 있을 것이다. 풍경은 일본에 전해져 신의 목소리를 '듣기' 위한 제사용 도구가 되었지만, 원래 있었던 혀는 맹장 같은 흔적 기관으로서 동탁銅鐸 안에 남았다.

이렇게 소리를 가두기 위한 악보, 기보記譜는 기원전 9세기 바빌로니아의 것으로 알려져 있지만 아직 해독되지 못했기 때문에, 기원전 2세기 고대 그리스의 악보가 음악 악보로서는 최초라고 해도 좋을 것이다.(11장 '감각의 치환' 참조)

왼쪽 야요이 시대 중기(기원전 1~1세기 중반) 유수流水 문화의 문양이 새겨진 동탁. 동탁은 원래 중국의 은·주나라의 청동기 문화에서 방울이나 종으로 만들어진 것으로, 기원전 4세기에서 기원전 3세기경 조선을 통해 일본에 전래되었다. 이 시점에서 이미 종 안에 혀가 들어 있는 것도 있었다. 높이가 10센티미터 정도로 작았는데 서서히 1미터가 넘고 거대해져 제사용이 되었다. 중국에서는 '듣는' 동탁이었지만, 일본에 전해져 '보는' 동탁이 되었다. 그러나 보기 위한 것이라고 해도 동탁 안에 소리를 듣기 위해 원래 있었던 돌출부는 흔적 기관으로서 계속 남아 있다.
오른쪽 고대 그리스의 악보(기원전 2세기 중반). 아폴로 찬가의 그리스어 가사 위에 음계를 나타내는 문자가 붙어 있다.(皆川達夫, 《樂譜の歷史》, 音樂之友社, 1985)

…… 산업혁명 이후의 가두기

그러나 이러한 '가두기'의 역사가 폭발한 것은 산업혁명 이후다.

우선 화상畵像을 가두기 위해 사진이 발명되었고, 그것을 위해 필름도 만들어졌으며, 움직임을 가두기 위해 마레의 크로노포토그래피 등도 등장했다.

최종적으로 움직이는 장면을 보존하는 영화, 텔레비전의 브라운관, 비디오, DVD가 되었고, 또 앞으로 어떻게 될지는 아무도 모른다.

소리도 1887년 레코드가 발명되고 나서 1963년에 카세트, 1981년에 CD, 1991년에 MD, 이것 역시 앞으로 어떻게 될지 아무도 모른다.

정보를 가두는 방법도 1972년 플로피디스크에서 시작하여 1985년의 CD-ROM, 1995년의 DVD, 이 또한 앞으로 어떻게 될지 아무도 모른다.

회로의 가두기도 1948년의 트랜지스터에서 LSI, 그리고 마이크로프로세서, 이것 또한 어떻게 될 지 알 수 없다.

그 밖의 변종의 '가두기'로서 대지를 가둔 천연 아스팔트는 18세기 말에 스위스에서 발견되었고, 약 4년 후인 1838년에는 유럽 전역에 보급되었다. 일본에 보급된 것은 패전 직후였다.

1886년 베를린 최초의 아스팔트 공사. 공사 인부 중에는 미국에서 데려온 흑인이 있었는데, 진기한 존재인 그들을 구경하러 매일 구경꾼이 몰려들었다고 한다.(原克, 《モノの都市論 20世紀をつくったテクノロジーの文化誌》, 大修館書店, 2000)

식품을 가둔 것은 플라스틱 용기 터퍼웨어다. 1942년 보존 용기에 대혁명을 일으킨 이 터퍼웨어는 미국의 R. S 터퍼웨어가 발명했다.

먹을거리 자체를 가둔 것은 1958년에 나온 치킨라면, 1968년 본카레(일본 오쓰카 식품이 발매한 상품명 — 옮긴이), 1971년의 컵라면이었다.

일본의 보자기도 무척 자유로운 포장법이지만 보존법에 혁명을 일으킨 것은 역시 미국이다. 셀로판이 발명된 것은 1912년이다. 미국에서 처음으로 캐러멜을 셀로판으로 포장한 것은 1930년이다. 이 무렵 플라스틱으로 외부를 포장하는 사고가 널리 퍼졌고, 1943년에는 미국에서 사란 랩이 발매되었다.

변종의 최고는 이 책에서도 여러 차례 등장한, 다양한 미술 개념을 사각형에 가둔 말레비치의 작품 〈검은 사각형〉(1915년)이다.

…… 가두어지는 것에 대한 러스킨의 공포

마지막으로는 가두어지는 것에 공포를 느낀 사람 이야기다. 관음증 환자라 불릴 정도로 훔쳐보기를 좋아했으며, 19세기 후반 미술 평론이나 건축론, 사회주의론 등에서 활약한 인물인 존 러스킨. 그는 산업혁명에 의해 시작된 기계 문명과 그것이 초래한 사회적 영향에 두려움을 느끼고 반기계운동을 시작했다. 러스킨의 영향을 받은 사람은, 매뉴팩처적 '아트 앤드 크래프트 운동(19세기 후반 영국에서 윌리엄 모리스를 중심으로 일어났던 공예 개량 운동 — 옮긴이)'과 중세에 수작업으로 책을 만든 일에 대한 관심에서 삶의 보람을 찾은, 켈름스콧 출판사로 유명한 윌리엄 모리스다.

러스킨은 기계를 인간이 가지고 있는 성벽 등 살아 있는 감각과는 거리가 있는 즉물적인 것이라고 인식하여 싫어했다. 그러나 반세기 후 러스킨 등의 이러한 인식이 역전되어 기계 찬미 운동, 즉 미래파가 행동을 개시했다. 러스킨에게는 들키지 않고 사람들을 보고 싶다는 강한 욕망이 있었다. 그런데 아이러니하게도 지금은 기계 덕분에 들키지 않고 사람들을 보는 것이 간단해졌다. 오늘날 러스킨이 살아 있다면 기계를 찬미했을지도 모른다.

어쨌든 엿보는 것을 좋아하는 사람을 관음증이나 절시증 환자라고 하는데, 이것은 일종의 병이다. 러스킨은 유년기부터 주위를 관찰하는 데서 즐거움을 찾던 고독한 관찰자였다. 서너 살 무렵 벌로 방에 갇히게 되면 카펫 무늬의 색을 덧그리거나 마룻바닥의 나무판 마디를 살펴보았으며 건너편 집의 벽돌을 셌다고 한다. 이 습성이 평생 그를 따라다녀 관찰한 모든 것을 적어 두어야 하는 공간 공포증이 되었고, 그것이 심해져 폐쇄 공포증이 되고 말았다. 창문이 열려 있지 않으면 항상 불안이 엄습해 왔다고 한다. 아웃사이더 아티스트라고 하면 일종의 기록벽 같은 느낌이 들지만 러스킨도 그러한 기질을 가지고 있었던 듯하다.

러스킨과 이혼한 에피와 결혼한 밀레이의 작품 〈오필리아〉(1852년). 이 그림을 그렸을 때 밀레이는 러스킨의 아내 에피와 한창 사랑에 빠져 있었다. 사랑을 성취하지 못하고 물에 빠져 죽은 오필리아는 너무 직접적인 주제인데, 물론 그림의 모델은 에피가 아니었다.

러스킨은 스물아홉에 결혼하지만 6년 후에 이혼한다. 첫날밤에 신부의 하반신에 털이 난 것을 보고 경악하여 결코 잠자리를 같이 하지 않았다는 일화가 남아 있다. 그때까지의 회화에는 음모가 그려지지 않았기 때문에 털이 있는 걸 용서할 수 없었다는 유치한 이유가 표면상의 구실이었다. 늘 "자연을 있는 그대로 재현해야 한다"고 말해 왔던 러스킨도 그 사실을 순순히 받아들일 수 없었던 모양이다. 그러나 성적으로 어린 여자아이를 좋아했다는 이야기도 전해지고 있다. 그들이 이혼한 것은 러스킨이 옹호하던 라파엘 전파前派이자 러스킨의 초상화를 그리기도 했던 존 에버렛 밀레이가 러스킨의 아내 에피와 사랑하는 사이가 되었고, 밀레이가 러스킨과 에피 사이에 잠자리가 없었다는 것을 이유로 혼인 무효 소송을 제기했기 때문이다.

…… 실제로 가두어진 블랑키
76년의 생애 가운데 약 3분의 2를 체포되어 구속되거나 감옥에 수감되어 있었던 인물이 있다. 지금은 그다지 들을 수 없는 바리케이드 스트라이크 등 노상을 봉쇄하는 전법을 주장하며 나중에 혁명 운동에 커다란 영향을 끼친 바리케이드 교본 《무장봉기 지침》(1868년)의 저자 블랑키다.

묘하게도 100년 후인 1968년 파리에서는 학생들이 바리케이드 스트라이크 등으로 통칭되는 5월 혁명을 일으켰는데, 이것이 계기가 되어 전 세계 학생들의 반란으로 이어졌다. 이러한 가두 투쟁의 선구자인 혁명가가 블랑키다. '산업혁명'이라는 말도 블랑키가 1837년에 한 말이다.

블랑키는 스물여섯 살 때 처음으로 구금된 이래 감옥을 들락거리며 도합 33년 7개월 동안 수감 생활을 했다. 취조를 받기 위해 구금된 기간까지 포함하면 49년에 이른다. 일흔네 살 때 드디어 석방되었으나 1년 8개월 후에 사망했다.

블랑키가 말년에 옥중에서 쓴 책이 《천체를 통한 영원》(1872년)이다. 이 책에서는 시민사회에 대한 패배 선언과 함께 저주와 같은 페시미즘으로 가득 찬 '지구에 가두어지기론論'이 전개되었다.

그가 말하기를 우주는 무한하지만 유한한 원소로 구성되어 있는 한 생성되는 것은 유한하다는 것이다. 그것은 똑같은 것밖에 산출되지 않는다는 것이다. 결국 그는 우주에는 무수한 지구 또는 지구와 같은 별이 있다고 결론짓는다. 거기에서도 똑같은 일이 무한히 반복되고 진보 같은 게 존재할 여지가 없다. 좋은 일도 나쁜 일도 항상 반복된다. 반복된다는 것은 어디에 있어도 마찬가지다.

그리고 극단적인 논리는 이어진다. 모두들 깨닫지 못하고 있을 뿐 지구는 갈 곳 없는 감옥이다. 한없이 넓다고 생각하는 것은 사실 가짜이고 우리는 "인류의 오만함이라는 무거운 짐을 짊어져 온 지구를 길동무 삼아" 언젠가는 파멸할 것이다. '진보' 같은 것도 지구와 함께 사라지는 역사의 환상이다. 지구 규모로 생각하면 지구는 '갈 곳 없는 감옥'이라는 것은 분명히 맞는 말이다. 가까운 행성에 가는 일은 공상 과학에서나 가능하다.

블랑키의 《천체를 통한 영원》 원고. 토로 요새에 수감 중이던 1871년 10월 30일에서 11월 10일 사이에 쓰였다. 이 원고는 세로 13.3센티미터, 가로 10센티미터라고 하니 이 문자의 세밀함이 블랑키의 집념과 원한을 말해 주고 있다.(A. ブランキ, 《天體による永遠》, 雁思社, 1985)

자기도 모른 채 가두어진 이야기는 짐 캐리가 주연한 영화 〈트루먼 쇼〉(1998년)와 비슷하다. 트루먼이 사는 마을은 마을 전체가 돔으로 덮여 있는데 그것을 모르는 사람은 트루먼뿐이다(이름도 아이러니하다). 동네 주민들은 오로지 트루먼을 속이기 위해 가짜 시민으로 생활하는 역할로 설정되었다. 바로 '가두어진' 도시 이야기인 것이다. 블랑키적으로 말하면 트루먼은 바로 우리들 자신이다.

진실을 알게 된 트루먼은 탈출하려고 하지만, 옥중에서 도망칠 수 없는 블랑키는 원망에 휘둘린다. "영원은 무한히 같은 연극을 변함없이 공연한다"고 말하는 것처럼 블랑키는 이제 진보를 믿을 수 없다. 진보를 믿을 수 없는 혁명가라는 말은 형용 모순이다. 감옥에서 많은 시간을 보낸 자신의 인생을 돌아봤을 때 블랑키에게는 모든 것을 가두는 것에서 정체성을 찾아내는 것 외의 길은 없었을 것이다.

레디메이드

처음부터 이야기가 삼천포로 빠질 것 같지만, 신과 일체가 된다는 것은 모든 종교의 기본적인 바람이다. 그래서 그리스도교는 그리스도와 일체가 되기 위해 영성체를 들고 나왔다. 이것은 상당히 레디메이드('기성품의 미술 작품'이란 뜻으로 마르셀 뒤상이 만든 미술 개념이다. 기성품을 그 일상적인 환경이나 장소에서 옮겨 놓으면 본래의 목적성을 상실하고 단순히 사물 자체의 무의미성만 남게 된다는 것이다 — 옮긴이)적인 사건이다.

11세기 로마 교황 그레고리우스 7세는 그리스도교 교회 쇄신 운동의 일환으로 엄격한 육체 멸시를 법령화했다. 즉 혈액과 정액이 신체에서 나가는 것을 금지한 것이다. 그것은 성직자가 타락했기 때문이겠지만 성스러운 피를 흘릴 권리가 있는 것은 그리스도뿐이라는 논리였다.

중세의 그리스도교 성직자는 일종의 그리스도 마니아다. 이거다 하고 정하면 그것을 철저하게 지키지 결코 어중간한 법이 없다. 정액에 대해서도 엄격하게 관리했다. 부부의 성생활 횟수에서 성교 방법까지 체크했다고 한다. 너무 우스운 이야기인 것 같지만 성을 배척함으로써 인구에 큰 타격을 준 것도 사실이었다.

이렇게 혈액을 중시하는 사고에서 '혈연'이라는 사고가 생겨났다. '고귀한 피'라든가 '순수한 피'라는 사고가 생긴 것이다. 나중에 유럽에서 큰 화근이 된 새로운 차별관이 탄생한 순간이다. 그레고리우스 7세가 죽고 난 후 그의 유지를 받든 우르바누스 2세가 십자군 운동을 시작한 것은 다들 아는 이야기일 것이다. 너무 피를 중시한 나머지 이단을 배척한 것이다.

이집트에서 쫓겨나 헤매고 있는 유대인에게 하느님이 만나 manna라는 식물을 내려 주는 장면. 이 만나가 그리스도의 신체 '성체'라는 개념으로 이어졌다. 왼쪽 끝에 지팡이를 들고 있는 사람이 모세다.

그리고 피를 중시한 것은 영성체 의식을 낳게 된다. 우선 그리스도의 육체와 피를 '본뜬 것'으로 빵과 포도주를 준비했다. '최후의 만찬'에서 그리스도가 빵은 자신의 육체로, 포도주는 자신의 피로 생각하라고 말했기 때문이다. 이 성찬식에 사용되는 빵은 보통의 빵에서 웨이퍼wafer처럼 효모균을 사용하지 않은 것까지 종파에 따라 다양하다. 그러나 매뉴팩처적이기는 하나 공업 제품인 빵과 포도주를 가져와서 이것이 그리스도의 육체와 피라고 한 것은 바로 새로운 개념을 부가한 것이다. 레디메이드로서의 자격은 충분하다.

우주의 시작을 '불덩어리 우주'라 하며 빅뱅 이론을 제창하고 우주 배경 복사를 예언한 조지 가모브는, 어렸을 때 이 빵과 포도주가 진짜 그리스도가 되는지에 흥미를 가졌다. 그래서 러시아 정교회의 성찬식에서 입에 넣은 빵과 몇 방울의 포도주를 몰래 집으로 가져와 현미경으로 관찰했다. 물론 빵과 포도주가 그리스도의 살과 피가 될 리 없지만 이 실험이 과학자가 되는 길로 향하게 했다고 후에 가모브는 말했다. 빵과 포도주를 실제로 현미경으로 본 점이 상상력으로 가득 찬 가모브다운 점일 것이다.

유머를 좋아한 가모브의 최대 실수는 랠프 앨퍼Ralph Alpher와의 공동 연구에서 어조가 좋기 때문이라며 연구에 관여하지는 않았지만 제자였던 한스 베테Hans Bethe의 이름을 억지로 넣어서(Alpher–Bethe–Gamow) 알파–베타–감마($\alpha-\beta-\gamma$) 이론이라는 이름을 붙이고 말았던 점이다. 덕분에 앨퍼의 공적은 희미해져 버렸다.

그렇지만 '우주'라고 했을 때 너무 혼돈스러운 상태라서 종잡을 수 없고 막연하지만, '불덩어리'라는 말을 붙이는 것만으로 특정한 우주로 변모시킨다. 이런 감각은 다소 억지스럽기는 해도 레디메이드적이라고 할 수 있다.

그런데 이 '빅뱅'이라는 절묘한 이름을 붙인 사람은 사실 반빅뱅론자인 프레드 호일이었다. 호일은 우주란 시작도 없고 끝도 없이 자기 증식하고 생성 발전해 가는 것이라는 정상 우주론(우주는 항상 현재와 같은 모양으로 존재하며, 우주가 팽창해 우주의 밀도가 작아지면 이를 보충하기 위해 우주 공간에서 새로운 물질이 생성되기 때문에 항상 일정한 밀도를 유지한다는 이론이다. 즉 우주는 출발점도 없고 소멸도 없으며 어떤 장소와 시점에서도 항상 똑같다는 이론인 것이다 — 옮긴이)의 제창자로 알려져 있다. 호일은 1950년에 초대된 라디오 방송에서 대항 이론(그때까지는 '역학 진화 모델'이라고 불렀다)을 야유하려고 경멸적인 의미를 담아 '빅뱅'이라고 말했다. 그러나 호일의 의도와 달리 알기 쉽고 받아들이기 쉬운 '빅뱅'이라는 이름을 역학 진화 모델파도 사용하게 되었고, 세상에도 그 내용이 쉽게 전해졌다. 그 탓에 '정상 우주론'의 정황이 상당히 나빠졌던 것은 분명하다.

그런데 호일이 이렇게 적절한 이름을 붙임으로써 어렵기만 했던 우주론이 단숨에 친숙한 것이 된 것도 일종의 레이메이드적이라고 할 수 있다.

로버트 허먼(왼쪽)과 랠프 앨퍼(오른쪽), 그리고 그들이 알파-베타-감마(α-β-γ) 이론 투고의 축하연 때 준비한 "빅뱅 이전의 모든 물질이 가득 찬 원시 물질(아일럼ylem)"이라는 라벨을 붙인 병에서 연기와 함께 튀어나오는 가모브를 합성한 사진. 그들은 가모브를 놀라게 하려고 가모브가 1949년 로스앨러모스에서 한 강연 슬라이드에 이것을 섞어 넣었다. 가모브는 원래 알파-베타감마 이론이 획기적인 우주론이 될 것이라고는 생각하지 않았기 때문에 사이가 좋았던 한스 베테의 이름을 넣은 것에 전혀 신경을 쓰지 않았지만, 앨퍼는 이 이론이 중요한 것이 될 거라는 걸 알았기 때문에 자신의 공적을 제대로 평가받고 싶었다. 그래서 가모브가 앨퍼를 회유할 목적으로 연 것이 이 축하연이다. 결국 앨퍼가 염려한 대로 가모브와 베테는 당시 유명했기 때문에 앨퍼의 이름은 그늘에 가려졌다.(S. シン,《ビッグバン宇宙論 下》, 新潮社, 2006)

…… 뒤샹과 레디메이드

먼저 레디메이드에 대해 직접적으로 이야기하기로 하자.

'레디메이드'라는 개념의 창시자가 마르셀 뒤샹이라는 사실에는 누구도 이의가 없을 것이다. 뒤샹은 공업 제품 등의 기성품을 찾아와 그대로든가 조금 손을 본 다음 그것에 제목을 붙였다. 이것이 '레디메이드'라 불리는 예술 행위다. 여기서 뒤샹이 한 예술은 기성품을 고르고 제목을 붙인 정도다. 선택된 기성품은 선택된 순간부터 원래 가지고 있던 기능을 상실하고 오브제라고밖에 말할 수 없는 물체가 되어 버린다. 이것이 뒤샹의 '레디메이드'가 갖는 본질이다.

뒤샹은 1913년 쓰레기장에서 자전거 바퀴를 주워 와 한가한 시간을 이용하여 스툴 위에 붙여 놓고 바퀴를 회전시키면서 시간을 보냈다. 자전거는 당시 최첨단 상품이었다.

위 '콜롬비아 자전거' 선전 포스터(1886년). 한가운데의 그림 주위에 자전거 사용자의 증언을 싣는 체제도, 몇 마일을 얼마 만에 달렸는가가 기록되어 있다. 예컨대 왼쪽 위에는 1마일을 2분 43초에, 오른쪽 위에는 363마일을 연속 26시간에, 그 밖에는 4분의 1마일을 35초 8분의 5에, 10마일을 2시간 18분에, 205마일을 22시간에, 1404마일을 6일에 달렸다고 기록되어 있다. 시속 약 37킬로미터 전후의 속도이므로 당시로서는 상당히 빠른 것이었다.(原克,《モノの都市論 20世紀をつくったテクノロジーの文化誌》, 大修館書店, 2000)
왼쪽 마르셀 뒤샹의 〈자전거 바퀴〉. 작도: 사이토 지에코

이때 뒤샹은 의식하지 못한 채 자전거와 스툴이라는 이질적인 것을 합체시켰는데, 공교롭게도 로트레아몽의《말도로르의 노래》의 한 구절(와타나베 히로시의 번역), "해부대 위에서 재봉틀과 박쥐우산의 만남처럼 아름답게"를 바탕으로 말한 것이 되었다. 재봉틀과 박쥐우산도《말도로르의 노래》가 발표된 19세기 후반의 최신 상품(재봉틀은 의외로 일찍 발명되었는데, 유럽에 일반적으로 보급된 것은 19세기 중반 이후였다)이었다. 이렇게 이질적인 것들끼리의 만남은 공간에 충격을 준다.

이것과 관련하여 '우산'을 '박쥐우산'으로 번역한 번역자가 굉장하다. 이렇게 번역함으로써 "재봉틀과 박쥐우산……"이라는 구절이 백배나 좋아진 것은 분명하다. 지금은 '박쥐우산'이라고 하는 사람도 거의 없어졌지만 이 시가 발표된 것은 일본이 막 메이지 시대로 접어들었을 무렵이었다. 양산을 박쥐우산으로 부른 것은 제1회 견미사절단遣米使節團의 한 사람이었던 다마무시 사다유가 미국 항해록인《항미일록航米日錄》(1860년)에서, 뉴욕에서는 남녀 모두 박쥐우산을 가지고 다닌다고 쓴 것이 처음일 것이다. 이렇게 시대 상황까지 제대로 번역한 것이다(그렇지만 이 번역본이 출판된 1960년대에는 아직 박쥐우산이라는 말을 자주 썼던 것 같기도 하다).

그리고 또 한 가지 정곡을 찌른 시점에서 보면, 재봉틀은 여성이고 박쥐우산은 해부 의사라고 생각할 수 있다. 해부대에 올라가 있는 여성은 당연히 죽어 있다. 19세기 중반까지 산부인과 의사(남성)는, 설사 여성 환자가 임신했다고 해도 나체나 성기를 봐서는 안 된다는 직업윤리가 있어서 환자의 몸을 손으로 만져 진찰하지 않았다. 따라서 의사가 여성을 마음껏 관찰할 수 있는 것은 죽어서 아름다운 물체가 된 해부대 위의 여성뿐이었다. 바로 전시품인 것이다.

가브리엘 막스의 〈해부학자〉(1869년). 초로의 의사가 앞으로 해부할 젊은 여성을 앞에 두고 차분히 관찰하며 명상하고 있다. 당시의 젊은 여성이라고 하면 기본적으로 성적 대상으로 간주되었지만 죽은 젊은 여성은 이미 성적 대상이 아니라 메스로 난도질당할 연구와 연민의 대상이었다.(石塚久郎＋鈴木晃仁編,《身體醫文化論 感覺と慾望》, 慶應義塾大學出版會, 2002)

그 당시 여성의 신체는 성스러운 동시에 부정한 것이었다. 출산할 때도 부정한 여성의 성기를 통하지 않고 제왕절개로 태어난 아이에게는 특별한 능력이 있다고 생각될 정도였다. 그런 사회에서 마음껏 볼 수 있는 해부대 위의 여성은 그 상태가 어떤 것이든 의사에게는 아름답기만 한 동경의 대상이었다.

다시 원래 이야기로 돌아가자. 당시 큐비즘 운동을 담당하고 있던 브라크와 피카소는 회화에 신문 오린 것이나 뭔가를 붙여 놓고 '파피에콜레', '콜라주'라고 부르며 자신들이 그린 추상회화에 일상을 가지고 들어왔다. 이것은 나중에 모더니즘의 대표적 표현 수법이 되어 갔다. 그러나 뒤샹은 회화라는 이차원의 범주에서 아득바득해 봐야 어쩔 수 없다는 지점에 있었던 것이 분명하고, 그 과정에서 인류 최초의 움직이는 조각 〈자전거 바퀴〉(1913년)가 탄생했다.

그리고 1914년 뒤샹은 파리의 백화점 바자르드로텔드빌에서 구입한 병 50개를 말릴 수 있는 병 건조기에 그대로 〈Egouttoir-or Porte-bouteilles œ Hérisson〉 (병 건조기라는 뜻)라고 서명했다. 이것이 뒤샹 스스로 '레디메이드'라고 명명한 최초의 작품이다. 이것은 자전거 바퀴처럼 회전하지도 않고 그냥 놓여 있을 뿐인, 완전히 기능을 상실한 순수한 오브제 작품이다. 그 후 뒤샹은 레디메이드에 재미를 붙여 차례로 작품(?)을 만들어(골라?) 나간다.

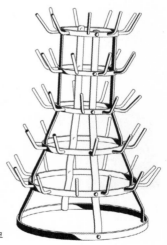

마르셀 뒤샹의 〈병 건조기〉. 작도: 사이토 지에코

그해 말에는 뉴욕의 철물점에서 눈삽을 사서 〈In Advance of the Broken Arm / From Marcel Duchamp〉(부러진 팔 앞에서 / 마르셀 뒤샹)이라고 서명했다. 'by' 대신 'from'이라고 한 것에는 뒤샹의 사고로부터 가져온 것이라는 뉘앙스가 포함되어 있다.

뒤샹에게는 어떤 작품도 그 밖의 작품과 관련지을 수밖에 없는 점이 있다. 그는 뉴욕에서는 쉽게 살 수 있지만 파리에는 없는 눈삽, 그리고 파리에서는 쉽게 살 수 있지만 뉴욕에는 없는 병 건조기를, 쌍을 이루는 작품으로 성립시켰다.

결국 이 한 쌍의 작품은 1916년 파리의 아틀리에를 청소하던 그의 누이가 잡동사니라 여겨 버리고 만다. 보통 사람이 느끼는 자연스러운 반응과 작품성을 고집하는 뒤샹 사이의 거리, 레디메이드가 작품으로 자립해 나가는 어려움을 보여주고 있다. 그러나 뒤샹은 멈추지 않았다.

회색의 철제 빗. 빗 가장자리에는 〈3 OU 4 GOUTTERS DE HAUTEUR N' ONT RIEN A FAIRE AVEC LA SAUVAGERIE〉(높이 3, 네 방울[서너 방울의 거만함]은 야생과는 아무런 관계가 없다)라고 쓰여 있다. 〈Traveler's Folding Item〉(여행자용 접어 개는 물건)이라는 이름이 붙은 언더우드사 타자기용 검은 커버. 〈Trébuchet〉(함정)이라는 이름이 붙은 목제 코트 걸이.

마르셀 뒤샹의 작품들. 시계 방향으로 〈빗〉(1916년), 〈부러진 팔 앞에서〉(1914년), 〈함정〉(1917년), 〈여행자용 접어 개는 물건〉(1916년). 작도: 사이토 지에코

뒤샹은 아틀리에에 방치해 둔 코트 걸이에 자신이나 손님의 발이 걸리기 때문에 그것을 마룻바닥에 고정시켜 버렸다. 바닥에 고정하는 것보다 벽에 고정하는 것이 발에 걸리지 않을 테지만 코트 걸이가 바닥에 못질된 순간 레디메이드 작품이 되었다. 이런 경우, 보통 벽에 고정하는 것을 바닥에 고정함으로써 레디메이드가 된다는 다소 안이한 전개를 보여 주지만, 뒤샹에게는 생활의 모든 활동이 작품이라는 완전히 새로운 발상이 있었다는 것을 알 수 있다.

······ 레디메이드 신화

1917년 뒤샹은 뉴욕에서 열린 누구나 참가할 수 있는 전람회에 남성용 소변기에 서명만 한 작품을 출품했으나 거절당했다. 이것이 레디메이드 신화의 시작이다. 뒤샹은 모트워크사에서 만든 변기에 'R. Mutt'라고 서명하고 〈Fountain〉(샘)이라는 이름을 붙였다. 이 'Mutt'는 모트워크Mott Works사의 'Mott'와 신문의 네 칸짜리 만화 'Mutt and Jeff'를 합친 것이라고 한다. 그리고 알파벳을 넣은 모자 속에서 실행 위원이 골라낸 글자가 예술가의 전시 순서였는데, 그때 뽑힌 글자가 'R'이었다. 실행 위원 중의 한 사람이었던 뒤샹은 그것을 알고 있었고, 맨 처음에 전시하고 싶어서 'R'을 첫머리에 붙였다. 'R'은 그렇게 약삭빠르게 붙인 이름이었던 것이다.

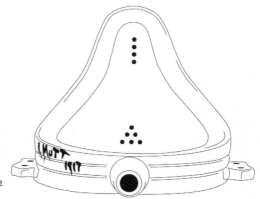

마르셀 뒤샹의 〈샘〉. 작도: 사이토 지에코

그러나 이 변기에는 지금까지 뒤샹이 고른 레디메이드의 소재와는 약간 다른 점이 있었다. 명백한 은유가 있었던 것이다. 남성용 소변기를 여성이라고 비유했을 때 이 변기는 남성이 방출한 액체를 받아들이는 여성의 성기 이미지를 떠맡게 되었다. 또한 당시 남성용 공중 변소는 동성애자들이 만나는 장소였다는 무시무시한 은유도 포함되어 있었던 것 같다.

이렇게 알기 쉬운 은유, 그리고 출품 거부를 당했다는 추문 등이 화제가 되어 〈샘〉은 마침내 신화적인 작품이 되어 버렸다. 그러나 뒤샹이 한 예술 행위는 소재를 선택하고 제목을 붙인 것뿐이다. 2004년 영국에서 열린 20세기에 가장 인상적인 최대 예술 작품을 고르는 행사에서 이 변기가 피카소의 〈아비뇽의 아가씨들〉(1907년)이나 워홀, 마티스의 작품을 누르고 1위로 뽑혔다.

어쨌든 뒤샹이 레디메이드 작품으로 한 일은 소재가 가진 기능과 용도를 모두 없애 버리고, 그저 거기에 있다는 것이 가치 있는 존재가 될 수 있다는 것을 보여준 것이다.(18장 '오브제' 참조)

…… 케플러와 레디메이드
물건이 갖는 기능과 용도를 없애 버리는 레디메이드라는 의미에서 보면 뒤샹이야 말로 위대한 창시자다. 그러나 기능과 용도를 다른 기능과 용도로 치환하는 것도 레디메이드의 범주 안에 든다면 레디메이드의 역사는 더욱더 과거로 거슬러 올라 갈 수 있다.

옆 왼쪽 케플러의 태양계 행성 궤도 모델. 행성의 궤도는 구체로 나타나고 구체에 접하듯이 각 정다면체가 그 사이에 끼이도록 되어 있다. 이후 행성의 궤도가 타원이라는 것을 알았기 때문에 이 모형도 어쩔 수 없이 바뀌게 되었다.
옆 오른쪽 하셸이 만든 반사 망원경, 1785년~1789년. 당시에는 세계 최대였다. 하셸은 태양계가 은하계의 중심 주변에 있다는 세계 첫 은하계 모델의 스케치도 남겼다. 지금은 태양계가 은하계의 끝에 있다고 한다.(平田寛,《圖說 化學·技術の歷史 ピラミッドから進化論まで》, 朝倉書店, 1985)

예컨대 10장 '섞는다는 행위' 항목에서 말한, 그림에 신문 쪼가리나 나뭇조각, 헝겊 등을 붙이는 콜라주도 일종의 레디메이드다. 그러나 야수파의 중심 인물 마티스가 물감을 섞지 않고 원래 색 그대로 칠한 도화지를 여러 가지 모양으로 잘라 붙인 그림은 '레디메이드적'이라고 할 수 있지 않을까?

　또는 16세기 말, 태양 주위를 도는 행성의 운동이 원 운동이 아니라 타원 운동이라고 갈파한 요하네스 케플러는, 태양계 각 행성의 궤도를 공 모양으로 설정하고 행성 사이에 같은 종류의 정다각형으로 만들어진 플라톤 입체(정다면체, 즉 정사면체, 정육면체, 정팔면체, 정십이면체, 정이십면체 — 옮긴이)를 두면 딱 들어맞게 된다는 태양계 행성 궤도 모델을 제안했다. 수성의 궤도와 금성의 궤도 사이에는 각 궤도면이 내접, 외접하는 정팔면체가 존재한다. 마찬가지로 금성과 지구 사이에는 정이십면체, 지구와 화성 사이에는 정십이면체, 화성과 목성 사이에는 정사면체, 목성과 토성 사이에는 정육면체가 있다는 것이다.

　케플러 시대에는 토성까지밖에 알려지지 않았지만, 1766년 독일의 천문학자 티티우스가 이 행성 간 거리의 관계를 수치로 법칙화했고, 1772년 역시 독일의 천문학자인 보데가 물리 이론을 더해 티티우스-보데의 법칙으로 유포했다.

　이 식은 상당히 간단하고 멋지기 때문에 한번 소개해 보겠다. $D=0.4+0.3 \times 2n$(n은 제곱)이다. D는 태양에서 지구까지의 평균 거리(행성의 궤도는 케플러가 보여 준 것처럼 타원이기 때문에)를 1로 했을 때의 천문 단위이고, n은 정수다.

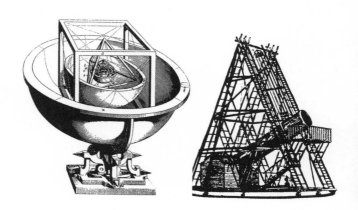

n=0이 금성, n=1이 지구, n=2가 화성, n=4가 목성, n=5가 토성이다. 그리고 n=3 찾기가 시작되었고, 그 결과 1801년 소행성대가 발견되었다. n=6은 천왕성인데 1781년 허셜이 발견했다. 1930년 명왕성이 발견되었지만 n=7에 들어맞지 않아 이 법칙은 의심을 받게 되었다. 2006년 명왕성이 행성의 지위에서 끌려 내려왔고, 지금 다시 그 법칙이 각광을 받는 일은 없다. 그러나 이 식은 케플러가 플라톤 입체를 도입한 것에 필적할 만큼 아름답다.

하여튼 케플러가 플라톤 입체를 행성 사이에 넣기로 한 발상은 '레디메이드' 적이라고 할 수 있지 않을까?

······ 리큐와 레디메이드

그러나 뭐니 뭐니 해도 뒤샹 이전에 레디메이드의 최고는 역시 센 리큐일 것이다. 케플러와 거의 동시대 사람인 리큐는 원래 차제구가 아닌 것을 차제구로 사용하는 이른바 미타테見立て(사물을 본래 있어야 할 모습이 아니라 다른 사물로 본다는 관점으로, 원래는 한시나 와카의 기법에서 온 문예 용어다. 리큐는 이 용어의 정신을 크게 살려 일상의 생활 용품을 차 도구로 사용했다 — 옮긴이) 수법을 깊이 연구한 인물이다.

나라 시대에서 가마쿠라 시대에 걸쳐 견당사遣唐使나 승려가 중국에서 차를 들여와 다도는 선승이 하는 수행의 일부가 되었다. 남북조·무로마치 시대가 되자 귀족이나 무사들 사이에 차를 마시는 습관이 퍼져 나갔고, 차를 마시는 예식이 만들어지기 시작했다. 처음에 차제구가 당나라에서 수입되었기 때문에 당이 멸망한 이후에도 중국에서 수입된 차제구를 '당물唐物(사용하는 의례나 장소가 일체화되고 소유자의 부나 권위를 상징하는 도구로써 일정한 계층을 표상하는 상징물 — 옮긴이)'이라 불렀다.

이렇게 해서 손님을 초대하여 차를 대접하는 다도는 귀족의 취미가 되었고, 차제구는 박래품 중심의 화려한 길을 걸었으며 점점 더 화려해졌다. 리큐의 스승 다케노 조오는 다도에 귀천이 없고 모든 인간은 평등하며, 형식도 그만두어야 하고, 도구가 없는 것(당물을 사용하지 않는 것)이야말로 진정한 다도라고 주장했다.

세로 스트라이프 무늬나 격자무늬·체크무늬의 천이 인도나 동남아시아, 중국, 그리고 다네가시마(가고시마 현에 속한 섬 — 옮긴이)에 표착한 포르투갈 선박 등을 통해 들어왔는데, 이 무늬의 천들이 유행하기 시작한 것도 이 무렵이다. 다도를 즐기는 사람은 차제구를 담을 때 이 최첨단의 무늬가 들어간 보자기를 사용하기 시작했다. 이것들은 무늬의 종류에 따라 모치즈키 간토望月間道, 아오키 간토靑木間道, 후나코시 간토船越間道, 야헤에 간토彌兵衛間道, 가마쿠라 간토鎌倉間道 등으로 불렸다. 리큐의 이름이 붙은 것도 있었는데 엷은 남색의 목면 옷감에 자잘하고 하얀 격자 줄무늬가 있는 것이 리큐 간토利休間道다. 간토란 간토廣東나 간토漢道, 한漢의 섬이라는 뜻의 간토漢島나 간토漢東 등에서 유래하지만, 바로 '사이에 난 길'이라는 글자 그대로의 의미가 세로 스트라이프다.

스트라이프 무늬가 좋다고 하자 이것 역시 점차 확대되어 갔다. 일본인은 옛날부터 불타오르기 쉬운 심성이었던 모양이다. 낡은 헝겊 조각이라도 와비, 사비라고 하며 세로 스트라이프나 체크무늬가 들어간 것을 귀히 여겼다. 고가에 사들여 가산을 탕진하는 자가 나올 정도였다. 물론 리큐가 그 중심에 있었다.

가마쿠라 간토의 비단 자루(차구를 넣는 주머니). 미나모토노 요리토모와 관계가 있다고도 전해지지만 자세한 것은 알려져 있지 않다.

리큐는 원래 사카이[堺]에서 창고업을 하는 집안 출신이다. 창고업자들이란 무역이나 선박업을 위한 창고를 소유하고 있던 호상으로 사카이의 자치를 담당하고 있었는데, 그중에는 무기 상인으로 활약하던 사람도 있었다. 오다 노부나가나 도요토미 히데요시를 위해 화약이나 탄환을 공급하는 등 전란을 떠받치던 죽음의 상인이었던 것이다. 이러한 상황에서도 리큐 등 다도를 즐기는 사람들의 강력한 발언권이 그 배경에 있었다. 그렇지 않았다면 낡은 헝겊 조각이 고액으로 거래되는 일은 없었을 것이다. 한 발짝만 살짝 잘못 내디디면 사기였다.

그러나 리큐의 '미타테' 감각에는 뒤상과 통하는 점이 있다. 그는 산속의 움막이나 판잣집이라고 해도 이상하지 않은, 다다미 두 장이나 네 장 반 크기의 좁고 초라한 방이 최고로 훌륭한 미적 공간이며 이런 방이야말로 다실의 기본이라고 단언했다. 특히 다다미 두 장 크기의 공간을 최고라고 한 것은 리큐가 처음이었다. 또한 강물에 띄우는 배의 쪽문을 다실의 입구(니지리구치[にじり口]: 다실 특유의 낮은 출입문, 높이는 약 66센티미터 — 옮긴이)로 했다. 입구가 좁으면 좁을수록 그곳을 통해 들어갔을 때 방이 넓고 천장도 높게 느껴진다. 그리고 중요한 것은 비좁아서 칼 같은 무기도 가지고 들어가기 힘들었다는 점이다.

물통인 표주박을 꽃 한두 송이 꽂는 작은 꽃병으로 쓴다거나 물고기를 넣는 상자 모양의 어롱, 두레박이나 우물에서 물을 긷기 위한 나무통을 물그릇으로 썼다. 조선 시대의 잡기雜器를 최고의 차구로 삼기도 했다. 자칫하면 병자나 노인이 누운 채 오줌을 누는 데 쓰는 용기로 맥주를 마시는 속임수 게임으로 이어질 위험이 있기는 하지만……

위 오다 노부나가가 죽고 도요토미 히데요시가 뒤를 이은 1582년, 리큐는 그때까지 다케노 조오가 정한 다다미 넉 장 반 크기의 다실보다 좀 더 좁은 두 장 크기의 다실을 도입했다. 그것이 묘키안妙喜庵의 다이안待庵인데, 이때 니지리구치라 불리는 쪽문도 만들었다. 안과 밖의 경계인 입구다. 사진: 무라이 야스히코
오른쪽 칠하지 않은 나무 두레박의 물그릇. 교토의 우라센케裏千家 소장.(이상 村井康彦, 《圖說 千利休 その人と藝術》, 河出書房新社, 1989)

리큐는 찻종도 종래의 호화로운 당물 찻종이 아니라 약사발을 좋아했다. 약사발은 흙이라는 소재를 살린 소박한 것이었다. 때는 뭐든지 화려한 그림이나 벽지 등으로 뒤덮은 것을 아름답다고 생각하던 시대였다. 1990년대 풍으로 말하면 콘크리트를 바르고 아무것도 칠하지 않은 것을 아름답다고 말하는 것과 같은 이치다.

문화인류학자 기무라 시게노부는, 금박을 주로 사용한 무로마치 문화는 물론이고 당시까지의 문화는 '시각' 중심의 문화였지만, 리큐가 '흙'에 착안함으로써 '손에 닿는 감촉'의 중요성이 처음으로 부상하여 '촉각'이라는 새로운 미가 창조되었다고 말한다. 미는 시각만이 아니라 촉각에도 있다는 혁명적인 발견이다. 이렇게 '손에 닿는 감촉'만을 주축에 둔 리큐의 표현도 '레디메이드'적이라고 할 수 있지 않을까?

리큐는 도요토미 히데요시의 비위를 건드려 할복하라는 명령을 받았지만 거기에는 몇 가지 요인이 겹쳐 있었다. 하나는 리큐가 절의 문 위에 자신의 목조 조각을 설치해 놓은 것이었다. 히데요시는 그걸 보고 화를 냈다. 문을 지나는 자신을 리큐가 곁눈으로 노려보다니 용서할 수 없다는 것이었다.

왼쪽 조지로의 작품인 흑악다완명대흑黑樂茶碗銘大黑. 소에키宗易(리큐가 생전부터 사용한 법명이었고 사후에도 이 이름으로 적혀 있다) 형 찻종의 대표. 리큐가 검은색을 좋아한 것과 달리 히데요시는 검은색을 싫어했던 것 같다. 여기에서도 리큐와 히데요시 사이에 어긋남이 있다.

오른쪽 히데요시가 화를 냈던 리큐의 목상. 곧바로 교토의 이치조모도리바시条戾橋 옆으로 옮겨졌다. 사흘 후에는 리큐도 목을 내놓았는데 히데요시의 분노가 얼마나 컸는지를 알 수 있다. 사진: 무라이 야스히코.(이상 村井康彦,《圖說 千利休 その人と藝術》, 河出書房新社, 1989)

또 대나무의 한쪽을 잘라 꽃병으로 만든 것도 있었다. 한 쪽을 자른 대나무 꽃병은 마디 부분을 자른 대나무 통 위에 고리 모양을 남기고 그 밑에 사각의 창을 내서 거기에 꽃을 꽂는 것이다. 리큐는 이것을 도요토미 히데요시에게 비싼 값으로 팔려고 했다. 히데요시는 화를 내며 내던졌고, 그래서 지금은 금이 간 것이 남아 있다. 또한 리큐가 그리스도교도이고 이 대나무 꽃병이 T자 십자가를 비유한 것이었다거나, 리큐의 딸이 히데요시의 측실이 되는 걸 거부했다는 등의 이야기도 있다. 어쨌든 이런 이야기가 사실이라면 히데요시라는 사람의 그릇도 상당히 작았다고 할 수 있다.

리큐가 모든 기성관념을 깨부수는 혁명가여서 모든 걸 지키려 들었던 히데요시에게 눈엣가시 같은 존재였다는 설이 가장 현실성 있는 것 같다. 어쨌든 뒤샹이든 케플러든 리큐든 레디메이드적 발상을 하는 인물은 진보적이다.

······ 흉기와 레디메이드
여기서 단숨에 시대를 거슬러 올라가 보자.

스탠리 큐브릭 감독의 영화 〈2001 스페이스 오디세이〉(1968년)에서 유인원이 동물의 뼈를 주워 치켜올리는 장면을 기억할 것이다. 허공으로 날아간 뼈가 우주선이 되는 유명한 장면이다. 이때 유인원이 손에 들고 있는 것은 뼈가 아닌 흉기다.

리큐가 이즈伊豆의 니라야마韮山에서 밴 대나무로 만든 꽃병. 히데요시에게 헌상했는데 히데요시는 이 궁상스러움이 마음에 들지 않아 뜰에 내던져 버렸고 그때 금이 갔다. 이 금이 덴다이몬슈天台門宗 총본산인 온조지園城寺의 종에 난 균열과 비슷하다는 데서 온조지 꽃병이라고도 한다. 온조지의 종에 난 균열은 히에이잔比叡山 엔라쿠지延曆寺와 권력 투쟁하는 와중에서 벤케이弁慶가 종을 약탈해 히에이잔까지 끌고 갔는데, 종이 원래의 자리로 돌아가고 싶다고 했는지 어땠는지는 모르지만, 화가 난 벤케이가 계곡 밑으로 종을 내던졌을 때 생겼다고 한다. 어쨌든 리큐의 '미타테' 정신은 건재해서 이 명명으로 히데요시에게 한판 이겼다고 할 수 있다. 도쿄국립박물관 소장.(村井康彥,《圖說 千利休 その人と藝術》, 河出書房新社, 1989)

인류의 조상은 주변에 있는 자갈, 나뭇조각, 떨어져 있는 뼈가 타격의 힘을 주는 것으로 변모할 수 있다는 것을 알았다. 단순한 뼈가 흉기가 되었을 때 이것을 '레디메이드' 적이라고 할 수 있지 않을까?

뼈의 경우 이중으로 레디메이드화되었다고 볼 수 있다. 죽음으로써 육체를 지탱하는 기능을 상실하고 단지 거기에 있을 뿐인 무의 존재로 레디메이드화되고, 다음에는 흉기라는 최악의 도구로 레디메이드화된 것이다.

주변에 있는 것이 언제든 흉기가 될 수 있다는 것이 밝혀지면서 에드거 앨런 포로부터 시작되는 추리 소설의 출현이 약속되었다고도 할 수 있다.

〈2001 스페이스 오디세이〉의 전반부에 유인원이 뼈를 도구로 인식한 장면. 최초의 도구는 때리거나 두드리는 폭력 장치였다. 이후 뼈는 하늘에서 빙빙 돌다가 우주선이 되는데, 여기에 '날다' 라는 은유도 포함되어 날려서 상대를 때린다는 폭력 장치의 역사를 보여 준다. © M.G.M / ZUMA Press / IPJNET.com

지금은 막을 내린 텔레비전 드라마 〈화요 서스펜스 극장〉에서는 주변의 모든 물건이 흉기가 되었다. 특히 책상이나 탁자의 모서리, 길가의 큼직한 돌멩이 같은 게 많았다. 가해자와 밀치락달치락하다가 넘어져 돌에 머리를 부딪쳐 죽거나 기절한다. 기절한 경우, 피해자와 밀치락달치락했던 인물은 자신이 사람을 죽였다고 착각하고 도망가고, 거기에 숨어 있던 진범이 나타나 피해자를 다시 한 번 돌로 내리쳐 죽인다.

어쨌든 머리를 쳐서 죽이는 장면이 너무 많아 그런 장면과 마주치면 무심코 테이프를 빨리 돌려 버린다(이 때문에 서스펜스와 격투기는 녹화로 보는 것이 최고다). 방망이나 골프채는 흉기로 예측할 수 있지만 그렇지 않은 재떨이나 꽃병, 장식품, 트로피 등 뭐든지 레디메이드화되어 흉기가 된다.

우라사와 나오키의 만화 《매스터 키튼》은 한 편 한 편이 영화로 만들 수 있을 만큼 내용이 풍부하다. 결코 무기를 가지고 다니지 않는 키튼은 주변에 있는 물건을 내던지며 위기에서 탈출한다. 키튼은 영국의 정예 부대 SAS의 교관이었으며, 보험 조사원을 하면서 고고학자로서 대학 강사직을 구하고 있다. 보험 조사의 과정에서 다양한 위기에 직면하지만 SAS의 전문가였기 때문에 모든 것을 무기로 삼는 생존 기술이 뛰어나다.

나무 수저의 손잡이에 셀로판테이프로 나무토막을 연결해 손잡이를 길게 만들어서 투석기를 만든다. 투석의 위력을 크게 하기 위해 손수건을 삼각건처럼 접어 그 사이에 돌을 넣어 던진다. 신발의 끈을 묶은 채 던지기도 한다. 팔 같은 데 얽히면 움직이기가 쉽지 않기 때문이다. 나무토막으로 활도 만든다. 이밖에도 전화기, 스키, 탁상시계, 사과 등 다양하다.

위 키튼은 나무토막에 나무 수저를 붙여 만든 투석기를 이용해 돌멩이를 쏘아 권총을 갖고 있는 상대를 실신시킨다. 〈Chapter 1. 미궁의 남자〉.
가운데 키튼은 끈끼리 묶은 신발을 도망가는 상대에게 던져 발에 걸려 넘어지게 한다. 〈Chapter 12. 블루 프라이데이〉.
아래 키튼은 가까이에 있는 전화기를 던져, 권총을 꺼내려고 하는 상대에게 일격을 가한다. 이 장면 앞에서도 의자를 창으로 던져 주의를 돌리고 재떨이로 천장의 조명을 맞춰 그 파편으로 상대를 겁먹게 한다. 〈Chapter 6. 하노버에 온 남자〉.
작도: 가토 아이코

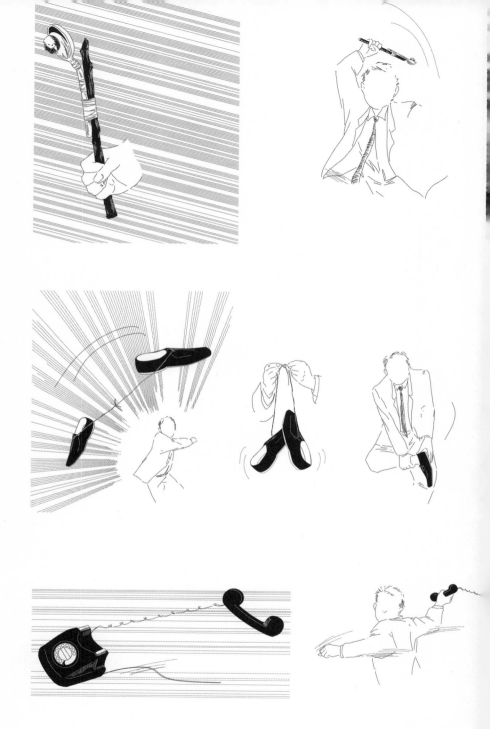

키튼의 대단함은 진짜 무기인 나이프, 단총, 기관총에 보통의 물건들로 대항할 수 있다는 것을 보여 준 점이다. 어쨌든 세상에 만연해 있는 것은 생각하기에 따라 얼마든지 사용할 수 있는 예비 흉기다.

폴 비릴리오는 문명이 흉기를 창안해 왔다고 했다. 즉 침몰을 발명한 것이 배고, 추락을 발명한 것이 항공기고, 탈선을 발명한 것이 기차고, 충돌을 발명한 것이 자동차라는 것이다. 이렇게 '하늘을 난다'거나 '빨리 달리는' 등 인류의 꿈을 실현시킨 발명이 흉기로 변모했을 때 그것은 레디메이드적이다. 그리고 그 흉기에 유린당한 뒤에 남은 잔해, 폐허, 그리고 사체도 역시 기능을 상실하고 다른 물체로 변모한 시점에서는 '레디메이드'적이다.

데포르메

'데포르메déformer' 란 프랑스어로 '변형시키다' 라는 뜻이고, 명사는 '데포르마시옹déformation' 이다. 만화나 애니메이션에서 쉽게 볼 수 있고, 대상을 실제 형태보다 과장하거나 변형시켜 표현하는 것을 의미한다.

그래서 우선 동굴벽화에서 시작해서 이탈리아 르네상스 이후의 반원근법의 움직임, 모더니즘의 발흥기, 그리고 일본의 요괴담에 이르기까지 '데포르메' 를 찾아 논의를 진행해 나가고자 한다.

...... 데포르메와 상징

직립하여 두 발로 걸을 수 있게 된 이래, 인류에게는 두 가지 콤플렉스가 있었다. 하나는 동물처럼 빨리 달리고 싶다는 것이었고, 또 하나는 새처럼 하늘을 날고 싶다는 것이었다.

에스파냐 동쪽의 레판토 지방에 구석기 시대 후기(약 3만 5000년에서 1만 년 전)에 그려진 것으로 보이는, 움직임을 훌륭하게 선으로 표현한 동굴벽화가 있다. 그 대부분이 활과 화살을 이용해 사냥을 하고 있는 사람을 옆에서 본 그림이다. 날리는 도구로서의 활은 던지는 창밖에 없었던 시대의 최신 발명품이었다. 활이야말로 먼 곳으로 에너지를 전할 수 있는 최초의 도구이고 하늘을 나는(날게 하는) 시도이기도 했다.

에스파냐 동쪽 레판토 지방의 바위에 그려진 그림의 대부분은 사냥이 주제다. 선사시대의 것으로 정확한 연대는 분명하지 않다. 빨간색이나 검정색 단색으로 그려져 있다. 인간을 그리는 방법에는 네 종류가 있는데 가장 자연스러운 것인 알페라 양식(옆 페이지 위), 몸이 극단적으로 뻗은 띠 모양의 인물형(오른쪽), 다리가 극단적으로 굵은 후족형(옆 페이지 왼쪽 아래), 가는 선 모양의 선형(왼쪽)이다. 옆 페이지 오른쪽 아래는 사냥의 전체도. 알페라식 이외에는 본문에도 있는 대로 움직이는 현장감을 표현하는 방법인데, 뻗게 하거나 가늘게 하거나 굵게 한 것 등이다.(木村重信,《美術の始原》, 新潮社, 1971)

도구가 인체가 가진 능력의 연장이라는
것은 마셜 맥루언이 지적한 대로지만,
'속도' 콤플렉스는 좀처럼 극복할 수 없
는 커다란 벽이었다. 그러나 인류는 실제
로 동물처럼 빨리 달리는 것은 무리라고
해도 빨리 달리는 동물을 쏘아 죽임으로
써 자신이 콤플렉스를 극복한 힘을 가진 존재라고 생각할 수 있는 상상력을 가지고
있었다. 그래서 생겨난 것이 선처럼 가늘게 뻗은, 변형된, 사냥을 하는 인간의 모습
을 그린 그림이다.

이 그림들은 실제로 본 장면에 대한 기억을 기초로 그려졌다. 달리고 있는 동물
의 경우는 만화 등에서 친숙하듯 다리가 여러 개로 그려진다. 인간의 경우는 앞을
향해 나아갈 때 가슴은 앞으로 내밀고 몸통은 길어지고 다리도 큰 스텝을 밟을 때
처럼 뻗어 있다. 경우에 따라서는 마음껏 달리는 것을 나타내기 위해(동물의 경우라
면 다리를 여러 개 그리지만) 몇 개의 다리가 겹쳐 있는 것처럼 넓적다리나 장딴지가
상반신에 비해 굵어지기도 한다. 이것은 2장 '속도에 대한 동경'에서도 나온 바 있
는, 장딴지의 근육이 고속으로 흐르는 것처럼 버둥거리고 있는 미래파 움베르토 보
초니의 조각 〈공간 안에서 연속하는 하나의 형태〉를 선취한 것인지도 모른다.

그들은 빨리 달리는 동물에게 대항하는 것처럼 움직이는 인물에 대해 콤플렉스를 뒤집는 초인적인 이미지를 가지고 있었는지도 모른다.

미나토 지히로는 동물만큼 빨리 달리 수 없다는 콤플렉스에서 이미지의 기원을 봤지만(2장 '속도에 대한 동경' 참조), 상상력이야말로 이렇게 되고 싶다, 저렇게 되고 싶다는 욕망의 근원을 떠받치는 것일 것이다.

고대인에게 먹을 것을 얻는 일이란 생활에서 가장 우선해야 할 사안이었다. 동물(이 경우는 들소)을 잡는 일에는 기도와 비슷한 강력한 바람이 있었다. 그래서 들소를 사냥하는 그림을 그려 그 바람을 실체화하려고 했다. 이때 실제 들소를 잡고 싶다는 염원을 담아서 그림에 화살이나 창을 꽂아 놓았다. 아마 여기에서 주술이 생겼을 것이다. 이때 그림은 단순한 그림이 아니라 바람을 들어주는 것이자 현실에 존재하는 실상이기도 했다.

이러한 이미지는 서서히 뇌리에 새겨져 사실적인 그림을 그리지 않아도 그 이미지를 떠올릴 수 있게 되었다. 즉 변형(데포르메)을 해도 충분히 의도가 통하게 된 것이다. '상징'이라는 관념의 시작이다. 이 '상징'을 철저히 한 데서 문자가 생겨났다. 문자나 기호야말로 최초의 사실적인 조형을 상실한 궁극적인 데포르메의 산물이다.

미래파 움베르토 보초니의 〈공간 안에서 연속하는 하나의 형태〉. 미래파 중에서도 특히 육체가 약동하는 '운동'을 주제로 하고 있다. 보초니는 1916년에 소집된 전쟁에서 낙마 사고를 당해 사망했다.(P. Hulten, 《Futurism & Futurisms》, Abbeville Press, 1986)

…… 반원근법으로서의 데포르메

중세 유럽에서 그리스도교 문화는 인간보다는 신에게만 흥미가 있어 위만 바라보았고 지상에는 눈을 주지 않았다. 인간의 지각에 대해서도 신이라는 필터가 필요했다.

이에 비해 이탈리아에서 시작된 르네상스 문화는 신을 포함한 자기 주변의 세계를 등신대로 다시 보려는 운동이었다. 이것은 중세의 마술적 과학에서 빠져나온 근대 과학의 발흥과 무관하지 않다. 자연의 법칙을 찾는 가운데 자신의 눈이야말로 믿을 만한 것임을 깨달았다. 원근법은 이러한 과정에서 생겨난, 자연을 등신대로 파악하기 위한 방법론이다.

그러나 어두운 중세에서 환한 르네상스로 단숨에 바뀐 것이 아니라 단계적으로 민중의 의식이 점차 변해 갔다. 12세기 이전에는 자연을 인간 육욕의 일부로 생각해서 죄로 간주했다. 그런데 13세기가 되자 자연이 긍정되기 시작해서 전체적으로 밝음이 돌아오고 하느님 아들의 어머니인 성모도 단지 거룩하기만 하던 이미지에서 밥 짓고 빨래하는 인간적인 이미지로 바뀌었다. 그리고 15세기가 되어 드디어 터지는데, 터졌다고는 하나 다른 새로운 신을 찾아냈다고 바꿔 말할 수도 있을 것이다. '질서'라는 신이다.

원근법이란 모든 것을 정량화하기 때문에 '데포르메'는 배제된다. 진리는 하나고 입각점이 같다면 보이는 것은 같을 것이다. 이렇게 정연한 질서에 대한 강력한 신앙은 극단적인 시각을 받아들이지 않는다.

이런 조화로운 세계가 붕괴되는 서곡은 1543년 코페르니쿠스가《천체의 회전에 관하여》에서 지동설을 발표하며 시작되었다. 16세기 중반에는 일찍부터 조화를 깨뜨리는 시각, 사고에 대한 동경이 싹텄다. 이것이 마니에리스모manierismo(르네상스 양식에서

바로크 양식으로 이행하는 과도기에 유행한 특정한 미술 양식 — 옮긴이)다.

와카쿠와 미도리의 지적에 따르면 틴토레토는 수평이어도 좋을 탁자를 일부러 비스듬히 그렸고, 레오나르도 다빈치도 〈모나리자〉에서 원근법적으로 있을 수 없는 배경을 그렸다.

그리고 마니에리스모는 인체의 비율을 파괴하는 데까지 파급되어 간다. 플라톤 이래 인간과 우주는 조화를 이루고 있다고 해서 인체의 비율은 엄격하게 지켜지고 있었는데, 이때가 되자 서서히 붕괴되어 갔다.

그 징조는 의외로 빠른 시점인 아직 르네상스 운동이 한창이었던 1490년대, 안드레아 만테냐가 그린 〈죽은 그리스도〉에서 볼 수 있다. 침대에 누워 있는 그리스도를 발 아래쪽에서 그렸는데, 머리가 크고 발이 아주 작아 균형을 잃고 있다. 이것은 만테냐가 반원근법을 의도한 것이 아니라 그리스도에 대한 오마주가 매우 강해서 머리를 지나치게 크게 그린 결과였다. 이러한 방법은 적어도 원근법적 표현이 과도기였다는 점과도 관련된 것이었다.

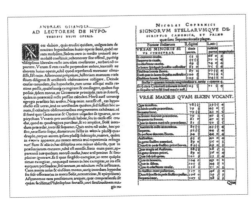

위 틴토레토의 〈최후의 만찬〉(1592년~1594년). 탁자가 비스듬히 배치되어 있고 인체도 다소 길어 보인다.

왼쪽 코페르니쿠스의 《천체의 회전에 관하여》의 서문과 별표. 인쇄의 감수를 부탁받은 루터파 천문학자 오지안더가 저자에게 양해도 구하지 않고 마음대로 서문에 "이것은 가설이다"라고 적어 버렸다. 코페르니쿠스에게 위해가 가해지지 않도록 배려한 것이었지만 코페르니쿠스가 이 책을 보게 된 것은 죽기 직전이었다고 한다.(平田寬,《圖說 科學・技術の歷史 ピラミッドから進化論まで》, 朝倉書店, 1985)

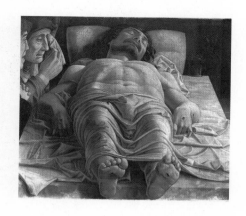

그런데 1527년경 루이 파르미자니노의 〈볼록 거울에 비친 자화상〉을 보면 볼록 거울에 비친 것처럼 바로 앞에 놓인 손이 이상할 정도로 크게 그려져 있다.

그리고 16세기 후반의 엘 그레코에 이르면 이미 만화에나 나올 법한 구등신이나 십등신도 더 될 것 같은 인물을 반복해서 그린다. 손가락도 이상하게 길다. 이미지대로 그렸다고 하는 편이 사실에 가까울 것이다.

틴토레토에게 사사한 엘 그레코는 본명이 도메니코스 테오토코풀로스이며 그리스인이다. 에스파냐에서 활약했고 에스파냐인들이 경의를 담아 "우리의 그리스인(엘 그레코)"이라고 부르게 되어 엘 그레코가 일반 명칭이 되었다.

위 만테냐의 〈죽은 그리스도〉.

오른쪽 파르미자니노의 〈볼록 거울에 비친 자화상〉. 당시 이발소의 거울에 얼굴을 비춰 그렸다고 한다. 이후 파르미자니노는 엘 그레코의 그림처럼 목이 이상하게 길고 전신도 호리호리하게 긴 성모를 그리기도 했다.

그레코가 활약한 시대는 근대 과학이 발흥하기 직전, 즉 뉴턴의 광학이 발표되기 약 한 세기 전이다. 이 시대에는 해석, 도형, 사영 기하학의 실험도 시작되었고 충안경^{蟲眼境}이나 볼록 거울, 볼록 렌즈에 대한 흥미가 높았다. 광학 실험을 한 알브레히트 뒤러나 파르미자니노 등은 그 선구자다. 현미경이나 망원경이 발명되는 것도 이 직후인데, 이제 믿을 수 있는 건 없다는 식의 지동설이 초래한 파문은 대단했다.

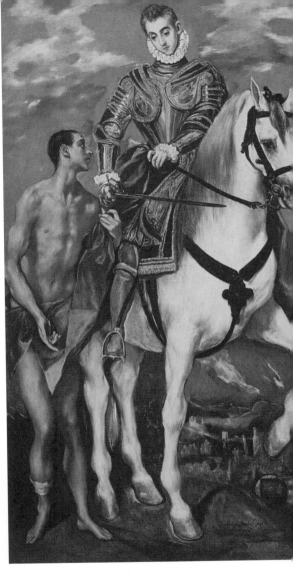

엘 그레코의 〈성 마르티누스와 거지〉(1597년~1599년). 마르티누스가 나체의 거지에게 외투를 주는 그림인데, 거지가 훤칠한 모습이어서 그레코의 의도를 넘어 멋지게 보이기까지 한다.

…… 원에서 타원으로

또 한 가지 '데포르메'와 관련된 커다란 움직임이 있었다. '세계(우주) 모형', '우주도'의 제작, 즉 우리를 둘러싼 세계를 조감해서 해석한 모델링의 역사다. 이것도 세계, 우주의 데포르메라고 할 수 있을 것이다.

서양 우주론의 역사에 대해 말하기에는 지면이 부족하겠지만, 여기서도 역시 코페르니쿠스가 실마리가 된다. 그리스 철학자 프톨레마이오스는 아낙시만드로스, 피타고라스, 플라톤, 아리스토텔레스, 히파르코스로 이어진 천동설 우주론을 정비하여 프톨레마이오스 우주 체계를 만들었다. 이 체계는 코페르니쿠스의 지동설이 완성되기까지 약 1400년 이상이나 그리스도교를 지탱해 온 중심 개념으로 군림했다. 예의 동심원 우주다.

엘 그레코의 〈성가족(젖을 주는 성모)〉(1594~1604년). 성모의 오른손을 가운데손가락과 약지를 붙여서 그렸고, 왼손도 이상하게 긴 가운데손가락과 약지를 유아인 그리스도가 쥐고 있는 듯이 보인다.

〈가슴에 손을 얹은 남자의 초상〉(1577년~1584년)의 손을 클로즈업한 것인데, 그레코의 그림에는 이러한 손의 형태가 자주 나온다. 이것은 예수회의 창시자 이그나시오 데 로욜라의 《영성수련》에서 난관과 절망의 가장자리에 섰을 때 손을 이런 모양으로 가슴에 대면 좋다고 말했던 데서 유래한다. 그것은 그리스도의 그리스어 철자의 첫 두 글자인 X와 P를 합친 예수 그리스도의 상징으로 사용되고 있기 때문에, 손의 모양을 가능하면 그것과 비슷하게 한 것으로 보인다. 데포르메된 PX지만 아무리 억지로 상상해 보려고 해도 좀처럼 그렇게는 보이지 않는다.

그리고 코페르니쿠스의 지동설이 나왔을 때, 믿을 수 있는 것은 없어졌다고 한탄하는 것이 보통이겠지만, 체제측은 악한의 망언이라고 배제하려고 했다. 그러나 과학적 호기심에 강한 자극을 받아 움직이는 사람들도 있었다. 요하네스 케플러도 그런 사람들 중 하나였다. 케플러가 대단한 점은 행성의 운동을 원이 아니라 타원 궤도라고 갈파했던 것이다.

고대 그리스 이래 완전한 신이 만든 세계에서는 모든 것이 완전하지 않으면 안 된다. 행성의 운동도 물론 완전한 원일 수밖에 없다. 물론 케플러 자신도 완전한 원과 입체로 만들어진 우주라는 플라톤주의적 우주론에 사로잡혀 있었다는 것은 앞에서 이미 말했다.(16장 '레디메이드' 참조) 여기에서 타원 궤도 발견까지는 상당한 거리가 있다.

케플러는 원래 시력이 나빴으며 망원경도 일반적이지 않은 시대여서 관측도 잘 하지 못했다. 그래서 케플러는 스승이기도 한 티코 브라헤가 40년에 걸쳐 화성을 포함한 천체를 관측해 온 데이터를 입수했다. 그 데이터를 상세하게 검토한 결과 케플러는 플라톤 입체를 버리지 않을 수 없다는 것을 깨달았고, 거기에서 '행성 운동의 3법칙'이 도출되었다. 타원 궤도 이야기는 그 첫 번째 법칙에 있다. 데이터를 입수하고 나서 법칙을 발견하기까지 몇 년이나 걸렸던 것을 보면 종래의 우주론으로부터 벗어나는 것이 이만저만한 일이 아니었던 모양이다.

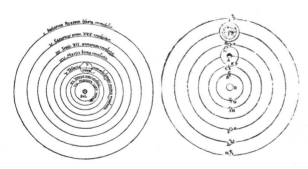

왼쪽 코페르니쿠스의 태양계. 바깥쪽에서부터 Ⅰ=움직이지 않는 항성구, Ⅱ=30년 주기의 토성구, Ⅲ=12년 주기의 목성구, Ⅳ=2년 주기의 화성구, Ⅴ=달과 함께 1년 주기의 지구, Ⅵ=9개월 주기의 금성구, Ⅶ=80일 주기의 수성구, 그리고 중심에 태양. 아직 궤도는 똑바른 원인 데서 프톨레마이오스적 우주관이 이어지고 있다.
오른쪽 갈릴레오 갈릴레이의 지동설 《두 가지 주요 세계관에 관한 대화》(1632년)에서. 갈릴레오는 목성이나 토성을 자기가 만든 망원경으로 관찰한 결과 지구도 태양의 주위를 목성의 위성처럼 돌고 있다는 결론을 내렸다. 결국 이 책은 코페르니쿠스의 책과 함께 1835년에 금서가 되었다.

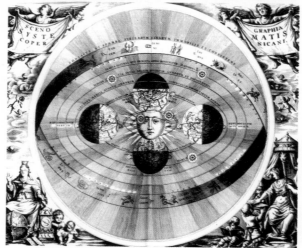

위 코페르니쿠스 우주도. 단순히 지구 중심의 프톨레마이오스 우주도를 태양 중심으로 바꿔 놓은 그림. 안드레아스 켈라리우스의 《천공도》에 있는 동판화, 1660년.

아래 코페르니쿠스의 태양계 그림에서 지구의 사계를 표현해 더욱 상세하고 설득력을 높인 그림.

여담이지만 케플러가 브라헤의 관측 데이터를 입수한 경위에 뭔가 사건이 있었는지도 모른다고 주장하는 책을 본 적이 있다. 브라헤가 죽은 지 400년이 지나 남겨진 브라헤의 머리카락을 DNA 감정한 결과 독살설이 부상했다는 것이다.

이 DNA 감정에 이르게 된 경위는 이렇다. 브라헤의 묘가 있는 프라하 시는 1901년에 사망 300주년을 기념하여 묘를 정비하는 김에 300년에 걸친 숱한 재난 가운데 브라헤의 사체가 아직 묘 안에 있는지 조사했고, 뼈와 두발, 수염 등을 프라하 국립박물관에 보관했다. 그리고 90년 후인 1991년 뭔가를 기념하기 위해 브라헤의 출신국인 덴마크의 대사에게 이 수염이 건네졌다. 이 수염을 받은 측도 처리가 곤란하여 브라헤 사후 부상했던 독살설을 검증해 보자는 데 생각이 미쳤다.

몇 번의 검증을 거쳐, 모발은 사후에 즉시 성장이 멈추기 때문에 사망하기 13시간 전에 다량의 수은이 투여되었다는 데이터가 나왔다. 수은은 방부제로도 사용되기 때문에 묘 안에서 축적되었다든가, 브라헤가 연금술도 했기 때문에 그 과정에서 수은을 섭취했다는 설도 있었지만, 데이터는 서서히 축적된 것이 아니라 수은이 한꺼번에 체내에 들어갔다는 것을 보여 주고 있었다. 그렇지만 어쨌든 수은이든 우유를 먹었다는 사실까지 알았다고 하니 현대 과학도 참 대단하다고 할 수밖에 없다. "사체는 말한다." 우유는 수은 맛을 둔화시키기 때문에 독을 섞어 넣어도 들킬 위험이 적다. 그리고 브라헤가 남긴 문서를 다시 검토한 결과 케플러를 범인으로 지목하고 있었다고 한다.

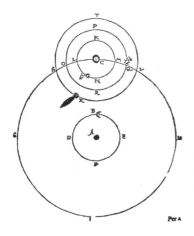

티코 브라헤의 태양계. 《최근 천계에 보인 현상에 대하여》(1588년)에서. 지구 주위를 달과 태양이 돌고 있고, 태양 주위를 불을 휘날리는 혜성과 태양계 이외의 행성이 돌고 있다. 브라헤의 서재에는 코페르니쿠스의 《천체의 회전에 관하여》가 있었다고 하는데 이 책이 간행된 지 45년이 지났는데도 서 있는 위치는 프톨레마이오스 우주 그대로다.

케플러는 화를 잘 내는 성질에다 자기중심적인 사람이었다고 한다. 지금까지 케플러에게 품고 있던 이미지가 다소 흔들리지만 관측 데이터를 사용한 과학적인 연구에서 수학적 뒷받침이 있는 물리 모델을 만들었다는 위업은 흔들리지 않을 것이다. 데이터를 타원 궤도라는 눈에 보이는 것으로 치환한 것이다. 이 모델을 검증함으로써 케플러는 뉴턴의 고전 물리학이 탄생하는 데 중개 역할을 했고, 데포르메되어 온 우주론에 종언을 고하기도 했다.

······ 수치의 시각화

시각이 청각을 누르고 오감의 정점에 선 것은 11장 '감각의 치환'에서도 말했지만 케플러가 데이터를 눈에 보이는 것으로 만듦으로써 시각의 우위는 확고해졌다. 케플러처럼 수치를 눈에 보이는 것으로 치환하려는 움직임은, 철도 네트워크가 생기고 추상 표현이 일반화되기 시작할 무렵 양이나 수치를 도형화하는 차트나 그래프로 나타났다. 발단은 열차 운행표였다.

철도 네트워크가 만들어지자 열차의 운행 상태를 한눈에 알 수 있는 열차 운행표(다이아)가 필요해졌고 영국에서 처음으로 만들었다. 처음에는 세로축이 시간, 가로축이 거리였다(지금은 반대). 완성된 것은 사선이 위에서 아래로 가로지르기 때문에 그리스어를 어원으로 하는 'dia=교차하다'와 'gram=쓴 것'이 결합해서 다이어그램diagram으로 불리게 되었다. 비스듬히 선이 교차하는 데서부터 트럼프의 다이아몬드(다이아) 이미지도 겹쳐진다.

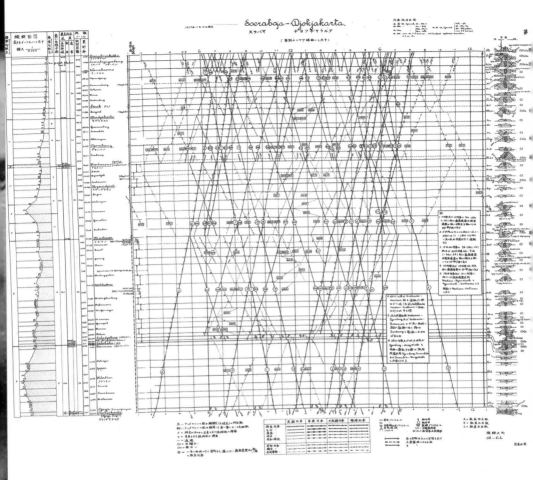

인도네시아 스라바야와 조그자카르타 구간의 일본 상사商社 회사 직원, 군관계자, 여행자의 열차 운행표, 1937년. 1937년이라고 하면 일본이 중일 전쟁을 시작한 해다. 인도네시아가 침략의 조준에 들어간 것은 간단히 중국을 함락시킬 수 있을 거라고 오판하여 시작한 중일 전쟁 뒤의 일이지만, 일본 상사는 이미 스라바야를 거점으로 인도네시아에 진출해 있었다.(E. R. Tufte, 《Envision Information》, Graphics Press, 1990)

318

한편 양이나 수치로 치환될 것 같지 않은 것을 치환하려고 하는 움직임도 나타났다. 1876년 샤를 블랑은 얼굴을 둥근 윤곽만 그리고 눈이나 코, 입을 가로 막대, 비스듬한 막대 등의 단순한 직선으로 그려 넣어 데포르메한 〈세 개의 얼굴〉이라는 일러스트레이션을 발표했다. 〈세 개의 얼굴〉은 눈꼬리가 올라간 눈은 화가 난 얼굴, 수평의 눈은 평상심의 얼굴, 눈꼬리가 내려간 눈은 슬픈 얼굴이라는 식으로, 희로애락의 감정을 직선만으로 그린 것이다. 희로애락을 극히 단순하게 표현한 이것은 당시 프랑스의 화가들을 크게 자극했다.

오늘날 〈세 개의 얼굴〉은 레이 버드위스텔이 사람의 동작이나 얼굴 표정을 기호화한 동작학kinesics이나 통계학자 안드레이 차노프의 〈차노프 페이스Chernoff's face〉로 이어지고 있다.

1973년에 발표된 〈차노프 페이스〉는 〈세 개의 얼굴〉보다 변주가 많고, 패턴 인식 등에 응용되고 있다. 예컨대 기계 볼트의 느슨한 정도에 따라 순위를 매겨 시스템의 이상이나 고장 진단에 이용한다거나 좋아하고 싫어하는 코의 길이, 흥미의 존재 방식을 눈의 맑고 큰 정도, 피로도나 만족도를 얼굴의 윤곽이나 눈의 기울기로 나타내는 이른바 얼굴을 사용한 상형문자로, 데포르메가 극도에 이른 느낌이다.

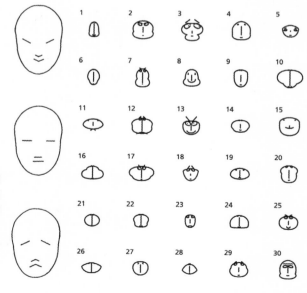

왼쪽 블랑의 〈세 개의 얼굴〉. 위에서부터 화가 난 얼굴, 평상심의 얼굴, 슬픈 얼굴.(松田行正, 《絕景萬物圖鑑》, TBSブリタニカ, 1988)
오른쪽 안드레이 차노프의 〈차노프 페이스〉.(松田行正, 《ZERRO》, 牛若丸, 2003)

······ 일본 요괴의 변천사

여기에서 데포르메의 최고인 만화, 애니메이션의 뿌리이기도 한 일본 요괴의 변천
사를 추적해 보고자 한다. 데라다 도라히코는《요괴의 진화》라는 에세이에서 인간
이 발명한 것 중에서 '요괴'야말로 최대의 걸작이라고 했다.

일본에서는 헤이안 시대 이래 사람들에게 좋은 일을 하는 것은 물론 신이고 재액
을 초래하는 이상한 현상은 모두 요괴 짓이라고 여겼다. 그러나 그 요괴도 신의 중
간, 일종의 데포르메된 신이다. 어떤 종교에서도 신과 대적하는 존재는 악마이지
결코 신의 무리는 아니다. 일본의 경우 요괴는 사랑받는 신이라는 측면도 있었다.

그리고 뭐든지 변형시켜 요괴라고 했다. 동물, 식물, 기물器物, 결국에는 현상도
형태로 만들었다. 추리 소설가 교고쿠 나쓰히코의 소설에 등장하는 요괴의 재료
로, 에도 시대 가노파狩野派 화가 도리야마 세키엔이 그린〈화도백귀야행畵圖百鬼夜行〉
이나〈화도백기도연대畵圖百器徒然袋〉등 '백귀 야행 시리즈'에서의 요괴 쇄도에 놀라
지 않을 사람은 없을 것이다. 게다가 데포르메에 대한 상상력이 예사롭지 않다. 생
활의 모든 장면에 요괴의 이름을 붙여 즐겼다는 느낌이다. 다시 말해 요괴란 인간
이외의 것이 변한 것이고, 인간이 죽어서 되는 것은 유령이다. 야나기타 구니오의
주장은 "특정한 지역에 나타나는 것이 요괴이고 특정한 사람에게 나타나는 것이
유령"이라고 해서 극히 명쾌하다.

현재 우리가 알고 있는 유령의 기본적인 모습은 여성으로, 머리카락이 길며 머
리에는 삼각형의 종이를 붙이고 있고 구부정한 자세로 양손을 앞으로 늘어뜨렸으
며 다리는 없다. 이것은 에도 시대 가부키에서 시작되어 노能, 라쿠고落語 등에 등장
하여 정착한 유령이다.

그때까지의 유령은 생전의 모습이나 동물이 되어 나타났지만 에도 시대에 접어들자 장례식 시스템이 정착되어 유령은 관에서 나타나는 것이 통념이 되었다. 이마에 붙이는 삼각형의 종이(정사각형의 종이를 대각선으로 접은 것)는 관에 들어가 있었을 때의 것이다.

유령의 다리가 희미하고 모호해진 것은 18세기 초엽이다. 18세기 말에는 손이 아래로 늘어뜨려져 있었다. 대신에 진짜 무서운 요괴는 모습을 감추고 '누라리횬', '눗펫포', '온모라키', '덴조쿠다리', '히마무시뉴도', '게우케겐', '메쿠라베', '호네카라카사', '부라부라' 등 친근감 있는 이름이 붙은 유머러스한 요괴가 부상했다.

에도 시대는 장기간 권력을 잡은 정권에 의해 일본 최초로 260년이나 평화가 계속되었다. 기근도 줄어 시가지가 생기고 인구도 늘었으며, 사람도 아니고 귀신도 아닌 괴이한 존재들은 히닌부라쿠非人部落(천민의 집단거주지 — 옮긴이) 등에 에워싸여 일반 사람들의 눈에서 멀어졌다. 그때까지는 산이 어둠의 대표였지만 시가지의 구석진 곳에 어둠이 생겨 거기에 요괴가 살았다. 생활의 일부가 된 요괴는 점점 몸집이 작아져 무서운 대상이 아니라 사랑받는 대상이 되었다.

마루야마 오교의 〈유령도〉(1799년경). 산발한 머리, 하얀 옷, 다리가 없는 유령의 기본적인 스타일은 에도 시대의 노, 가부키, 라쿠고, 회화 등 민중 예능에서 생겨났다. 죽으면 흰옷을 입혀 관에 넣는 장례 형식이 큰 영향을 끼쳤다. 지금도 죽으면 죽은 사람에게 흰옷을 입히는데 이것은 에도 시대 풍습의 흔적이다. 당시에는 장례식에 참석한 사람들도 흰옷을 입었지만 메이지 시대가 되자 서양처럼 검은 옷을 입었다. 지금은 장례식은 검은 옷, 결혼식은 흰옷이라는 식으로 서양과 같아지고 말았다. 그러나 서양의 형식도 관 속까지는 미치지 못한 모양이다.

도리야마 세키엔의 〈화도백귀야행〉, 〈금석화도속백귀今昔畫圖續百鬼〉, 〈금석백귀습유今昔百鬼拾遺〉, 〈화도백기도연대〉
에서 발췌한 요괴.(鳥山石燕, 《鳥山石燕 畫圖百鬼夜行全畫集》, 角川ソフィア文庫, 2005)
왼쪽에서부터 누라리횬, 눗펫포, 온모라키.

왼쪽에서부터 덴조쿠다리, 히마무시뉴도, 게우케겐.

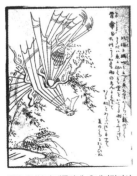

왼쪽에서부터 메쿠라베, 호네카라카사, 부라부라.

일본에서 요괴가 점차 그 모습을 감추게 된 원인은 분명하다. 요괴에게는 산으로 둘러싸인 시골이야말로 가장 살기 좋은 환경이었다. 밤이 되면 주변의 산은 칠흑으로 둘러싸여 외계로부터 완전히 격리된 고독한 소우주가 된다. 시가지가 되었어도 골목에는 아직 어둠이 많이 남아 있었고 요괴에게는 쾌적한 장소였다. 시가지町는 '마치閒路'라고도 하는데 골목路地이 많은 것이 특징이다.

그런데 메이지 시대에 접어들어 서구화 정책을 펼치게 되자 각지에 전선이 깔리고 가정에 전기가 들어오며 가로등이 설치되었다. 철도 네트워크도 정비되어 밝은 시가지는 방방곡곡으로 급속히 퍼져 나갔다. 현대 도시의 밤과 비교하면 물론 아직 어두웠지만, 그래도 도시에서 완전한 어둠이 줄어들었다. 예전에는 신을 모시는 장소이기도 하고 어둠이 지탱하고 있던 비법奧の手, 안방奧座敷, 비결奧義, 마님奧方, 본당 안쪽奧の院 등 '외진 곳'의 관념도 어둠과 함께 사라졌다.(3장 '원근법과 깊이감의 발견' 참조)

…… 일신교라는 왜곡
한편 도시에서 요괴가 사라지는 것과 동시에 거대한 요괴가 메이지 시대에 나타났다.

메이지 시대의 화가 고바야시 에이타쿠는 스가와라노 미치자네(헤이안 시대의 학자, 한시인, 정치가. 오늘날에는 학문의 신으로 불린다─옮긴이)가 사람에서 악마로 변모하는 순간의 그림을 그렸다. 연도는 확실하지 않지만 아마 1884년 이전일 것이다. 번개가 치고 돌풍이 심하게 불어 옷은 옆으로 길게 깔리고, 벼락을 맞아 감전당한 미치자네는 발뒤꿈치를 들고 있다. 직류를 밀고 나아가고 싶은 토머스 에디슨이 교류를 밀고 나아간 니콜라 테슬라와 싸워 전기의 위력 대결을 시작한 것이 1887년이므로, 이 그림을 그린 고바야시 에이타쿠는 에디슨보다 일찍 전기의 위력을 깨달은 셈이다.

어쨌든 감동적일 정도로 극화된 터치여서 금방이라도 오노마토페onomatopoeia(의성어)가 들려올 것만 같다. 일본 극화의 역사는 메이지 시대 초기에 벌써 시작되었다고 할 수 있다.

디테일을 생략하지 않고 남김없이 그리는 서양화 수법이 일본화와 해후함으로써 이렇게 파열할 듯한 표현을 낳았다고도 할 수 있는데, 이러한 신토神道 풍의 테마가 메이지 시대에 흘러넘친 것은 시대가 천황제라는, 이를테면 서양적 일신교를 도입하려고 했던 데 원인이 있었다. 메이지 정부가 새롭게 발행한 지폐에도 일본의 신화 그림이 그려져 있었다.

고바야시 에이타쿠의 〈도진천배산기도도道眞天排山祈禱圖〉(1874년
~ 1884년). 서양화나 사진이 들어와 자신의 입각점을 모색하고 있
는 모습이 좋은 결과를 낳은 듯한 그림.(東京國立近代美術館 編, 《搖
らぐ近代 日本畵と洋畵のはざまに》, 東京國立近代美術館, 2006)

일본은 원래 다신교 국가다. 불교, 유교, 도교, 음양도, 자연을 두려워하고 사랑하고 공경하는 애니미즘과 민속 종교의 국가다. 요괴, 즉 신은 생활 주변에 존재하며 생활에 정감을 더해 주었다. 그런데 서양처럼 한 사람의 인간을 신으로 삼으려고 했을 때 수많은 왜곡이 생겨났다. 폐불훼석廢佛毁釋 정책(메이지 유신 뒤 신정부가 1868년 3월 신불분리령神佛分離令, 1870년 대교선포大敎宣布 등 신토를 국교로 한 제정일치 정책을 취함으로써 일어난 불교 시설에 대한 파괴를 말한다 — 옮긴이)으로 불교를 탄압하고 그 밖의 많은 신들을 말살했다. 형태가 있든 없든 믿을 수 있는 것이 존재함으로써 유지되었던 사회의 균형이 무너졌다. 고바야시 에이타쿠의 그림에서는 그러한 부조리를 고발하는 듯한 박력이 느껴진다.

앞에서 요괴란 신도 악마도 될 수 있는 존재라고 말했는데, 천황이야말로 그 대표적인 것이다. 천황이란 원래 고대부터 재앙을 내리는 신으로서 공포의 대상이었다. 고대사 연구자인 세키 유지에 따르면, 천황은 "나무를 베면 벌을 받는다"는 식의 애니미즘에 기초한 것이었다고 지적하고 있는데, 어쨌든 헤이안 시대를 움직인 핵심어는 '재앙'이었을 정도로 위에서 아래까지 모두 재앙을 두려워했다. 그중에서도 가장 재앙을 두려워한 사람은 다름 아닌 천황 자신이었는데, 스스로가 재앙을 내리기 때문에 자신이 박해한 자들로부터 재앙을 받지 않을까 두려워했던 것이다.

그렇게 재앙을 내리는 신인 천황을 유일신으로 모신 일신교에 의한 왜곡은 77년 동안 한계에 이르렀고 결국 수백 만 명의 사람들을 속죄양으로 삼음으로써 결국 붕괴되었다. 클린트 이스트우드 감독의 영화 〈이오지마에서 온 편지〉(2006년)에서는 억지로 동일한 가치관을 강요당한 사람들의 어둠이 그려졌다. 어느 나라 군대도 오십보백보라고 생각되지만, 특히 일본의 군대가 심했던 것으로 보인다. 패색이 짙어졌을 무렵 얌전하고 선량한 병사는 빨리 죽고, 아이러니하게도 하급병사에게 죽음만을 강요하던 상관은 살아남는다.

······ 서양의 괴물

물론 서양에도 괴상한 존재가 있었다. 그 대부분이 악마 계열의 괴물인데 그중에는 요괴도 있었다. 그러나 그들은 일본처럼 신이 될 수도 있는 요괴가 아니다. 단지 인간이 아닌 괴상한 존재일 뿐이다.

괴물의 기본적인 형태는 일본의 '눗펫포'처럼 얼굴에 손발이 붙어 있거나 신체의 일부가 거대해진 귀 요괴, 또는 각각 다른 동물이 위아래로 붙어 있거나 연금술에서 잘 알려진 자신의 꼬리를 먹는 우로보로스가 발전해서 상반신과 하반신이 싸우는 것까지 등장했다. 로쿠롯쿠비(일본 요괴의 일종인데 머리가 늘어나는 것과 고개가 빠져 머리가 자유롭게 비행하는 것, 이렇게 두 종류가 존재한다 — 옮긴이)도 있었다.

서양에서는 고대 그리스 로마 시대 이래 신과 인간 사이만이 생활의 테마가 되어 왔다. 그러나 중세 중반에 이르자 신의 권위가 붕괴되기 시작했다. 그래서 신과 인간 사이를 메우는 괴물이 날뛰기 시작했다. 여기에서는 십자군 운동이 불러온

이슬람 문화의 영향도 빼놓을 수 없다. 이슬람에서 부활했던, 온 하늘을 동물이 뒤덮은 별자리나 아라비아풍의 노래가 동일한 구절을 집요하게 반복하는(유로 비트나 테크노 계통의 음악도 적은 음의 루프가 기본이지만) 것처럼 기묘한 동물군은 모든 장소에 끈질기게 얼굴을 내밀었다.

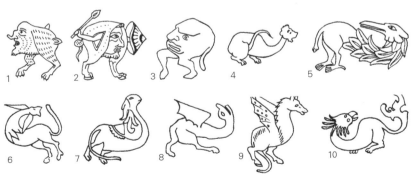

위 무한대 기호(∞)의 기본이 된, 자신의 꼬리를 먹는 우로보로스. 연금술 책에서(1478년).
아래 왼쪽부터 1~2, 〈천정화〉(1220년경). 3, 〈성직자석〉(1415년경). 사람의 머리에 직접 손발이 난 요괴. 4~10, 13세기 말에서 15세기 말경 사이에 그려진 다리가 두 개인 요괴.(J. バルトルシャイティス, 《幻想の中世Ⅰ ゴシック美術における古代と異國趣味》, 平凡社ライブラリー, 1998)

이 괴물들은 일찍이《박물지》를 저술한 고대 로마의 플리니우스가 '그귈로스'(쥐 며느리)라고 쓴 데서 그릴로스gryllos라고 불렸다. 그들은 고딕 미술의 중심적 존재로서 온 유럽을 활보하기 시작했다.

'이슬람 증오'라는 감정과는 별도로 아라비아풍의 디자인은 순조롭게 유럽을 침투했다. 예컨대 사본 페이지 가장자리 장식의 점무늬는 아라비아 융단의 영향을 받아 13세기 말쯤부터 사용되기 시작했고, 식물무늬도 금세 침투했다. 아랍 문자의 쿠파체나 나스히체도 문자의 의미와는 관계없이 사람이 뒤얽힌 무늬로 사용되었다. 이것도 데포르메다.

그리고 마르코 폴로 등에 의해 인도나 중국의 정보가 유럽에 들어갔다. 몽골인을 포함한 타타르인이 침략해 오는 공포에서(8장 '반전하는 이미지' 참조) 지옥을 타르타로스라고 부르게 되었다거나 인도·중국적인 것이 이단으로서 괴물의 형태로 표현되기도 했다.

중국적인 것은 13세기 중엽 무렵부터 서양으로 활발하게 유입되었고, 그리스도 책형도에 골고다 언덕의 민중으로 변발한 중국인이 그려질 정도로 그 존재는 일반적인 것이 되어갔다.

위 하르트만 셰델의《세계연대기》(1493년)에 나오는 그림으로, 북서아프리카에 산다고 여겨진 다리가 하나인 종족 스키아포데스. 거대한 발로 해를 가리고 휴식을 취하기 때문에 '그림자 발shadow-footed'이라는 뜻의 라틴어에서 그런 이름이 붙었다.

가운데《세계연대기》에 등장하는 '학 머리 인간'. 그들은 목이 길기 때문에 생각을 말하기까지 시간이 걸린다. 즉 숙고한다는 데서 풍자적으로 '완벽한 인간'으로 불렸다.

아래 이슬람의 당초 문양이나 쿠파체, 나스히체 등 아랍 문자 서체에 사람을 관련시킨 무늬가 사본에 빈번하게 나오기 시작한 것은 13세기 후반에서 14세기 사이였다. 바로 십자군 운동이 끝난 무렵부터다. 이것은 쿠파체의 배열이다. 위는 1450년 무렵의 네덜란드 성서, 아래는 14세기 초 영국의 사본에서.(J. バルトルシャイティス,《幻想の中世 I ゴシック美術における古代と異國趣味》, 平凡社ライブラリー, 1998)

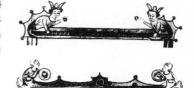

이러한 동양적 이미지가 더해진 괴물 묘사는 16세기 초 후기 고딕 미술의 대표적 화가 히에로니무스 보스로 이어져 〈성 안토니우스의 유혹〉이나 〈쾌락의 동산〉에 응축되었다.

그리고 앞에서 말한 엘 그레코와 동시대에 활동한 벨기에 플랑드르 지방의 민중화가 피터르 브뤼헐이 그것들을 밝고 쾌활하게 발전시켰다.

브뤼헐의 〈뒬레 그리〉(1562년경)에서는 큰불이 난 배경에 갑옷으로 무장한 거대한 여성이 겨드랑이에 약탈품을 끼고 있다. 그리고 지옥의 물품을 약탈한 것처럼 그녀 주위에는 악귀나 요괴가 날뛰고 있는 모습이 그려져 있다.

요괴들은 모자를 쓴 술통에 손발이 달려 있는 것이나 항문 같은 입으로 수저를 내민 얼굴에 손발이 달린 요괴, 파충류 같은 발을 가진 개구리, 입으로 발이 나와 있는 물고기 등 뒬레 그리가 가장 정상으로 보일 정도로 왜곡되어 있다.

이것은 그리스도교에 의해 학대를 받아 온 민중의 힘에 대한 브뤼헐적인 표현이다. 그것은 일종의 웃음을 동반한 축제 공간이고, 괴상한 것들이 모이는 스카톨로지scatology(분변도착증. 분뇨나 배설 행위를 즐겨 거론하는 취미나 경향—옮긴이) 같은 카니발이다. 거의 〈화도백귀야행〉이다.

1373년에서 1378년 사이 프랑스 나르본느의 제단 앞 장식에 그려진 것인데, 그리스도 수난을 지켜보던 군중들 속에는 좀처럼 있을 것 같지 않은 변발을 한 중국인이 그려져 있다(중앙 부분). 이 소묘는 흰 비단에 바탕 그림이 비쳐 보이는 물감을 사용한 그리자이유 기법으로 그려져 마치 수묵화의 터치 같다.(J. バルトルシャイテイス,《幻想の中世 I ゴシック美術における古代と異國趣味》, 平凡社ライブラリー, 1998)

히에로니무스 보스의 제단화 〈쾌락의 동산〉(1510년경). 가운데와 아래 그림이 위의 세 폭 가운데 오른쪽의 '지옥' 부분이다. 위는 두 개의 문을 연 전체도이다. 왼쪽이 천국, 오른쪽이 괴물이 날뛰는 지옥이다. 정면은 현세라고는 해도 나체의 무수한 남녀가 잔치를 벌이고 있어 괴상한 분위기를 풍기고 있다. 1500년이라는 세기 전환기의 불안에서 나타난 종말관을 반영한 것이라고 한다.

브뤼헐의 〈뒬레 그리(악녀 프리토)〉. 대항해 시대나 지도가 발
전한 영향으로 화가들은 16~17세기경부터 시점을 좀 더 위
에 둔 조감도를 그리게 되었다. 브뤼헐은 그 대표적인 인물이
다. 프리토란 감당할 수 없는 악녀의 통칭이다. 프리토는 지옥
입구에서 날뛰며 약탈을 해도 아무런 상처 없이 귀환할 수 있
었다는 플랑드르 지방에 전해 내려오는 이야기가 있는 모양인
데, 여기서의 프리토는 한층 더 탐욕적이다.(K. ロバーツ,
《アート・ライブラリー ブリューゲル》, 西村書店, 1999)

1929년 장 콕토가 약물로 환각 체험을 하는 중에 그렸다는
그림.(M. Bassy, 《A Pictorial History of Magic and
Supernatural》, Spring Books, 1964)

······ 오늘날의 요괴

오늘날에도 새로운 요괴가 있다. 거의 대부분이 '한없는 욕망'이라는 이름의 악마에 사로잡혀 있는 인간군인데, 이것은 비유로서의 요괴다.

오늘날의 요괴담으로는 UFO, 외계인이 있다. 1950년대 이후 미국에서는 신기한 현상을 모두 UFO, 외계인 탓으로 돌렸다.

그런데 목격담에 등장하는 외계인은 어느 것이나 인간과 비슷한 것으로, 조지 루카스의 〈스타워즈〉(1977년)가 나오기 전까지 별난 외계인이 거의 없었다. 그러나 지구와 환경이 다른 행성에 사는 외계인이야말로 우리의 상상력을 발휘할 존재, 즉 인간과 비슷한 것으로부터 발상을 전개해 나갈 데포르메의 보람이 있는 존재라고 생각한다.

그중에서도 처음으로 외계인에게 유괴당했다고 UFO 역사에 기재되어 있는 미국의 힐 부부 이야기는 데포르메의 과장을 잘 보여 주고 있어서 흥미롭다. 힐 부부는 흑인 남편과 백인 아내라는, 1960년대까지만 해도 무척 드문 커플이었다. 주변의 시선은 따가웠고 스트레스는 높았다. 그런 가운데 1961년 두 사람이 자동차로 오랜 시간 운전하는 중에 두 시간의 공백이 발생했다.

아마 피곤해서 졸았을 것이라는 게 지금의 정설이지만 아내 베티는 그 두 시간 사이에 일어났을지도 모르는 일을 기록하기 시작했다. 그것이 서서히 화제가 되어 정신과 의사가 최면 요법을 실시했는데, 의사는 UFO 이상 현상을 근거로 외계인에 의한 세계 첫 유괴라고 정식으로 인정했다.

베티의 증언에 따르면, 외계인은 신장이 약 152.4~162.5센티미터, 가슴은 넓고 콧구멍이 크며 피부색은 회색, 머리카락과 눈과 입술은 파랗고 모두들 청색 유니폼을 입고 있었다고 한다. 이렇게 해서 그 후 치켜 올라간 눈까지 더해져 외계인의 기본적인 스타일, 즉 회색 타입의 외계인이 완성되었다.

흥미로운 것은 외계인의 피부색이다. 흑인과 결혼함으로써 베티가 겪게 된 세상의 풍파는 아마 남편 버니보다 심했을 것이다. 그런 굴절된 스트레스에서 나온 것이 인류를 초월한 존재로서의 외계인일 것이다. 초월자의 피부색은 흰색이나 검은색이어서는 안 된다. 그 중간인 회색이야말로 인종 편견의 거친 파도를 진정시켜 줄 것이라고 생각했을지도 모른다. 동양인에게 전형적으로 나타나는 치켜 올라간 눈은 백인도 흑인도 아니라는 것을 강조하고 싶어서 나왔을 것이다. 9·11 테러가 발생했을 때도 그 사건을 진주만 공습에 비유한 논조가 많았던 것처럼, 진주만 공습으로부터 20년이 지난 시점이었지만 아직 그 응어리가 남아 외계인의 눈이 동양인처럼 치켜 올라갔을 거라고 상상한 것이라면 본질에서 너무 벗어난 이야기일까?

어쨌든 세계 최초의 외계인에 의한 유괴 소동의 뒷이야기에는 이런 슬픈 배경이 있었다. 이와 관련하여 일본의 요괴에 대해 UFO를 본떠 표현하자면, 역시 UFO(Unidentified Floating Object＝미확인 부유 존재)일 것이다.

자신들을 유괴한 UFO의 형태에 대해 말하는 버니와 힐 부부(L. 피크네트, 《超常現象の事典》, 靑土社, 1994). 사족이지만 현재 영적인 이야기와 숙녀의 기호 계통에서 활약하고 있는 미와 아키히로美輪明宏(가수, 배우, 작가. 여장남자로 동성애자 ― 옮긴이)는 데뷔 당시에는 본명인 마루야마 아키히로丸山明宏였고, 미소년이었던 점과 상송으로 유명해졌다. 그런 그가 데뷔하기 전에 일했던 게이 바의 이름이 '그레이'였다. 남자도 여자도 아닌 그 중간인 그레이, 가게 주인의 감각이 빛을 발한 이름이다.

힐 부부의 퇴행 수면 증언을 기초로 화가가 그린 외계인의 얼굴. 여기에서 회색 타입의 외계인의 역사가 시작되었다는 것을 알 수 있다.

오브제

이 표제는 물론 '오브제 개념'의 시작을 말한다. '오브제
object'란 프랑스어다. 영어로는 오브젝트(그대로 번역하면 물체
라든가 사물이 되는데, 여기서 말하는 '오브제'란 '상징화된 물체'를
가리킨다)다. 통칭 '오브제'라고 하는 것은 애초에 프랑스의
다다이스트, 초현실주의자에게서 나온 용어이기 때문이다.

마르셀 뒤샹, 만 레이, 앙드레 브르통, 그들은 '오브제'의
특출한 구도자다. 자세히 말하자면 미래파 움베르토 보초니(2장 '속도에 대한 동경'
참조), '제3인터내셔널' 기념 작품을 만든 블라디미르 타틀린, '메르츠'의 쿠르트
슈비터스(10장 '섞는다는 행위' 참조), 한스 벨머의 관절 인형, 알렉산더 칼더의 모빌
도 빼놓을 수 없을 것이다.

파나마렌코, 알베르토 자코메티, 조지프 코넬, 사이 턴보리, 장 뒤뷔페, 재스퍼
존스, 그리고 다키구치 슈조. 대가만 들어도 한이 없다. 모두 '오브제'를 좋아한다.

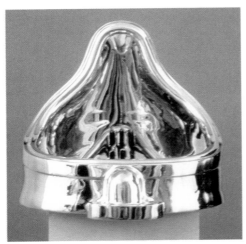

위 만 레이의 〈붉은 다리미〉(1966년). ⓒ MAN
REY TRUST / ADAGP, Paris & SPDA, Tokyo,
2007
왼쪽 셰리 레빈의 〈샘(뒤샹의 모작 1)〉(1991년). 보
는 바와 같이 뒤샹의 〈샘〉에 대한 오마주. 청동제.
ⓒ Sherrie Levine, Courtesy Jablonka Galerie,
Berlin / Koln

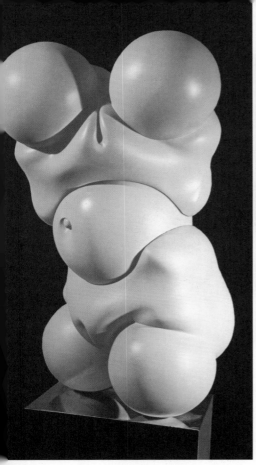

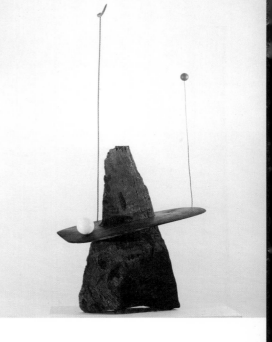

위 왼쪽 벨메르의 〈인형의 중심〉(1937년). ©
ADAGP, Paris & SPDA, Tokyo, 2007
위 오른쪽 타틀린의 〈제3인터내셔널〉(1920년) 모
형.(L. Z. Zhadova編, 《Tatlin》, Rizzoli, 1988)
아래 콜더의 〈지브랄타〉(1936년). © The Estate
of Alexander Calder / ARS, New York /
SPDA, Tokyo, 2007

파나마렌코의 〈아담스키형 UFO〉(1981
년).(J. フート編, 《視覺の裏側展》カタロ
グ, ワタリウム, 1991)

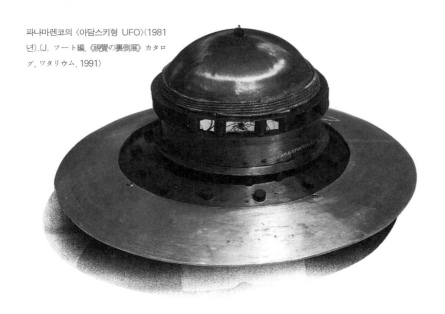

코넬의 〈무제〉(1940년). ⓒ The Joseph and Robert Cornell Memorial Foundation / VAGA, New York / SPDA, Tokyo

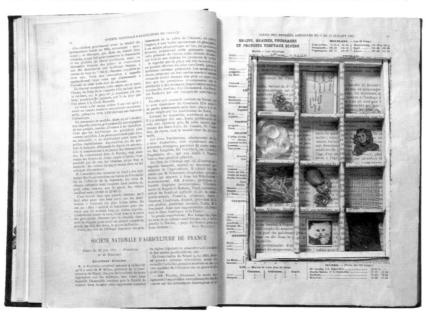

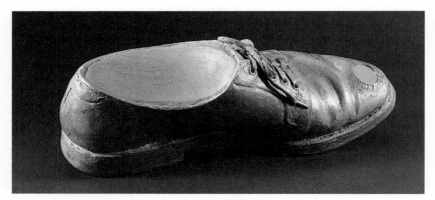

위 존스의 〈고교시절〉(1964년). ⓒ Jasper Johns / VAGA, New York / SPDA, Tokyo, 2007

아래 왼쪽 보로프스키의 〈1에서 무한까지 헤아린다〉(1969년 제작 개시).(M. タックマン＋C. S. エリエル編, 《パラレル・ヴィジョン 20世紀美術とアウトサイダー・アート》, 淡交社, 1993)

아래 가운데 뒤뷔페의 〈공작〉(1954년).(D. Waldman, 《Collage, assemblage, and the found object》, Phaidon, 1992)

아래 오른쪽 틴보리의 〈무제〉(1955년).(D. Waldman, 《Collage, assemblage, and the found object》, Phaidon, 1992)

…… 분위기를 교란하는 오브제

영국의 록 밴드 레드 제플린이 1976년에 발매한 일곱 번째 앨범 〈프레즌스 Presence〉의 재킷에는 네모난 기둥이 뒤틀린 오벨리스크풍의 물체가 등장한다. 이 물체는 가족의 단란한 탁자 위, 아이가 공부하는 책상 위, 꽃밭, 골프장, 은행의 금고 앞에 나타난다. 바로 앨범의 제목대로 '존재'로서 나타난다. 영화 〈2001 스페이스 오디세이〉에 나오는 검은 모노리스Monolith(노르웨이의 조각가 구스타프 비켈란트의 작품으로 '하나의 돌'이라는 뜻이다. 17미터의 화강암에 121명의 남녀가 뒤엉킨 모습이 조각되어 있다 ─ 옮긴이)에서 영감을 얻었다고 생각되는 물체다.

위 레드 제플린이 주문 제작한 오브제. 당시 총 1000개를 제작했는데, 사진 속 오브제에는 323번 각인이 찍혀 있다. 높이 295밀리미터.
아래 레드 제플린의 〈프레즌스〉 재킷.

분위기를 교란하는 이 오브제를 앞에 두었을 때 사람들의 반응은 아마 모두 같을 것이다. 왜 거기에 그런 형태로 존재하는지 전혀 모르겠지만 묘하게 '존재감'이 있어서 마음에 걸리는 것이다. 이것이 '오브제'라 불리는 물체(형용 모순을 일으키지만)의 최대 특징 가운데 하나다.

여기서 '오브제'를 간단히 정의해 보면, 예술의 세계에 '오브제' 개념을 가져온 것은 역시 마르셀 뒤샹(16장 '레디메이드' 참조)이다. 〈샘〉이라는 제목을 단 남성용 소변기는 어디에나 있는 공업 제품 가운데 하나지만, 거기에 '예술'이라는 관념을 가져왔다. 이 순간 관객은 사용 가능한 변기가 아니라 예술 작품으로 변모한 변기를 보고 있는 처지가 된다. 이것이야말로 물체가 '오브제'로 변신하는 장치다. 물체에 예술이라는 '관념'이 주입되었던 것이다. 여기서는 이 '관념'을 '몽상'이라고 바꿔 말하고 싶다.

잘 알려진 〈2001 스페이스 오디세이〉의 마지막 대단원. 이부자리 아래쪽의 조명이 환상적인 분위기를 자아내고 있다. ⓒ M.G.M / ZUMA Press / IPJNET.com

마르셀 뒤샹의 〈계단을 내려가는 누드 No.2〉(1912년). 누드는 누워 있는 것이지 움직이면서 계단을 내려가는 것이 아니라는 이유로, 큐비즘적 회화 중심의 전람회에서 출품을 거부당한 작품이다. 그 옆의 한자 '降(강)'의 갑골문자다. 오른쪽 변은 '止(지)'를 상하 거꾸로 한 것 두 개가 늘어선 형태다. '止'가 발가락을 위로 한 발바닥 형태이기 때문에 상하를 거꾸로 하면 아래쪽을 향해 내려오는 발자국이 된다. 왼쪽 변의 '阜(부)'는 계단이나 사다리를 나타내고 있기 때문에 글자의 뜻에서 보면 신이 강림하는 모습을 나타낸 것이다. 절묘한 일본어 제목으로, 이 작품에는 새로운 몽상이 더해지게 되었다.

…… 몽상과 오브제

예술이란 참 굉장한 것이라고 느낀 사건이 있었다. 2006년에 도쿄 현대미술관에서 개최된 〈카르티에 현대미술 재단 컬렉션〉에서의 일이었다.

어떤 방에 거대한 여성이 이불을 덮고 누워 있는 인형 같은 조각 작품이 있었다. 작품의 길이가 7미터나 될 만큼 거대해서 17장 '데포르메' 에서 나왔던 〈죽은 그리스도〉를 방불케 하는 거대한 얼굴인데, 일부러 원근법을 파괴해 그린 〈죽은 그리스도〉와 다른 것은 너무 큰 나머지 원근법이 맞지 않아 얼굴이 크게 보인다는 점이다.

이것은 1958년생인 호주의 조각가 론 뮤익의 〈In Bed〉(2005년)라는 작품이다. 무엇보다도 무심코 만지고 싶을 정도로 사실적인 팔이라든가 얼굴 피부의 질감이 놀랍다. 이 인형과 만난 모든 사람들이 아마 같은 인상을 받았을 것임에 틀림없다. "살아 있는 것 같은데……" 하고 말이다. 그러나 주제는 이제부터다. 이 여성의 크기는 우리가 갓난아이였을 때 본 어머니의 크기라는 것이다.

거대한 여성의 크기는 적당히 만들어진 것이 아니라 "갓난아기가 본 어머니"라는 중대한 관념에 의해 만들어졌다. 이 사실을 안 순간 이 조각은 '오브제' 가 되었다. "갓난아기가 본 어머니"라는 '몽상' 이 더해졌기 때문이다.

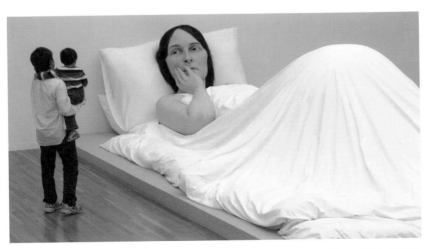

론 뮤익의 〈In Bed〉. 왼쪽에 아버지와 아들이 있기 때문에 여성의 거대함을 알 수 있다. 사진: 게이조 기오쿠(도쿄 현대미술관, 〈2006 카르티에 현대미술재단 컬렉션전〉의 전시 풍경)

…… 숫자와 오브제

미우라 도시히코의 《제로로부터의 논증》에 복권 이야기가 있다. 이것도 '오브제' 화의 예라고 할 수 있을 것 같아서 소개한다.

복권에 쓰인 몇 자리의 숫자는 아무런 의미도 없는 숫자의 연쇄다. 그런데 1등에 당첨되었다는 것을 아는 순간 아무렇게나 쓰인 이 숫자는 평생 잊을 수 없는 숫자로 변모한다. 어쩌면 1등에 당첨되지 않아도 숫자가 우연히 자신의 생년월일과 똑같은 숫자였다면 단순한 우연이라고 생각되지 않고 신비한 관계를 느끼고 말 것이다.

영화 〈2001 스페이스 오디세이〉에 나온 모노리스의 직사각 기둥을 보고 세 변의 비율이 1 대 4 대 9라는 말을 들어도 그다지 느껴지는 게 없다. 그러나 그것이 1의 제곱 대 2의 제곱 대 3의 제곱이라는 걸 아는 순간 모노리스는 단순한 검은 기둥에서 특별한 물체로 변모한다. 1의 제곱 대 2의 제곱 대 3의 제곱은 '몽상'의 부분이다.

론 하워드 감독의 〈다빈치 코드〉에서는 피보나치 수열Fibonacci sequence(이웃한 숫자를 합하면 다음 숫자가 되는 수열, 나선 모양 등의 수열)을 패스워드로 사용하고 있다. 123581321. 이 피보나치 수열의 비로 직육면체를 만들어 보았다. 모든 관계가 황금률로 되어 있어 완벽하기는 하지만 아무래도 세련된 느낌은 아니다. 역시 가늘거나 몹시 얇거나 길거나 하는, 뭔가 긴장감 있는 형태가 좀 더 존재감이 있다. 아무래도 '몽상'도 너무 안이하면 '오브제'에 이르지 못하는 것 같다.

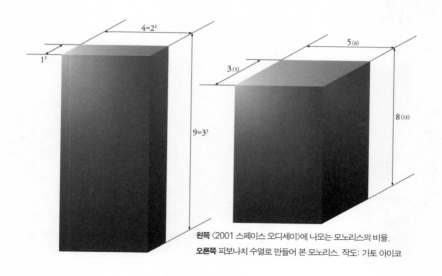

왼쪽 〈2001 스페이스 오디세이〉에 나오는 모노리스의 비율.
오른쪽 피보나치 수열로 만들어 본 모노리스. 작도: 가토 아이코

9·11 테러 사건의 잔해에 세울 건축물의 설계 공모전에서 일단 1위를 한 다니엘 리베스킨드가 설계한 '프리덤 타워'에는 어떤 숫자가 감추어져 있다. 높이가 1776피트(약 541미터)인데, '1776'은 다들 알다시피 미국의 토머스 제퍼슨이 영국에 대해 독립 선언을 한 해다. 그것과 빌딩의 형태인 나선 모양은 자유의 여신상을 모방하고 있다. 이것은 리베스킨드가 다양한 우연의 일치로부터 유대 박물관의 형태를 추출한 것과는 상당히 다르며, 극히 범미국적이고 정치적인 안이다.

여기에 어른거리는 리베스킨드의 정치적 퍼포먼스에는 위화감이 느껴지고, 그것은 이 항목에서 말하고 있는 오브제의 범주로부터 거리가 있다. 정치성에서 도출된 숫자의 의미가 너무 강해서 형태의 상징성이 그것을 넘을 수 없기 때문이다. 리베스킨드의 이 안도 2006년 단계에서 다시 출발점으로 돌아갈지 모르는 상황이다.

······ 몽상과 주술

이처럼 늘 보던 것이 어느 순간 커다란 존재감을 보여 주게 된다. 어느 순간에 일어난 사건, 어느 순간 알게 된 사실이 '몽상'이 되어 사물을 '오브제'로 만든다. 이러한 '몽상'이 고대에는 주술적 사건을 의미했다. 17장 '데포르메'에서 '상징'의 기원에 대해 말했는데, '오브제' 개념은 그 연장선상에 있다.

2003년 리베스킨드가 공모전에서 당선되었을 때의 디자인 안.(S. Stephens 編, 《Imaging Ground Zero: Official and Unofficial Proposals for the World Trade Center Site》, Rizzoli, 2004)

고대인이 흥미를 느낀 것은 섹스와 먹을 것의 조달이었다. 섹스란 출산에 의해 '재생'을 가져온다는 중요한 의식이다. 남성 성기나 여성의 성기는 형용하기 어려운 신기한 것이고, 표현할 수 없다는 듯이 변형되고 추상화된 성기 이미지가 수없이 그려졌다. 동서고금 인간의 역사에는 남성 성기가 장난을 좋아하는 기묘한 오브제로서 자주 등장했다. 이것도 해볼 만한 주제지만 다음 기회로 미룬다.

문제는 먹을 것의 조달이다. 나무 열매나 풀은 근처에 있기 때문에 채취하는 데 어려움이 없다. 그러나 동물의 고기를 얻는 것은 그리 녹록치 않다. 어떻게든 동물의 고기를 얻고 싶은 원망은 그대로 그림으로 표현되는 반면, 아무 때나 얻을 수 있는 풀이나 열매는 그려지지 않았다. 그리는 것은 바람 그대로의 표현인 사냥 그림뿐이었다.

몇 번이고 그리는 가운데 먹고 싶다는 바람의 크기에 비례하여 포획물인 동물이 조금씩 실체가 있는 것으로 여겨진다. 그리고 그러는 가운데 동물 그림에 무심코 창을 꽂으려고 한다. 그렇게 함으로써 동물의 고기를 얻을 수 있을 것 같은 기분이 든다. '몽상'이다. 여기에서 '몽상'을 형태로 만드는 방법인 주술이 생겨났다.

강한 '몽상'을 개입시키는 것, 즉 주술이 걸린 동물 그림은 고대인에게 실상이 되어 갔다. 단순한 그림인데도 주술적 행위를 거친 이미지 안에서 그림은 바로 생생하게 살아난다. 주술적인 색채를 띤 순간부터 단순한 그림은 존재감이 있는 것으로 바뀌어 간다. '오브제'다.

······ 상징과 오브제

이탈리아 영화감독 미켈란젤로 안토니오니의 〈욕망〉(1966년)에서 사진작가인 주인
공은 공원에서 흑백으로 촬영한 무성한 숲 사진을 점점 확대해 나가다가(영화의 원
제는 'Blow up', 즉 확대하다라는 뜻) 거기에서 사체로 보이는 그림자를 발견한다. 거
의 로르샤흐 테스트 같은 화상 속에서 사체가 있다고 믿어 버린다. 이때 의미를 알
수 없는 무늬가 주인공에게는 확실한 형태를 가진 화상으로 뇌리에 새겨진 것이
다. 이렇게 해서 사체 화상은 주인공에게 '상징'이 되었다.

신석기 시대(약 1만 년 전)에 그려진 좌우 대칭의 도상이 남아 있는데, 양쪽에 같
은 그림의 좌우가 바뀐 모습을 배치하는 것은 레이아웃이라는 사고가 있었다는 것
을 말해 준다. 이것은 세계 최초의 구도composition 그림이라고 할 수 있다.

구도라는 기술은 그림을 그 밖의 그림과 구별하여 '상징화'할 수 있는 힘을 가지
고 있었다. 여기에서 '상징'이라는 관념의 기원을 간파할 수 있다. 그때까지 의미
가 없다고 생각되었던 형태에서 구도를 잡음으로써 주술적 의미가 생겼을 때 그
형태는 '상징'이 된다. 그리고 이 상징이 입체적인 형태를 얻었을 때 그 형태는 '오
브제'가 된다.

문화인류학자 기무라 시게노부는 단순한 그림이 생동감이 넘치는, 이른바 '오브
제'화 과정(즉 '상징'화의 과정)을 '보다見る'에서 '보다視る'로, '듣다聞く'에서 '듣다聴
く'라는 상징적인 표현으로 설명했다.

신석기 시대의 좌우 대칭. 3장 '원근법과 깊이감의
발견'에서도 이 그림을 인용했다.(木村重信,《美術
の始原》, 新潮社, 1971)

344

가노 미쓰오와 오오카 마코토의 공동 작품 〈아라라트의 배 혹은 하늘의 꿈〉. 높이 680밀리미터, 폭 442밀리미터, 두께 228밀리미터로, 책으로서는 거대하다. 사진: 미술출판사 / 사카이 히로유키

······ 책과 오브제

흔히 책도 '오브제'라고 한다.

30년도 훨씬 전에, 어느 출판사에서 상자 작품이 발매되었다. 시인 오오카 마코
토와 판화가 가노 미쓰오가 공동으로 작업한 작품인데 〈아라라트의 배 혹은 하늘
의 꿈〉(1971년~1972년)과 〈삭구·방정인력★유성의 뒤척임 아래에서〉(1975년)라는
이름이 붙었다. 둘 다 상자 안에는 오오카 마코토의 시가 들어 있고 그것을 봉하거
나 매장하는 것처럼 가노 미쓰오가 찾아온 어떤 부품이나 직접 만든 물체가 빈틈
없이 깔려 있는 작품이다.

이것들은 상자 작품이지만 아마 책의 일종으로 만들어진 것임은 틀림없을 것이
다. 이때 책이란 언제든지 '오브제'가 될 수 있는 존재라는 것을 자연스럽게 납득
해 버렸다.

프랑스 문학 연구자인 시미즈 도루는 책이 네모지고 페이지를 넘기는 형태가 되
었을 때 오브제로서의 숙명을 갖게 되었다고 말한다. 책을 형성하는 많은 요소, 한
행의 글자 수, 서체와 글자의 크기, 한 페이지에 들어가는 글자 수, 행과 행의 간격,
여백(또는 주변)을 두는 방식, 종이의 촉감과 그 흰색의 정도, 일러스트레이션 등 레
이아웃의 방법, 페이지 번호의 크기와 서체, 각주를 넣는 방식, 제본 방식, 책의 머
리띠, 가름끈, 그 모든 것이 책의 오브제적 성격을 높이는 부품이다. 다시 말해 '오
브제'로서의 책은 텍스트의 내용을 넘어 그 존재감의 유무에 있다.

가노 미쓰오와 오오카 마코토의 공
동 작품 〈삭구·방정인력★유성의
뒤척임 아래에서〉. 높이 368밀리미
터, 폭 205밀리미터, 두께 62밀리미
터로 B4 사이즈를 변형한 정도의 크
기다. (서사야마다書肆山田에서 발행
한 팸플릿, 1975)

따라서 모든 책이 '오브제'가 될 수 있는 것은 아니다. 한 번 읽고 버리는 책이나 인터넷의 전자 서적 등은 논외이고, 책을 만드는 설계가 충분히 갖춰진 책만이 이런 영예(영예인지 어떤지는 사람에 따라 다르겠지만)을 얻을 수 있다.(14장 '풍요로운 단순함' 참조)

그리고 책에 '오브제'적 성격이 더해진 커다란 사건은 구텐베르크가 금속활자를 발명한 일이다. 구텐베르크가 이룬 중대한 일은 크게 두 가지다. 한 글자 한 글자의 금속활자를 조합하여 문장을 만들고 눌러 인쇄한 것과, 금속활자를 만들기 위한 '서체'라는 사고를 드러낸 일이다. 마침 십자군이 아라비아에서 제지술을 가지고 돌아와 종이의 공급이 서서히 궤도에 오르기 시작해 인쇄 보급에 힘을 주었고, 인쇄소에서는 어떤 서체로 인쇄할 것인지가 중요한 문제가 되었다. 즉 금속으로 인쇄되었고 서체라는 방향성을 가진 글자라는 '몽상'만으로 충분히 '오브제'적이 된다.

그리고 많은 타이포그래퍼들의 모색에 의해 수많은 서체가 나와, 페이지를 꾸미는 방향과 서체만으로 구성하려는 방향, 이렇게 둘로 나뉘어 갔다.(14장 '풍요로운 단순함' 참조)

이렇게 해서 한편으로는 요란하게 장식되었던 지면은 검은 부분을 늘렸고 다른 한편으로 글자만으로 구성되었던 지면은 여백이 살아나 흰 부분을 늘려 갔다. 책은 그 텍스트의 내용을 넘어 시커멓든가 하얗든가 하는 존재의 양상으로 관점이 옮아 갔다. 이거야말로 '오브제'라고 하지 않고 뭐라 하겠는가.

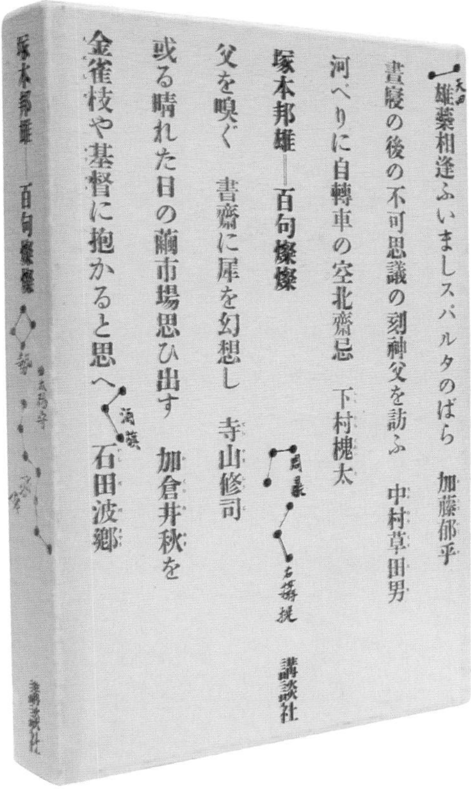

······ 물질화된 몽상

그래픽 디자이너인 스기우라 고헤이는 벌써 30년 전부터 계속해서 "책은 하나의 우주"라고 말해 왔다. 그것은 앞에서 말한 시미즈 도루와 마찬가지로 텍스트의 내용을 넘어선 책이라는 형태 자체를 말한 것이다. 스기우라 고헤이가 말하는 '우주'는 '오브제'와 동의어일 것이다.

雄蘂相逢ふいまししスパルタのばら　加藤郁乎

晝寢の後の不可思議の刻神父を訪ふ　中村草田男

河へりに自轉車の空北齋忌　下村槐太

塚本邦雄──百句燦燦

父を嗅ぐ書齋に犀を幻想し　寺山修司

或る晴れた日の繭市場思ひ出す　加倉井秋を

金雀枝や基督に抱かると思へ　石田波郷

塚本邦雄──百句燦燦

講談社

쓰카모토 구니오의《백구 반짝반짝》, 책을 넣는 종이상자 디자인.

348

스기우라 고헤이가 책을 만들고 장정한 쓰카모토 구니오의 《백구 반짝반짝》의 간기면에는 "판형-국판 변형 10포인트 64배×10포인트 42배 225×147밀리미터"라는 한 행이 덧붙어 있다. 이것은 책의 크기를, 본문의 한 글자를 한 단위의 격자로 하여 그 몇 배분의 세로나 가로로 정한다는 것이었다. 한자권, 특히 일본어 서적에서밖에 통용되지 않는 생각이지만 책의 페이지는 단순한 여백이 아니라 보이지 않는 글자가 빽빽이 차 있는 여백이라는 것을 보여 주고 있고, 동시에 '행간을 읽는' 행위에 상징적 의미를 부여한 것이다.

19세기 후반, 식물에도 정신 생활이 있다며 정신 물리학을 제창한 실험 심리학자 구스타프 테오도르 페히너는 '슬라이딩 스케일sliding scale(주변 상황에 따라 변하는, 오르고 내리는 방식 — 옮긴이)'이라는 진화론적 개념을 발표했다. 그것은 작은 스케일에서 큰 스케일의 것까지 연결되어 있다는 소립자론의 선구이기도 하지만, 크게 다른 것은 작은 스케일을 형성하는 물질에는 '마음'이 있다고 생각한 점이었다.

인체에 우주가 깃들어 있다고 한 것은 서양에서는 연금술사, 동양에서는 요가의 차크라(인간 신체의 여러 곳에 있는 정신적 힘의 중심점 가운데 하나 — 옮긴이) 등이지만 페히너에게는 반대로 우주를 형성하는 것은 인간이나 식물이라는 강한 생각이 있었다.

쓰카모토 구니오의 《백구 반짝반짝》의 간기면. '판형' 부분에 본문에서 사용하는 10포인트 글자 크기에서 산출한 숫자가 기술되어 있다.

페히너는 태양을 바라볼 때 생기는 잔상에 흥미를 가졌고 그것을 해명하기 위해 계속해서 태양을 응시해 눈이 보이지 않게 되었다. 그리고 3년 후 시력이 회복되었을 때 식물의 싱싱함을 새삼 깨닫게 되었다. 모든 것이 신선하게 보였을 것이다.

페히너의 이 주장은 20세기 후반이 되어 홀로그래픽 유니버스로서 재등장하는데, 여기서는 그 신비주의적 부분보다도 '마음'을 가진 이 작은 물질이 10포인트 글자분의 공간과 유비적으로 결부되어 있다는 것이 중요하다.

가스통 바슐라르는 《물과 꿈》에서 "고향이라는 것은 '공간의' 확대라기보다는 물질이다. 즉 화강암 또는 흙, 바람 또는 건조, 물 또는 빛인 것이다. 그 안에서만 우리는 자신의 몽상을 물질화하고 그것에 의해서만 우리의 꿈은 자신에게 적합한 실체를 포착한다. 우리가 근원적 색채를 요구하는 것은 그것을 향해서인 것이다"라고 말했다.

"고향에서조차 물질로 다 메워진 몽상이다"에서의 '물질'이란 그 각각에 다양한 기억이 들어 있는 물질을 말한다. 책을 작은 문자의 격자로 이루어졌다고 한 시점에서 문자라는 물질의 집적이 책이고, 물질이 모여 이루어진 책이라는 몽상에 의해 책은 오브제가 되고, 경우에 따라서는 몽상이야말로 오브제라고 비약해도 좋은 단계에 와 있다.

구스타프 테오도르 페히너(1801년~1887년).
(http://upload.wikimedia.org/wikipedia/commons/a/ae/Gustav_Fechner.jpg)

이 책 배 부분의 눈, 15세기 프랑스의 궁정 화가 장 푸케가 그린 〈페라라 궁전의 어릿광대 고네라의 초상〉의 일부(1442년경).
디테일의 정교함과 사실성에 비추어 볼 때 데이비드 호크니가 말한 것처럼 광학 기구를 사용해 윤곽 등이 그렸는지도 모른다.

지은이 후기

이래저래 벌써 19년이나 지난 일입니다만, 뭐든지 그림이나 도표로 만들어 보자는 생각에서 정치, 미술, 건축, 언어, 역사, 문학, 록 음악, 만화, SF영화 등 다양한 장르를 횡단하는 다이어그램 책을 TBS 브리태니커(현 한큐커뮤니케이션즈)에서 출판한 적이 있습니다. 그때 아라마타 히로시 씨에게 서문을 써달라고 부탁했습니다.

아라마타 씨는 도표화하기 위해 사용한 수치 정보는 단지 도표를 위해 봉사한 정보에 지나지 않기 때문에 도표가 된 시점에서 이미 정보로서의 가치를 잃어 버리고, 의미를 가지는 것은 오직 도표뿐이라고 했습니다. 그리고 그거야말로 도상 만들기의 본질이라고 말하면서 "이를 정보에 관한 책으로 이용해서는 안 된다"라고 매듭을 지었습니다.

이 말은 이 책에도 충분히 통용될 듯합니다. 이 책에서는 다양한 '개념', '형태', '방법' 의 기원이 그리는 궤적을 더듬어 가려고 했습니다. 그러나 그려진 궤적의 상태나 얽히는 상태로 중점이 옮겨져 사실의 비약은 서서히 문제 삼지 않게 되었습니다. 이것이 이 책의 제목을《 '기원' 의 이야기》(일본어판 — 옮긴이)라고 한 이유입니다.

좀 더 상세히 설명하자면 표지(일본어판 — 옮긴이)에 노랗게 칠한 부분은 로제타석을 베긴 것입니다. 로제타석은 18세기 말 나폴레옹의 이집트 원정군이 요새를 확장하는 공사를 하다가 발견한 비문입니다. 비문에는 당시 읽을 수 없었던 고대 이집트의 상형문자 히에로글리프와 그 초서체인 데모티크, 그리고 해독 가능한 그리스어가 새겨져 있었습니다. 아무래도 세 종류의 글이 같은 내용인 것 같았으므로, 여기에서 히에로글리프를 해독하는 길이 열렸습니다. 바로 '기원' 의 이야기입니다.

그리고 책 속표지에 있는 규칙적인 점들은 지각심리학자 데이비드 마가 만든 〈유사에 의한 군화群化〉(1982년)라는 그림을 고쳐 만든 것입니다(일본어판 — 옮긴이). 서로 이웃한 점끼리 붙어 있는 것으로 보임으로써 여기저기에 원이 생깁니다. 이것을 빅뱅이 있고 난 후 질서가 생기기 시작한 상태의 이미지라고 생각해 봤습니다. '기원' 의 이야기입니다.

이 책의 배에서 응시하고 있는 두 개의 눈은, 오른손으로 잡고 보는 그림이 15세기 이탈리아의 파르미자니노의 〈안테아〉(1535년경)이고 왼손으로 잡고 보는 그림

이 15세기 프랑스의 궁정화가 장 푸케의 〈페라라 궁전의 어릿광대 고네라의 초상〉
(1442년경)의 일부입니다. 어느 것이나 틈으로 엿보는, 가슴이 철렁 내려앉는 시선
이 탐나서 사용한 것입니다. 지금까지 간과되고 있던 시점의 탐색이 이 책의 테마
이기도 하기 때문에, 이를테면 '형태'에 대한 엿보기 취미라는 뉘앙스인 셈입니다.
책의 배를 엄지손가락으로 48밀리미터쯤 펼쳤을 때 그 그림이 제대로 보이도록 만
들었습니다.

　힘들었던 것은 교고쿠 나쓰히코 씨나 시노다 마유키(추리소설가) 씨가 소설의 본
문에서 흔히 쓰는 방법처럼 페이지마다 마침표로 끝나도록 한 일이었습니다. 그래
서 상당히 읽기 편해진 것 같습니다.

　그리고 《눈의 모험》과 마찬가지로 많은 도판을 사용하고 있으므로 그 저작권을
처리하는 일도 힘들었습니다. 이 저작권 처리와 적절한 교정에 힘써 주신 분은 전
작을 낼 때와 마찬가지로 기노쿠니야쇼텐의 미즈노 히로시 씨와 서적 교열 전문
프로덕션 오라이도鷗來堂의 야나시타 교헤이 씨, 야나시타 도모에 씨, 마쓰쿠라 히
로코 씨입니다. 야나시타 씨가 틀린 글자를 지적해 준 데는 감동했습니다. 그리고
늘 그렇지만 사무실 동료들의 협력이 없었다면 아마 이 책은 출판될 수 없었을 겁
니다. 이 자리를 빌려 감사의 마음을 전합니다.

2007년 봄
마쓰다 유키마사

옮긴이의 글

지금 우리 눈앞에 있는 것들은 다들 완강해 보인다. 우리 눈에 보이는 것, 느껴지는 것, 생각되는 것, 너무나 직접적이어서 무척 완강해 보인다. 처음부터 그 자리에 그렇게 있었던 것처럼. 그러나 처음이 없었던 것은 없다. 모든 것은 만들어졌거나 다른 데서 그 자리로 온 순간이 있는 것이다. 그 순간으로 돌아가 보는 것, 그 순간을 상상해 보는 것은 그 존재 이유를 찾아가는 것과 같다.

변한다는 것은, 우리가 변하는 것인지 주변이 변하는 것인지 알 수 없는 그런 것이다. 그러므로 우리 자신을 보는 것과 주변을 보는 것은 구별되지 않는다. 우리 안의 문제든 주변의 문제든 처음으로, 그러니까 그것이 만들어진 순간으로 거슬러 올라가 보면 그 문제가 잘 들여다보이는 경우가 있다. 기원으로 돌아가 보는 일은 존재 이유를 생각해 보는 일이기도 하기 때문이다.

시간은 흔적을 남긴다. 가로 단면인 나이테를 보는 것은 나무의 시간을 보는 일이고, 세로 단면인 지층을 보는 것은 땅의 시간을 보는 일이다. 사람의 시간을 보는 일은 사람 아닌 것의 시간을 들여다보는 일이므로, 가로로 보는 일이기도 하고 세로로 보는 일이기도 하다. 이 책에서 하고 있는 일도 이와 다르지 않다.

예전에 스기우라 고헤이의 《형태의 탄생》을 번역한 적이 있다. 그 책이 계기가 되어 이 책을 번역하게 되었다. 나는 디자인에 문외한이다. 전공도 아니고 공부해 본 적도 없다. 그러나 디자인에는, 아니 최근에 만들어진 모든 것에는 예민한 편이다. 눈에 보이는 것과 눈에 보이지 않는 것이 다르지 않다. 늘 불평을 달고 산다고 해도 과언이 아니다.

예컨대 우리의 국화가 무궁화인 것도 마뜩치 않다. 공적인 공간에는 심어져 있지만 사적인 공간에는 심지 않는 꽃. 시청이나 구청, 면사무소, 학교 같은 곳 말고 개인의 정원에서 무궁화를 본 기억이 없다. 자연스럽지 않은 일이다. 도시 한복판에서 들리는 사물놀이, 그 꽹과리 소리도 시끄럽기만 하다. 무궁화도 사물놀이도 왠지 완강하고 억지스럽게만 보인다. 국화로서 무궁화의 나이는 그렇게 무궁하지 않아서 백 살 남짓, 사물놀이의 나이는 고작 서른 살 남짓이다. 그러나 한 천 살은

된 것 같다. 완강하다.

　단청과 색동저고리도 잘 적응되지 않는 것들이다. 단청은 나뭇결의 생생함을 죽여 버리는 듯하고, 색동저고리는 그저 촌스럽고 귀기마저 느껴진다. 이거야 아주 사적인 취향일 뿐이다. 그러나 그러한 취향들의 웅성거림이 들려오지 않는 대상들이라는 점에서 이 또한 완강한 것들이다.

　그리 완강해 보이지 않은 것들도 있다. 극성스러운 주유소. 같은 색깔, 같은 모양의 건물이 이렇게 많은 예가 있을까? 있다. 학교. 그러나 아름답다고 느낀 주유소나 학교, 특히 초·중·고등학교 건물은 본 적이 없다. 이렇게 널려 있는 것들인데, 그렇다면 건축가, 예술가에게 맡겨야 하지 않을까? 이것만 바꿔도 세상이 아름다워지는 일인데 말이다. 내 불평의 대부분은 디자이너나 건축가가 결정해야 할 일들을 다른 사람들이 결정하고 있기 때문이라고, 근거는 없지만 그렇게 믿고 있다.

　이 책은 그래픽 디자이너로서 단행본과 잡지 디자인을 중심으로 활동하고 있는 마쓰다 유키마사의《はじまりの物語: デザインの視線》를 완역한 것이다. 이 분야에서 정력적으로 활약하고 있는 유명한 디자이너인 만큼 벌써 네 권의 책이 한국어로 번역되었고, 이번이 벌써 다섯 번째다. 이 책은 우리가 아무렇지 않게 사용하고 있는 다양한 '개념', '형태', '방법'의 기원을 탐색한 것이다. 미술, 건축, 언어, 역사, 문자, 음악, 만화, 영화 등 다양한 장르를 넘나드는 '기원' 이야기와 480개 남짓한 도판은 우리의 눈을 끌기에 충분하다. 도판 또한 동서고금의 회화, 고대 벽화, 에마키모노, 사진, 일러스트레이션, 포스터, 공예, 문자 등 다채롭다. '쌍이라는 관념', '속도에 대한 동경', '원근법과 깊이감의 발견', '추상 표현의 시작', '반전하는 이미지' 등 18장으로 구성된 이야기는 만만치 않은 깊이를 드러내며 드라마틱하게 연결되어 있다.

　나는 다음과 같은 부분에서 고개를 끄덕이고 잠시 작업을 멈추었다.

　"새들은 '나는' 것을 위해 많은 것을 희생하고 있는 것 같다. 실제로는 자유롭게 하늘을 날고 있는 건 아닌 것 같다." 체중을 가볍게 하기 위해 머리는 텅 비어 있고 뼈를 간략화하고 있어서 발돋움도 할 수 없으며, 앞발이 날개가 되어 있으므로 물건을 움켜잡을 수도 없다는 것이다. 또한 폴 비릴리오의 "너무 빠른 것은 자기를 잃

는 것"이라는 말에서도, 그리고 자연계에서 직선은 거의 보이지 않는다는 말에서도 나는 잠시 작업을 멈출 수밖에 없었다. 이 책을 읽은 독자들은 다들 다른 곳에서 책읽기를 멈추게 될 것이다. 이 책 여기저기에 놓여 있는 다양한 턱들은 앞으로만 나아가려는 우리의 탄성에 제동을 걸어오며 각자에게 각각 다른 드라마로 다가올 것이다.

도판이 많은 책인 만큼 편집부의 도움을 많이 받았다. 원저서처럼 매 페이지를 마침표로 끝나도록 편집하는 일도 무척 힘든 일이었을 것이다. 이 자리를 빌려 고맙다는 말을 전한다.

2008년 9월
송태욱

이 책 배 부분의 눈. 15세기 이탈리아의 파르미자니노가 그린 〈안테아〉(1535년경)의 일부. 17장 '데포르테'에서 말했던, 엘 그레코가 그린 손가락 모양과 같다. 이것 또한 이상하게 넓은 어깨나 얼굴 크기에 비해 큰 손을 보면 전체를 부분으로 나누고 광학 기계로 윤곽이나 세부를 덧그리고 나서 그것들을 합성한 것으로 보인다. 세부는 상세하지만 크기에 위화감이 남는다는 호크니의 주장이 현실성을 갖게 된다('들어가는 말' 참조).

참고문헌

들어가며

ミシェル・パストゥロー, 松村剛+松村惠理譯,《惡魔の布 縞模樣の歷史》, 白水社, 1993.

網野善彦,《異形の王權》, 平凡社, 1993.

三浦雅士,《考える身體》, NTT出版, 1999.

松田行正,《code》, 牛若丸, 2000.

ディヴィッド・ホックニー, 木下哲夫譯,《Secret Knowledge 秘密の知識 巨匠も用いた知られざる技術の解明》, 青玄社, 2006.

1장 쌍이라는 관념

外山軍治,《則天武后 女性と權力》, 中公新書, 1966.

松本淸張,《火の路 上下》, 文春文庫, 1978.

荒俣宏編,《世界神祕學事典》, 平河出版社, 1981.

海野弘+新見隆+フリッツ・リシュカ,《ヨーロッパ・トイレ博物誌》, INAX出版, 1988.

ルドルフ・ウイトカウアー, 大野芳材+西野嘉章譯,《ヴァールブルク・コレクション アレゴリーとシンボル 圖像の東西交渉史》, 平凡社, 1991.

アラン・ブーロー, 松村剛譯,《鷲の紋章學 カール大帝からヒトラーまで》, 平凡社, 1994.

山本由美子,《世界史リブレット マニ教とゾロアスター教》, 山川出版社, 1998.

石弘之+安田喜憲+湯淺赳男,《環境と文明の世界史》, 洋泉社, 2001.

松田行正,《ZERRO》, 牛若丸, 2003.

スティーヴン・ロジャー・フィッシャ, 鈴木晶譯,《文字の歷史 ヒエログリフから未來の〈世界文字〉まで》, 研究社, 2005.

森達也,《惡役レスラーは笑う〈卑劣なジャンプ〉グレート東郷》, 岩波新書, 2005.

鷲田淸一,《感覺の幽い風景》, 紀伊國屋書店, 2006.

藤田治彦,《天體の圖像學 西洋美術に描かれた宇宙》, 八坂書房, 2006.

中澤新一,《藝術人類學》, みすず書房, 2006.

金關丈夫,,《發掘から推理する》, 岩波現代文庫, 2006.

坂本賢三,《〈分ける〉こと〈わかる〉こと》, 講談社學術文庫, 2006.

2장 속도에 대한 동경

W．シヴェルブシュ, 加藤二郎譯,《鐵道旅行の歷史 19世紀のおける空間と時間の工業化》, 法政大學出版局, 1982.

ポール・ヴィリリオ＋シルヴェール・ロトランジェ, 細川周平譯,《純粹戰爭》, UPU, 1987.

《アサヒグラフ別冊 ジャポニスムの謎》, 朝日新聞社, 1990.

キャロライン・テイズダル＋アンジェロ・ボッツォーラ, 松田嘉子譯,《未來派》, PARCO出版, 1992.

宮崎正勝,《時代の流れが圖解でわかる! 早わかり世界史》, 日本實業出版社, 1998.

松浦壽輝,《表象と倒錯 エティエンヌ＝ジュール・マレー》, 筑摩書房, 2001.

ジョン・ノーブル・ウィルフォード, 鈴木主稅譯,《地圖を作った人びと 古代から觀測衛星最前線にいたる地圖製作の歷史》, 河出書房新社, 2001.

伊藤俊治編,《情報メデイア學入門》, オーム社, 2006.

遠藤秀紀,《人體 失敗の進化史》, 光文社新書, 2006.

安田喜憲,《一神敎の闇 アニミズムの復權》, ちくま新書, 2006.

小池滋,《英國鐵道物語》, 晶文社, 2006.

井田博,《日本プラモデル興亡史》, 文春文庫, 2006.

石弘之＋安田喜憲＋湯淺赳男,《環境と文明の世界史》, 洋泉社, 2001.

3장 원근법과 깊이감의 발견

木村重信,《美術の始源》, 新潮社, 1971.

白川靜,《漢字百話》, 中公新書, 1978.

横山正監修・飜譯,《アール・ヴィヴァン叢書 空間の發見1 ヴィアトールの透視圖法 1505》, リブロポート, 1981.

伊藤哲夫,《森と楕円 アルプス北方の空間》, 井上書院, 1992.

佐藤忠良＋中村雄二郎＋小山淸男＋若桑みどり＋中原佑介＋神吉敬三,《遠近法の精神史 人間の眼は空間をどうとらえてきたか》, 平凡社, 1992.

小野瀨順,《日本のかたち緣起 そのデザインに隱された意味》, 彰國社, 1998.

吉野裕子,《易・五行と源氏の世界》, 人文書院, 1999.

內田繁,《インテリアと日本人》, 晶文社, 2000.

野中凉,《歩く文化 座る文化 比較文學論》, 早稻田大學出版部, 2003.

荻野昌利,《視線の歷史〈窓〉と西洋文明》, 世界思想史, 2004.

安田喜憲,《氣候變動の文明史》, NTT出版, 2004.

藤森照信,《人類と建築の歷史》, ちくまプリマー新書, 2005.

石川九楊,《縱に書け! 横書きが日本人を壊している》, 祥傳社, 2005.

4장 직선의 발견과 사각형의 탄생

多木浩二＋篠原一男＋杉浦康平＋磯崎新＋倉俁四郎,《キサデコールセミナーシリーズ1 多木浩二對

談集 四人のデザイナーとの對話》, 新建築社, 1975.

ミシェル・ヴォヴェル, 池上俊一監修, 富樫櫻子譯,《知の再發見》雙書63 死の歴史》, 創元社, 1996.

クレイグ・スタンフォード, 長野敬+林大譯,《直立歩行 進化への鍵》, 青土社, 2004.

赤瀨川原平,《四角形の歴史》, 毎日新聞社, 2006.

木全賢,《デザインにひそむ〈美しさ〉の法則》, ソフトバンク新書, 2006.

遠藤秀紀,《人體 失敗の進化史》, 光文社新書, 2006.

荻野昌利,《視線の歴史〈窓〉と西洋文明》, 世界思想史, 2004.

5장 마방진과 격자무늬

織田武雄,《地圖の歴史》, 講談社, 1973.

M. サウスワース+S. サウスワース, 牧野融監譯,《地圖 視點とデザイン》, 築地書館, 1983.

中野美代子,《中國の青い鳥 シノロジーの博物誌》, 南想社, 1985.

海野一隆,《地圖の文化史 世界と日本》, 八坂書房, 1996.

中野謙二,《囲碁 中國四千年の知恵》, 創土社, 2002.

村松伸,《中華中毒 中國的空間の解剖學》, ちくま學藝文庫, 2003.

杉浦康平編著,《アジアの本・文字・デザイン 杉浦康平とアジアの仲間たちが語る》, DNPグラフィックデザインアーカイブ, 2005.

竹村公太郎,《土地の文明 地形とデータで日本の都市の謎を解く》, PHP研究所, 2005.

S. シン, 青木薫譯,《ビッグバン宇宙論 上》, 新潮社, 2006.

小林道憲,《文明の交流史觀 日本文明のなかの世界文明》, ミネルヴァ書房, 2006.

東京國立博物館+日本經濟新聞社編,《プライスコレクション 若冲と江戸繪畫》, 日本經濟新聞社, 2006.

6장 나선과 만취감

草森紳一,《円の冒險》, 晶文社, 1977.

矢島文夫,《文字學のたのしみ》, 大修館書店, 1977.

《歴史讀本 臨時增刊89-3 超人ヒトラーとナチスの謎》, 新人物往來社, 1989.

田中純,《アビ・ヴァールブルク 記憶の迷宮》, 青土社, 2001.

鷲田清一,《感覺の幽い風景》, 紀伊國屋書店, 2006.

7장 추상 표현의 시작

鶴岡眞弓,《ケルト美術への招待》, ちくま新書, 1995.

おもしろ地理學會編,《世界で一番氣になる地圖帳》, 青春出版社, 2006.

酒井健,《死と生の遊び 繩文からクレーまで 美術の歴史を體感する》, 魁星出版, 2006.

中川素子＋坂本満編,《ブック・アートの世界 繪本からインスタレーションまで》,水聲社, 2006.

W. シヴェルブシュ, 加藤二郎譯,《鐵道旅行の歷史 19世紀のおける空間と時間の工業化》,法政大學出版局, 1982.

野中涼,《歩く文化 座る文化 比較文學論》,早稻田大學出版部, 2003.

8장 반전하는 이미지

ピョトール・G・ボガトゥイリョフ, 松枝到＋中澤新一譯,《衣裳のフォークロア》,せりか書房, 1989.

ブルーノ・エルンスト,《グラフィクの魔術》,ベネデイクト・タッシェン出版, 1993.

飯島幸人,《マドロスはなぜ縞のシャツを着るのか》,論創社, 2000.

喜安朗編,《ドーミエ諷刺畵の世界》,岩波文庫, 2002.

住友和子編集室＋村松壽満子編,《ミステリアス・ストライプ 縞の由來》,INAX出版, 2002.

組版工學研究會編,《歐文書體百花事典》,朗文堂, 2003.

山本史也, 白川靜監修,《神さまがくれた漢字たち》,理論社, 2004.

池田浩士,《虛構のナチズム〈第三帝國〉と表現文化》,人文書院, 2004.

S. R. フィッシャ, 鈴木晶譯,《文字の歷史 ヒエログリヒから未來の〈世界文字〉まで》,研究社, 2005.

元田與一,《日本的エロティシズムの眺望 視覺と觸角の誘惑》,鳥影社, 2006.

ミシェル・パストゥロー, 松村剛＋松村惠理譯,《惡魔の布 縞模様の歷史》,白水社, 1993.

荻野昌利,《視線の歷史〈窓〉と西洋文明》,世界思想史, 2004.

小林道憲,《文明の交流史觀 日本文明のなかの世界文明》,ミネルヴァ書房, 2006.

9장 선과 연속이라는 개념

アルフレッド・ヒッチコック＋フランソワ・トリュフォー, 山田宏一＋蓮實重彦譯,《映畵術》,晶文社, 1981.

八束はじめ＋小山明,《未完の帝國 ナチス・ドイツの建築と都市》,福武書店, 1991.

飯島洋一,《建築のアポカリプス もう一つの20世紀精神史》,青土社, 1992.

紀平英作＋龜井俊介,《世界の歷史23 アメリカ合衆國の膨脹》,中央公論社, 1998.

鵜澤隆監修,《ジュゼッペ・テラーニ 時代を驅けぬけた建築》,INAX出版, 1998.

栗本安延,《アメリカ自動車産業の勞使關係 フォーディズムの歷史的考察》,社會評論社, 1999.

F. キットラ, 石光泰夫＋石光輝子譯,《グラモフォン・フィルム・タイプライター》,筑摩書房, 1999.

原克,《モノの都市論 20世紀をつくったテクノロジーの文化誌》,大修館書店, 2000.

田中純,《都市表象分析〈1〉》,INAX出版, 2000.

橋本毅彦,《〈標準〉の哲學 スタンダード・テクノロジーの300年》,講談社, 2002.

磯崎新,《磯崎新の思考力 建築家はどこに立っているのか》,王國社, 2005.

中澤新一, 《藝術人類學》, みすず書房, 2006.

井上章一, 《夢と魅惑の全體主義》, 文春文庫, 2006.

W. シヴェルブシュ, 加藤二郎譯, 《鐵道旅行の歴史 19世紀のおける空間と時間の工業化》, 法政大學出版局, 1982.

村松伸, 《中華中毒 中國的空間の解剖學》, ちくま學藝文庫, 2003.

喜安朗編, 《ドーミエ諷刺畫の世界》, 岩波文庫, 2002.

S. R. フィッシャ, 鈴木晶譯, 《文字の歴史 ヒエログリヒから未來の〈世界文字〉まで》, 研究社, 2005.

10장 섞는다는 행위

池田満壽, 《白水社アートコレクション コラージュ論》, 白水社, 1987.

《現代美術14 ラウシェンバーグ》, 講談社, 1993.

有賀貞他編, 《アメリカ史1》, 山川出版社, 1994.

イアン・マクドナルド, 奥田祐士譯, 《ビートルズと60年代》, キネマ旬報社, 1996.

長谷川輝夫+大久保桂子+土肥恒之, 《世界の歴史17 ヨーロッパ近世の開花》, 中央公論社, 1997.

栗津潔編著, 《文字始源 象形文字 遊行》, 東京書籍, 2000.

清水忠重, 《アメリカの黒人奴隷制論 その思想史的展開》, 木鐸社, 2001.

石川九楊, 《《書く》ということ》, 文春新書, 2002.

メルヴィン・ブラッグ, 三川基好譯, 《英語の冒險》, アーティストハウス, 2004.

ミシェル・パストゥロー, 松村恵理+松村剛譯, 《青の歴史》, 筑摩書房, 2005.

アラン・ヴェイユ, 柏木博監修, 遠藤ゆかり譯, 《《知の再發見》雙書123 グラフィック・デザインの歴史》, 創元社, 2005.

種村季弘, 《斷片からの世界 美術稿集成》, 平凡社, 2005.

飯島洋一, 《グラウンド・ゼロと現代建築》, 青土社, 2006.

荻野昌利, 《視線の歴史 〈窓〉と西洋文明》, 世界思想史, 2004.

組版工學研究會編, 《歐文書體百花事典》, 朗文堂, 2003.

紀平英作+龜井俊介, 《世界の歴史23 アメリカ合衆國の膨脹》, 中央公論社, 1998.

11장 감각의 치환

皆川達夫, 《樂譜の歴史》, 音樂之友社, 1985.

郡同すみ, 《世界樂器入門 好な音嫌いな音》, 朝日選書, 1989.

ウォルター・ジャクソン・オング, 櫻井直文+林正寛+糟谷啓介譯, 《聲の文化と文字の文化》, 藤原書店, 1991.

江川清+靑木隆+平田嘉男編, 《セレクト版 記號の事典(第二版)》, 三省堂, 1991.

竹井成美,《音樂を見る! 教育的視點による平均律·五線譜·ドレミ誕生の歷史》, 音樂之友社, 1997.

フリードリヒ·キットラー, 原克+大宮勘一郎+前田良三+神尾達之+副島博彦譯,《ドラキュラの遺言 ソフトウェアなど存在しない》, 産業圖書, 1998.

兼子次生,《速記と情報社會》, 中公新書, 1999.

S. R. フィッシャ, 鈴木晶譯,《文字の歷史 ヒエログリヒから未來の〈世界文字〉まで》, 研究社, 2005.

三浦雅士,《考える身體》, NTT出版, 1999.

佐藤忠良+中村雄二郎+小山淸男+若桑みどり+中原佑介+神吉敬三,《遠近法の精神史 人間の眼は空間をどうとらえてきたか》, 平凡社, 1992.

荻野昌利,《視線の歷史〈窓〉と西洋文明》, 世界思想史, 2004.

中川素子+坂本滿編,《ブック·アートの世界 繪本からインスタレーションまで》, 水聲社, 2006.

山本史也, 白川靜監修,《神さまがくれた漢字たち》, 理論社, 2004.

12장 가독성에 대한 추구

壽岳文章,《圖說 本の歷史》, 日本エディタースクール出版部, 1982.

W. S. ピータースン, 湊典子譯,《ケルムスコット·プレス ウイリアム·モリスの印刷工房》, 平凡社, 1994.

紀田順一郎,《日本博覽人物史データベースの黎明》, ジャストシステム, 1995.

高宮利行+原田範行,《圖說 本と人の歷史事典》, 柏書房, 1997.

R. シャルテイエ+G. カヴァッロ編,《讀むことの歷史 ヨーロッパ讀書史》, 大修館書店, 2000.

印刷博物誌編纂委員會編,《印刷博物誌》, 凸版印刷, 2001.

淸水徹,《書物について その形而下學と形而上學》, 岩波書店, 2001.

ピーター·バーク, 井山弘幸·城戶淳譯,《知識の社會史》, 新曜社, 2004.

組版工學研究所編,《歐文書體百花事典》, 朗文堂, 2003.

13장 변화와 리듬을 주다

大類雅敏,《句讀點おもしろ事典》, 一光社, 1988.

別宮貞德,《日本語のリズム 四拍子文化論》, ちくま文藝文庫, 2005.

ラッセル·フォスター+レオン·クライッマン, 木間德子譯,《生物時計はなぜリズムを刻むのか》, 日經BP社, 2006.

櫻井進,《雪月花の數學 日本の美と心に潛む正方形と√2の秘密》, 祥傳社, 2006.

ジャック·ル=ゴフ, 池田健二+菅沼潤譯,《中世の身體》, 藤原書店, 2006.

S. R. フィッシャ, 鈴木晶譯,《文字の歷史 ヒエログリヒから未來の〈世界文字〉まで》, 研究社, 2005.

ウォルター·ジャクソン·オング, 櫻井直文+林正寬+糟谷啓介譯,《聲の文化と文字の文化》, 藤原書店,

1991.

14장 풍요로운 단순함

辻惟雄, 《奇想の系譜 又兵衛-國芳》, ぺりかん社, 1988.

フンデルトヴァッサー, 中原佑介監修, 《フンデルトヴァッサー》, 新潮社, 1991.

田中正明, 《ボドニ物語 ボドニとモタン・ローマン體をめぐって》, 印刷學會出版部, 1998.

マイケル・カミール, 永澤峻+田中久美子譯, 《周縁のイメージ 中世美術の境界領域》, ありな書房, 1999.

伊藤俊治編, 《情報メディア學入門》, オーム社, 2006.

伊藤哲夫, 《森と楕円 アルプス北方の空間》, 井上書院, 1992.

木全賢, 《デザインにひそむ〈美しさ〉の法則》, ソフトバンク新書, 2006.

S. シン, 青木薫譯, 《ビッグバン宇宙論 上》, 新潮社, 2006.

東京國立博物館+日本經濟新聞社編, 《プライスコレクション 若冲と江戸繪畵》, 日本經濟新聞社, 2006.

中川素子+坂本滿編, 《ブック・アートの世界 繪本からインスタレーションまで》, 水聲社, 2006.

組版工學研究會編, 《歐文書體百花事典》, 朗文堂, 2003.

紀平英作+龜井俊介, 《世界の歴史23 アメリカ合衆國の膨脹》, 中央公論社, 1998.

ミシェル・パストゥロー, 松村惠理+松村剛譯, 《靑の歴史》, 筑摩書房, 2005.

淸水徹, 《書物について その形而下學と形而上學》, 岩波書店, 2001.

ラッセル・フォスター+レオン・クライツマン, 本間德子譯, 《生物時計はなぜリズムを刻むのか》, 日經BP社, 2006.

15장 가둔다는 것

ルイ・オーギュスト・ブランキ, ミゲル・アバンスール+ヴァレンチン・プロス編, 濱本正文譯, 《天體による永遠》, 雁思社, 1985.

松岡正剛編, 《巡禮の構圖 動く人びとのネットワーク》, NTT出版, 1991.

宮崎正勝, 《〈モノ〉の世界史 刻み_まれた人類の步み》, 原書房, 2002.

鷲巢力, 《自動販賣機の文化史》, 集英社新書, 2003.

多木浩二, 《雜學者の夢》, 岩波書店, 2004.

松田行正, 《code》, 牛若丸, 2000.

三浦雅士, 《考える身體》, NTT出版, 1999.

中澤新一, 《藝術人類學》, みすず書房, 2006.

安田喜憲, 《氣候變動の文明史》, NTT出版, 2004.

荻野昌利, 《視線の歴史 〈窓〉と西洋文明》, 世界思想史, 2004.

M. サウスワース＋S. サウスワース, 牧野融譯,《地圖 視點とデザイン》, 築地書館, 1983.

山本史也, 白川靜監修,《神さまがくれた漢字たち》, 理論社, 2004.

16장 레디메이드

마르셀 뒤샹 관련 저작들

山田無庵,《キリシタン千利休 賜死事件の謎を解く》, 河出書房新社, 1995.

ポール・ヴィリリオ, 市田良彦譯,《速度と政治 地政學から時政學へ》, 平凡社ライブラリー, 2001.

石塚久郎＋鈴木晃仁編,《身體醫文化論 感覺と慾望》, 慶應義塾大學出版會, 2002.

S. シン, 青木薰譯,《ビッグバン宇宙論 下》, 新潮社, 2006.

兒島孝,《數奇の革命 利休と織部の死》, 思文閣出版, 2006.

木村重信,《美術の始原》, 新潮社, 1971.

住友和子編集室＋村松壽滿編,《ミステリアス・ストライプ 縞の由來》, INAX出版, 2002.

ジャック・ル＝ゴフ, 池田健二＋菅沼潤譯,《中世の身體》, 藤原書店, 2006.

17장 데포르메

江馬務,《日本妖怪變化史》, 中公文庫, 1976.

小苅米晛,《圖像のフォークロア イコン・民俗・ドラマ》, 駸々堂, 1982.

松田行正編著, 荒俣宏序文,《絶景万物圖鑑》, TBSブリタニカ, 1988.

小松和彦,《妖怪學新考 妖怪からみる日本人の心》, 小學館, 1994.

ロバート・L・ソルソ, 鈴木光太郎＋小林哲生譯,《腦は繪をどのように理解するか 繪畫の認知科學》, 新曜社, 1997.

ユルギス・バルトルシャイティス, 西野嘉章譯,《幻想の世紀 ゴシック美術における古代と異國趣味》(I・II), 平凡社ライブラリー, 1998.

カーティス・ピーブルズ, 皆神龍太郎譯,《人類はなぜUFOと遭遇するのか》, 文春文庫, 2002.

關裕二,《呪いと祟りの日本古代史 常識を覆す驚くべき〈裏〉の歷史》, 東京書籍, 2003.

鳥山石燕,《百鬼夜行全畫集》, 角川ソフィア文庫, 2005.

ジョシュア・ギルダー＋アン・ギルダー, 山越幸江譯,《ケプラー疑惑 ティコ・ブラーエの死の謎と盗まれた觀測記錄》, 地人書館, 2006.

松田行正,《ZERRO》, 牛若丸, 2003.

ルドルフ・ウィトカウアー, 大野芳材＋西野嘉章譯,《ヴァールブルク・コレクション アレゴリーとシンボル 圖像の東西交渉史》, 平凡社, 1991.

伊藤俊治編,《情報メディア學入門》, オーム社, 2006.

木村重信,《美術の始原》, 新潮社, 1971.

佐藤忠良＋中村雄二郎＋小山清男＋若桑みどり＋中原佑介＋神吉敬三,《遠近法の精神史 人間の眼は空間をどうとらえてきたか》, 平凡社, 1992.

松岡正剛編,《巡禮の構圖 動く人びとのネットワーク》, NTT出版, 1991.

18장 오브제

ガストン・バシュラール, 小濱俊郎＋櫻木泰行譯,《水と夢》, 國文社, 1969.

塚本邦雄,《百句燦燦》, 講談社, 1974.

ルドルフ・アルンハイム, 關計夫譯,《藝術心理學》, 池湧社, 1987.

松岡正剛,《遊學 I》, 中公文庫, 2003.

三浦俊彦,《ゼロからの論証》, 青土社, 2006.

木村重信,《美術の始原》, 新潮社, 1971.

飯島洋一,《グラウンド・ゼロと現代建築》, 青土社, 2006.

清水徹,《書物について その形而下學と形而上學》, 岩波書店, 2001.

눈의 황홀
보이는 것의 매혹, 그 탄생과 변주

초판 1쇄 발행 2008년 9월 19일
개정판 1쇄 발행 2015년 7월 20일
개정판 4쇄 발행 2019년 5월 24일

지은이 마쓰다 유키마사
옮긴이 송태욱
책임편집 나희영
디자인 (주)디자인하늘소

펴낸곳 (주)바다출판사
펴낸이 김인호
주소 서울시 마포구 어울마당로5길 17 (서교동, 5층)
전화 322-3885(편집), 322-3575(마케팅)
팩스 322-3858
E-mail badabooks@hanmail.net

ISBN 978-89-5561-772-6 (03900)